뇌는 레저를 할 때
어떻게 변할까?

레저-골프의 신경심리학 이론편

뇌는 레저를 할 때 어떻게 변할까?

레저-골프의 신경심리학 이론편

재단법인 레저골프진흥원(준) 지음

21세기북스

■ 추천의 글

기술 문명 속에서 인간을 되찾다

김상근(목사, 전 KBS한국방송 이사회 이사장)

나는 왜 살아가고 있는가. 방황하던 소년기에 흔히 갖는 자문이다. 그러나 한참을 살고 보면 허망하다. 평생 재물을 획득하기 위해, 먹고살기 위해 온 삶을 바쳤다는 것을 시인하지 않을 수 없기 때문이다.

생산의 주체는 기술인가 자본인가. 좀 더 나가면 기술 개발, 자본 축적 등이다. 그 모든 것을 생산이라 한다. 지금은 어느새 AI 시대를 달리고 있다. 기대도 있고, 위험한 종국을 예견하기도 한다. 인간은 생산하는 동물이다. 이 책은 모두가 인간 자신이라는 사실을 밝힌다. 밝히는 수단이 별나다. 신경심리학이라는 영역의 언어로 설명한다.

우리 인류의 역사는 경쟁과 효율이 주체로서의 인간을 대체할 수 있다는 진리를 세웠다. 그래서 경쟁과 효율이 다른 모든 가치보다 윗자리에 있어야 한다는 믿음을 가지게 되었다. 이 책은 그 믿음을 정면으로 반박한다.

뇌의 보상 체계, 감정 조절 회로, 신뢰의 신경 기제를 통해 "인간답게 대우받을 때 인간은 더불어 사는 삶과 높은 생산을 결과한다"는 사실을 입증한다. 이것은 단순한 도덕적 선언이 아니라 신경과학적 사실에 기반한 과학적 혁신이다.

이 책이 말하는 인간 중심의 생산성 향상은 기업의 경영뿐 아니라 국가

정책에도 적용되어야 할 원리이다. 기술 중심의 정책에서 인간 중심의 정책으로, 자본 효율성에서 신뢰와 효율로, 경제적 성장에서 감정적 회복력으로 시선을 옮길 때 비로소 인간과 자연 모두가 지속 가능하다는 메시지를 던진다.

저자들은 레저가 단순한 '시간 때우기'가 아니라 협력, 공정, 감정 조절, 사회적 신뢰 같은 인간의 본능적 능력을 강화하는 필수 활동임을 강조한다. 레저는 사치가 아니다. 지능을 회복시키는 하늘이 준 시간이라는 것이다.

이 책은 또한 골프 산업 현장에서 만난 종사자들의 슬픈 현실을 담담하게 기록한다. 이야기 속의 그들은 단지 골프장 직원이 아니라 한국의 수많은 중소기업 근로자와 공공 서비스 종사자들의 축소판이다. 그들의 피로, 상처, 불신, 그리고 회복을 향한 열망은 한국 사회 전체의 단면을 비춘다.

이 책은 놀랍게도, 이런 현실 속에서 신뢰와 공정을 중심으로 하는 경영으로 복원할 것을 제안한다. 골프장 현실을 예로 삼았지만, 모든 중소기업, 나아가 공공 정책 담당자들이 주목해야 할 새로운 인간적 경영 방식을 제안한다.

그렇기에 단순히 산업의 개선을 논하지 않는다. 인간의 존엄을 회복시키는 생산성 혁명을 소리쳐 울린다. 기술이 아니라 신뢰가, 효율이 아니라 감정이, 그리고 자본이 아니라 인간의 마음이 진정한 성장을 만든다는 사실을, 이 책은 조용하지만 단단하게 증명한다.

■ 추천의 글

AI 시대, 레저가 만드는 새로운 경제의 뇌과학

최문순(전 강원특별자치도지사)

　AI 혁명은 생산 구조를 근본적으로 바꾼다. 사회적으로 필요한 노동 인구가 급감하고, 특히 재래식 숙련 노동의 가치가 빠르게 줄어든다. 그 결과 수도권 외의 지역은 고용 감소와 고령화로 심각한 사회·경제적 위기에 직면하고 있다.

　그러나 저자들은 이 위기 속에서 새로운 성장의 가능성을 본다. AI는 인간의 인지 능력은 탁월하게 대체하지만, 감정과 공감, 사회적 교감 능력은 대체하기 어렵다. 따라서 앞으로의 고용 증대는 감성 노동(emotional labor)이 주도할 것이다.

　레저산업은 바로 그 감성적·사회적 교감 능력, 그리고 인지 능력을 통합적으로 강화할 수 있는 산업이다. 레저는 단순한 소비가 아니라 인간의 협력·공정성·정체성을 자극하는 사회적 두뇌 훈련이다.

　이 책은 레저산업이 21세기 첨단산업의 우수 인재를 양성하고 감성 노동 종사자의 역량을 강화하는 데 핵심 역할을 할 수 있음을 신경심리학의 언어로 설명한다.

　이러한 관점에서 레저산업은 쇠퇴하는 재래식 산업을 대체하여 지방 경제와 고용을 다시 일으킬 수 있는 신흥 부흥 산업이다. AI시대의 지역 발전 전략은 더 이상 제조업 중심이 아니라, 감정·관계·창의성 기반의 레저 경제 모델로 옮겨가야 한다.

저자들은 신경심리학에 기초해 인간의 지능과 능력 개발에 도움이 되는 레저 유형을 제안한다. 그들은 '사행성 레저'에서 '생산성 레저'로의 전환을 주장하며, 그 타당성을 과학적으로 증명한다. 레저의 본질은 도박이 아니라 인지적·정서적 성장이며, 이 책은 그 변화를 이끌 마케팅 방법까지 제시한다.

특히 신경심리학 기반의 마케팅 전략은 지방자치단체가 주민의 만족도를 높이는 방식으로 레저산업 정책을 설계할 수 있는 실용적 지침이 된다. 감정의 뇌과학을 이해하면, 정책 캠페인조차 신뢰와 기대의 신경 메커니즘을 활용하여 더 인간적인 설득과 참여를 이끌어낼 수 있다.

저자들은 분명히 말한다. 생산성 향상은 기술이나 자본보다 인간의 정체성과 의지에서 비롯된다. 그것이 신경심리학이 제시하는 핵심 진리이다.

역사를 돌이켜보면, 노예제보다 봉건제가, 봉건제보다 민주제가 더 높은 생산성을 보였던 이유도 여기에 있다. 공정성과 신뢰, 인간다운 대우가 곧 생산성의 원천이기 때문이다.

따라서 이 책의 통찰은 레저산업 종사자뿐 아니라 경제·고용 정책을 설계하는 지방자치단체와 정부 관계자들에게도 필독서가 된다.

AI가 기술을 담당한다면, 인간은 감정과 신뢰, 그리고 사회적 관계를 담당해야 한다. 이 책은 바로 그 "인간의 영역을 확장하는 과학적 해설서"이다.

■ 추천의 글

AI 시대, 인간을 다시 중심에 세우는 경영

주 영(재단법인 레저골프진흥원 준비위원장)

이 책은 한국 기업들의 경영 방식에 대해 근본적인 성찰을 던집니다. 우리는 기술과 효율, 성과와 전문성에 지나치게 편향되어 있지 않은지 되돌아보아야 합니다. 이 책은 이러한 질문에 신경심리학의 언어로 답하고 있습니다.

저자들은 기업의 생산성을 결정짓는 핵심 요인이 기술이나 자본이 아니라, '신뢰, 안전감, 감정적 동기'임을 보여주고 있습니다. 조직의 뇌가 피로할수록 혁신은 멈추고, 신뢰의 회로가 작동할수록 창의성과 협력이 살아납니다.

AI가 기술을 혁신하는 시대, 이제 인간은 신뢰를 혁신해야 합니다. 기계는 계산할 수 있지만, 신뢰할 수는 없습니다. 이러한 차이를 이해할 때 비로소 인간 중심의 경영이 가능해집니다.

특히 이 책에서 제시하는 '마이크로 레저(micro-leisure)' 개념은 매우 신선합니다. 업무 중 짧지만 의미 있는 회복의 시간을 설계함으로써 주의력과 감정 에너지를 재충전하고, 이를 통해 업무 효율과 창의성을 동시에 높일 수 있는 경영 방식을 제안하고 있습니다.

이 책은 AI 시대의 경영자와 리더에게 새로운 방향을 제시합니다. "기계가 기술을 담당한다면, 인간은 신뢰를 담당해야 한다." 이 명제 하나가 이 책의 모든 메시지를 관통하고 있습니다.

■ 추천의 글

퍼팅 그린 위의 공감 동반자, 캐디

조연희(골프캐디 플랫폼 제이캐디 대표)

골프에서 캐디는 흔히 '도와주는 사람'으로 불립니다. 하지만 저는 지난 14년 동안 현장에서 캐디로 근무하며 깨달았습니다. 캐디는 단순한 보조자가 아니라 골프라는 경험의 완성도를 높이는 최종 조율자입니다.

이 책은 캐디를 다시 바라보게 합니다. 스코어를 넘어서 감정·인지·사회적 리듬을 다루는 존재, 골퍼의 마음과 플레이의 흐름을 설계하는 외부형 메타인지 파트너로서 캐디를 다룹니다. 지난 14년 동안, 비 오는 새벽 첫 티업에서 마지막 퍼팅까지 함께하며 느꼈던 수많은 순간들이 이 책 속에서 너무 정확하게 설명되어 놀랐습니다.

양재원 대표님께서는 이러한 캐디의 가치를 단지 이론으로만 머무르게 하지 않으셨습니다. 대표님은 캐디를 단순 인력이 아닌, 고객 체험을 총괄하는 '감정 디자이너'의 역할로 대우하고 교육하셨습니다. 이 책은 그런 대표님의 철학이 고스란히 담긴 결과물이라 생각합니다.

기술이 발전할수록 '인간다움의 가치'는 더 선명해집니다. AI는 거리를 계산할 수 있지만, 동행의 의미와 감정의 타이밍은 사람이 만듭니다. 이 책은 그 본질을 가장 명확하게 말해 주는, 골프 산업의 새로운 기준점이 될 것입니다.

골프를 사랑하는 모두에게, 그리고 골프의 미래를 고민하는 이들에게 강력히 추천드립니다.

■ 추천의 글

'골프장 경영의 바이블'이라 불러도 손색없는 책

김기준(대영힐스베이스CC 동원홈푸드 식음 지점장)

양재원 님의 글을 접하고 간략하게나마 소감을 전하게 되어 기쁩니다. 30년을 골프장에 종사하는 사람으로서 왜 이제서야 이런 글을 보게 되었을까? 다들 뭘 하고 있었지? 지난 30년을 되돌아보게 된 계기가 되었습니다. 집필하기까지 고뇌의 흔적과 깊은 통찰력에 박수를 보냅니다.

지난 30년 동안 본 적도 들은 적도 없는 골프장 경영의 지침서를 만났다는 생각에 기쁩니다. 가히 "골프장 경영의 매뉴얼 북"이라 불러도 손색이 없다고 생각됩니다. 골프장 마케팅에 관한 전문적 지식과 더불어 골프장의 마케팅, 코스관리, 경기, 식음, 위탁업체 관리에 이르기까지 모든 분야를 아우르는 통찰력에 머리가 숙여집니다. 한 명 한 명 모든 종사자를 생각하는 따뜻한 시선과, 그들의 성장과 미래까지 걱정하는 배려에 가슴 뭉클합니다.

"존경받는 회사는 백년 간다"는 믿음의 소유자로서 회사(오너)와의 갈등에 고뇌하는 이야기가 너무도 안타깝습니다. 회사(오너)가 믿고 신뢰하기에 영입한 최고경영자가 아니겠습니까? 그렇다면 전폭적 지지와 함께 권한과 책임을 주어야 하지 않을까요? 사내 정치에 휘둘리는 회사(오너)를 위해 스스로를 소모하는 일은 없었으면 합니다.

더불어 사람 사는 세상을 위하여 애쓰시는 저자에게 뜨거운 응원의 박수를 보냅니다. 다시 한번 정독하며 골프장 경영의 노하우와 지식을 습득해야겠습니다.

■ 책을 쓰면서

골프장 사람들을 행복하게 하는
'뇌과학-AI 문명화'를 꿈꾸며

21세기는 뇌과학과 인공지능(AI)이 인간의 삶과 산업 전반을 결정짓는 시대입니다.

하지만 이 두 기술은 단순한 기능적 도구를 넘어 인간의 감정·기억·정체성·언어와 직접 연결되는 '인간 중심 기술'이라는 점에서 특별합니다.

그렇기에 뇌과학과 AI를 제대로 이해하고 활용하기 위해서는 인문학적 성찰과 삶의 문화적 맥락을 이해하는 과정이 반드시 병행되어야 합니다.

이러한 문제의식을 품고, 저는 '레저-골프의 신경심리학'이라는 시도를 통해 기술 중심 시대에 "사람과 삶을 중심에 두는 문명화의 길"을 제안하고자 합니다.

뇌과학-AI는 기술이 아니라 '인간 학습의 도구'이다

오늘날 뇌과학은 '기억', '정체성', '행복'과 같은 인간의 내면을 직접 연구하는 과학이고, AI는 인간의 언어·사고·판단 과정을 모방하거나 돕는 학문 기술입니다. 따라서 이 두 영역은 인문학적 질문이 결여될 경우, 인간의 존엄을 강화하기보다 약화시킬 위험이 있습니다.

기술을 이해하려면 인간을 먼저 이해해야 합니다. 인간을 도외시한 채 발전하는 과학기술은 결국 인간을 소외시키게 될 것입니다.

엘리아스의 문명화 과정: 지식은 생활 문화로 확산될 때 완성된다

사회학자 노르베르트 엘리아스(Norbert Elias)는 "문명은 지식이 생활 양식으로 자리 잡을 때 비로소 완성된다"고 말했습니다.

그의 분석에 따르면, 수저와 포크를 사용하는 식사 예절, 감정 억제 규범, 위생 개념 등이 모두 바로 그렇게 자리 잡아왔습니다. 즉, 지식이 '일상의 습관'으로 전환될 때 문명이 성립됩니다.

뇌과학-AI 시대의 문명화는 어떻게 추진되어야 하는가?

한국이 앞으로 만들어갈 뇌과학-AI 시대의 문명화는 단순히 "기술을 많이 쓰는 사회"를 만드는 것이 아니라 "기술이 인간의 존엄과 행복을 돕는 생활 문화를 확립"하는 일이 되어야 합니다.

이를 위해서는 무엇보다도 "기술은 인간을 대신하는 것이 아니라 인간을 돕는 것"이라는 인식이 사회에 뿌리내려야 합니다. 그런 인식 위에서라면 한국은 '뇌과학-AI 문명화'를 가장 품위 있게 실현한 나라가 될 수 있습니다.

이 책이 하고자 하는 시도

이 책 『뇌는 레저를 할 때 어떻게 변할까?』는 뇌과학과 AI의 지식을 '레저'와 '골프'라는 생활 문화의 한 영역에 실제로 접목해 보는 실험적 작업입니다.

이는 곧 "기술로 문명을 만들고, 문화로 기술을 완성하는 과정"의 작은 출발점입니다.

골프장 사람들을 위한 뇌과학-AI 문명화를 바라며

기술이 빠르게 진보하는 시대일수록 우리가 더 집중해야 할 것은 사람이 살아가는 방식과 감정의 연결입니다. 기술이 인간의 가치를 훼손하지 않고, 오히려 더 풍부하게 만들도록 뇌과학과 AI는 이제 생활 속에서 '문명화'되어야 합니다.

저는 이 책이 그러한 문명화의 가능성을 골프장이라는 공간에서 먼저 실험해 보는 길잡이가 되기를 바랍니다. 그리고 이 실험이 사람과 사람을 더 가깝게 만들고, 삶을 더 건강하고 풍요롭게 만들어주기를 진심으로 바랍니다.

이 작은 책이 그런 문명화를 꿈꾸는 독자에게 작지만 분명한 지적 자극과 실천의 단초가 되기를 희망합니다.

감사합니다.

대표 저자 양 재 원 올림

■추신: 이 책은 본래 한 권으로, 제1부 '골프장 체험담', 제2부 '신경심리학 이론과 사례', 제3부 '뉴로마케팅으로 본 골프장 마케팅', 제4부 '레저·골프의 사회적 효용과 산업' 등 총 4부로 구성하였습니다.

하지만 책의 분량이 너무 많아 제1부와 제3부, 제4부를 합쳐 '실무편'으로, 제2부만을 분리하여 '이론편'으로 편집하여 2권의 책으로 출간했습니다. 따라서 원활한 이해를 위해서는 1권 실무편의 제1부 '골프장 체험담'을 읽고, 그다음에 '이론편'인 2권을 읽고, 다시 1권 실무편의 제2부 '뉴로마케팅으로 본 골프장 마케팅'과 제3부 '레저·골프의 사회적 효용과 산업'을 읽으시길 권합니다.

■ 공동 저자 소개

(가나다순)

김기철(주식회사 에스유앤컴퍼니 대표)

이번 도서 집필에 참여한 것은 개인적으로 매우 뜻깊은 경험이었다. 나는 레저와 골프 마케팅 분야에서 활동해 왔지만, 이번 작업은 그동안 익숙하다고 여겼던 산업을 전혀 다른 시각에서 바라보게 한 계기였다.

신경심리학을 마케팅에 접목해 보자는 취지에 공감하였고 이를 통해 단순한 시장 논리를 넘어 인간의 마음과 행동을 이해하려는 새로운 시도에 동참할 수 있었다는 점에서 큰 의미가 있었다.

업계 종사자로서 강조하고 싶은 부분은 클럽하우스의 뉴로마케팅에서 공간 전략이 가장 강력한 가격 전략임을 이야기한 부분이다. 이용자에게 감정의 중요성을 일깨우고 클럽하우스를 기품, 여유, 지성의 공간으로 재창출하여 가격의 뇌를 바꾸는 정교한 마케팅 도구로 현장에서 충분히 활용할 수 있을 것이다.

레저와 골프 산업을 인간의 뇌와 감정의 작용이라는 관점에서 이용자의 입장에서만 골프장을 바라보던 기존 시선을 벗어나 종사자와 경영자의 관점에서도 골프산업을 다시 생각하게 되었다. 골프장은 단순히 소비가 이루어지는 공간이 아니라 수많은 사람들이 감정과 노력을 주고받는 하나의 '심리적 생태계'라는 점을 깨달은 점은 업계 종사자로서 큰 수확이었다.

신지웅(골프락 대표)

골프는 상대방과의 관계, 관계에서 나오는 태도(manner)에 따라 승패가 갈린다. 친구들과 함께 할 때 압도적인 승리를 거둔 이가 지인들과 플레이를 하였을 때 말도 안 되는 스코어가 나오는 이유가 여기서 비롯된다. 이 책에서는 바로 그 무대 한가운데에서 오랜 시간 골프장 경영자로서 사람을 이해하고 조직을 변화시키며 자신을 뒤돌아본 한 리더의 진솔한 기록에서 이유를 찾을 수 있다.

책에서 골프장은 단순히 골프를 치는 곳이라 치부하지 않는다. '사람이 성장하는' 장소로 바라본다. 그곳에서 만난 수많은 캐디, 직원, 고객, 동료, 그리고 오너와의 관계를 통해 경영의 본질이 시스템이 아닌 '사람의 마음'에 있음을 깨닫는다. 그러한 깨달음이 생생히 담겨 있는 게 바로 이 책이다.

책은 굉장히 차갑게 경영의 세계로 안내하지만 속은 누구보다도 따뜻하다. 현실적이면서도 인간에 대한 믿음을 잃지 않는다. 사람다워야 골프장이 돌아간다고 믿었고, 그래서 성공의 결실을 맛봤다. 그 속에서 오너는 인간을 이해하려는 고독한 성찰을 내뱉는다.

골프는 단순한 운동이 아닌 시대에 이 책은 더욱 인간적으로 다가간다. 단순한 경험담을 넘어 모든 리더와 경영자에게 '사람 중심의 길'. 사람다움을 요구한다.

사람다움이 지속 가능하기에 골프도 마찬가지이다. 가장 차갑게, 비즈니스적일 것 같지만 사람다움이 있을 때, 우리가 가장 인간적일 때 골프장은 단순히 경쟁의 장(場)이 아니라 힐링의 명소가 된다. 그리고 그렇게 10년 뒤, 100년 뒤를 바라보는 우리 모두의 레저의 장(場)이 된다.

골프장 경영자에게는 철학을, 종사자에게는 용기를, 독자에게는 울림을 주는 이 책을 진심으로 추천한다. 우리가 우리다울 때 가장 아름답다는 게 증명돼서이다.

이창래 (사람과세상 대표)

1980년 대학에서 학생운동을 시작으로 기득권을 버리고 소외된 이웃과 함께 살겠다고 다짐했다. 나는 여전히 그 꿈을 안고 춘천에서 지역사회의 문화 콘텐츠 활성화를 위한 출판 일을 하고 있다.

이 책의 집필에 참여하여 나를 성찰하는 소중한 기회를 주신 점에 감사드린다. 1980년대 대학을 다녔던 나는 합리적 이성과 효용을 중심 가치로 살아왔지만, 그 믿음이 커다란 착각이었음을 깨달았기 때문이다.

신경심리학을 다루는 이 책을 함께하며, 그간 나만이 옳다는 아집에 빠져 살아왔음을 처절하게 반성했다. 무엇보다 이 책에 등장하는 '편향된 공정성'에 경도되어 있던 나를 발견한 것이다. 나는 스스로 약자가 공정하게 대우받아야 한다는 도덕적 책무를 다하며 살아왔다고 자부했다. 하지만 이 책은 그런 나를 돌아보게 했다. 누구보다 아내가 먼저 생각났다. 가장으로서 내 편의대로 아내를 '동지'로만 규정하고 '아내', '엄마'로서는 생각지 않은 채, 나의 정당성만을 강요하며 많이 다투기도 했다. 이 책에 참여하면서 아내에게 사죄의 전화를 했다. "고맙습니다, 미안합니다." 아내는 이제라도 그런 말을 해주니 고맙다고 했다.

이 책의 첫 독자로서 나는 다짐한다. "나는 바뀌어야 한다. 바뀌기 위해 노력해야 한다. 그게 인간이다. 인간답게 살기 위해 노력할 것이다." 이 책을 만드는 데 참여할 수 있는 인연을 만들어주신 모든 분들께 감사드린다.

최유식(한국골프연맹 8지역 지부장, 전 포웰CC 안성 총지배인, 전 아리스타CC 본부장)

28년 전 처음 골프가 재미있어 골프를 직업으로 선택했으며, 프로에 입문하여 고객을 가르쳐보고 골프 연습장 및 컨트리클럽에서 현장 실무 경험을 바탕으로 일을 했다.

『뇌는 레저를 할 때 어떻게 변할까?』라는 책을 집필하면서 "레저는 인간에게 꼭 필요한 4차 산업혁명이다"라는 것을 새롭게 배웠다. AI가 세상을 빠르게 변화시키고 있지만, AI는 감정을 느끼지 못한다. 반면에 레저는 인간만이 현실 속에서 온몸으로 느끼고 경험하며 누릴 수 있는 놀이이자 경험이다. 대표적으로 자연에서 즐기는 골프는 스트레스 회복력을 키워주고 집중력을 길러주는 대표적인 레저 활동이다.

회사 경영도 인간 중심으로 경영해야 하며, 충분한 레저 활동 시간을 보장해야 업무에 대한 능률도 올라간다는 사실을 이번 책을 집필하면서 확실히 깨우쳤다. 레저는 단순한 운동이 아닌 인간의 에너지를 재충전하고 사회적 활동 효율을 향상시켜 준다는 것도 알게 되었다.

레저 사업 종사자 및 경영 관계자가 꼭 읽어야 할 책이다. 인간 뇌의 신경심리학을 잘 알아야 레저 사업에 성공한다.

집필에 참여할 기회를 주신 양재원 대표님께 감사드린다.

■ 목차

- 추천의 글_ 4
- 책을 쓰면서_ 11

제1부 신경심리학의 통합 모델_ 21

서장: 의사결정 신경심리학의 단순 모델_ 22

제1장 환경과 뇌의 관계_ 29
1. 물리적 환경과 뇌의 관계_ 29
2. 사회적 환경과 뇌의 관계_ 39
3. 지능을 깨우는 환경의 조건: 단조로움, 복잡함, 풍요로움_ 54

제2장 신체와 항동성: "살아 있는" 신체의 특징_ 59
1. 신체, '살아 있음'의 특징은?_ 59
2. 항동성(동적 항상성)의 조절 메커니즘_ 63
3. 항동성의 핵심적인 특성_ 70
4. 동적 항상성의 특성에 따른 삶의 변화_ 75
5. 항동성과 인간의 생물학적 변화, 진화_ 77

제3장 의사결정의 신경심리학_ 81
1. 항동성과 '의사결정의 신경심리학'의 관계_ 81
2. 일상 속 의사결정 관리법: 뇌 에너지 효율적으로 사용하기_ 85

제4장 의사결정의 신경심리 시스템 Ⅰ_ 97
1. 감각 처리와 주의력의 기초_ 97
2. 마케팅에 대한 시사점_ 105

제5장 의사결정의 신경심리 시스템 Ⅱ_ 108
1. 의사결정 유형의 선택_ 108
2. 항동성에서 감정으로: 정서(emotion)의 형성과 역할_ 127
3. 주관적 느낌에서 의식적 인지로_ 141
4. 목적지향적 행동의 신경심리학
   — 감정-인지-가치 평가 통합 모델_ 151
5. 탐색(foraging)과 의사결정(decision-making)_ 154

제6장 의사결정 시스템 유형의 선택과 결정_ 170
1. 의사결정(행동) 시스템의 선택과 결정의 신경심리 구조_ 170
2. 전측 대상피질(ACC)의 역할: 항동성 조절자, 행동 시스템 스위치_ 173

제2부 감정, 인지, 가치 평가, 행동 선택의 역할_ 177

제1장 감정_ 179
1. 행동의 선택: 통합 모델, 효용(utility)의 유형들_ 180
2. 경험 효용에서 결정 효용으로_ 187
3. 시간적 지속성을 기준으로 본 감정의 유형과 이용_ 198
4. 심리적 정체성과 감정의 시간 구조의 상호 관계_ 209
5. 예측 동기-경험 평가 통합에 의한 감정 생성 메커니즘_ 232
6. 감정 형태(modality)에 따른 '본성적 구매 성향'_ 237

제2장 인지_ 242
1. 인지의 본질과 작동 메커니즘_ 243
2. 목적지향적 결정에서 무의식·의식적 인지 차이의 통합적 응용 능력_ 248
3. 종합적 인지 능력 개발 방법
  — 신체·정서·사회·환경이 통합된 인지의 신경심리학적 접근_ 255
4. 감정이 인지에 작용하는 신경심리 메커니즘
  — 선택 폭과 성능의 조절 기능을 중심으로_ 259
5. 인지가 감정에 미치는 영향의 신경심리학적 이해
  — 사고가 감정을 바꾸는 뇌의 메커니즘과 실생활 응용_ 265

제3장 의사결정의 신경심리학_ 271
1. 인지의 결과: '결정'과 '탐색'의 신경심리학
  — 기억 기반 인지와 대안 탐색의 메커니즘_ 271
2. 기억 기반 탐색과 의사결정 지식의 마케팅 응용
  — 감정-인지-탐색의 신경심리학을 활용한 소비자 행동 전략_ 275
3. 골프장 마케팅에서의 감정-탐색-의사결정 통합 모델
  — 뇌 기반 인지 구조를 활용한 고객 경험 설계_ 278
4. Valuation·Choice에 작용하는 신경심리 특성
  — 맥락 의존적 선택의 신경경제학적 이해_ 282
5. Valuation for Risky and Uncertain Choice
  — 위험과 불확실성 속에서 뇌는 어떻게 가치를 계산하는가_ 285
6. Valuation, Intertemporal Choice, and Self-Control
  — 인간의 뇌는 어떻게 '지금'과 '미래' 사이의 가치를_ 290
7. Social Preference and the Brain
  — 협력과 경쟁의 신경심리적 구조_ 294
8. Empathic Competition and Group Dynamics
  — 공감하는 경쟁이 가능한 집단의 신경심리적 조건_ 298

제4장 소비자 의사결정과 마케팅 응용_ 303
　　　　1. Effect of Set Size
　　　　　― 선택지의 수가 판단을 왜곡하는 이유와 최적의 개수_ 303
　　　　2. Effect of Option Attribute
　　　　　― 미묘한 속성 차이와 '미끼(Decoy)'의 힘_ 307
　　　　3. Reference Point and Loss Aversion
　　　　　― 기준점과 손실 회피의 신경심리학, 그리고 여행 마케팅 응용_ 311
　　　　4. The Satisfaction of Sale
　　　　　― '거래를 잘했다'는 쾌감의 신경심리학과 마케팅 응용_ 315

제3부 사회적 인지와 관계 ― 집단 속에서의 선택과 공감 경쟁_ 319

　　제1장 사회적 감정과 인지_ 321
　　　　1. 사회적 항동성의 진화_ 321
　　　　2. 사회적 감정의 진화_ 326
　　　　3. 사회적 인지의 진화_ 330
　　　　4. 공감의 진화와 개념적 구분_ 334
　　　　5. 사회적 뇌의 일상적 활용_ 339
　　　　6. 사회적 항동성·감정·인지, 공감의 마케팅적 활용_ 343

　　제2장 사회적 사고와 비사회적 사고의 신경심리학적 비교_ 347
　　　　1. 사회적 사고 vs 비사회적 사고_ 347
　　　　2. 뇌의 기본값으로서의 사회적 사고_ 354
　　　　3. 생활의 지혜: 사물의 문제를 사람의 문제로 전환하라
　　　　　― 사회적 사고가 해답을 찾아주는 신경심리적 이유와 사례_ 359
　　　　4. 사회적 뇌 기반 골프장 마케팅 사례
　　　　　― 사회적 항동성·감정·인지, 공감의 응용_ 363

　　제3장 사회적 지능과 전략적 사고_ 371
　　　　1. 전략적 사고_ 371
　　　　2. 사회적 지능과 전략적 사고: 생활 속에서 이해하기_ 376
　　　　3. 경험을 가중해서 배우는 뇌의 계산법
　　　　　― 경험 기반 학습(EWA) 모델의 생활 사례_ 380
　　　　4. 사회적 사고와 전략적 사고를 활용한 부킹 사이트 설계_ 383

　　제4장 애착 이론과 보상_ 387
　　　　1. 애착 이론: 인간 관계의 신경심리학적 토대_ 387
　　　　2. 애착: 물질보다 사회정서적 조건을 선호하는 본능
　　　　　― 진화·신경·심리·생활의 통합적 이해_ 393

3. 애착: 사회정서적 조건의 선호와 기업 생산성의 관계
— 사회적 보상 회로와 조직 성과의 신경심리학적 이해_ 398
4. 생산성: 사회적 지능과 비사회적 지능의 역할과 비중_ 401
5. 애착 이론과 관계된 경영 이론_ 404
6. 사회적 지능 기반 골프장 마케팅의 실제 응용
— 관계, 신뢰, 정체성, 감정의 보상 회로를 설계하는 마케팅_ 418

제5장 사회적 지능과 자기 통제_ 422
1. 자기 통제_ 422
2. 사회적 지능과 자기 통제
— 나를 다스리는 뇌, 관계를 지키는 마음_ 428

제6장 정체성과 욕구 432
1. 정체성 vs 욕구_ 432
2. 마케팅의 두 축, 정체성과 효용
— 고객의 욕구는 무엇을 말하는가_ 438
3. 정체성을 강조하는 경영
— 이익보다 의미로 움직이는 조직의 힘_ 443
4. 정체성과 능력
— 나는 무엇을 할 수 있는가, 그리고 왜 그것이 나인가_ 449
5. 맺음말: 정체성의 사회적 의미는 협력과 신뢰의 기반_ 453

제7장 사회적 사고에서 주의해야 할 편향과 본성_ 462
1. 사회적 뇌의 근본적 특성
— 진실보다 관계의 질서를 우선하는 뇌_ 462
2. 사회적 인지의 주요 편향_ 463
3. 인간 협력의 기반이 되는 사회적 본능_ 464
4. 사회적 사고의 역설과 통합적 이해_ 468

제4부 결론에 대신하여_ 469

1. 인류의 진화가 AI 혁명의 격변 시대에 주는 교훈
— 홍적세의 혹독한 기후 변동이 만들어낸 인간의 적응력_ 471
2. 인류 진화가 기업 CEO에게 주는 교훈
— '사회적 뇌'와 갈등을 포용하는 집단이 살아남는다_ 479

• 참고문헌_ 487

제1부
신경심리학의 통합 모델

서장: 의사결정 신경심리학의 단순 모델

이 책은 단순한 지식의 학습이 아니라 지능(문제 해결 능력) 개발 방법에 대해 골프장 사람들에게 설명하기 위한 것이다. 좀 더 뛰어난 지능(문제 해결 능력)을 발휘하고자 하는 것이 뇌의 궁극적인 존재 이유이다.

박테리아는 유익한 화학물질은 가까이하고 해로운 화학물질은 멀리하는, 소위 '주화성'을 본성으로 갖고 있다. 그런데 박테리아도 경험한 이후에 대응 방안을 마련하는 것보다 미리 예측하고 대응하면 생명 유지에 더더욱 유리할 것이다.

벌이나 달팽이가 지닌 파블로프식 시스템은 단순한 반사라는 생리적 현상 그 이상의 의미가 있다. 이는 외부 자극에 대한 '고정된 반응'을 넘어 특정 신호(종소리)가 의미 있는 사건(먹이)을 '예측'하게 해주는 최초의 학습 메커니즘이기 때문이다. "예측하고 반응한다"는 점에서 이는 지능 진화사에서 '획기적 도약'이었으며, '진화의 지능 시스템' 그 자체이다. 즉, '예측한다'는 것 자체가 생명이 환경에 적응하며 이룬 가장 획기적인 지능의 혁명인 것이다.

또한 벌은 화려한 꽃에서 꿀을 얻었던 경험을 '기억'하였다가 이후에는 이곳저곳 돌아다니지 않고 화려한 꽃만 찾아가는 행동을 한다. 예전의 이리저리 찾아다니던 시절에 비해 얼마나 많은 에너지가 절약되겠는가? 이것이 파블로프식 시스템에 의한 지능이자 장점이다.

이렇게 파블로프식 시스템을 분석하는 과정은 이 시스템이 지닌 성능, 즉 지능을 분석하는 것이며, 이러한 분석을 통해 이 시스템을 좀 더 효과적으로 이용하는 방법을 찾아낼 수 있다. 파블로프식 시스템을 이용해 비둘기가 탁구를 칠 수 있도록 훈련하는 방법을 찾아냈듯이.

벌의 뇌에 있는 주요한 의사결정 시스템은 파블로프식 시스템인데, 인간의 뇌가 지닌 주요한 의사결정 시스템은 무엇일까를 연구하는 것이 의사결정의 신경심리학이다. 의사결정의 신경심리학적 분석을 통해 우리는 인간의 뇌가 지닌 의사결정 시스템의 성능, 즉 문제 해결 능력(지능)을 파악할 수 있다.

또한 파블로프식 시스템을 이용해 비둘기가 탁구를 치는 행동을 훈련할 수 있었다는 사실은, 인간도 자신의 의사결정 시스템을 잘 이용하여 '보통사람인 자신'을 유능한 경제적 인간(문제 해결에 능한 직원, 소비자 심리를 꿰뚫는 마케터, 조직의 비전을 제시하는 CEO)으로 거듭나는 방법을 개발하는 방법을 찾아낼 수 있다는 것이다.

예를 들면, 이 의사결정의 신경심리학을 마케팅의 관점에서 재정리하면, 이는 곧 마케팅 능력 함양을 위한 "마케팅의 신경심리학"이 될 수 있고, 직원의 업무 능력을 함양하는 관점으로 응용하면 바로 "경영의 신경심리학"이 될 수 있다. 또한 CEO의 업무 능력 함양에 도움이 되도록 의사결정의 신경심리학을 해석·응용하면 이것이 곧 "리더십의 신경심리학"이 될 것이다.

이러한 이론적 분석 방법은 시중에 소개된 신경마케팅론, 신경경제학, 신경정치학 등과 차이점이 있다. 시중의 '신경마케팅론' 등은 기존의 마케팅론, 경영론, 리더십론이 취하는 관점과 체계를 기준으로 하여 기존 이론을 보강하고 '풍부화'하기 위해 신경심리학 지식 중 필요한 부분만 발췌·응용하는 방법을 취했다. 하지만 이러한 방식은 기존 이론 체계가 지닌 프레임에서 벗어나기 힘들다. 다시 말해 신경심리학적 프레임의 장점을 살리기 어렵다.

비유하자면, 기존 신경마케팅론은 낡은 건물(마케팅 이론)에 신경심리학이라는 인테리어를 하는 작업이라면, 우리의 접근법은 신경심리학이라는 새로운 토대 위에 새로운 건물을 짓는 것에 가깝다. 기존의 신경마케팅론, 신경리더십론이 이렇게 기존의 이론 틀에 신경심리학의 일부 이론이나 기술을 응용한 것이라면, 이 글은 신경심리학 체계를 준용해서 마케팅에 필요한 방법·전략, 직원 능력의 개발 방법이나 전략을 찾고자 한다. 즉, 마케팅이나 직원 지능 개발을 위한 '분석 프레임'으로 신경심리학을 적용하는 것이다.

핵심 프레임 비교: '도구적 접근' vs '패러다임 전환'

비교 항목	기존 신경심리학 응용이론 (신경마케팅, 신경경제학 등)	의사결정 신경심리학
출발점	기존 학문의 가설·이론 예) 마케팅론, 경제학	뇌의 의사결정 시스템 예) 파블로프식, 습관적, 목적지향적
신경과학의 역할	보조 도구	핵심 분석 프레임
접근 방식	하향식(Top-Down) 기존 이론→신경과학으로 증명·보강	상향식(Bottom-Up) 뇌 시스템 분석 → 새로운 이론 창발
주요 질문	"우리 이론을 신경과학으로 증명할 수 있을까?"	"뇌가 작동하는 방식에서 무엇을 배울 수 있을까?"
목표	기존 이론 풍부화	패러다임 전환 및 새로운 이론 체계 수립
한계	기존 이론 프레임에 갇힘	기존 지식과의 단절감(극복해야 할 과제)
생성 결과	신경과학으로 증명된 마케팅론	마케팅·리더십의 신경심리학

※ 이 도표는 기존 신경마케팅론 등과 의사결정 신경심리학의 근본적 차이를 보여준다. 핵심 차이는 출발점과 분석 프레임에 있으며, 이를 통해 새로운 전략과 이론을 창발할 수 있다.

독자에게 이러한 접근법은 커다란 장점이 있을 것이다. 신경마케팅, 신경경제학, 신경리더십론을 각각 따로 공부하는 비효율을 줄일 수 있기 때문이다. 한마디로 신경심리학이라는 하나의 체계로 마케팅, 경제학, 리더십을 통합적으로 이해할 수 있는 효율성을 얻는 것이다. 그 이유는 명확하다. 마케팅을 하는 사람, 직장에서 일하는 사람, 경영하는 사람 모두 기본적인 뇌 구조와 의사결정 시스템을 공유하는 "같은 인간"이기 때문이다.

그런데 여기서 핵심적인 궁금증이 생긴다. 각자의 역할에 따라 업무를 볼 때 인간으로서 동일하게 작동하여 공유되는 의사결정 시스템은 무엇이며, 각자의 "입장과 처지"가 달라진다면 의사결정 시스템의 작동에 어떠한 차이가 발생하는가 하는 점이다. CEO의 뇌 구조와 직원의 뇌 구조는 개와 고양이의 뇌처럼 근본적으로 다른 것은 아니다. 마케터의 뇌와 소비자의 뇌도 작동하는 기본 구조는 거의 동일하다. 어떤 사람이 마케터의 역할을 할 때와 소비자 역할을 할 때가 있을 것이다. 이처럼 입장과 처지가 달라진다면 한 사람의 동일한 뇌라도 그 기능과 활성화 패턴이 뚜렷이 달라진다.

결국 신경심리학의 관점에서 보면, 한 개인은 하나의 물리적 뇌 구조를 가지지만, CEO로서 의사결정을 할 때와 소비자로서 행동할 때 활성화되는 뇌의 신경 회로와 생리적 상태는 현저히 다르다. 예를 들어 유능한 CEO로서 회의실에서는 수억 원의 사업 투자를 놓고 냉철하게 위험 요인을 분석하는 '목적지향적 시스템'을 가동하던 그도, 시장에 들어서서 '한정판' 할인이라는 자극을 받게 되면 '파블로프식 시스템'이 주도하는 충동구매를 하는 '평범한 소비자'로 변모하기도 한다.

신경심리학은 바로 이러한 상황과 처지에 따라 동적으로 변화하는 뇌의 기능적 상태를 명확히 보여준다. 이를 통해 인간이 처한 상황과 처지의 차이, 회사 내 CEO와 직원의 신경심리적 상태 차이, 마케터와 소비자의 신경심리적 상태의 차이를 더욱 명확하게 이해할 수 있도록 한다. 그 결과로 지혜로운 행동을 가능하게 한다

뇌는 가소성을 지니고 있어 근육처럼 자주 사용하는 부위는 단련되고 사용하지 않으면 쇠퇴한다. 따라서 어떤 생활 방식을 유지하고 어떤 습관과 뇌 사용 방식을 오래 지속하느냐에 따라 우리의 뇌에서 강화되는 영역과 쇠퇴하는 영역이 달라진다. 결국 뇌 구조에서도 개인별로 차이가 나타나며, 성격과 사고·행동 패턴의 생물학적 기반이 된다. 즉, 오랜 기간 반복되어 형성된 '의사결정 성향'이 바로 그 사람의 뇌 구조에 각인된 '성격'이며, 이는 개인의 행동 방식으로 나타난다.

따라서 신경심리학은 이러한 원리를 활용할 수 있다. 특정 경영 방식을 오랜 기간 반복적으로 수행함으로써 뇌 회로가 강화된 CEO의 뇌 의사 결정 시스템 구조를 살펴보면, 그 CEO의 성격과 경영 스타일의 특성을 예측할 수 있을 것이다. 마찬가지로, 특정 방식으로 업무를 오래 해온 직원들의 뇌 구조와 의사결정 패턴도 비슷한 방식으로 이해할 수 있다. 이는 조직 내 역할과 역량, 협업 스타일을 이해하는 데도 중요한 단서를 제공한다.

왜 '단순 모델의 체계'가 필요한가?

현실은 매우 복잡하다. 특히 인간의 의사결정, 감정 반응, 조직 행동, 소비 선택은 수많은 요인(경험, 상황, 감정, 환경, 기억, 가치관 등)이 얽혀 있어, 그 전체를 한 번에 이해하거나 설명하기 어렵다. 이럴 때 필요한 것이 '단순 모델의 체계(the framework of a simple model)'이다.

단순 모델이 왜 중요한가?

단순 모델이란 '복잡한 현상을 구성하는 핵심 메커니즘만을 추려 낸 논리적 틀'이다. 단순 모델은 현실을 그대로 옮겨 놓은 완전한 지도가 아니라 목적지까지 정확하게 안내해 주는 간결한 노선도라고 비유할 수 있다.

예를 들어 인간의 의사결정 과정을 '파블로프식', '습관적', '목적지향적'이라는 세 가지 시스템으로 나누는 것은 복잡한 현실을 세 가지 핵심 메커니즘으로 압축한 대표적인 단순 모델이다.

인간의 뇌는 '작동 메모리(working memory)' 용량이 매우 제한적이다. 즉, 한 번에 기억하고 판단할 수 있는 정보량에 한계가 있다. 4개 이상의 변수가 한꺼번에 제시되면, 뇌는 급격한 인지 부하(cognitive load)를 느끼며 사고 능력이 떨어지고, 잘못된 판단을 하기 쉽다. 그래서 시험의 4지선다형도, 주요 의사결정 프레임도, 효과적인 전략 모델도 핵심 변수 3~4개만을 담는 경우가 많다.

단순 모델의 목적은 '모든 걸 말하는 것'이 아니다

단순 모델의 목적은 현실의 모든 세부 사항을 설명하는 것이 아니다. 오히려 의도적으로 세부 사항을 생략함으로써 핵심 원리가 어떻게 작동하는지를 명확하게 보여주는 데 있다. 예를 들어, "의사결정은 자동적 반응(파블로프식), 반복 행동(습관적), 목표 기반 분석(목적지향적)이라는 세 가지 시스템이 경쟁하며 이루어진다"라고 설명하면, 복잡한 인간의 의사결정 과정 전체를 몰라도 "아, 사람의 선택은 이 3가지가 서로 경쟁하고 조화하면서 만들어지는구나"라는 핵심 메커니즘이 명료하게 이해된다.

이러한 단순 모델의 접근법이 제공하는 이점은 다음과 같다.

이유	설명
인지 부하 줄이기	뇌가 처리할 정보량을 최소화하고 핵심에 집중할 수 있도록 돕는다.
빠른 이해 및 적용	과도한 복잡함을 제거하고 실무·전략·교육에 바로 쓸 수 있는 프레임을 제공한다.
통찰력 확보	전체를 보는 데 필요한 핵심 원리만 남겨, 빠르게 '본질'을 파악하게 한다.
예측 가능성 향상	전체 시스템이 아니라 중요한 변수들만으로도 미래 행동을 예측할 수 있게 된다.

단순 모델의 실제 적용: 의사결정의 세 가지 길

인간의 뇌는 의사결정을 할 때 3개의 시스템을 사용한다.

- **파블로프식 시스템:** '자극→반응'(자동적·감정적)
- **습관적 시스템:** '반복→자동화'(규칙적·효율적)
- **목적지향적 시스템:** '분석→선택'(의식적·전략적)

이 모델을 적용하면 CEO가 어떤 방식으로 전략을 짜는지, 소비자가 어떤 조건에서 충동 구매를 하는지, 직원이 어떤 행동을 반복하며 성과를 내는지 명확하고 빠르게 설명할 수 있다.

이러한 사례가 보여주듯, 단순 모델은 복잡한 현실을 핵심 메커니즘 3~4개로 추려 내는 프레임이다. 이는 복잡한 현상을 이해→설명→적용하는 데 매우 효과적이다. 인간 뇌의 인지 한계를 고려할 때, 이러한 단순한 틀이 오히려 더 실용적이고 정확한 판단을 돕기 때문이다. '파블로프식, 습관적, 목적지향적 시스템'은 인간 의사결정에 있어 대표적인 단순 모델이라 할 수 있다.

제1장 환경과 뇌의 관계

 마케팅 능력 개발에 영향을 미치는 주요 감각 요소들을 체계적으로 살펴보고자 한다. 자극을 받아들이는 과정을 외부 환경(물리적·사회적 환경)과 신체 및 항동성(allostasis; 동적 항상성, dynamic homeostasis)으로 나누어 순차적으로 설명할 것이다.

1. 물리적 환경과 뇌의 관계

1) 물리적 환경

(1) 외부환경에 대한 진화적 적응

 감각 자극의 가장 근원적인 출발점은 생명체가 '열린계(open system)'로서 마주하는 '물리적 환경'이다. 생명체는 생존을 위해 두 가지 핵심 조건을 충족해야 하는 시스템이다. 첫째, 외부 환경과 지속적으로 에너지와 물질을 교환하는 열린계여야 한다는 점이다. 둘째, 독극물이나 포식자와 같은 외부 위협으로부터 내부 작동을 보호할 수 있는 '안정성'을 유지해야 한다는 점이다. 따라서 인간을 포함한 모든 생물은 이러한 조건을 만족시키기 위해 외부 환경을 즉각 인지하고 신속하게 반응할 수 있는 내부 메커니즘을 지니고 있다.

생각해 보자. 인간을 포함한 생물의 에너지 대사는 기본적으로 '화학 시스템'으로 이루어지며 외부 환경의 온도 영향을 받는다. 예를 들어 여름철에 모기 등 벌레들이 기승을 부리는 것은 더운 날씨, 즉 열의 영향으로 생명체의 대사 작용 속도가 빨라져 번식이 활발해지기 때문이다. 항온동물인 인간의 경우 상황이 더 복잡하다. 더운 날씨는 체온을 일정하게 유지하려는 항동성(동적 항상성) 시스템, 즉 끊임없는 에너지 조절을 통해 이루어지는 동적 평형에 부담을 준다. 이로 인해 신체적 피로와 불쾌감이 쌓인다. 이러한 상태는 결국 짜증과 충동적 행동을 유발할 수 있다.[1]

또한, 외부 환경에 대한 인간의 뇌와 신체의 대응(심리·생리나 행동 등) 방법은 유전적으로 주어진 것이 있고, 살아온 경험 속에서 형성된 것도 있다. 예를 들면 공포도 유전적으로 뇌와 신체에 각인된 것이 있고 경험 속에서 형성된 것도 있다. 세상 경험이 없는 갓난아기를 다양한 공포 환경에 놓아두면, 낭떠러지 공간과 '괴로운 소리'에만 공포 반응을 보이고 여타의 공포 환경(뜨거운 것, 무서운 것 등)에는 공포 반응을 보이지 않는다.

인간은 새가 지저귀는 소리에 편안함을 느끼고 너무 고요·적막하면 두려움을 느끼는데, 새가 지저귀는 곳은 포식자가 없고, 새소리도 없이 너무나 고요·적막한 환경은 포식자가 숨어 있을 가능성이 많다는 '지식'이 진화 환경에서 인간의 유전자에 각인되어 있기 때문이다. 아마도 사자나 호

---

[1] 물론 최종적인 행동은 개인의 성격과 사회적 환경 등 훨씬 복잡한 요인에 의해 결정된다.

랑이는 인간과 달리 새소리를 좋아하지 않을 것 같다.

결국 인간은 선천적으로 언제 어디서나 외부 환경에 대해 실시간으로 '감지-반응' 피드백을 수행하는 특수한 신경생리적·심리적 구조를 유전자에 각인하고 태어난다. 이러한 구조는 시각, 청각, 후각 같은 전통적인 외부 감각 시스템뿐 아니라 면역계(병원체 감지), 폐(공기 감지), 장(음식물 감지) 등 신체 전체에 분포된 '전신 감지(whole-body environmental sensing)' 체계를 포괄한다. 이처럼 다양한 경로를 통해 수집된 환경 정보는 기존 감각 신호와 마찬가지로 신체 생리와 심리 상태에 즉각 영향을 미치고, 궁극적으로 뇌의 의사결정을 직접적으로 좌우한다.

이처럼 생명체는 화학 시스템으로서 외부 환경의 물리적·화학적 자극을 감지하고 이를 생존에 유의미한 정보로 해석하는 통합된 메커니즘을 갖추고 있다. 이 메커니즘의 작동 규칙은 선천적 각인과 후천적 경험을 통해 형성된다.

예를 들면 바이러스의 공격이나 외상 등으로 인해 신체 세포가 훼손되어 염증이 생기면 면역세포들은 경계 신호라 할 수 있는 분자(사이토카인)를 분비한다. 이 사이토카인(cytokine)이 혈액을 통해 뇌에 도달하면, 에너지를 질병 퇴치에 집중시키고 뇌를 보호하기 위해 뉴런(neuron) 세포들의 활동성이 낮아지게 된다. 그 결과 염증이 침범하면 우리는 피로감이나 무기력증, 집중력 저하를 경험하게 되는데, 이는 신체가 회복을 위해 모든 자원을 동원하기 위한 진화적 적응이다.

(2) 상황화된 뇌(situated brain)

이와 같이 몸과 환경으로부터 끊임없이 전달되는 신호에 뇌가 실시간으로 반응하며 작동하는 방식은 뇌를 환경 속에 '위치 지어진(situated)' 존재로 보는 'Situated Brain(상황화된 뇌)'이라는 개념으로 요약된다. 이는 마치 연주자, 악기, 공연장이 분리될 수 없는 것처럼 우리의 뇌, 몸, 환경이 분리 불가능한 하나의 시스템임을 강조하는 비유적 표현이다.

이처럼 우리의 신체 생리와 심리는 외부 환경과 실시간 상호 작용을 통해 즉각적으로 조절된다. 그러나 한 걸음 더 나아가 오랜 시간에 걸쳐 축적된 '문화'라는 환경은 구성원의 외부 환경에 대한 감지와 해석 방식 자체를 근본적으로 형성하기도 한다. 인간의 경험, 특히 문화는 우리가 외부 환경을 감지하고 반응하는 방식을 만드는 요인이다. 동일한 환경 요인도 문화적 맥락에 따라 전혀 다른 생리·심리 반응을 일으킬 수 있다. 대표적인 예로 유대교와 이슬람교에서는 돼지고기를 금기시한다. 때문에 해당 종교 신봉자들은 돼지고기에 대해 선천적 본능이기보다 문화적으로 형성된 불쾌감을 느낀다. 마찬가지로 한국인에게는 굼벵이가 혐오스러운 음식이지만, 아프리카 등 이를 즐겨 먹는 문화권의 사람들에게는 맛있는 간식이 된다. 이처럼 '문화'는 우리의 뇌와 신체를 물리적으로 에워싼 가장 거대하고 지속적인 '상황'으로 작용하며, '상황화된 뇌'의 형성에 결정적인 영향을 미친다.

앞서 문화가 외부 환경에 대한 우리의 감지와 반응을 어떻게 근본적으로 형성하는지 살펴보았다.[2] 이처럼 '상황화된 뇌'는 문화라는 거시적 환경에 깊이 영향을 받지만, 동시에 온도, 공간, 색상, 호흡과 같은 보편적이고 직접적인 물리적·생리적 환경 요인에도 민감하게 반응한다. 이러한 요인들은 문화를 초월하여 인간의 신경생리적 구조 자체에 직접 작용함으로써 우리의 의사결정과 행동에 강력한 영향을 미친다.

---

2 더 자세한 내용을 알고 싶다면 요즘 인기가 높은 인공지능을 검색하여 참조하기 바란다. 인공지능을 잘 활용하는 것도 지능을 높이기 위한 유효한 수단이다.

(3) 의사결정을 지배하는 네 가지 환경 요인

이제부터는 '신체화된 인지(embodied cognition)'의 관점에서 우리의 일상적 의사결정과 직관에 가장 뚜렷이 영향을 미치는 네 가지 핵심 환경 요인을 구체적으로 살펴보고자 한다. 이들 요인은 마케팅, 공간 설계, 리더십 등 실생활 다양한 영역에서 즉시 활용 가능한 실용적 가치가 크기 때문에 선정했다.

첫째, 온도를 꼽을 수 있다. 따뜻함과 차가움은 단순한 물리적 감각이 아니라 사회적 유대감과 신뢰 형성과도 긴밀히 연결되어 있다. 심리학에서는 이를 은유적으로 표현하여 '신체화된 인지'라고 부른다. 예를 들어 금융기관은 고객에게 신뢰감을 주는 것이 무엇보다 중요한 공간이다. 때문에 점포 내 조명을 따뜻한 황색광으로 하거나 원목을 마감 재료로 사용하여 따뜻한 분위기를 연출한다.

둘째, 공간감이다. 공간이 탁 트였는지 막혔는지는 창의성과 집중력에 직접적으로 영향을 준다. 천장이 높고 넓은 공간에서는 마음이 여유로워지면서 추상적 사고와 창의성이 촉발된다. 반대로 천장이 낮고 좁은 공간에서는 세밀한 주의와 집중력이 강화된다. 이를 활용해 사무실을 설계할 때는 아이디어 회의를 위한 공간은 개방적인 높은 천장 구조로, 보고서 작성이나 세밀한 작업을 위한 사무 공간은 좁고 집중적인 구조로 만드는 것이 효과적이다. 리테일 매장도 같은 원리로 배치된다. 백화점의 중앙 홀은 천장을 높게 설계하여 웅장함과 개방감을 주지만, 명품 부티크는 천장을 낮추고 집중 조명을 활용해 고객의 시선을 제품에 고정(집중)시킨다.

셋째, 색상이다. 색은 소비자의 행동을 유도하는 강력한 심리적 도구이다. 빨강이나 주황 같은 따뜻한 색 계열은 흥분과 에너지를 불러일으켜 즉각적인 주의와 행동을 촉구한다. 반면에 파랑이나 녹색 같은 차가운 색은 차분함과 신뢰, 평화를 연상시켜 안정된 사고를 돕는다. 그래서 대부분의 패스트푸드점 로고는 빨간색을 활용한다. 맥도날드, KFC가 대표적이다. 세일 문구 역시 빨간색으로 표시하여 소비자의 즉각적인 관심과 구매를 유도한다. 반대로 금융이나 테크 기업은 파란색을 즐겨 쓴다. 삼성, 페이스북, IBM 등이 그 예로, 신뢰와 안정감을 강조하는 전략이다.

넷째, 호흡이다. 호흡은 단순한 생리 현상이 아니라 우리의 신경계와 의사결정 능력에 직접 작용하는 강력한 도구이다. 숨을 들이마실 때에는 폐의 수용체가 자극되어, 스트레스 호르몬인 코르티솔과 노르에피네프린(norepinephrine)의 분비를 억제하는 화학 물질을 방출한다. 이에 반해 숨을 내쉬는 동안에는 심박 수를 늦추고 혈압을 낮추는 화학 물질들이 분비된다. 이러한 과정이 반복되면, 처음에 느껴지던 '스트레스'라는 신체적 감각은 사라지고 더 차분한 새로운 느낌이나 기분이 자리 잡게 된다. 이러한 호흡 패턴을 활용하면, 중요한 결재나 협상 직전에도 의식적으로 길게 숨을 내쉬는 것만으로 차분한 마음가짐을 유지할 수 있다. 고객 응대 상황에서도 상담사가 안정된 호흡과 차분한 톤으로 말하면, 그 리듬이 간접적으로 전달되어 화가 난 고객의 감정을 진정시키는 데 기여할 수 있다.

이처럼 온도, 공간, 색상, 호흡은 단순한 환경 요인이 아니라 '신체화된 인지'의 핵심 메커니즘으로 작동하며 우리의 의사결정을 형성하는 강력한 변수이다. 이를 이해하고 적절히 활용한다면 일상생활뿐 아니라 마케팅, 조직 운영 등 다양한 영역에서 실질적인 효과를 거둘 수 있다.

따라서 뇌와 몸, 환경이 분리될 수 없음을 인식하다 보면, 우리의 '마음'이 단순히 뇌 속에 갇힌 것이 아니라는 결론에 이르게 된다. 이러한 관점이 '신체화된 마음'의 출발점이다.

2) 신체화된 마음(embodied mind)

'신체화된 마음'은 우리의 사고, 감정, 의식이 단순히 뇌라는 장치에서 생성되는 것이 아니라 전신의 감각-운동 체험을 통해 구현된다는 이론이다. 즉, 신체 생리나 심리에 따라 파악되는 외부 환경은 달라질 수도 있다는 점을 강조한다.

인간과 동물은 외부 환경을 사진 찍듯 있는 그대로 인식하지 않는다. 오히려 자신의 생존과 필요에 따라 환경 정보를 '발췌'하고, 때로는 '변형'하여 인식한다. 대표적인 예가 병아리의 공포 반응이다. 병아리는 하늘의 독수리를 피해 도망칠 때 정교한 형체보다 '커다란 그림자가 급속히 다가온다'는 단순화된 정보만을 추려 인식한다. 나아가 하늘에 흐르는 조각구름마저도 '급속히 다가오는 커다란 그림자'로 '변형' 인지하여 놀라 도망치는 경우도 있다. 이는 생존을 위해 발달한 인식 메커니즘이 때로는 '거짓 경보'를 내보낼 수 있음을 보여준다.

마찬가지로 인간도 자신의 의도와 상황에 따라 환경을 선택적으로 인식한다. 벌목꾼은 벌목의 필요에 맞춰 나무 크기, 숲의 기울기 등을 인식하고, 조경사는 숲과 하늘의 대비, 색상의 아름다움, 인간 심리에 미칠 아름다움 등을 인식한다. 이처럼 인간은 자신의 필요와 목적에 따라 환경을 다르게 받아들인다. 결국 우리의 인식은 객관적인 렌즈가 아니라 신체화된 필요와 경험이라는 필터를 통해 이루어진다.

이와 같이 외부 환경에 대한 인지는 단순히 '눈·귀 같은 감각기관'을 통한 수동적 과정이 아니라 개인의 '뇌 구조', '가치관', '생리 상태'라는 필터에 의해 능동적으로 구성된다. 이러한 '주관적 구성'의 원리는 신경심리학의 핵심 주제 중 하나이다.

결국 인간의 외부 환경에 대한 인지는 객관적인 사실을 수동적으로 받아들여 반영하는 것이 아니다. 개인의 뇌 구조, 가치관, 생리 상태라는 필터를 거쳐 능동적으로 구성되는 주관적인 과정이다. 이처럼 인간은 환경을 자기 스스로 주체적으로 인식하는 존재인 것이다.

이러한 인지 과정을 결정하는 기준을 뇌 구조 차이, 가치관, 당시의 생리 상태 등으로 구분하여 살펴보자.

첫째, 뇌 구조의 차이는 환경 해석의 기본적인 틀을 결정한다. 선천적으로 편도체가 쉽게 활성화되는 사람은 세상을 더 위험하고 위협적으로 지각하는 반면, 노화로 인해 전전두엽의 기능이 약화된 노년층은 장기적 결과를 고려하지 못하고 즉각적인 자극에 더 민감해져 충동구매와 같은 행동을 보이기도 한다. 노년층의 인지적 특성을 잘 파악해 노인정에서 물건을 판매하는 사람들은 어찌 보면 신경심리학적 통찰과 실용적 지능이 높은 사람들일지도 모른다.

둘째, 가치관은 우리가 외부 환경 속에서 무엇에 주목하고 어떤 의미를 부여할지를 선택하게 만든다. 보수적 성향의 가치관을 지닌 사람은 안전과 위협 관련 단서에, 진보적 성향은 불평등과 사회적 약자의 고통 관련 단서에 더 민감하게 반응한다. 또한 개인적 가치관에 따라 같은 광고를 접하더라도 '이득의 기회'로, 혹은 '관계의 증거'로 해석하는 등 같은 상황을 전적으로 다르게 인지한다.

셋째, 실시간 생리 상태도 인지의 민감도를 즉각적으로 조절한다. 배고픔은 음식 관련 자극에 대한 감각을 예민하게 만들고, 피로와 스트레스는 부정적이고 위협적인 요소에 주의를 편향시킨다. 반면에 휴식 후 안정된 상태에서는 같은 상황에도 더 유연하고 긍정적으로 인지한다.

결론적으로, 우리가 마주하는 '세계'는 단순한 외부 환경 그 자체가 아니라 우리의 뇌, 마음, 몸의 현재 상태와 끊임없이 상호 작용하여 만들어지는 '해석의 결과물'이다.

3) 행위적 인지(enactive cognition)

'행위적 인지'는 한 걸음 더 나아가 마음이 환경을 단순히 '표상'하는 것이 아니라 환경과의 적극적인 '행위'와 '상호 작용'을 통해 스스로를 능동적으로 구성한다고 주장한다.

이 이론에 따르면, 인간의 인지는 단순히 '보는' 것으로 그치지 않는다. 자신이 알고 싶은 대상이나 환경을 직접 만져보고 조작하고 체험하는 행위를 통해 비로소 깊이 인식하게 된다. 이는 뇌의 사고 기능이 원래 사색을 위해 만들어진 것이 아니라 보다 우수하고 합리적인 행동을 지원하기 위해 진화했기 때문이다. 따라서 인간은 "행동하면서 생각하고, 그 생각으로 더 나은 행동을 이끌어내는" 순환 과정을 통해 인지가 발달하는 유전적 본성을 지니고 있다.

전통적인 인지 과학(classical cognitive science)에서는 뇌를, 외부 정보를 입력받아 처리하여 출력하는 '거대한 계산기'로 보았다. 이 '컴퓨터 메타포'의 영향력은 너무나 커서, 비록 현재에는 이론적인 한계가 명백해졌지만 여전히 우리가 자신의 마음과 지성을 바라보는 무의식적 틀로 깊숙이 자리 잡고 있다. 하지만 인간은 기계와는 달리 생각하는 동물로서, 걷고 만지고 바라보고 반응하는 '행위'를 통해 비로소 세상을 이해하는 존재이다.

인간의 본능적 인지 방식은 어린아이에게서 명확히 관찰된다. 아이들은 사물을 관찰하는 데 그치지 않고 만지고 입에 넣고 던지는 행위를 통해 학습한다. 이는 '신체화된 마음', 즉 인지가 뇌를 넘어 신체 전반의 환경과의 물리적 상호 작용으로 구현됨을 입증하는 살아 있는 증거이다.

이를 테면 숲길을 걸을 때, 우리는 단순히 '나무'라는 시각 정보만 받아들이는 것이 아니다. 발 아래 흙의 감촉, 바람결에 섞인 냄새, 시야의 초점 이동, 몸의 균형 잡기가 모두 함께 작동하면서 "숲속에 있다"는 지각이 만들어진다. 인지는 곧 행동과 지각이 맞물려 돌아가는 순환 고리 속에서 태어난다.

이처럼 행위와 인지가 분리될 수 없다는 주장은 우리 삶의 여러 측면에서 다양한 사례로 증명된다.

첫째, 개인적 차원에서의 학습은 '손끝'에서 시작된다. 아이는 '사과'라는 단어를 책으로만 배우지 않는다. 오히려 사과를 직접 만지고, 굴리고, 깨물어보는 일련의 신체적 행위를 통해 비로소 그 개념을 온전히 이해한다. 이는 지식이 단순한 시각 정보가 아니라 몸과 환경의 상호 작용 속에서 비로소 의미를 얻는 '구성'의 과정임을 보여준다.

둘째, 사회적 이해는 '대화 행위' 전반에 걸쳐 형성된다. 우리는 상대의 말뜻만 해석하는 것이 아니라 고개 끄덕임, 눈빛, 말투, 침묵의 리듬과 같은 비언어적 행위들을 함께 읽어내며 상대의 의도와 감정을 파악한다. 즉, 대화라는 '행위'의 흐름 속에서 사회적 이해와 신뢰가 구축되는 것이다.

셋째, 사고의 흐름은 '몸의 움직임'과 공명한다. 산책 중에 막혔던 문제의 해답이 떠오르거나, 자리에서 일어나 몸을 펴는 순간 새로운 아이디어가 스치는 경험은 흔하다. 이는 사고가 뇌라는 기관에 갇혀 있는 것이 아니라 몸 전체의 상태나 움직임과 끊임없이 공명하는 현상임을 보여준다. 결국 몸의 움직임이 생각을 이끈다고 말할 수 있다.

결국 인지란 우리가 세계와 맺는 끊임없는 '행위의 고리' 속에서 살아 숨 쉬는 과정이며, 이는 우리가 컴퓨터처럼 단순한 '생각하는 기계'가 아니라 "행위하며 존재하는 인간"임을 드러내는 핵심적인 증거이다.

행위를 통한 인지(enactive cognition)가 주는 핵심 교훈은 "생각은 머릿속에만 있는 것이 아니라 행위 속에 있으며, 마음은 몸과 환경 전체에 걸쳐 살아 있다"는 점이다. 개인적 학습부터 사회적 대화, 몸의 움직임과 공명하는 사고에 이르기까지 우리의 모든 인지는 몸과 세계가 맺어 있는 관계 속에서 탄생한다.

이러한 관점은 실천적 지혜로 이어진다. 즉, 문제에 부닥쳤을 때는 몸을 움직여야 한다는 깨달음이다. 문제에 봉착하면 방이나 사무실을 벗어나 걸으며 생각하거나, 오히려 생각을 잠시 멈추고 운동을 함으로써 무의식이 해결책을 찾을 공간을 마련해 주어야 한다. 유명한 과학자와 예술가들이 산책을 중시했던 이유도 이런 맥락에서 이해할 수 있다. 특히 4시간 정도의 산책은 몸속의 유전자 기능을 최적으로 가동시켜 사고의 흐름을 촉진하는 환경을 제공한다고 알려져 있다.

2. 사회적 환경과 뇌의 관계

1) 사회적 복잡성이 만든 인간의 뇌

이처럼 몸과 환경의 상호 작용이 인지를 형성한다는 관점은 우리가 수많은 타인과 구성하는 '사회적 환경'에도 그대로 적용된다. 인간은 사회적 동물이다. 아무리 뛰어난 능력을 지닌 개인이라도 고립되어 생존하기란 어렵다. 인류는 약 150~200명 규모의 대규모 집단을 이루며 진화해 왔으며, 이러한 대규모 집단으로의 진화는 개인 단위로 생존(예: 호랑이)하거나 소규모 집단을 이루는 사회적 동물(예: 사자, 침팬지)과는 근본적으로 다른 독특한 사회적 본성과 지능을 진화시켰다.

이처럼 대규모 집단을 유지해야 했던 진화적 '도전'이 만들어낸 가장 두

드러진 결과가 바로 '대뇌화(大腦化, encephalization)'이다. 대뇌화란 신체 크기에 비해 뇌가 극도로 발달한 현상을 의미하며, 이는 '대뇌화 지수(EQ)'로 측정된다. 그 수치를 비교해 보면, 파충류(0.1), 개나 사자(약 1), 침팬지(약 2.5)와 비교할 때 인간(7~8)의 EQ는 같은 유인원인 침팬지에 비해 약 3배나 크다.

이러한 대뇌화의 핵심에는 전전두엽(prefrontal cortex)의 비약적인 발달이 자리 잡고 있다. 전전두엽은 계획, 추론, 충동 억제, 복잡한 사회적 행동을 담당하는 '지능의 중추'로, 인간 뇌에서 이 영역이 차지하는 비율(25~30%)은 유인원(12~15%)이나 다른 포유류에 비해 압도적으로 크다.

인간의 뇌는 왜 이렇게까지 커져야 했을까? 그 답은 바로 '사회적 환경'의 복잡성에 있다. 물리적 환경을 이해하는 것보다 수백 명의 구성원과 관계를 유지하는 것이 훨씬 더 높은 인지 능력을 요구하기 때문이다. 집단의 규모가 커질수록 구성원 간의 1대1 관계는 기하급수적으로 증가한다. 3명이면 3가지 관계만 성립되지만, 4명이면 6가지, 5명이면 10가지의 관계가 생긴다. 이러한 복잡한 사회적 그물 속에서 생존하려면 누가 신뢰할 만한 상대인지 판단하고 협력하며 갈등을 해결하고, 장기적인 계획을 세울 수 있어야 한다. 바로 이 과제가 인간의 뇌, 특히 사회적 판단을 담당하는 전전두엽을 급격히 성장시킨 '진화적 압력(evolutionary pressures)'이었다. 사회적 관계의 유지는 물리적 환경에 적응하는 것보다 더욱 높은 지능이 필요하다.

인간이 대규모 집단에 성공적으로 적응하려면 높은 지능 외에도 상호작용을 가능하게 하는 '사회적 본능'과 함께, 더 나아가 집단의 결속을 강화하는 '도덕적 본능'이 진화해야 했다. 여기서 '사회적 본능'이란 언어나 공동의 목표를 위한 협력처럼 상호 이익을 기반으로 한 기본적인 사회적 상호 작용을 가능하게 하는 심리적 메커니즘을 말한다. 반면에 '도덕적 본능'은 공정성, 정의, 이타심 등 개인의 직접적인 이익을 넘어서는, 가치에 따라 행동하게 만드는 내적 충동이다. 예를 들어 내 편을 가르는 것이 사회적 본능의 영역이라면, 정의를 위해 내 편이 잘못됐을 때 지적하는 것은 도덕적 본능의 발현이다.

무리 생활에서 이러한 도덕성은 '사회적 선호와 적응'을 강화하므로 자연스럽게 진화한다. 예를 들어 부끄러움을 보자. 무리 내에서 협력하는 상대를 선택할 때 기만하거나 '이기적인 상대'보다는 정직하고 자신이 손해를 보더라도 감수하는 '이타적인 상대'를 선호하기 때문에 집단 생활에서는 '도덕적 유전자'가 유리할 수 있다. 집단에서 속임수는 응징의 대상이 될 수 있는데, 일단 속임수를 쓰긴 했지만 그 후 잘못을 솔직히 인정하고 반성하는 사람이 속임수를 은폐하려는 사람보다 집단 내에서 선호되기 때문에 사회적 적응력이 높다. "본능적인 부끄러움"을 잘 느끼는 사람은 그렇지 않은 사람보다 무리 내에서 신뢰와 협력의 파트너로 더 많이 선호되었다. 때문에 인류에게는 부끄러움이란 독특한 유전적 본성이 진화했다. 부끄러움이란 본성은 인간 이외의 동물에게는 없다.

이처럼 인간의 거대한 뇌와 뛰어난 지능은 혼자서는 견뎌내기 힘든 자연환경을 극복하기 위해 대규모 집단을 이루려는 필연적 선택이었으며, 바로 그 집단을 유지하는 데 필요한 복잡한 사회적 관계와 도덕적 본능이 우리의 '대뇌화'와 '전전두엽의 비대화'를 이끈 원동력이었다.

이렇게 진화된 인간의 사회적 본능은 복잡한 사회 생활을 효율적으로 영위하기 위한 핵심 장치들로, 각각 특정 뇌 부위와 연결되어 작동한다.[3]

---

3 이 글은 신경심리학적 관점에서 핵심 기능에 초점을 맞추었다. 때문에 뇌 영역의 세부 해부 구조나 생리적 작용에 대한 자세한 설명은 생략한다. 더 깊이 있는 이해를 원하시는 독자는 관련 신경해부학 자료를 참고하시기 바란다.

- 공정성 → 협력 유지 장치(섬엽, 전대상피질, 선조체)
- 신뢰 → 협력·유대 강화 장치(측좌핵, 옥시토신, 편도체)
- 서열 인지 → 사회적 질서 유지 장치(내측 전전두엽, 편도체)
- 집단 규모 → 친밀감 vs 규범 조절 장치(전전두엽)
- 관중 효과(타인의 시선에 따른 행동 변화) → 사회적 조정 장치(내측 전전두엽, 편도체)

이러한 다양한 사회적 자극 요인들은 모두 협력과 갈등을 관리하기 위한 본능적 장치이며, 인간의 뇌는 특정 회로를 통해 이를 신속하게 감지하고 반응하도록 진화했다.

이러한 본능적 반응 위에 인간은 사회적 경험과 학습, 문화적 영향을 통해 상황을 더욱 정교하게 이해하고 미래를 예측하며 전략적으로 대응하는 고도의 사회적 지능이라는 통제 시스템을 발달시켜 왔다.

사회적 지능은 그 작용 수준에 따라 크게 두 단계로 구분할 수 있다.

첫 번째 단계는 '사회적 인지'이다. 상대방의 감정과 의도를 읽는 기초 능력이다. 공감과 마음이론(Theory of Mind)[4]이 여기에 속한다.

두 번째 단계는 '위계적 인지(hierarchical cognition)'이다. 위계적 인지란 단순한 이해를 넘어 다층적 사고를 통해 상대에 대해 전략적 대응을 가능하게 하는 능력으로 정의할 수 있다. 예를 들어 협상 상황에서 단순히 상대의 제안을 거절하는 것이 아니라 그 제안이 나의 반응을 떠보기 위해 나온 것임을 파악한 후, 상대의 예측을 뛰어넘는 창의적인 제안을 통해 협상의

---

[4] 마음이론이란 타인도 자신과는 다른 독자적인 의도, 믿음, 지식, 감정을 지니고 있음을 이해하고, 그에 기반하여 타인의 행동을 예측하는 능력을 말한다. "그 사람은 이것을 모르니까 이렇게 행동했겠구나"와 같은 추론이 가능하게 하는 것이 사회적 인지의 핵심 기제이다.

흐름을 주도하는 것이 위계적 인지를 활용하는 사례이다. 이러한 위계적 인지는 비단 협상과 같은 고도의 상황뿐만 아니라 우리의 일상 속에서도 빈번히 작동한다. 예를 들어 상사가 "오늘 퇴근 후 같이 저녁 먹을 사람?"이라고 물었을 때, 단순히 밥 먹자는 약속으로 받아들이지 않고 '상사가 팀의 유대감을 원하는구나. 거절하면 무관심해 보일 수 있겠다. 부담 없이 관계를 유지할 수 있는 대안을 제시해 보자'라고 생각하는 과정 자체가 위계적 인지의 결과물이다.

이러한 전략적 대응 능력은 비단 협상과 같은 비즈니스 상황에만 국한되지 않는다. 일상적인 사회적 상호 작용, 집단 내 의사결정, 팀워크, 갈등 해결 등 다양한 사회적 맥락에서도 동일하게 적용되며, 인간이 복잡한 사회를 살아가는 데 필수적인 능력으로 작용한다.

결국 인간의 사회적 본능과 고도의 사회적 지능은 서로 유기적으로 결합되어, 단순한 본능적 반응을 넘어 전략적 판단과 대응까지 가능하게 한다. 사회적 인지가 "상대방을 이해하는 능력"이라면, 위계적 인지는 그 이해를 바탕으로 "전략적으로 대응하는 능력"으로 확장되며, 인간이란 단순한 '사회적 존재'를 넘어 '행동하며 전략적으로 사고하는 존재'임을 보여주는 핵심적 증거이다.

2) 사회적 환경과 지능

인간의 생존과 적응에 있어 사회적 환경(social environment)은 물리적 환경보다 더 강력하게 영향을 미치는 요인이다. 우리의 정서, 인지, 의사결정에는 관계, 사회적 지위, 문화적 규범이 깊이 관여한다. 이러한 이해는 곧 서비스를 제공하는 이들이 고객 마음속에 자리한 "눈에 보이지 않는 욕구"를 발견하는 힘을 갖추게 만들어 문제 해결 능력을 높여줄 수 있다.

그렇다면 지능에 영향을 미치는 사회적 환경의 구체적 영향력은 무엇일까? 세 가지 측면에서 살펴보겠다.

(1) 정서(emotion)를 조율하는 사회적 환경

정서 조절 능력은 단순히 마음을 평온하게 유지하는 차원을 넘어, 우리의 인지적 자원을 효율적으로 활용하게 함으로써 문제 해결과 의사결정의 질을 좌우한다. 예를 들어 중요한 발표에서 실수를 한 후 극심한 불안과 당황에 휩싸인 발표자는 남은 발표 내용을 잊어버리거나 청중의 질의에 논리적으로 답변하지 못하는 '인지적 마비' 상태에 빠지곤 한다. 이처럼 정서 조절에 실패하면 감정적 반응에 몰입하게 되어 본질적 목표와 대안적 사고를 잃고, 결과적으로 비합리적인 결정을 내리게 된다. 반대로 정서 조절에 성공하면 감정에 불필요한 에너지를 소모하지 않고 상황을 객관적으로 바라보며, 창의적 대안을 도출할 수 있는 지적 자원을 충분히 확보하게 된다. 따라서 감정을 다스릴 줄 아는 능력은 곧 합리적이고 효과적인 의사결정을 가능하게 하는 핵심 열쇠라 할 수 있다.

우리의 정서에 영향을 미치는 사회적 환경 요인은 크게 사회적 지지(social support)와 사회적 배제(social exclusion), 그리고 집단의 분위기라고 할 수 있다. 사회적 지지는 최고의 '감정 안정제'라고 불릴 만큼 친구나 가족의 지지가 있을 때, 우리 뇌의 편도체는 스트레스 상황에서도 덜 반응하며 심리적 안정감을 찾기 쉽다. 예를 들어 중요한 시험을 앞두고 혼자 있을 때보다 친구가 옆에서 격려할 때 불안과 긴장감이 크게 완화되는 경험은 이를 증명한다. 반면에 사회적 배제는 '사회적 고통'을 유발한다. 무시당하거나 집단에서 왕따 당할 때, 우리 뇌의 전측 대상피질(anterior cingulate cortex)과 섬엽(insula)은 신체적 통증과 유사한 패턴으로 활성화된다. 이는 외로움과 불안을 가중시키며, 생존에 위협을 느끼는 본능적 반응이다. 또한 집단 분위기도 중요한 역할을 한다. 긍정적이고 개방적인 회의실에서는 웃음과 유머가 빠르게 전파되어 전체적인 기분과 창의성이 향상된다. 반대로 불안하고 위축된 분위기는 구성원 개개인의 스트레스를 가중시키는 악순환을 만들어낸다.

이렇듯 정서는 단순한 '기분'이 아닌 문제 해결이라는 인지 활동의 토대를 이루는 핵심 요소이다. 사회적 환경이 조성하는 정서적 조건—지지와 배제, 그리고 집단의 분위기—은 우리 뇌가 인지 자원을 어떻게 배분하고 활용할지를 결정하는 '정서의 문지기' 역할을 한다. 따라서 보다 효과적인 문제 해결과 합리적인 의사결정을 위해서는 단순히 지식과 기술을 습득하는 것에서 한 걸음 더 나아가, 우리를 둘러싼 사회적 환경이 만들어내는 정서의 흐름을 의식적으로 관리하고 조율해야 한다. 특히 다음 세 가지에 주의할 필요가 있다.

첫째, 정서의 '전염 효과'를 경계해야 한다. 개방적이고 지지적인 분위기는 창의성을 자아내는 반면에 불안하고 위축된 분위기는 인지적 마비를 초래한다. 자신과 팀원들이 어떤 정서적 환경에 노출되어 있는지 끊임없이 진단하고, 부정적 정서의 악순환이 시작될 조짐을 잡아내는 것이 중요하다.

둘째, 정서 조절은 '개인의 역량'이자 '조직의 책무'라는 점에 대한 인식이 중요하다. 정서 조절 능력은 선천적 기질만이 아닌 훈련을 통해 발달시킬 수 있는 기술이다. 심호흡, 마인드풀니스, 인지적 재해석과 같은 개인적 정서 관리 기술을 익히는 동시에 조직 차원에서의 지원 체계(예: 멘토링, 개방적 소통 문화)를 구축하는 것이 조직의 인지적 역량을 갉아먹는 악순환을 막는 최선의 방어책이다.

셋째, 감정을 '방해물'이 아닌 '데이터'로 활용해 보라. 불안이나 좌절 같은 감정을 무시하거나 억누르기보다 그 감정이 "현재 어떤 필요가 충족되지 않고 있는가?", "어떤 위협을 감지하고 있는가?"라는 메시지를 전달하는 소중한 데이터로 해석해 보라. 감정의 신호를 올바르게 해석할 때, 우리는 자신이 처한 문제의 본질을 더 깊이 이해하고 더 포괄적인 해결책을 도출할 수 있다.

결국 진정한 지능의 발휘는 차가운 사고와 뜨거운 감정의 조화에서 비롯된다. 사회적 환경과 정서의 힘을 이해하고 현명하게 관리할 때, 우리는 복잡한 문제 앞에서도 유연하고 강력한 문제 해결 능력을 발휘할 수 있을 것이다.

(2) 인지 능력을 형성하는 사회적 환경

지능(문제 해결 능력) 향상을 위해서는 인지 능력이 근간이 되지만, 이는 단순히 타고난 잠재력이 아닌 사회적 상호 작용을 통해 끊임없이 학습되고 세련되어 가는 능력이다. 우리의 뇌는 타인과의 관계 속에서 비로소 그 최고의 성능을 발휘할 수 있도록 구성되어 있다. 구체적인 사례를 통해 살펴보자.

협력적 학습은 개인의 지적 한계를 넘는다. 혼자 학습하는 것보다 여럿이 함께하면 생각의 틀을 바꾸는 시너지가 생긴다. 집단 토론이나 스터디 그룹에서 서로에게 개념을 설명하고 피드백을 주고받는 과정은 단순 암기를 넘어 개념적 이해를 심화시키는 계기가 된다. 예를 들자면, 캐디 교육 과정에서 혼자 매뉴얼을 읽는 것보다 2~3명이 함께 실제 고객 응대 상황을 연기하고 피드백을 주고받는다. 이때 한 명은 '고객의 감정을 어떻게 읽을지'를 이야기하고, 다른 한 사람은 '서비스 멘트의 타이밍'에 대해 자신의 경험을 빗대어 이야기한다. 이렇게 서로의 관점을 합치면서 혼자서는 생각하기 어려웠던 내용을 깨닫게 되면서 캐디로서 어떻게 서비스를 해야 하는지 통합적 서비스 감각을 익힐 수 있다. 협력적 학습 환경에 참여한 사람은 혼자 학습할 때보다 복잡한 문제의 본질을 파악하고 통합적 해결책을 도출하는 고차원적 문제 해결 능력을 갖추게 된다.

또하나 인지 능력을 높이는 사례로 사회적 비교(social comparison)가 있다. 사회적 비교는 지능 향상에 있어 '가속 페달'이자 '브레이크'로 작용할 수 있는 이중성을 지닌다. 긍정적 측면을 보면, 약간의 자극이 되는 동료의 존재는 도전 의식을 자극하고 학습 지구력을 강화한다. 이는 마치 운동선수가 더 빠른 라이벌 상대와 함께 뛸 때 자신도 모르는 잠재력이 발휘되는 것과 같다. 그러나 부정적 측면도 있다. 지나친 비교는 인지 자원의 대량 낭비로 이어진다. 자신의 부족함에 대한 불안과 열등감에 사로잡히면, 뇌의 작업 기억 영역이 문제 해결보다 감정 조절에 과도하게 할당되어 사고의 유연성이 크게 저하된다. 따라서 지능을 키우기 위한 사회적 비교의 핵심은 '경쟁'이 아닌 '나의 성장 지도 만들기'로 활용하는 데 있다. 즉, 타인의 성과를, 나 자신을 진단하고 앞으로 나아가야 할 방향을 설정하는 데 쓰는 '참고 자료'로 삼는 것이다.

사회적 협력과 사회적 비교에 더하여, 우리 인지 능력을 실제로 구성하는 결정적 요소는 언어적 상호 작용이다. 아이들이 부모나 교사와의 대화를 통해 언어를 습득하는 과정은 단순히 말을 배우는 것을 넘어 사고의 틀을 구성하고 문제를 해결하는 능력의 기초를 마련한다. '왜 하늘은 파란 거야?'라는 질문에 대한 설명을 듣고 추론하는 과정 자체가 논리적 사고 능력의 바탕이 된다. 이렇게 습득된 언어 능력은 아이 시기에만 국한되지 않는다. 성인이 되어 새로운 분야의 전문 용어와 개념을 습득하는 과정은 사실상 새로운 언어를 배우는 것과 같으며, 이는 해당 분야를 이해하고 사고하는 새로운 관점을 얻게 되는 과정이다.

이렇듯 지능이란 개인적 차원에서만 형성되는 것이 아니다. 그것은 '협력'이라는 대화를 통해 깊어지고, '비교'라는 자극을 통해 예리해지며, '언어'라는 도구를 통해 정교해지는 사회적 환경의 상호 작용에 의한 결과물이다. 협력적 학습, 사회적 비교, 언어적 상호 작용이라는 세 가지 경로는 우리가 '혼자만의 뇌'가 아닌 '함께하는 마음'으로 문제를 해결할 때 비로소 우리의 인지 능력은 최고조에 달할 수 있음을 일깨워준다.

따라서 진정한 지능의 향상은 더 많은 문제지를 푸는 것이 아니다. 내가 속한 사회적 환경—함께 성장하는 동료, 건강한 자극이 되는 관계, 의미 있는 대화—을 어떻게 설계하고 그 안에서 어떻게 상호 작용하느냐에 그 답이 있다. 우리의 지능은 타인과의 연결 속에서 그 관계의 질이 결정되는 사회적 산물인 것이다. 이러한 통찰은 개인의 성장을 넘어 함께 성장하는 동료 관계와, 의미 있는 대화를 중시하는 조직 문화가 곧 경쟁력의 원천임을 환기시켜 준다.

(3) 의사결정(decision-making)을 왜곡하거나 최적화하는 사회적 환경

의사결정 능력은 지능의 핵심 요소이지만, 이는 사회적 압력과 체계에 의해 크게 좌우된다. 개인의 지능 향상을 가로막거나 촉진하는 이러한 사회적 요인은 그 작용 방식에 따라 세 가지로 구분할 수 있다. 동조 압력(conformity pressure), 권위자의 영향(authority influence), 그리고 집단 의사결정 구조(group decision-making)가 그것이다.

① 동조 압력

먼저 동조 압력을 살펴보자. 인류의 진화 과정에서 동조 압력은 생존을 위한 강력한 도구로 작동해 왔다. 타인의 행동을 따르고 집단의 규범에 순응하는 것은 단순한 선택이 아니라 생존 전략의 일환이었다. 복잡하고 불확실한 환경 속에서 매번 독립적으로 판단하려면 우리의 뇌는 막대한 인지적 에너지를 소모해야 한다. 이때 타인의 판단을 신뢰하고 따라가는 것은 뇌 자원을 절약하게 해주는 효율적인 전략이었다. 또한 공통의 규범과 행동 방식은 집단 구성원 간의 결속력을 강화하는 접착제 역할을 했으며, "우리는 같은 집단"이라는 신뢰를 구축함으로써 협력을 촉진했다. 더 나아가 집단 지성의 측면에서도 동조 압력은 중요한 역할을 했다. 개인이 위험 신호를 놓쳤을 때, 다른 구성원의 반응을 즉시 따라가는 것만으로도 생존 확률이 높아지는 경우가 많았다. 예컨대, 한 무리의 동물이 위협을 감지하고 도망치기 시작하면, 개별 개체가 이유를 묻지 않고 따르는 것이 안전을 확보하는 가장 빠른 방법이었다.

하지만 현대 사회에서 동조 압력은 항상 긍정적인 기능만을 발휘하지 않는다. 때로는 오히려 우리의 비판적 사고와 창의성을 제한하는 함정으로 작동할 수 있다. 애쉬(Asch)의 동조 실험에서처럼 사람들은 자신의 감각과 판단을 믿기보다 집단의 의견을 우선시하는 경향을 보인다.[5] 이러한 현상은 개인의 근본적인 의사결정 능력을 마비시키며, 팀 내에서는 집단 사고(group think)를 촉발해 중요한 비판과 의문 제기를 억누르고 무분별한 합의를 강요하기도 한다. 또한 동조 압력은 새로운 아이디어의 출현을 억제하는 장치로도 작동한다. 혁신적 생각은 대부분 소수의 의견에서 시작되

---

5 애쉬(Asch)의 선분 판단 실험은 참가자의 75%가 집단의 압력에 의해 명백히 틀린 답을 선택하는 데 동조한 실험으로, 사회적 동조 현상을 입증한 경전적인 연구이다.

지만, '다수와 다르다'는 이유만으로 초기 단계에서 배척되면 창의적 변화의 싹은 쉽게 시들어버린다.

결국 동조 압력의 핵심 문제는 이를 '좋다, 나쁘다'의 이분법으로 단순화할 수 없다는 점에 있다. 본능적으로 적응되어 온 동조가 현대 사회에서 잘못된 상황에 적용될 때, 비판적 사고를 저해하고 혁신을 막는다. 따라서 진정한 지능이란 이 본능을 제거하는 것이 아니라 그 작동 방식을 이해하고 맥락에 맞게 조절할 수 있는 능력, 즉 '메타 인지 능력'을 기르는 데 있다. 우리는 매 순간 스스로에게 묻는다. "지금 이 상황에서 동조하는 것이 에너지를 절약하는 현명한 선택인가, 아니면 비판적 사고를 포기하는 어리석은 행동인가?" 이러한 질문을 던질 수 있을 때, 동조 압력은 더이상 맹목적인 본능이 아닌, 상황에 맞게 활용할 수 있는 지혜로운 도구가 된다.

② 권위자의 영향

권위자의 영향 또한 인간의 의사결정과 학습 과정에서 중요한 사회적 환경이다. 그 자체로 권위는 중립적 도구에 가깝다. 그러나 이를 어떻게 활용하느냐에 따라 지능 발달의 촉매제가 되기도 하고, 맹목적 복종이라는 사고의 덫을 만들어내기도 한다.

긍정적 측면에서 권위자는 개인이 방대한 지식과 경험을 처음부터 모두 탐색해야 하는 부담을 줄여주는 중요한 역할을 한다. 교사, 멘토, 전문가와 같은 권위자는 자신이 축적한 지식과 경험을 체계적으로 전달한다. 이를 통해 학습자는 막대한 시간과 인지적 비용을 절약할 수 있으며, 이러한 과정이 지능 발달의 토대를 효율적으로 마련한다. 복잡하고 불확실한 상황에서 권위자의 의견은 행동 지침을 명확히 제공한다. 이는 학습자의 의사결정 효율성을 높여주는 사다리 역할을 한다. 또한 권위자가 제시하는 지식과 원리는 학습자에게 안전한 실험 환경을 제공한다. 검증된 틀 안에서 기본기를 다진 후, 학습자는 자신만의 창의적이고 비판적인 사고를 발전시킬 수 있는 기반을 마련한다.

반면에 권위자의 영향력이 부정적으로 작용할 때 심각한 문제가 발생한다. 밀그램(Milgram)의 복종 실험[6]이 보여주듯이 권위에 대한 맹목적 신뢰는 개인의 도덕적 판단과 비판적 사고를 순간적으로 마비시킨다. 뇌는 권위적 신호를 "생각할 필요 없는 지시"로 인식하여 스스로의 판단을 정지시킨다. 지나친 권위에 대한 의존은 의사결정의 주체성을 상실하게 한다. '윗분이 시키니까'라는 식으로 책임을 회피하게 만들며, 문제 해결 능력과 같은 지능의 핵심 요소를 충분히 발달시키지 못하게 만든다. 나아가, 권위 있는 사람의 주장이 절대적인 진리로 받아들여지는 문화에서는 '왜 그런가?'라는 근본적인 질문이나 새로운 대안을 탐구하는 창의적 도전이 억압된다. 이는 집단 지성의 발전과 개인의 지능 발달을 동시에 가로막는다.

따라서 권위자의 영향력은 단순히 따르거나 거부하는 것이 아니다. 그것을 어떻게 다루느냐에 따라 지능 발달의 방향이 결정된다. 진정한 지능은 권위의 지식을 학습의 출발점으로 삼되, 그 옳음과 한계를 검증할 수 있는 '비판적 신뢰(critical trust)'를 기르는 데 있다. 권위자의 말에 무조건 '네'라고 답하기 전에 먼저 '그 이유가 뭘까?' 하고 스스로에게 묻는 습관은 지능과 사고력을 더욱 높여줄 것이다.

---

6 밀그램의 복종 실험(1963)은 예일 대학교 스탠리 밀그램 교수가 진행한 사회심리학의 대표적 실험이다. 실험 참가자('교사' 역할)는 다른 참가자('학생' 역할)가 단어 기억 테스트에서 문제를 틀릴 때마다 점점 강도가 높아지는 전기 충격(15V~450V)을 가하도록 지시받았다. '학생'은 실제로는 실험을 도와주는 배우였으며, 고통스러운 신음을 내는 등 고통을 연기했다. 실험의 충격적 결과는 약 65%의 참가자가 최고 전압인 450V까지 충격을 가하는 데 복종했다는 점이다. 이 실험은 평범한 사람들도 권위 있는 통제자(실험 진행자)의 지시 하에 도덕적 양심에 반하는 행동을 할 수 있음을 보여주며, 권위에 대한 복종의 강력한 힘을 입증했다.

③ 집단 의사결정 구조

사회적 환경과 지능의 역관계를 집단의 의사결정 관점에서 살펴보자. 인간에게 집단 생활은 생존 그 자체이다. 사냥, 채집, 위협 회피 등 모든 생존 활동은 집단 단위로 이루어졌으며, 이는 '함께 결정하는 본능'이 인간의 DNA에 깊이 각인되어 있음을 보여준다. 때문에 인간은 집단의 의사결정에 민감할 수밖에 없다. 이러한 본능은 정보의 효율적 수집과 처리, 즉 집단 지성을 통해 최적의 생존 결정을 내리기 위해 발달하였다. 집단은 개인이 접하지 못한 정보를 서로 나누어 더 넓은 세상을 인지할 수 있게 하였고, 다양한 구성원의 기억과 경험을 결합하여 집단의 기억을 창출함으로써 복잡한 문제를 해결할 수 있었다.

이러한 진화적 배경 때문에 집단 의사결정은 시너지와 의사결정 과정 지연이라는 양면성을 지니게 되었다. 올바른 과정을 통해 집단의 장점이 극대화될 때는 지혜가 창출되지만, 그렇지 못할 때는 오히려 개인이 혼자 결정하는 것보다 어리석은 결과를 낳을 수 있다. 집단이 지혜를 발휘하는 상황은 단순히 사람을 모아놓는 것을 넘어서 다양한 관점과 정보가 자유롭게 교류되는 협력적 환경에서 비롯된다. 많은 사람이 모일수록 더 많은 정보와 지식, 다양한 관점이 모이며, 이는 개인 지식의 한계를 넘어 보다 포괄적인 이해를 가능하게 한다. 또한 한 개인이 놓친 실수나 오류를 다른 구성원이 발견하고 수정할 수 있어 결정의 정확성을 높이는 안전망 역할을 한다. 구성원 간의 상호 작용을 통해 개인적으로는 도출할 수 없었던 새로운 아이디어와 해결책이 탄생할 수도 있다.

반면에 집단의 내적 역학 관계가 비정상적으로 작용하면 비효율적인 소통과 정보 공유의 실패라는 '과정 손실'이 발생하며, 이는 전형적인 오류로 나타난다. 첫째, 집단 사고는 집단의 화합과 일치를 극단적으로 추구하게 만들어, 비판적 사고가 억압되고 현실을 합리화하며 외부 정보를 배제하는 현상이다. 둘째, 집단 극화(group polarization)라는 함정도 있다. 이는 토론을 거치며 구성원들의 의견이 오히려 처음보다 더 극단적인 방향으로 이동하는 현상이다. 신중함이 요구되는 결정이 무모하게 바뀌거나, 보수적인 입장이 더욱 강경해져 합리적인 중간 지점을 찾기 어려워질 수 있다. 예를 들어 신제품 투자 회의에서 처음에는 모두 '신중한 검토'를 원했으나 토론이 길어지며 '과감한 투자를 반대하는' 쪽으로 의견이 극단적으로 쏠려 합리적 위험 감수가 배제되는 경우가 대표적이다. 이는 온 세계를 경악하게 만든 챌린저호 폭발 사고에서 극명하게 드러났다. 발사 전 엔지니어들이 결함 가능성을 제기했음에도 불구하고 NASA의 의사결정 회의에서 이 불편한 정보가 무시되고 만장일치로 발사가 결정되었다.

집단의 지혜를 현실로 만들기 위해서는 의도적인 과정 설계가 필요하다. 다양한 배경과 전문성, 관점을 가진 구성원으로 집단을 구성하면 당연시되는 가정에 의문을 제기하고 새로운 정보의 출현을 촉진할 수 있다. 리더는 모든 의견, 특히 반대 의견을 적극적으로 장려해야 한다. 악의 대변인(devil's advocate)을 공식적으로 지정해 기존 합의에 도전하도록 만드는 방법도 효과적이다. 또한 중요한 결정을 앞두고 각 구성원 개인만이 알고 있는 정보를 공유할 수 있도록 어느 정도 시간 여유를 갖는 것이 좋다. 이처럼 집단 의사결정의 본능을 이해하고 그 안에 내재된 위험을 인지하며 지혜를 끌어낼 수 있는 구조를 의도적으로 설계할 때, 비로소 집단이 가진 엄청난 잠재력을 현실로 구현할 수 있다. 이러한 과정 설계를 주도하는 리더의 역할이야말로 집단의 지능을 최고의 경영 성과로 연결시키는, 일관된 핵심이다.

(4) 사회적 환경과 물리적 환경, 두 기둥이 사고력을 결정한다

이처럼 사회적 환경은 우리의 정서, 인지, 의사결정 시스템을 물리적 환경 못지않게 강력하게 조율하는 '지능의 자양분'이다. 우리는 타인의 시선, 관계, 규범으로 짜여진 보이지 않는 토대 속에서 감정을 다스리고 생각을 키우고 선택의 길을 찾는다.

그러나 지능을 키우는 '환경'에 대한 우리의 탐구는 사회적 차원에 머물러서는 안 된다. 사회적 환경이 "함께 사고하는 방식"을 규정한다면, 우리를 둘러싼 물리적·경험적 환경의 '질'은 "개인이 사고하는 힘", 즉 개인의 지능을 향상시키는 결정적 조건이 되기 때문이다.

따라서 진정한 지능의 발달은 동조와 권위, 집단 지성의 사회적 역학을 이해하는 차원을 넘어 우리의 사고력을 지속적으로 자극하고 키워나가는 환경의 질적 조건, 즉 '단조로움'에서 '복잡함'을 거쳐 '풍요로움'에 이르는 스펙트럼을 파악하는 데까지 나아가야 한다. 이것이 비로소 우리 자신의 뇌 능력 향상과 우리를 둘러싼 환경 설계를 아우르는 총체적 지능 계발의 길이 될 것이다.

3. 지능을 깨우는 환경의 조건: 단조로움, 복잡함, 풍요로움

사회적 환경이 뇌의 시스템을 강력하게 조율하는 만큼, 지능 발달에 유리한 환경의 '질'을 이해하는 것은 필수적이다. 여기서는 이를 '단조로움', '복잡함', '풍요로움'이라는 스펙트럼으로 구분하여 살펴보자.

우선 단조로운 환경을 보자. 단조로운 환경이란 감각적·사회적·학습적 자극이 부족하고 변화가 거의 없는 곳을 뜻한다. 이 환경에서는 뇌에 도전

이 주어지지 않기 때문에 신경 회로의 발달이 멈춘다. 새로운 자극이 없으면 주의력·문제 해결력·창의성과 같은 유동성 지능이 약화된다. 사회적 접촉이 거의 없는 고립된 성장이나 단순 반복 노동이 대표적인 사례이다. 예를 들어 시간 교대 근무로 사회적 관계가 단절되거나, 창의성을 요구하지 않는 극단적으로 표준화된 업무에 장기간 종사하는 경우, 인지 기능의 전반적인 경직 현상이 관찰된다. 이는 단순히 지루함이 아니라 인지적 잠재력 자체를 위축시킨다.

이와 반대로 복잡한 환경은 다양한 자극과 사회적 상호 작용, 학습 기회가 끊임없이 주어지는 곳이다. 뇌는 이런 환경에서 새로운 문제에 적응하기 위해 신경 가소성을 발휘한다. 그 결과 시냅스의 밀도와 연결 강도가 높아지고, 인지 처리의 효율성이 향상된다. 다양한 친구와의 놀이, 취미 활동, 새로운 기술 습득은 모두 복잡한 환경을 구성한다. 이러한 경험은 문제 해결, 언어 능력, 공간 인지력 등 광범위한 인지 기능을 촉진한다. 하지만 '통제되지 않은 복잡함'은 부작용을 낳을 수 있다. 인지 처리 능력을 넘어서는 과도한 자극과 무질서는 '과부하(overload)' 상태를 초래하여 오히려 피로감을 증폭시키고 판단력을 마비시킨다. 교통 소음, 광고, 정보 등이 끊임없이 뒤섞인 무질서한 도시 환경이 대표적인 사례이다.

풍요로운 환경은 복잡한 환경이 지닌 자극과 도전을 그대로 유지하되, 여기에 정서적 안정감과 의미 있는 보상이 더해진 환경이다. 이 환경은 도전과 안정이 선순환을 이루는 구조이다. 정서적 안정은 스트레스의 해로운 영향을 줄이고, 보상과 격려는 도파민 시스템을 자극해 학습 동기와 탐구심을 오래도록 유지시킨다. 가족의 격려 속에서 과감하게 도전하는 아이, 동료와의 신뢰 속에서 창의성을 발휘하는 직장, 심리적으로 안전하면서 학습 자료가 풍부한 교실이 대표적 사례이다.

이러한 환경의 질은 개인에게 어떤 의사결정 시스템이 주로 사용될지를 결정한다. 단조로운 환경은 반사적이고 자동적인 파블로프식 및 습관적 시스템을 강화하여 인지 잠재력을 위협한다. 복잡한 환경은 새로운 문제를 제시함으로써 목적지향적 시스템을 각성시키고 인지 기능을 훈련할 수 있는 장이 될 수 있다. 궁극적으로 바람직한 풍요로운 환경이란 도전과 안정을 결합하여 목적지향적 시스템이 실패를 두려워하지 않고 자신감을 가지고 지속적으로 성장할 수 있는 최적의 생태계를 조성한다. 무엇보다 자신감을 주는 환경이라는 점에 유의한다면, 이 원리는 개인의 성장뿐 아니라 골프장 직원들과 같이 특정한 환경에 속한 집단을 위한 맞춤형 지능 개발 프로그램을 설계할 때도 중요한 기준이 된다.

> 참고
>
> **어떤 주거 환경이 지능에 좋은가: 대도시와 중소도시의 비교**
>
> 신경심리학과 발달심리학 연구에 따르면, 지능 발달에는 풍요로운 환경을 필수 조건으로 꼽는다. 대도시와 중소도시는 각기 다른 형태의 풍요로움과 한계를 지니며, 개인적인 삶의 단계와 목표에 따라 어느 환경이 적합한지가 달라진다.
>
> 대도시는 대학이나 박물관, 강좌, 세미나 등 풍부한 정보와 체험 기회를 제공하여 다양한 지적 환경을 접할 수 있다. 이러한 환경은 새로운 문제를 해결하는 능력인 유동성 지능(Gf)과 지식을 축적하는 결정성 지능(Gc)을 동시에 자극한다. 다양한 사람과의 만남과 교류는 사회적 지능과 창의성을 높이는 데도 큰 도움을 준다. 하지만 대도시는 소음과 혼잡, 빠른 생활 속도와 경쟁으로 인해 만성적 스트레스가 발생하기 쉽다. 이로 인해 주의력, 집중

력, 작업 기억과 같은 핵심 인지 자원이 빠르게 소모되어 지능의 효율적 발휘가 저해될 수 있다. 또한 콘크리트 위주의 환경은 자연 속에서 얻을 수 있는 인지적 회복 기회를 충분히 제공하지 못한다.

중소도시는 과도한 자극이 적고, 숲과 강, 공원 등 자연에 쉽게 접근할 수 있어 인지적 회복이 용이하다. 안정적인 공동체와 사회적 신뢰는 정서적 안정을 높여 스트레스와 불안을 줄여주며, 이는 지능이 원활히 작동할 수 있는 심리적 토대를 마련한다. 그렇지만 중소도시는 교육과 문화 인프라가 제한적이고, 사회적 다양성이 부족해 새로운 도전과 창의적 자극이 상대적으로 적다. 특정 분야의 전문 지식이나 최첨단 정보 접근도 대도시에 비해 뒤처질 수 있다.

결론적으로, 대도시는 지적 호기심이 많고 성장을 집중해야 하는 청소년, 대학생, 연구자, 예술가, 다양한 사람과 협력해야 하는 직업군 등에 유리하다. 중소도시는 스트레스로 지친 사람, 내적 집중과 깊이 있는 사고가 필요한 작가, 장인, 철학자 등과 더불어, 자녀에게 안정적인 환경을 제공하고 싶은 가정에게 적합하다.

하지만 어느 도시가 더 낫다고 단정할 수는 없다. 중요한 것은 자신의 삶의 단계와 목표를 고려해 두 환경의 장점을 전략적으로 활용하는 것이다. 예를 들어 젊은 시절에는 대도시에서 경험과 지식을 쌓고, 안정기를 맞이하면 중소도시로 이동해 인지적 회복과 내적 성장을 도모하는 '하이브리드 전략'이 효과적일 수 있다.

이러한 선택을 가능하게 하고, 각 도시의 장점을 극대화하기 위해서는 정책적 접근이 필수적이다. 대도시는 '혁신 생태계' 조성에 집중하여 지식과 인재의 밀집도를 높이는 한편, 소음과 혼잡을 완화하고 녹지 공간을 확보하여 '인지적 회복의 거점'을 마련해야 한다. 반면에 중소도시는 초고속 인터넷과 양질의 공유 오피스 같은 '집중과 웰빙 인프라'에 과감히 투자하여, 자연 환경의 이점을 살리면서도 디지털 시대의 혜택에서 뒤처지지 않도록 해야 한다.

"어디에 사느냐"보다 "지금 내가 어떤 환경을 필요로 하는가"를 깊이 생각해 보는 것이 자신의 지능 향상을 위해 환경을 선택하고 설계하는 첫걸음이다.

지능 발달 환경에 기반한 미래지향적 거주 및 기업 유치 전략

구분	대도시(확장과 도전의 풍요로움)	중소도시(안정과 회복의 풍요로움)
핵심 가치	확장, 네트워킹, 속도, 다양성	집중, 회복, 깊이, 지속 가능성
지능에 미치는 영향	• 유동성·결정성 지능의 외연 확장 • 사회적 지능과 창의성 촉진 • 단점: 과도한 자극으로 인한 인지 부하 & 스트레스	• 인지 자원 보존 및 회복 • 집중력과 메타 인지 함양 • 단점: 도전 기회와 다양성 부족
적합 거주 계층	• AI/첨단기술 연구개발자 • 창업가 & 벤처투자가 • 글로벌 크리에이티브 종사자	• 원격 근무자 & 프리랜서 • 깊은 사고, 창작이 필요한 지식 노동자 • 기본기 함양 필요한 학습자 및 은퇴 준비 세대
유치 적합 기업 유형	• R&D 중심 첨단 기업(AI, 반도체, 바이오) • 벤처 캐피털, 액셀러레이터 • 광고, 미디어, 디자인 등 크리에이티브 산업	• 집중력이 핵심인 기술팀(소프트웨어 엔지니어링 등) • 원격 근무 기업의 허브 오피스 • ESG/웰니스 가치 중시 기업
AI 시대 강점	오프라인 생태계와 물리적 근접성, 최신 트렌드 선점, 우발적 협업 용이	디지털 자원 통합 최적화, 방해받지 않는 심도 있는 작업, 높은 삶의 질 통한 인재 유치
핵심 전략	혁신 생태계 조성: 지식·인재·자본 밀집도 극대화	집중과 웰빙 인프라 투자: 초고속 인터넷, 공유 오피스, 자연 친화적 환경 구축

제2장 신체와 항동성: "살아 있는" 신체의 특징
―코나투스에서 신경심리학까지

1. 신체, '살아 있음'의 특징은?

1) 인간의 존재 이유와 속성

기계와 생명체의 차이는 무엇인가? 기계는 '외부 통제'에 의해 작동되지만, 살아 있는 생명체(신체)는 스스로 에너지를 생산하면서 변화-성장을 자율적으로 조절하는 '내부 통제'에 의해 작동된다. 소화관+심혈관+두뇌 등 인간 신체의 시스템을 똑같이 갖춘 로봇을 만들어도 그 로봇은 생명체가 하듯이 자신을 자율적으로 조절할 수는 없다.

생명체에는 기계 시스템과 같은 비생명체가 갖지 못한 '어떤 특성'을 갖고 있는데, 스피노자는 이러한 생명체만의 독특한 특성을 '코나투스(Conatus)'라고 했다. 코나투스는 "끝임 없는 욕망"이라는 뜻인데, 개별 존재가 자기의 존재 상태를 최대한 오래 지속하려는 '자기 보존의 내적인 힘이자 노력'을 의미한다. 생물학은 생명체의 특징을 '생존과 번식'이라고 하는데, 이러한 '정서 중립적 표현'으로는 생명체의 '어떻게든 살고자 하는 성질'을 표현하기가 어렵다. 코나투스는 생존과 번식을 향한 '끝없는 욕망'을 강조하고 있다. 코나투스는 생명체에만 있는 "존재 이유의 속성"이라고 할 수 있다.

생명체에는 이러한 코나투스를 추구하는 독특한 '내부 조절 체계', 즉 시스템이 있다. 시스템이란 공동의 목표를 달성하기 위해 상호 작용하고 의존하는 여러 구성 요소들로 이뤄진 통일된 집합체를 의미한다.

인간 신체의 시스템을 보자. 우리의 신체는 30~40조 개에 달하는 엄청난 수의 세포들로 이뤄지는데 이 세포들은 심장, 폐, 소화기관 등 다양한 장기, 면역계, 뇌 등의 기관을 구성한다. 이 기관들은 상호 작용하며 의존하는 시스템을 구성하고 있다. 그런데 이 살아 있는 신체의 시스템에는 코나투스를 추구하는 데 필요한 독특한 속성이 내재해 있다.

보통 항동성(homeodynamics) 또는 동적 항상성(dynamic homeostasis/allostas)이라고 불리는 속성이 살아 있는 신체의 시스템에 내재해 있다. 요컨대 신체 시스템은 이러한 항동성을 생성하기 위해 존재하며, 이러한 항동성을 생성해 내지 못하는 시스템은 생명체가 아니다.

동적 항상성이란 개념을 올바르게 이해하기 위해서는 항상성과 동적 항상성의 개념적 차이를 잘 이해할 필요가 있다. 이 두 개념의 차이를 잘 알아야만 '살아 있는 신체의 생물학적 특성'을 잘 이해할 수 있다. 그래서 가장 먼저 두 개념의 차이를 소개한다.

2) 항상성 vs 항동성(동적 항상성)

항상성은 '살아 있는' 신체가 외부 환경이나 내부의 변화에도 불구하고 가장 적합한 내부 상태(체온, 혈당, 수분, 전해질, 산-염기 균형 등)를 유지하려는 '자동 조절 시스템'을 가지고 있음을 지적하는 개념이다. 이 항상성 시스템은 거의 고정된 기준선(set point)으로 유지하려는 생리적 메커니즘이다. 예를 들어 체온 36.5℃ 전후 유지, 혈당 70~110mg/dL 유지 등이 이러한 메커니즘의 표현이다.

현대 의학에서는 이러한 항상성 개념이 '고정된 기준점'으로 적용되면서 나이와 개인 체질 같은 생물학적 특수성이 간과되는 문제가 발생하기도 한다. 결과적으로 체질이 특이한 젊은이, 혹은 노화로 인해 전전두엽 기능 등 신경생리 작용이 변화한 노인 등이 모두 '고혈압 환자'로 진단되는 오류가 발생할 수 있다.

체중이 많이 나가는 사람 모두가 비만은 아니다. 유전자와 환경에 따라 마른 체질과 뚱뚱한 체질이 자연스럽게 존재한다. 예를 들어 더운 지방에는 마른 체질이, 추운 지방에는 뚱뚱한 체질이 많다. 결국 항상성의 '고정된 기준(예: 체중)'만으로 건강을 검진하면, 체질적 차이와 신진대사 성능과 같은 개인적 차이를 무시한 채 단순히 뚱뚱한 사람을 모두 비만으로 진단하는 오류를 범하게 된다.

이에 반해, 동적 항상성의 관점에서는 '살아 있는' 신체에 '고정된 최적의 내부 상태 균형점'이란 존재하지 않는다. 이러한 고정된 상태는 오직 죽음에 이를 때만 가능하다. 살아 있는 한 환경과 시간, 상황에 적합한 최적의 균형점은 끊임없이 가변적으로 변화시킨다. 이를 설명하는 사례로, 병든 사람과 건강한 사람이 같은 체온을 유지한다 해도 그 생리적 의미와 유지하는 데 들이는 에너지는 근본적으로 다를 수 있다.

이렇게 상황에 따라 최적의 균형점이 변화하는 것을 '적응(適應)'이라고 표현한다. 위험한 순간에서의 생리 상태와, 편안하게 쉬고 있을 때의 생리 상태가 다를 수밖에 없듯이 신체에 적합한 생리 상태는 가변적 균형점(set-point shifting)을 따라 끊임없이 조정된다. 즉, 적응이 일어나는 것이다. 때문에 항상성이 이렇게 역동적으로 변한다는 의미를 강조하기 위해 '항상성' 대신에 '동적 항상성(항동성)'이라는 개념을 도입했다.

물론 살아 있는 몸이 스스로 살아 있는 상태로 유지하려면, 병 들었든 건강하든 내부 상태(체온, 혈당 등)가 임계치라는 일정한 한계를 벗어나면 안 된다. 그 임계치에서 벗어나는 순간, 살아 있는 상태에서 죽은 상태로 변환된다. 생물학적으로 살아 있는 상태란 이렇게 일정한 임계치 내에서 끊임없이 변동하는 상태이다(동적 항상성). 생리 상태가 고정된 기준선(고정된 균형 상태)으로 수렴한 후 일정하게 순환하는 것(정적 항상성)은 아니다.

또한 생사를 가르는 '임계치 체온' 등 '항동성의 임계 범위'와 성능은 환경이나 나이 등이 변화하면서 생물학적으로 변해간다. 예를 들어 추운 지방에서 평생 살다 보면 추위를 견디는 임계치 온도가 낮아지는 방향으로 항동성은 변화한다.

항동성, 즉 동적 항상성의 실제 사례를 들어보자. 평상시에 36.5℃가 정상인 체온이 운동을 할 때는 38℃까지 올라가는데, 이 38℃라는 체온은 신체 에너지가 많이 소모되는 운동 상태에서는 '상황에 적응한 정상 범위' 내의 체온이다.

포식자를 마주한 스트레스 상황에서는 도망가거나 싸우기 위해 소모되는 신체 에너지가 급속히 많아져야 한다. 따라서 신체 에너지를 증가시키는 코르티솔 호르몬이 상승하는 것이 '위험 상황'에는 적합하다. 이는 스트레스 반응이 생명 유지를 위한 필수적인 적응 메커니즘이라는 것을 보여준다. 즉, 스트레스 상황에서의 코르티솔 분비 증가는 단순한 '비정상'이 아니라 신체의 살아 있음을 유지하는 데 적합한 '상황에 적응된 정상 범위' 내의 생리 상태이다.

신체의 '살아 있음'이 갖는 특징인 '동적 항상성'을 '정적 항상성'에 대비하여 설명했는데, 이제 이러한 '동적 항상성', 즉 항동성이 어떤 메커니즘을 통해 구현되는지 살펴보자. 왜냐하면 이 메커니즘은 우리 두뇌가 어떻게 정보를 처리하고, 새로운 상황에 적응하며, 궁극적으로 더 나은 결정을 내리는지에 대한 생물학적 기초를 이해하는 길이기 때문이다. 항동성의 원리를 이해함으로써 우리는 자신의 인지 과정을 더 효과적으로 조절하고 지능을 발전시킬 수 있다.

2. 항동성(동적 항상성)의 조절 메커니즘

1) 항동성의 예측적 특성

뇌는 기본적으로 인류의 생존과 번식이라는 최고의 과제를 해결하기 위해 항동성(동적 항상성) 조절 기능을 중심으로 진화해 왔다. 기본적인 항동성 조절 부위로는 시상하부, 뇌간, 자율신경계(ANS), 내분비계 등이 있다.

그런데 뇌의 항동성 조절은 단순히 현재의 상태를 유지하는 수준을 넘어, 조절 행위 시작 후 실제 효과가 나타나기까지 걸리는 '시간 차이'를 감안한 '예측적 조절'이 필수적이다.

예를 들면 물을 마셔서 갈증을 해소하려 할 때, 마신 물이 흡수되어 체내에 공급되기까지 걸리는 시간을 예측해 갈증 해소와 물 마시기 중단의 신호를 미리 보내야 한다. 음식 섭취를 중단시킬 때도 '실제로 포만 상태'가 되기 전에 포만감의 생리가 조성된다. 이는 포만감을 느끼는 데 걸리는 시간을 예측하여 미리 "배가 부르다"는 신호를 보내야 하기 때문이다. 위험에 봉착했을 때 재빨리 도망가기 위해서는 사용 에너지 증가에 걸리는 시간을 예측하여 미리 호흡과 심장 박동을 빠르게 하고 산소나 당분 등의 에너지를 공급해 신진대사 활동을 촉진해야 한다.

이러한 예측 조절은 우리의 일상에서도 쉽게 관찰된다. 번개를 본 순간, 천둥소리가 들리기 전에 이미 몸을 웅크리는 것은 뇌가 빛과 소리의 속도 차이를 무의식적으로 계산하여 위협에 선제적으로 대응하는, 바로 그 '예측 조절' 시스템이 작동하는 생생한 순간이다.

2) 예측 조절의 필연적 한계: 예측 오류(prediction error)

이렇게 신체의 항동성 조절은 항상 예측적으로 처리된다. 그러나 이러한 예측 조절 시스템은 완벽하지 않다. 예측 오류가 발생할 수밖에 없는 필연적인 이유가 있기 때문이다. 이렇게 예측이 빗나가는 '필연적 예측 오류'가 발생하는 데에는 몇 가지 근본적 요인이 작용한다.

첫째, 신체 시스템 자체의 엄청난 복잡성 때문이다. 인체는 30~40조 개의 세포로 이루어져 있으며, 각 세포는 독자적인 신진대사를 한다. 뇌가 이처럼 방대한 세포들의 활동 전체를 정확하게 예측하여 통제한다는 것은 애시당초 불가능하다.

둘째, 많은 신체 기관이 뇌의 직접적인 지시 없이도 작동하는 자율성 때문이다. 간, 췌장, 면역세포 등은 뇌의 명령을 기다리지 않고 스스로 기능한다. 따라서 뇌가 가진 '예측 모델'과 실제 신체 기관들의 작동 결과 사이에는 필연적인 오차가 발생할 수밖에 없다.

셋째, 환경 변동의 불확실성 때문이다. 생명체가 맞닥뜨리는 외부 환경은 그 변화를 정확히 예측하기 어렵다. 이러한 환경적 불확실성 때문에 뇌의 항동성 조절은 항상 예측 오류를 수반할 수밖에 없다. 대표적인 환경 요인은 다음과 같다.

- 물리적 환경 변화(기온, 습도, 날씨, 계절, 낮과 밤의 변화): 뇌는 일상적 패턴

을 기반으로 체온, 에너지 소비, 활동 수준을 예측하지만, 갑작스러운 한파나 폭염은 이러한 예측을 벗어나 신체와 행동을 빠르게 조정하도록 요구한다(예: 갑작스러운 폭우나 기록적인 폭염으로 인한 평소 예측의 무력화).

- **자원의 불확실성**(먹이의 양, 안전한 은신처의 유무): 먹이와 안전한 은신처와 같은 생존에 필수적인 자원은 언제나 제한적이고 예측하기 어렵다. 뇌는 이러한 불확실성을 고려해 위험 평가, 탐색 행동, 에너지 소비 계획을 조정한다(예: 오늘 발견한 먹이 원천의 갑작스러운 고갈, 예상치 못한 경쟁자의 등장).
- **사회적 환경 변화**(집단 내 경쟁, 협력, 지위 변동, 타인의 행동 예측 불가능성): 사회적 환경은 가장 예측하기 어려운 요인이다. 뇌는 상대방의 의도와 행동을 추론하고, 신뢰·경쟁·협력 전략을 실시간으로 조정하도록 진화했다(예: 신뢰하던 동료의 갑작스러운 배신, 직장 내 예상치 못한 경쟁 구도 형성).
- **위험 요인**(포식자 출현, 전염병, 갑작스러운 위협): 갑작스러운 위협은 기존의 예측 모델을 무력화하며, 뇌는 스트레스 반응(코르티솔, 아드레날린)과 회피·방어 행동을 즉각 활성화한다(예: 평소 다니던 길에서의 갑작스러운 위협, 새로운 전염병의 급속한 확산).
- **장기적인 차원의 환경 변화**(기후 변화, 서식지 이동, 생태계 변동 등): 장기적 환경 변화는 단기적 뇌 반응으로서는 대응하기 어렵다. 이러한 변화는 생존 전략과 종의 진화적 적응을 요구하며, 세대에 걸쳐 진화적 변화를 유발하는 요인으로 작용하여 신경·행동 특성을 형성한다(예: 지구 온난화로 인한 기후 패턴 변화, 수십 년에 걸친 서식지 사막화).

이러한 환경 변화들에는 '정확한 예측이 불가능한 불확실성'이 있고, 이러한 불확실한 외부 환경을 예측하여 대응하는 뇌의 항동성 조절 역시 '오차 범위가 있는 예측 오류'를 일으킬 수밖에 없다.

결론적으로 신체의 복잡성과 자율성, 외부 환경의 불확실성이라는 구조적 한계 때문에 뇌가 항동성을 '예측적으로 조절(allostasis)'할 때, 그 예측에는 필연적인 오류가 뒤따른다.

이러한 필연적 예측 오류를 인지하고 관리하는 것이 곧 생존의 효율성을 높이는 핵심이다. 만약 뇌가 이러한 오류를 무시하고 조절을 시도한다면, 신체 시스템은 급격히 불안정해지거나 비효율적인 에너지 소모를 초래할 것이다. 이러한 과도한 에너지 소모는 특히 인지적 자원을 고갈시켜 지능 발달과 향상에 직접적으로 해를 끼친다.

이러한 필연적 예측 오류는 단순한 결함이 아니라 뇌가 진화 속에서 마주한 근본적 조건이다. 따라서 뇌는 이러한 오류를 '제거'하려 하기보다 이를 '처리'하고 '보정'하는 메커니즘을 발전시켜 왔다. 이제 그러한 보완적 체계가 어떻게 작동하는지 살펴보자.

3) 항동성 조절의 기본 체계: 상태 감지와 실행의 상호 작용

뇌는 예측 오류의 필연성을 극복하기 위해 두 가지 시스템을 진화시켰다. 첫째, 항동성 상태 감지 시스템(섬엽, NTS 등)은 내부 상태를 실시간 모니터링한다. 둘째, 항동성 조절 실행 시스템(편도체, 시상하부 등)은 예측 오류를 감안해 항동성을 조정한다. 이 두 시스템은 하나의 쌍을 이루며 예측 오류를 처리하도록 진화했다.

이러한 '상태 감지↔조절 실행'의 상호 연결된 피드백 루프가 없다면 항동성은 불가능해진다. 그리고 그 '상태 감지↔조절 실행' 중간에 '중앙처리장치'인 중추시스템(AIC, ACC)을 '고도화'하는 진화 과정이 거듭되었다.

뇌는 이렇게 항동성 조절 능력을 '효율화'하기 위해 진화한 신체 기관이라고 할 수 있다. 이러한 메커니즘을 좀 더 세부적으로 들여다보자.

한 쌍(one pare, 또는 양 축)으로 이루어진 뇌의 '항동성 조절 메커니즘'은 다음과 같이 설명할 수 있다. 하나의 축(axis)인 '상태 감지 시스템'의 핵심 부위는 '뇌간-시상-섬피질'이며, 항동성 상태를 '신체 감각 표상→원초적 감정 형성 및 인지→정서 완성(세밀화) 및 의식적 느낌 인지'라는 프로세스를 거쳐 감지한다. 또 하나의 축인 '조절 실행 시스템'의 핵심은 '전측 대상피질(ACC)-편도체-시상하부-뇌간'이며, 주요한 조절 방식은 호르몬 분비, 자율신경계(ANS), 행동이다. 조절 실행 수단 중 호르몬 분비와 자율신경계 실행은 의식적 통제 없이 자동으로 이루어진다. 반면에 행동(의사결정)이라는 수단에는 통제가 가능한 유형도 있다. 파블로프식 반사나 습관적 행동은 자동적으로 이루어지는 유형이지만, 목적지향적 행동(의사결정) 유형은 의식적으로 통제가 가능하다.

여기서 의식적으로 통제를 할 수 없다는 것은 직접적인 조절이 어렵다는 뜻이지, 이것이 고정불변이라는 의미는 아니다. 환경을 변화시키거나 운동, '인지적 해석의 변경' 등을 통해 간접적으로는 조절할 수 있다. 이 점이 중요하다. 예를 들어보자. 더위로 인해 땀을 흘리게 만드는 땀샘의 분비를 의식적으로 직접 통제할 수 없지만, 그늘로 이동하는 등의 행위를 통해 간접적으로 조절할 수는 있다. 또한 직접적인 조절이 어려운 파블로프식 반사 행동도 피할 수 있다. 파블로프식 반사 행동을 일으키는 자극 요인을 피해서 반사 행동을 사전에 방지하는 행위를 목적의식적으로 할 수 있다. 배고플 때 유혹적인 빵집 앞을 지나치게 되면 우리는 자동적으로 침이 분비되고 빵을 '맹목적으로' 구매하고자 하는 충동(반사 행동)을 느낀다. 그러나 의식적으로 다른 길을 선택하거나 장보기 전에 식사 계획을 미리 세우는 것으로 이러한 반사적 행동을 방지할 수 있다.

파블로프식 반사는 원래 에너지 효율성을 극대화하는 생존 메커니즘으로 진화했다. 그러나 '한정판', '할인'이라는 현대의 마케팅 자극(종소리) 앞에서는 동일한 메커니즘이 '충동구매'라는 재정적 비효율을 낳을 수 있다. 따라서 우리는 생물학적 반사를 '억제'하는 것이 아니라 환경 변화를 인지하고 더 큰 생존 효율성을 위해 의식적으로 조절하는 방법을 익혀야 한다.

이러한 상태 감지↔조절 실행 피드백 루프와 자동적/목적지향적 행동의 조합이 바로 인간 뇌의 항동성 조절 메커니즘이다. 이를 통해 우리는 예측 오류를 효율적으로 처리하고 생존과 적응 능력을 최적화할 수 있다.

덧붙이자면, 인간이 항동성 조절을 목적의식적으로 조절할 수 있는 것은 인간의 뇌가 이러한 '목적의식적' 조절 능력의 토대가 되는 '성능 좋은 ACC-전전두엽'을 갖추도록 진화했기 때문이다. 이는 앞서 언급한 인간 뇌의 거대화를 설명하는 핵심 이유이기도 하다. 파충류의 뇌에는 ACC가 미숙하고 전전두엽이 없기 때문에 이러한 목적의식적 조절이 근본적으로 불가능하다.

4) 진화적 발전: 목적의식적 조절의 출현

인간의 목적의식적 조절은 왜 진화했을까? 목적의식적 조절이 왜 좋을까? 목적의식적 조절은 아까운 신체 에너지만 많이 사용하는 것 아닐까? 목적의식적 조절이 자동적 반사 등에 비해 어떤 생존적·효율적 이점을 제공했는지 구체적인 사례를 통해 자세히 살펴보겠다.

갈증은 매우 심하지만 배고픔은 덜한 한 파충류가 있다고 하자. 그리 멀지 않은 곳에는 먹이(작은 영양)가 있고, 바로 눈앞에서는 맑은 샘물이 솟구치고 있다. 이 파충류는 어떻게 행동할까? 편도체가 주도하는 행동은 '항동성의 필요성'이 더 강한 쪽으로 '행동의 선택(의사결정)'을 우선한다. 때문에 편도체만으로 행동을 선택하는 뇌 구조를 가진 파충류는 곧바로 샘물의 물을 마실 것이다. 갈증이 배고픔보다 훨씬 강했기 때문이다.

이번에는 '파충류와 똑같은 생리 상태에 있는 인간은 어떤 행동을 선택할까(의사결정)'를 추론해 보자. 정상적인 인간의 뇌라면 전전두엽과 ACC 등이 합심하여, 첫째 시나리오(갈증이 심해서 먼저 물을 마시다가 사냥감을 놓치는 시나리오)의 손익 계산과 둘째 시나리오(먼저 가까이 있는 사냥감을 잡은 다음에 물을 마시는 시나리오)의 손익 계산을 하고, 이 두 개의 손익을 비교하여 상대적으로 이익이 큰 시나리오를 선택할 것이다. 정상적으로 대뇌피질이 가동되는 사람이라면 아마도 두 번째 시나리오를 택할 것이다. 사냥감을 잡을 확률이 크기 때문에 사냥감을 잡는데 신체 에너지가 소모되더라도 먼저 사냥감부터 잡고, 그 후에 물을 마시는 방법이 비용(에너지 소비) 대비 효과(먹이+물=신체 효용)가 크기 때문이다.

그러나 체력이 몹시 쇠약해졌거나 지나친 피로로 전전두엽 등이 제대로 작동하지 않는 상태라면, 사람도 파충류처럼 편도체가 주도하는 방식으로 행동할 수도 있다. 그런 사람은 먼저 물부터 마시다가 사냥감을 놓쳐버리는 행동(의사결정)을 선택할 것이다.

이런 목적의식적 조절 능력은 단지 '생각이 깊어진 결과'가 아니라 복잡한 환경에서 다양한 생존 변수를 동시에 고려해야 했던 인간의 진화적 압력(selective pressure) 속에서 선택된 결과였다. 사냥, 도구 사용, 사회적 협력과 같은 복합적 행동은 단순한 반사로는 감당할 수 없었기 때문이다. 즉, 목적의식적 조절은 단기적으로는 더 많은 신경 에너지를 소모하지만, 장기적으로는 생존 확률을 극대화하는 고비용·고효율 전략이다.

이 정도의 사례라면, 인간의 목적의식적 사고가 어떻게 지능(항동성 문제의 해결 능력)을 높여 생존 능력을 강화하는지를 이해했을 것이다.

그렇다면 이러한 뇌의 진화적 장점을 실제 삶에서 어떻게 활용할 수 있을까? 항동성의 구체적 특성과 장점을 정확히 이해하는 것이, 바로 '성능 좋은 인간의 뇌'를 올바르게 사용하는 첫걸음이다.

3. 항동성의 핵심적인 특성

인간 뇌의 이러한 진화적 장점을 효과적으로 활용하기 위해서는 항동성의 특성을 정확히 이해해야 한다. 지금부터 살펴볼 항동성의 핵심 특성들은 바로 우리가 일상에서 뇌의 성능을 최적화하는 실용적인 지침이 될 것이다. 항동성의 핵심적인 특성 몇 가지를 살펴보면 다음과 같다.

1) 변동성(variability)

체온, 심박수, 호르몬 수치와 같은 생리적 지표는 고정된 수치가 아니다. 끊임없이 미세하게 요동치는 이러한 역동적인 변동성이야말로 환경에 대응하는 건강한 시스템의 정상적인 상태를 나타낸다.

이 변동성을 이해하면 우리는 생리적 수치의 단순한 '정상 범위'에 집착하기보다 몸의 자연스러운 리듬을 받아들이는 지혜를 얻을 수 있다. 예를 들어 심박 변동도(HRV)가 높을수록 스트레스 회복력이 뛰어나다는 사실을 알고 있다면, 단순히 심박수를 낮추려고 애쓰기보다 전반적인 건강 상태를 개선하는 방향으로 생활 패턴을 조정할 수 있다.

실제 사례로, 매일 아침 자신의 HRV를 측정하는 한 직장인을 생각해 보자. 그는 보통 60점대 HRV를 유지했지만, 유난히 업무가 많아 스트레스가 극심했던 날 아침 HRV가 30점대로 급락한 것을 확인했다. 그는 심박수가 잠시 높게 나오더라도 이를 무시하고 달리기를 강행하는 대신에 HRV 수치를 '회복력이 낮다'는 신호로 해석하고, 그날 아침 운동을 가벼운 스트레칭과 명상으로 대체했다. 덕분에 심장에 무리를 주지 않고 인지적 자원을 보존하여 오후 업무에 집중할 수 있었다. 이는 낮은 HRV가 의미하는 '자율신경계의 피로' 상태에서 무리한 운동을 하지 않음으로써 인지 기능을 유지하는 데 필요한 생리적 자원을 온전히 회복에 집중시켰기 때문이다.

2) 적응성(adaptability)

항동성의 기준점(set point)은 고정되어 있지 않고 환경 변화(날씨, 먹이, 사회적 자극)에 따라 상황에 맞게 조정된다. 예를 들어 평소 36.5℃가 정상 체온이지만, 운동할 때는 38℃까지 올라가는데, 이는 에너지 소모가 많은 운동 상황에서 신체가 적응한 '정상 범위'에 속한다.

이러한 적응은 뇌 기능에서도 뚜렷이 나타난다. 다양한 자극이 있는 환경에 있으면 인지 유연성과 문제 해결 능력이 발달하는 긍정적 적응이 나타나는 반면, 단조로운 환경에서는 인지 능력이 저하되는 부정적 적응이 발생한다. 이처럼 환경이 뇌의 구조와 기능을 변화시키는 과정을 '신경심리적 적응'이라고 한다.

나아가 사회적 환경 또한 뇌 기능의 적응을 유도한다. 신뢰가 튼튼한 환경에서는 협력과 자신감 같은 장점이 발현되는 반면, 극심한 경쟁 환경에서는 만성 스트레스, 인지 기능 저하, 파블로프식 반사 행동과 같은 단점이 강화된다. 이러한 장점과 단점의 대비를 통해 사회적 환경이 뇌와 행동에 미치는 영향을 명확히 확인할 수 있다.

이러한 적응성의 원리는 목적의식적으로 자신의 환경을 설계함으로써 뇌 기능을 긍정적으로 변화시킬 수 있다는 강력한 통찰을 제공한다. 단조로운 업무 환경에 새로운 자극을 추가하거나, 학습 시 다양한 감각을 동원하는 것은 단순한 방법이지만 뇌의 인지 유연성을 크게 향상시킬 수 있다. 특히 신뢰와 협력이 가능한 사회적 환경을 조성하는 것은 만성 스트레스를 줄이고 창의성을 높이는 최고의 전략이다.

3) 예측적 조절(predictive regulation)

뇌는 단순히 변화를 뒤쫓는 기관이 아니다. 앞으로 일어날 변화를 미리 예측하고, 그에 맞춰 몸과 마음을 준비시킨다. 예를 들어 식사 시간이 가까워지면 두 가지 예측적 조절이 동시에 일어난다. 하나는 대사 준비를 위한 인슐린 분비이고, 다른 하나는 배고픔을 느끼게 하기 위한 공복감 형성이다.

또한 장기적으로 스트레스를 주는 업무를 관리할 때는 뇌의 이러한 예측적 패턴을 이해하는 것이 중요하다. 큰 프로젝트를 전략적으로 단기 목표로 분할하거나 명확한 휴식 구간을 설정함으로써 뇌가 지나치게 장기적인 스트레스 상태에 봉착하는 것을 방지할 수 있다. 이는 단순한 업무 관리 기술을 넘어, 뇌의 항동성 시스템과 협력하는 과학적 접근법이다. 뇌는 예측 가능한 리듬을 좋아한다. 일정한 패턴을 만들어주면, 뇌의 항동성 시스템이 불안정한 스트레스 반응을 줄이고 효율적인 에너지 사용으로 전환된다. 작은 프로젝트부터 순차적으로 해결해 나가면 스트레스 수준을 조절할 뿐만 아니라 작은 성취감이 누적되어 동기 부여와 자신감을 높이는 긍정적 피드백 루프를 생성한다. 이렇게 항동성의 예측적 조절 메커니즘을 역이용하는 전략은 조직 차원에서 팀원들의 인지적 자원을 보존하고 생산성을 극대화하는 데 효과적이다.

4) 다양한 방식의 조절(multiple regulation)

동일한 항동성 목표(예: 체온 유지)를 달성하기 위해서는 한 가지가 아니라 여러 조절 메커니즘이 동시에, 또는 상황에 따라 선택적으로 사용될 수 있다. 예를 들어 더울 때는 땀 분비, 혈관 확장, 그늘로 이동 등 여러 방식이 동원될 수 있다. 인간은 상황과 조건에 맞춰 '체온 유지'라는 항동성 목표'를 행위(그늘로 이동)로 조절할 수도 있고, 생리적 반사(땀과 혈관 반응)를 통해 조절할 수도 있으며, 때로는 인지적/의도적 조절(활동량 조절, 계획적 수분 섭취, 위험 회피)이나 환경적 조절(냉방 장치 사용, 옷차림을 통한 체온 조절, 사회적 도움 요청 활용)까지 포함하여 다층적으로 조절한다.

이는 다양한 '금융' 투자 전략의 선택에 비유할 수 있다. 단일 전략에 모든 자본을 걸지 않는 현명한 투자자처럼 인간의 뇌도 단일 조절 메커니즘에 의존하지 않는다. 수익은 높지만 위험이 큰 주식 투자(생리 반사: 빠르지만 에너지 소모 큼)에서부터 수익은 낮지만 안전성이 높은 채권 투자(행동 조절: 느리지만 에너지 효율적)까지 상황과 조건에 맞는 최적의 포트폴리오를 구성하는 것과 유사하다.

5) 비선형성(non-linearity)

반응이 단순히 양적으로 증감하는 것만 아니라 양적 증감이 일정 한도(임계점)를 넘으면 질적으로 전화하는 것을 비선형이라고 한다. 예를 들어 물이 0°C라는 임계점에서 액체에서 고체(얼음)로, 100°C에서는 기체(수증기)로 상태가 질적으로 변하는 것을 비선형 변화의 전형적인 사례로 볼 수 있다.

항동성의 변화에도 이러한 비선형성이 있다. 예를 들어 신체의 가용 에너지를 높이는 생리적 작용이 바로 스트레스인데, 이 스트레스는 적정 수준까지는 근육 에너지뿐만 아니라 뇌의 인지 에너지, 면역세포의 사용 에너지도 증가시키는 유익함을 지닌다. 하지만 스트레스가 만성화되어 그 양이 임계치를 넘으면, 가용한 신체 에너지가 고갈되고 만다. 이로 인해 근육 에너지뿐만 아니라 인지 에너지와 면역 에너지까지 동시에 고갈시켜, 결국에는 에너지 부족으로 인한 일반적인 지능 저하뿐만 아니라 전전두엽의 구조적 손상을 초래하는 신체 구조 자체에까지 문제를 일으킨다. 즉, 적절한 스트레스는 이롭지만, 양이 과도해져 임계치를 넘으면 해로움을 가져오는 비선형성을 지니고 있다.

사회적 본성에 내재된 항동성이 지닌 비선형의 사례를 보자. 외로움은 일정 수준까지는 사회적 접촉 욕구를 끌어올린다. 하지만 외로움이 오래도록 이어져 그 강도가 임계치를 넘어서게 되면 아예 은둔하여 사회적 접촉 욕구를 차단해 버리는 접촉 회피·무기력으로 발전한다. 외로움은 이렇게 사회적 친교 욕구를 강화하다가 외로움이 지속되어 임계치를 넘으면 친교 자체를 거부하고 은둔하게 만드는 욕구로 전환되며, 이는 비선형 변화의 대표적 사례라고 볼 수 있다.

하지만 비선형성은 긍정적으로 활용될 수도 있다. 지적 활동이나 학습 과정에서도 비선형성이 관찰되는데, 과제의 난이도와 스트레스 수준이 적정 임계치에 도달하면 단순한 집중력 증가를 넘어 '몰입(flow)'이라는 질적으로 다른 상태로 전환된다. 이 몰입 상태에서는 인지 효율이 극대화되고 시간 개념 자체가 희미해지며 창의적 문제 해결 능력이 비약적으로 향상된다. 이는 인지 에너지가 최적의 효율로 작동하는 비선형적 조절의 긍정적 사례이며, 교육 및 작업 환경 설계에서 이러한 긍정적 임계치를 의도적으로 활용할 수 있는 전략적 기반이 된다. 이처럼 동일한 비선형성의 원리가 외로움에서는 부정적 결과로, 몰입에서는 긍정적 결과로 나타난다는 점에서 그 본질적인 양면성을 확인할 수 있다.

4. 동적 항상성의 특성에 따른 삶의 변화

이처럼 항동성을 이루는 변동성, 적응성, 비선형성 등의 특성은 단순한 생리적 현상을 넘어 개인의 심리와 행동에 지속적인 패턴을 만들어낸다. 예를 들어 스트레스에 대한 반응 방식의 차이는 불안이나 회복 탄력성 같은 성격 특성의 토대가 되며, 사회적 환경에 대한 적응 과정은 개인의 가치관과 행동 양식을 규정짓는다. 나아가 이러한 개인적 적응 패턴이 집단적으로 공유되고 오랜 시간 축적되면, 이는 비로소 유목 사회에서 나타나는 개인주의적 성향이나 농경 사회에서 발달한 집단주의적 규범과 같이 문화적 패턴으로 굳어지게 된다.

따라서 항동성 조절에 내재한 특성들, 즉 다양성, 비선형성, 적응성 등은 단순히 개인의 생리적인 차이를 유발하는 데 그치지 않고, 개인의 성격 특성과 집단적 문화 다양성까지로 연결될 수 있다. 이러한 광범위한 영향력을 고려할 때, 개인의 성격 형성에 대한 구체적 고찰은 인간 행동의 복잡성을 이해하는 데 중요한 통찰을 제공한다.

1) 항동성의 특성과 성격의 연관성

그렇다면 개인적 차원의 성격을 보자. 항동성과 성격의 연관성은 신경생리적 기반에서 비롯된다. 사람마다 자율신경계(교감·부교감)의 반응성 정도와 호르몬 시스템(코르티솔, 아드레날린 등) 조절 능력이 다르다. 따라서 스트레스 상황에서 신속하게 진정되는 항동성의 특성을 지닌 사람이 있는가 하면, 긴장 상태가 오래 지속되는 사람도 있다. 이러한 생리적 차이는 불안 성향, 회복 탄력성, 충동성, 정서 안정성과 같은 성격의 특성과 직결된다.

또한 항동성을 조절하는 행동과 의사결정의 차이가 성격적 특성과 어떻게 연결되는지 살펴보는 것도 중요하다. 예를 들어 더위를 이기는 방식으로 어떤 사람은 물을 마시며 참아내는 선택을 하는 반면, 어떤 사람은 즉시 그늘진 곳을 찾는 선택을 한다. 결국 이러한 행동 선택 패턴의 차이는 개인의 적극성·수동성, 모험성·안정 추구 성향과 같은 성격적 특징을 형성하며, 이를 이해하는 것은 개인 맞춤형 스트레스 관리와 의사결정 지원에 중요하다.

나아가 사회적 환경이 항동성과 성격에 미치는 영향은 어떠할까? '협력적 운동·명상'과 같은 친교 활동이 활발한 사람과 '격렬한 경쟁'이 일상화된 사람은 서로 다른 항동성 패턴을 보인다. 협력적 활동은 전전두엽을 강화하여 정서 조절 능력과 인지 기능을 발달시킨다. 반면에 격렬한 경쟁 환경은 불안을 담당하는 편도체를 과도하게 활성화시키고 만성적 스트레스를 유발할 가능성이 높다. 결국 이러한 생리적 차이는 전전두엽의 발달 정도를 결정하며, 이는 곧 문제 해결 능력인 지능의 차이로까지 이어진다. 이처럼 항동성 조절의 상태는 지능 발달과 문제 해결 능력에 결정적인 영향을 미친다.

개인적 차원을 넘어, 이러한 적응 패턴이 어떻게 집단적 문화 규범으로 발전하는지 탐구해 보자.

2) 항동성 조절의 다양성과 문화 다양성 간의 관계

'환경에 대한 특정한 적응 방법'이 오랜 기간 지속되면, 이는 개인의 성격을 넘어 문화적 규범으로 고착된다. 예를 들어 더운 기후에서는 체온을 낮추는 방향으로 옷차림, 식습관, 공동체의 생활 방식이 발달한다. 반면에 추운 기후에서는 체온을 유지하기 위해 지방 섭취, 공동 난방을 활용한 밀집 주거 형태, 두꺼운 의복과 같은 생활 방식이 발달한다. 이처럼 외부 환경에 대응하는 항동성의 '조절 방식' 자체가 다양하기 때문에 그에 따라 발현되는 문화의 다양성은 필연적인 현상이다.

또한 항동성에 내재된 사회적 본성은 이러한 다양성의 원리를 통해 구체적인 문화 형태를 만들어낸다. 인간에게는 심리적·사회적 안정(소속감, 공정성, 신뢰)을 유지하려는 사회적 본성이 항동성에 내재되어 있다. 개인이 흩어져서 활동하는 유목 사회에서는 개인의 명예와 절제를 강조하는 개인주의 문화가 형성된다. 반면에 집단적 협력이 절대적으로 필요한 농경 사회에서는 관개 수로를 만들거나 공동 노동을 수행하는 등 집단적 과제를 수행하면서 집단의 결속과 규율을 강조하는 집단주의 문화가 형성된다. 즉, '개인주의 vs 집단주의'라는 문화적 차이는 궁극적으로 서로 다른 사회적 환경에 적응하는 '다양한 해결 방법'으로 이해될 수 있으며, 이는 항동성의 다양성 특성이 거시적 수준에서 발현된 현상이다.

결국 항동성의 특성—다양한 해결 방식에 의한 조절, 환경 변화에 따라 기준점을 변경하는 적응성 등—은 개인의 성격과 사회적 문화에서 다양성을 나타나게 만드는 '근본 요인'이다.

5. 항동성과 인간의 생물학적 변화, 진화

'살아 있음'을 가능하게 하는 항동성, '살아 있음'의 특징인 항동성은 시간과 환경에 관계없이 "고정된 최적의 평형 상태"라는 기존의 관념을 부정한다.

과거에는 '살아 있음'의 특징으로 항동성이 아닌 항상성의 개념을 사용하기도 했는데, 생명체에게 '고정적인 최적의 상태', '특정한 균형 상태'로 나아가는 힘, 즉 항상성이 있다는 관점은 폐기되었다.[7] 과거의 상태와 현재의 상태가 똑같다는 것을 의미하는 '정태적인 균형'이란 기계에는 있는 속성이지만 생명체에는 없다.

생명체의 항동성은 불변하는 최적의 상태를 추구하지 않는다. 오히려 죽음(멈춤)에 이를 때까지 끊임없이 변화하며 동적(dynamic)으로 유지되는 과정이다. 항동성은 한번 변화한 현재 상태를 과거 상태로 되돌릴 수 없는 비가역적 특성을 지닌다. 이렇게 항동성은 '지금 상태'를 기준으로 해서 더 나은 상태로 '끊임없는 상향 조정(upregulation)'을 하고자 하는 내적 힘, 즉 코나투스의 "양(+)의 조절 상태"를 추구하는 '내적 힘'을 생성한다.

그런데 이와 같은 항동성의 특성은, 그것이 적응해야 할 대상인 환경을 이해할 때 더욱 명확하게 드러난다. 왜냐하면 환경 역시 항동성과 유사한 역동성을 지니고 있기 때문이다. 환경은 항동성과 마찬가지로 두 가지 핵심적인 특성을 가진다. 첫째는 끊임없는 변화이며, 둘째는 일단 변화하면 과거와 동일한 상태로의 완전한 복원이 불가능하다는 점(비가역성)이다. 물론 비슷하게 되돌릴 수는 있을 것이다.

생물학적 항동성은 유전자 요인과 환경적 요인 등 두 가지 요인이 '51 대 49' 정도로 거의 비슷하게 상호 작용하며 변화되어 간다. 생물학적 항동성이 환경의 변화에 의해 달라지는 사례는 쉽게 찾아볼 수 있다. 몽골의 유목민처럼 일상적 이동 자체가 장거리 보행과 같은 신체 활동인 환경에 노출된 사람은 근육이 발달하고 스트레스 회복력이 강한 체질이 형성된다. 또한 실크로드의 교역 도시처럼 다양한 문화와 지식이 오가는 자극이

---

[7] 아직도 이런 낡은 주장을 하는 책들이 너무 많다. 책을 읽을 때는 이러한 낡은 이론이 유지되는가 여부에 대해 주의해야 한다. 가능하면 최신 저작물을 보라.

풍부한 환경에서 생활하는 경우에는 인지 능력이 발달하고, 지능이 높은 체질로 적응하는 경향이 나타난다. 이처럼 환경의 역동적 변화가 생물학적 항동성에 직접적인 영향을 미치는 것은 단지 체력과 인지 능력에만 국한되지 않는다. 장기적으로는 유전자 수준에서도 항동성이 반영되며, 이는 수렴 진화(convergent evolution) 사례로 관찰된다.

항동성을 끊임없이 상향 조절하려는 생명의 내재적 경향(코나투스)은 유전자의 변화, 즉 돌연변이나 후생유전학적 변화를 통해서도 지속된다. 주의해야 할 것은, 특정 기능이 '단일 유전자 변이'로만 구현된다는 오해이다. 실제로는 동일한 기능을 발휘하는 '다양한 유전자 변이'가 생성될 수 있다. 이러한 현상의 대표적 사례가 말라리아 저항성이다. 인류를 위협하던 말라리아에 대한 유전자적 적응은 사하라 이남 아프리카, 지중해, 남아시아, 동남아시아, 오세아니아 등 다섯 지역에서 각기 다른 형태로 나타났다. 각 지역마다 서로 다른 유전자 변이가 말라리아 저항성을 강화했으며, 이러한 다양한 변이가 동일한 기능을 수행하는 현상을 '수렴 진화'라고 한다.

또 다른 사례로, 인류가 오랜 세월 목축을 하면서 소의 우유에 포함된 락토스를 소화할 수 있는 유전자 변이가 최소한 네 지역에서 독립적으로 출현했다. 북유럽, 중동, 동아프리카, 서아프리카가 그 예이며, 각 지역에서 나타난 유전자 변이의 형태는 다르지만, 모두 낙농 문화라는 환경적 요인과 결합하여 진화하였다. 즉, 동일한 문제인 우유의 락토스 소화라는 과제를 해결하기 위해 서로 다른 인류 집단에서 수렴 진화가 일어난 것이다.

말라리아 저항성과 우유 락토스 분해 능력 사례는 '살아 있음'의 본질적 속성인 항동성의 상향 조절(코나투스)이 생명체의 의식적 계획이 아닌 비의식적 메커니즘으로서, 유전자 변이와 자연선택을 통해 구현됨을 보여준다. 이를 통해 인류를 포함한 모든 생명체의 진화 역사가 본질적으로 이러한 자동적 과정의 연속이었음을 확인할 수 있다.

그러나 인간의 등장은 이러한 '자동적 과정'에 기반한 생물학적 항동성 조절의 역사에 근본적인 변곡점을 만들었다. 뛰어난 전전두엽 발달로 인한 자기 반성과 미래 예측 능력, 그리고 언어를 통한 지식 축적이 결합되면서, 이러한 자동적 항동성 조절 과정은 인류에게서 의식적·목적적 조절 능력으로 확장되었다. 이는 단순한 조절 방식의 확장이 아닌, 유전자 수준의 진화 속도를 넘어서는 문화적 진화의 시작이었다.

그 이전까지 모든 생명체의 항동성 조절은 유전자 변이와 자연선택에 의한 '자동적 과정'에 맡겨져 있었다. 파충류나 포유류의 체온 유지 방식이 그러하듯이 그 조절은 의도적이기보다 생물학적으로 프로그램된 것이다.

인간은 현재까지 알려진 생명체 중에서 항동성의 '자동적 조절'을 넘어 '목적의식적 조절'을 가능하게 하는 유일한 종이다. 이는 배가 고프면 먹이를 찾는 본능적 행동(자동적 조절)을 넘어, 미래의 기아에 대비해 농경 사회를 설계하고 식량을 저장(목적의식적 조절)하는 차원의 도약이었다.

우리는 스스로가 항동성을 변화시키기 위해 의식적으로 환경을 바꾸고, 라이프스타일과 문화를 발달시켜 왔다. 나아가 비록 아직은 초보적인 수준이지만, 유전자 편집 기술을 통해 생물학적 항동성의 근본을 직접 조절하는 단계까지 도달했다.

이것은 인간이 이제 생물학적 항동성의 '객체'이자, 동시에 그것을 의식적으로 변화시키는 '주체'가 되었음을 의미한다. 인류의 진화는 더이상 자연선택에 의해 좌우되는 수동적 과정이 아니라 우리 자신의 선택과 목적이 개입되는 능동적 프로젝트의 성격을 띠게 된 것이다.

제3장 의사결정의 신경심리학

　'항동성'은 결국 '선택'으로 이어진다. 우리는 하루 수만 번의 의사결정을 내리며, 이는 한정된 뇌 에너지를 소모한다. '결정 피로'는 이로 인해 찾아오는 판단력 마비 상태이다. 이 장은 왜 우리가 잘못된 선택을 하게 되는지 신경과학으로 설명하고, 인생 주기(청년, 중장년, 고령)별로 다른 원인과 해법을 제시한다. 나아가 결정의 양을 줄이고 질을 높이는 실용적인 '의사결정 관리법'을 통해 어떻게 더 현명한 선택의 주체가 될지 소개한다.

1. 항동성과 '의사결정의 신경심리학'의 관계

삶은 끊임없는 선택의 연속이다. 우리는 깨어 있는 순간마다 '무엇을 먹을지'에서부터 '어떤 인생을 살지'에 이르기까지 수많은 갈림길 앞에 선다. 이 의사결정의 바탕에는 우리 몸과 마음이 '더 나은 상태'를 끊임없이 추구하는 원동력, 즉 항동성(allostasis)이 자리 잡고 있다. 생명 유지의 근본 원리인 항동성이 어떻게 우리의 일상적 결정을 이끄는지, 그리고 그 메커니즘을 이해함으로써 어떻게 더 현명한 선택을 할 수 있는지 탐구해 보려 한다.

1) 항동성: 의사결정을 움직이는 생명의 원리

의사결정은 여러 대안 중에서 최적의 행동 방침을 선택하고 결정하는 과정이다. 항동성 관점에서 볼 때, 행동이란 항동성을 조절하는 세 가지 실행기(effector)—호르몬, 자율신경, 행동—중 하나이며, 의사결정은 이 실행기 중에서 항동성 조절에 가장 효과적인 하나를 선택하고 결정하는 행위이다.

결국 의사결정의 신경심리학은 '살아 있음'을 유지시켜 주는 항동성을 기준으로, 항동성에 가장 유리한 행동이 어떻게 형성되고 선택될 수 있는가를 탐구하는 인간과학(human science) 중 하나이다. 이는 심리학과 뇌신경학이 융합된 분석 틀을 통해 인간을 탐구하는 학문이다.

간단히 말해, 의사결정의 신경심리학은 인간의 생물학적 항동성이 어떻게 작동하며 의사결정에 생물학적 요인이 어떤 영향을 주는지를 이해하고, 이를 바탕으로 자신의 목적과 지향을 실현하는 방향으로 항동성을 목적의식적으로 조절하기 위함이다.

인간은 목적의식적 사고를 통해 문제를 해결할 수 있을 뿐 아니라 자율신경과 호르몬의 작용, 감정 생성 등 의지와 무관하게 자동으로 실행되는 항동성 조절 과정에도 영향을 줄 수 있다. 즉, 항동성의 메커니즘을 이해하면 개인의 목적과 지향에 맞게 환경과 라이프스타일을 설계할 수 있다. 예를 들어 스트레스 호르몬(코르티솔) 분비 패턴을 파악하여 운동량이나 수면 시간을 조절함으로써 회복 탄력성을 의도적으로 강화할 수 있다.

나아가 이러한 조절 능력은 사회적 차원에서도 활용될 수 있다. 효율적인 교육 시스템이나 생산적인 조직 문화를 설계하여 집단적 항동성을 긍정적으로 상향 조절하는 데 기여할 수 있다. 궁극적으로는 유전자 치료나 뇌 기능 조절을 통해 난치병을 치료하고, 인류의 생물학적 한계를 확장하는 단계로 이어질 수 있다.

이렇듯 환경, 나이, 성별 등과 같은 생물학적 요인을 의식적으로 찾아내 활용[8]함으로써 원래 무의식적으로 작동하는 메커니즘을 목적의식적으로 통제할 수 있게 된다. 이러한 목적의식적 통제의 원리를 이해하고 실천하는 지식이 바로 신경심리학이다.

생명체의 항동성은 끊임없이 더 나은 상태를 추구한다. 현재 누구보다 건강한 사람조차도 '지금의 건강 상태 그 이상의 육체적 역량'을 욕망하는 것은 항동성의 본질적 특성 때문이다. 항동성은 '지금 상태'를 기준으로 더 좋은 상태로 상향 조절하려는 내적인 힘, 즉 코나투스의 '양(+)의 조절 상태'를 추구하려는 힘을 생성한다.[9]

인간 역시 생명체이기에 이러한 코나투스에서 벗어날 수 없다. 그러나 인류 이전의 생명체들이 이 조절을 유전자 변이와 자연선택이라는 '무의식적'인 과정에 맡겼다면, 인간은 '목적의식적'으로 이 과정에 개입할 수 있는 유일한 존재이다. 인간은 신경심리학이라는 지식을 통해 자율신경, 호르몬, 감정 등 원래 무의식적으로 작동하던 항동성 조절 메커니즘을 이해하고, 환경을 바꾸거나 라이프스타일과 문화를 설계함으로써 이 메커니즘을 의식적으로 조절할 수 있는 유일한 종이다.

---

8 이러한 생물학적 요인 분류 및 특성을 살펴보는 것은 골프장의 고객 맞춤형 마케팅에도 많은 도움을 줄 것이다.
9 항동성에 내재한 '살고자 하는 원초적 욕망(코나투스)'을 즐거움, 고통, 불안 등의 정서(감정)에 내재한 '정서적 욕구(wanting)'와 구별할 줄 알아야 한다. 정서적 욕구는 항동성의 코나투스를 실현하기 위한 수단인 '항동성 조정 실행기(effector)' 중 하나이다.

2) 목적의식적 조절의 양면성

그러나 이 '목적의식적 조절' 능력은 그 자체로 선한 것이 아니다. 이는 마치 날카로운 칼과 같아서 그 사용 방향에 따라 결과가 천지 차이이다. 스님이 수행을 통해 욕망을 정화하고 해탈을 추구하는 것은 항동성의 상향 조절을 고귀한 방향으로 이끈 사례라 할 수 있다. 반면에 히틀러나 스탈린처럼 특정 이데올로기에 맞춰 인간과 사회를 개조하려 한 시도는 바로 이러한 '상향 조절'의 욕망이 비극적 방향으로 왜곡된 사례이다. 따라서 진정한 학습의 목표는 단순한 조절 능력의 획득이 아니라 이를 윤리적이고 지혜롭게 사용하는 방법을 터득하는 데 있어야 한다.

이러한 '목적의식적 조절'의 필요성과 방향성에 대한 고민은 비단 개인의 차원을 넘어 경영과 마케팅의 영역에서도 동일하게 요구된다. 마치 미국 마케팅에서 두드러지는 개인주의와 데이터 중심의 접근법, 혹은 유럽 여러 국가에서 공통적으로 발견되는 공동체적·지속 가능성 중심의 가치가 각기 다른 사회적 '항동성'을 반영한 주류적 경향이듯 우리에게도 한국 고유의 사회문화적 항동성의 경향적 특성—빠른 변화 적응력, 공동체적 관계 의식, 강한 교육열 등—에 부합하는 '한국적 마케팅 방법론'의 개발이 필요한 시점이다.

이는 단순히 제품을 팔기 위한 기술이 아니라 한국 사회와 소비자의 항동성 '상향 조절'에 기여하는, 윤리적이고 지속 가능한 가치를 함께 창출하는 방향으로 나아가야 할 것이다.

2. 일상 속 의사결정 관리법: 뇌 에너지 효율적으로 사용하기

1) 인간이 하루 동안 하는 의사결정(행동)은 몇 개나 될까?

"인간이 하루에 얼마나 많은 의사결정을 하는가?"는 심리학·신경과학 연구에서 자주 논의되는 주제이다. 연구에 따르면 '수천 또는 수만 번'이라고 추정하고 있다.

대표적인 연구로 코넬대의 연구(Cornell University, 2007, Wansink & Sobal)에 따르면 현대인은 하루에 평균 226.7번의 음식 관련 결정을 하며, 음식 이외의 의사결정(업무, 이동, 관계, 소비 등)을 포함하면 하루에 약 3만에서 3만 5,000번 수준의 '미세한 의사결정(micro decisions)'이 이루어진다고 한다. 또한 *Psychology Today*, UNC 연구 등은 하루에 최소한 2,000에서 최대 3만 5,000가지의 결정을 내린다고 제시하는데, 대부분은 자동적·무의식적(automatic) 형태이며, 의식적으로 인지되는 결정은 약 5% 미만이라고 한다.

최소 2,000번, 최대 3만 5,000번에 이르는 "1일 의사결정"들을 '3개의 의사결정 시스템 유형'별로 분류해 보면, 자동 반사나 파블로프식 반사 등 무의식적 자동 결정 유형(예: 눈 깜박임, 자세 교정, 이동경로 선택 등—편도체, 뇌간, 소뇌 등이 주도)이 대략 90% 이상, 습관적 결정(아침 루틴, 커피 선택 등—전측 대상 피질, 선조체 등 주도)이 대략 9%, 의식적·목표지향적 결정(회사 업무 전략 기획, 대인관계 판단 등—전전두엽 주도)이 1% 미만을 차지한다고 한다. 즉, 대부분의 '결정'은 우리가 느끼지 못하는 신경적 선택 과정으로 이루어진다.

결론적으로, 우리는 자신의 행동 선택을 대부분은 의식하면서 행한다고 생각하지만, 실제를 보면 보통 하루 총 2만~3만 번 정도 하는 의사결정 중에서 인지 가능한 의사결정으로 주의/집중이 필요한 의사결정은 '하루에 약 1,000회 내외'이며, 명시적/중요 결정으로 가치 평가/목표 설정이 필요한 의사결정은 '하루에 약 50~100회' 정도라고 한다.

이러한 "의사결정의 과다함"을 감안하여 생활을 설계하는 지혜가 우리에게 필요하다. 신경경제학 관점에서 보면 의사결정은 '보상 예측 오류→가치 평가 갱신'의 연속 루프이며, 그래서 현대인이 해야 하는 '과다한 의사결정의 수량'은 '뇌의 에너지'를 과다하게 소모하여 뇌의 성능을 저하할 수 있다. 그리고 뇌 신경의 피로가 쌓이고 주의가 저하되면 결정의 질(decision quality)이 급격히 떨어진다. 결국 '결정 피로(decision fatigue)'가 생긴다.

우리에게는 무의식적/자동적으로 이뤄지는 수많은 결정을 잘하게 하는 "좋은 습관"이 필요하다.

파블로프식 반사나 습관적 의사결정은 에너지 사용량이 적으나 의식적/목적지향적 의사결정은 많은 에너지를 사용한다. 즉, 의식적 의사결정은 습관적 반응보다 약 5~10배, 파블로프식 반사보다 약 20배 이상 많은 에너지를 사용한다고 볼 수 있다. 인간의 뇌는 체중의 2%에 불과하지만 뇌가 사용하는 에너지는 신체가 사용하는 총 에너지의 20%로, 뇌는 에너지를 많이 사용한다. 그래서 에너지를 절약하기 위해 의식적/목적지향적 의사결정은 최대로 제한하려는 특성이 있으며, 의식적/목적지향적 의사결정을 많이 하면—말하자면 많이 생각하고 많이 고민하면—쉽게 피로하고 지친다.

자동적인 수많은 결정을 잘하는 '좋은 습관'을 설계하여 자동적인 의사결정들에서 실수나 오류가 일어나면 이들을 '의식적 의사결정'으로 시정하는 생활 방식을, 그래서 '불필요한' 과다한 뇌 에너지를 사용하는 생활 방식을 개선해야 한다.

그리고 뇌 에너지의 사용은 중요한 일에만 집중하는, 즉 중요한 '몇 가지의 일'에 뇌 에너지를 집중해 사용하는 지혜를 발휘할 필요가 있다. 매일매일 중요도 순으로 몇 가지 중요한 일을 골라서 여기에 에너지를 집중하는 '지혜와 생활 습관'이 필요하다. 좀 소소한 일은 실수나 오류가 있어도 그냥 수용하면서 중요한 일(하루 3개 정도)을 계획적으로 선정하여 거기에 '의식적/목적지향적 의사결정과 생각'을 집중하는 생활의 지혜가 필요하다. 3만 번의 의사결정을 모두 잘하는 '완벽한 인간'이 되는 것은 인간의 뇌가 사용하는 '한계 에너지(한 시간 또는 하루 동안 등 단위 시간 동안 사용할 수 있는 에너지의 양)'가 정해졌다는 사실을 감안하면 불가능하다.

2) 생활의 지혜: 의사결정의 에너지 관리법

인간의 뇌는 하루 동안 신체 전체 에너지(칼로리)의 약 20%를 사용한다. 이 가운데 상당 부분이 '선택, 판단, 억제, 전환' 같은 의사결정 관련 기능에 쓰인다. 따라서 "결정을 덜 하고, 잘하는 구조"를 설계하면 뇌의 피로를 줄이고 창의성·집중력·정서적 안정을 높일 수 있다.

기본 원리, 즉 '결정 피로'의 메커니즘은 다음과 같다. 우선, 반복되는 선택 과정은 전전두엽의 에너지 소모 증가시켜 판단 속도를 저하한다. 둘째, 주의력 감소는 ACC와 전전두엽 간의 연결을 약화시켜 감정에 휘둘리게 만든다. 셋째, 도파민-세로토닌 균형 붕괴로 발생하는 인지 통제력 약화는 충동적 판단, 후회를 증가하게 만든다. 넷째, 회피 반응으로 과도한 결정 피로는 RAS(망상활성계)의 정보 처리 및 주의 집중 기능을 약화시켜 중요한 결정을 회피하거나 '아무거나 선택' 혹은 '결정 미루기'로 이어진다. 즉, 결정의 양이 많을수록 그 품질은 떨어진다.

(1) 설계 전략: 결정의 자동화·단순화·우선화

의사결정을 잘하기 위한 결정의 설계 전략은 자동화·단순화·우선화를 꼽을 수 있다.

자동화(auto-pilot design)란 반복적이지만 중요도 낮은 선택은 습관으로, '뇌의 외주화'하기라고 말할 수 있다. 예를 들어 아침 루틴은 옷, 식사, 이동 경로를 전날 밤 미리 결정하고, 식사는 기본 식단 3개를 '기본 세트'로 고정하고, 업무는 하루 첫 2시간은 '결정 없는 루틴 업무'를 통해 전전두엽의 "의식적 판단"을 아껴두는 것이다.

단순화(simplify choices)는 선택지를 줄이는 것만으로도 감정적 피로가 급격히 감소한다. 예를 들어 하루 일정은 하루 3개 이하의 핵심 목표로 제한하고, 소비는 브랜드·제품의 '기본 선택 리스트'를 미리 확보한다. 그리고 인간 관계는 "오늘 꼭 연락해야 할 사람 3명만" 우선순위를 지정해 보자. 인간의 뇌는 선택지가 7±2개를 초과하면 처리 오류율이 급증한다.

우선화(priority sequencing)란 결정의 '시간대별 품질 차이'를 이용하는 것이다. 전전두엽 활성이 최고조에 이르는 오전에는 논리적·전략적 판단에 유리하므로 기획, 전략, 분석 등의 업무를 본다. ACC, 편도체가 상대적으로 활성화되어 정서적 판단이 강화되는 오후 시간대에는 대인 관계, 창의적 업무를 진행한다. 그리고 야간에는 전전두엽이 피로한 상태이므로 감정이 우세하게 되기 때문에 회의·협상은 피하는 것이 바람직하다.

(2) 실천 루틴: 뇌의 의사결정 위생(DM hygiene)

의사결정의 질은 단순한 기술이 아닌 뇌의 건강 상태에서 비롯된다. 합리적이고 명료한 판단을 지속하기 위해서는 뇌라는 하드웨어를 청결하고 최적의 상태로 유지하는 '위생' 관리가 필수적이다. 이는 다음과 같은 일상적 루틴으로 구현된다.

첫째, 하루 7시간 이상의 충분한 수면은 절대적인 핵심 루틴이다. 수면은 낮 동안 막대한 에너지를 소모하며 지친 전전두엽을 회복시키는 유일한 방법이다. 전전두엽이 제 기능을 하지 못하면 집중력, 통제력, 복잡한 사고 능력이 현저히 떨어져 사소한 일에도 결정 피로를 느끼게 된다.

둘째, 아침 20분 가벼운 걷기와 같은 규칙적인 운동은 인지 기능 향상에 직접적인 영향을 미친다. 이 같은 유산소 운동은 뇌의 중요한 의사결정 네트워크인 전전두엽과 ACC 간의 연결 효율을 강화한다. 이는 마치 뇌의 각 부위를 연결하는 고속도로를 확장하고 정비하는 것과 같아서 정보 처리와 갈등 해결 속도를 높여준다.

셋째, 하루 중 5~10분마다 취하는 '마음 방황' 시간을 의도적으로 확보해야 한다. 이는 아무런 목적 없이 흘러가는 '마이크로 휴식'으로 뇌가 지속적인 주의 집중에서 해방되어 내부 정보를 정리하고 창의적인 통찰을 얻는 시간이다. 끊임없이 업무에 매달리는 것은 역설적으로 생산성을 떨어뜨리며 의사결정의 유연성을 앗아간다.

넷째, 혈당 관리를 위한 식습관을 유지하는 것도 중요하다. 당분이 많은 음식으로 인한 혈당의 급격한 상승과 하강은 뇌 기능을 불안정하게 만들고 충동성을 증가시킨다. 따라서 저당·단백질 중심의 식사를 통해 안정적인 혈당 수치를 유지하면, 에너지 공급이 원활해지고 감정에 휘둘리는 결정을 억제하는 데 도움이 된다.

다섯째, 명상, 심호흡, 감정 일기 쓰기와 같은 정서 관리 훈련은 감정적 결정을 억제하는 방어 루틴이다. 이러한 실천들은 일시적인 감정의 파도가 이성이라는 판단의 배를 좌초시키기 전에 미리 인지하고 객관화하는 능력을 길러준다. 특히 감정 일기는 뜨거운 감정을 차가운 글로 옮겨 적는 과정 자체가 일종의 정리이며, 이후 돌아볼 수 있는 소중한 기록이 된다.

결론적으로, 이 모든 루틴은 "최상의 결정을 내리기 위한 최적의 뇌 상태"를 만들기 위한 투자이다. 탁월한 의사결정 능력은 단순한 테크닉이 아닌, 이를 지탱하는 건강한 뇌와 몸에서 비롯되며, 위와 같은 '의사결정 위생' 관리가 그 토대를 마련해 준다.

(3) 고급 전략: 결정 에너지 재분배 시스템

우리의 일상은 수많은 선택과 판단으로 이루어진다. 그러나 대부분의 사람들은 하루 동안 자신이 얼마나 많은 결정을 내리는지조차 인식하지 못한다. 이 과정에서 막대한 인지 자원이 소비되고, 그 결과 정작 중요한 순간에는 '결정 피로'로 인해 최적의 판단을 내리지 못하게 된다. 이러한 인지적 낭비를 최소화하고, 한정된 결정 에너지의 효율적 배분을 위한 방법이 바로 '결정 에너지 재분배 시스템'이다. 이 시스템은 세 가지 실천 전략으로 구성된다.

첫 번째 단계는 '결정 로그 기록법(decision log method)'이다. 하루를 마감하기 전, 자신이 내린 주요 결정 10가지를 간단히 기록해 보는 것이다. 예를 들어 '오늘 점심 메뉴를 고를 때 10분 넘게 고민했다', '메일 답장을 바로 보낼지 말지 망설였다', '회의 주제를 조정하는 데 지나치게 시간을 썼다'와 같은 사소한 결정까지 포함된다.

그다음 각 결정에 대해 두 가지 질문을 던진다. '이 결정은 정말 필요했는가?', 그리고 '다시 같은 상황이 온다면 어떻게 바꿀 것인가?'라는 질문이다. 이 과정을 통해 자신이 쓸데없이 에너지를 낭비하는 결정 패턴을 인식하게 된다. 불필요한 결정은 사전에 제거하거나 자동화함으로써 '결정 효율'을 높이는 루틴을 구축할 수 있다. 이 과정은 인지적 공간을 확보하는 훈련이며, 의사결정의 질을 높이는 기초 단계가 된다.

두 번째 전략은 '의식적 결정 유보 시스템(decision reserve system)'이다. 하루 24시간 중 모든 결정을 동일한 집중력으로 처리할 수는 없다. 따라서 하루 동안 꼭 집중해야 할 결정을 2~3개 정도로 제한하고, 이를 '결정 슬롯(slot)'으로 미리 확보하는 것이다. 이 슬롯은 의식적이고 숙고가 필요한 사안—예컨대 중요한 미팅의 판단, 전략적 방향 설정, 혹은 인간 관계의 중대한 결정—에 사용된다. 반면에 나머지 대부분의 일상적 선택은 '습관화' 혹은 '원칙화'를 통해 자동화한다. 예를 들어 아침식사 메뉴, 출퇴근 루틴, 이메일 확인 시간 등은 미리 정해 둔 규칙에 따라 움직이면 불필요한 에너지 소모를 줄일 수 있다. 이는 마치 재정 관리에서 자원을 유보하고 전략적으로 배분하듯이 한정된 인지 자원을 가장 효율적으로 운영하는 방법이다.

세 번째 전략은 '감정-결정 분리(decoupling emotion from decision)'이다. 감정이 격해질 때 내리는 결정은 대체로 후회로 이어진다. 분노, 불안, 흥분과 같은 강한 감정은 전두엽 피질의 합리적 판단 기능을 일시적으로 마비시킨다. 따라서 감정이 크게 요동칠 때는 '즉시 결정하지 않기'가 원칙이다. 20분 정도의 휴식이나 거리두기만으로도 뇌의 전전두엽이 감정적 신호를 재조정하며, 보다 합리적 사고를 회복할 수 있다. 이때의 '20분 법칙'은 감정이 완전히 가라앉기를 기다리는 것이 아니라 인지적 시스템이 감정을 다시 통합할 수 있는 시간을 주는 것이다. 이를 습관화하면 감정이 이끄는 즉흥적 결정 대신 안정적이고 전략적인 판단이 가능해진다.

이 세 가지 전략—결정 로그 기록, 결정 슬롯 확보, 감정-결정 분리—은 결국 하나의 목표로 수렴한다. 바로 "결정의 질을 높이고 결정의 양을 줄이는 것"이다. 이 시스템을 꾸준히 실천한다면, 우리는 단순히 효율적인 선택을 넘어서 의식적 결정의 주체로서 자신을 재정립할 수 있다. 그 결과 뇌의 인지 자원은 불필요한 소모 대신 진정으로 가치 있는 판단에 집중되며, 이는 곧 삶의 방향성과 생산성 전반을 근본적으로 바꾸는 변화를 가져올 것이다.

3) 세대별 의사결정 피로 관리 모델
— 청년·중장년·고령자별 신경심리적 차이에 따른 맞춤 전략

의사결정 피로는 모든 세대가 공통적으로 겪는 문제이지만, 그 원인과 대처 방식은 생애 주기별로 뚜렷이 차이가 난다. 이는 단순히 선호도나 생활 환경의 차이가 아닌, 뇌의 발달과 퇴행 과정, 신경 전달 물질의 변화, 그리고 사회적 역할에 의해 형성되는 '신경심리적 차이'에서 비롯된다. 따라서 20대의 젊은이, 40~50대의 중장년, 65세 이상의 고령자에게 동일한 해결책을 제시하는 것은 비효율적이다. 각 세대의 뇌가 어떻게 작동하고, 무엇에 에너지를 소모하며, 어떻게 회복되는지를 이해할 때, 비로소 우리는 진정으로 효과적인 의사결정 에너지 관리법을 찾을 수 있다.

(1) 청년층(20~39세): 선택의 홍수 속에서 길을 찾다

청년층의 뇌는 '가능성의 뇌'이다. 이 시기의 주된 의사결정 회로는 도파민 중심의 보상 회로로, 새로운 자극과 기회에 민감하게 반응하도록 진화해 왔다. 배측 선조체와 복측 피질을 포함한 이 회로는 새로운 선택지 자체를 보상으로 인식하게 만들어 SNS와 같은 디지털 환경에서 쏟아지는 무한한 선택지에 쉽게 중독된다.

또한 청년층의 경우, 충동을 통제하고 미래를 계획하는 역할을 맡은 전전두엽이 아직 완전히 발달하지 않았다는 점이 문제이다. 미성숙한 전전

두엽은 강력한 도파민 신호를 제어하기 어려워 충동적인 결정과 이에 따르는 '후회'를 빈번하게 만든다. 또한 망상활성계(RAS)가 지속적으로 새로운 정보로 자극받아 인지 자원이 쉽게 분산된다.

이들을 위한 핵심 전략은 "단순화와 집중"이다. '하루 3결정 원칙'을 통해 의미 있는 결정만을 의식적으로 남기고, 나머지는 루틴으로 자동화한다. 도파민 균형을 맞추기 위해 즉각적인 보상(게임, SNS)에서 오는 즐거움을 운동이나 학습과 같은 지연 보상 활동으로 점진적으로 전환한다. 아침 공부 장소와 시간을 고정하는 등 '시작 루틴'을 자동화하여 하루를 시작하는 데 소모되는 에너지를 절약한다. 하루 1시간의 디지털 디톡스와 자연 속 산책을 통해 과도하게 자극받은 신경계를 진정시킨다. 청년층의 핵심은 끊임없는 '새로움'이 아니라 '집중된 반복'을 통해 인지 에너지를 보호해야 한다.

(2) 중장년층(40~64세): 다중 역할의 균형을 잡다

중장년층은 인지 기능의 정점에 이르렀지만, 그만큼 가장 많은 인지적 부담을 지고 있는 연령대이다. 이 시기의 뇌는 전전두엽과 ACC의 조화를 중심으로 움직인다. 전전두엽은 안정적인 집행 기능을 제공하지만, 갈등을 탐지하는 ACC는 가정, 직장, 사회 생활에서 오는 '다중 역할 간의 충돌'로 인해 지나치게 활성화된다.

'해야 할 일'과 '하고 싶은 일' 사이에서 빚어지는 내적 갈등은 지속적인 스트레스(코르티솔) 반응을 유발하며, 이는 감정과 인지를 연결하는 회로의 불균형으로 이어진다. 결국 결정의 양보다 '이것을 모두 감당해야 한다'는 책임감과 통제감 상실이 결정 피로의 주된 원인이 된다.

이들을 위한 핵심 전략은 "통제감의 회복"이다. '결정 기준표'를 미리

작성하여(예: 가치 50%, 효용 30%, 감정 20%), 매번 새로운 기준을 세우는 수고를 덜어준다. 가정, 직장, 사회적 역할별로 '결정 시간대'를 분리하여 역할 간 간섭과 인지적 잡음을 최소화한다. 스스로 선택권을 행사했다는 '주관적 통제감'을 회복하기 위해 타의에 의해 움직이는 일정이 아닌 자율적으로 설계한 일정을 만든다. 명상, 천천히 말하기, 느린 호흡 등 ACC와 편도체 간의 신경 연결을 완화시키는 훈련으로 정서적 균형을 유지한다. 이렇듯 중장년층의 핵심은 결정의 '양'이 아니라 결정을 감당할 '여유(인지 자원)'가 중요하다.

(3) 고령층(65세 이상): 의미와 정서의 리듬을 따르다

고령층으로 접어들면서 뇌의 작동 방식은 다시 한 번 전환된다. 논리와 분석을 담당하는 전전두엽의 처리 속도는 자연스럽게 저하되며, 대신 편도체와 해마를 중심으로 한 감정과 기억의 통합 회로가 더욱 두드러지게 활성화된다. 이는 과거의 경험과 정서적 의미를 바탕으로 한 "직관적 판단"이 우세해짐을 의미한다.

해마와 편도체의 연결이 강화되면서 과거 회상이 빈번해지고, 모든 결정에는 '어떤 감정적 의미를 주는가'라는 질문이 함께한다. 또한 세로토닌 시스템의 변화로 정서적 안정을 유지하는 것이 의사결정의 질을 좌우하는 핵심 요소가 된다. 이들을 위한 핵심 전략은 '의미 감정(emotional meaning)의 관리'이다. '오늘 내린 이 결정이 나에게 어떤 의미를 주는가?'를 기록하는 감정 일기를 통해 결정의 정서적 동기를 이해한다. 하루 중 기분이 가장 안정되고 정신이 맑은 시간대를 파악하여 그 시간에만 중요한 결정을 배치하는 '감정 리듬 관리'를 실천한다. 90분 활동 후 15분 휴식과 같은 초일주율 리듬을 따라 에너지를 보존하며, 무리한 인지 부하를 피한다. 가족이나 친구와 '공동 결정' 구조를 만들어 고립감을 줄이고 결정에 따른 정서적 부담을 나눈다. 고령층의 핵심은 냉철한 논리보다 '의미 있는 감정'이 인지 에너지를 재생시킨다는 점이다.

이처럼 청년층은 '단순화', 중장년층은 '통제감', 고령층은 '의미 감정'을 통해 각기 다른 신경심리적 취약점을 보완하고 의사결정의 피로를 관리할 수 있다. 이 세 가지 전략은 서로 대립하는 것이 아닌, 인생의 서로 다른 시기에 초점을 맞춘 지혜이다.

결국 진정한 의사결정의 효율성은 더 빠르게, 더 많이 결정하는 데 있는 것이 아니다. 자신의 뇌가 현재 어떤 생물학적·심리적 조건 아래 있는지를 받아들이고, 그에 가장 적합한 방식으로 인지 자원을 배분하는 데 있다. 이 세대별 맞춤 접근법은 단순한 생산성 향상을 넘어, 각 인생 단계를 더욱 주체적이고 의미 있게 살아가게 만드는 데 기여할 것이다.

다음 표는 세대별 의사결정 시스템의 차이와 관리 전략의 핵심을 비교하여 정리한 것이다.

세대별 비교 요약표

항목	청년층	중장년층	고령층
주요 뇌 회로	도파민 보상	ACC-전전두엽 통제	편도체-해마 통합
피로 원인	자극 과잉	다중 역할 갈등	감정적 회상
회복 키워드	단순화·집중	자율성·통제감	의미·정서 안정
권장 루틴	선택 3개 제한	기준표·시간대 분리	감정 리듬·공동 결정
위험 요인	SNS, 과잉 계획	책임 과다, 통제 상실	고립, 무의미감

이러한 맞춤 전략을 일상에 체계적으로 적용해 보고자 한다면, 다음의 '3주 의사결정력 강화 프로그램'을 제안한다.

연령별 의사결정력 강화 프로그램(3주 과정)

주차	목표	내용 예시
1주차	자신의 결정 패턴 자각	결정 로그 기록, 피로 지점 탐지
2주차	자동화 루틴 설계	식사·수면·업무 루틴 단순화
3주차	고품질 결정력 훈련	가치·정서·통제 균형 훈련(ACC–전전두엽 강화)

제4장 의사결정의 신경심리 시스템 Ⅰ
— 감각 신호의 전달시스템

1. 감각 처리와 주의력의 기초

앞에서 뇌의 존재 이유에 대해 설명했다. 생명체의 본질인 '살아 있음'은 항동성이란 특성을 지닌다. 이 항동성을 효율적으로 조절하는 것이 바로 뇌가 진화하게 된 '존재 이유'이다. 항동성은 단순한 반응이 아니라 미리 예측함으로써 조절되어야 한다. 그러나 신체의 복잡성과 자율성, 그리고 외부 환경의 불확실성 때문에 예측에는 언제나 '오차'가 발생할 수밖에 없는 숙명적 한계가 존재한다. 바로 이러한 한계 때문에 뇌는 항동성의 상태를 감지하는 감지 시스템과 조절을 실행하는 조절 시스템이라는 한 쌍(one pair)의 체계를 갖추게 되었다. 그리고 이 '한 쌍의 체계'가 원활히 상호 피드백하며 효율적으로 촉진하고 조율하는 중앙조율 메커니즘이 추가되어, 전체적으로 '3단위 구조'를 이룬다. 물론 이 세 단위는 분리된 것이 아니라 긴밀히 연결된 하나의 통합체로서 '세 가지 기능을 수행하는 단일 시스템'이라 할 수 있다.

1) 뇌, 정보를 걸러내다: 감각에서 주의까지의 여정

이제 이러한 구조적 특징을 가진 뇌의 작동 방식을, (우리가 필요로 하는) 지능(문제 해결 능력)을 발달시키는 데 필요한 지식을 얻을 수 있는 '설명 방식'으로 살펴보기로 하자.[10]

신체의 세 가지 감각 시스템—외부감각(피부, 눈, 코, 귀, 혀 등 외부 환경 감지), 내부감각(혈압, 심박수, 체온, 배고픔 등 신체 내부 상태 감지), 고유 수용감각(근육, 관절, 힘줄을 통해 신체의 위치와 움직임 감지)—이 수집한 정보는 모두 시상(thalamus)으로 모인다. 시상은 이 정보를 선별하고 가공하여 뇌의 적절한 부위로 전달하는 중계 허브 역할을 한다.

유념할 점은, 이들 감각기가 보내오는 신호가 '완벽히 정리된' 외부 대상(예: 나뭇잎), 내장 상태(예: 배고픔), 신체 움직임(예: 뛰는 자세)의 형태로 전달되는 것이 아니라는 것이다. 이러한 완성형 지각(知覺)은 감각 피질 등 뇌의 관련 부위에서 비로소 형성된다. 감각기들은 각기 '특정한 요소'만을 전달할 뿐이다. 예컨대 시각 시스템의 감각기들이 윤곽선, 색깔, 위치 등의 감각 정보를 각각 보내면, 대뇌피질이 이를 통합 처리하여 하나의 '나뭇잎' 이미지를 구성한다.

마찬가지로 '배가 부르다'는 감각을 단번에 표시하는 감각기는 없다. 위벽의 기계적 자극 신호, 장의 영양분을 감지하는 화학적 신호, 혈액 내 영양 상태, 호르몬(렙틴, 인슐린 등 장기적 에너지 저장량 정보를 제공) 신호, 그리고 미각·후각·구강 내 기계적 자극을 감지하는 수용기(기계수용기)의 감각이 시상하부와 뇌간에서 통합되어 만들어지는 복합적 신경심리 상태가 바로 그

---

10 의사결정의 신경심리 시스템의 기본 구조가 지닌 특징을 자신의 능력 개발 방법과 그 사례를 제시하는 방법으로 설명할 것이다. 특히 골프장 마케팅 방법, 직원과 CEO의 능력을 개발하는 관점에서 설명할 것이다.

것이다.

시상은 모든 감각 신호가 집결되는 감각 정보의 허브이자 게이트웨이로 "저해상도 이미지"를 생성한다고 볼 수 있다.[11] 그리고 통합한 정보를 그대로 전달하지 않고 '무엇을 보낼지, 무엇을 걸러낼지'를 선별-가공하여 대뇌와 편도체 등으로 보낸다. 이러한 송출 과정은 뇌간의 망상활성계(RAS)와 등쪽 주의 네트워크(DAN; dorsal attention network), 배쪽 주의 네트워크(VAN; ventral attention network)에 의해 정교하게 조절된다.

이러한 주의 조절 시스템들에 대해 먼저 살펴보자.

뇌간의 망상활성계(RAS)는 뇌의 전반적인 각성(깨어 있음) 수준을 조절하는 핵심 기관이다. RAS 활동이 활발해져 각성 수준이 높아지면 뇌 전체의 활동이 증가하는데, 이는 뇌에 공급되는 에너지가 많아진다는 뜻이다. 반면에 졸음이 오거나 멍한 상태는 각성 수준이 낮아진 것으로, 에너지 공급이 적어 뇌의 활동이 침체된 상태를 의미한다. 따라서 RAS는 주의력의 토대가 되는 기본적인 '활성화 수준'을 조절하여 주의력의 강약을 조정한다고 볼 수 있다.

주의력의 핵심 기능은 관련된 정보를 선택하고, 관련 없는 정보를 걸러내는 것이다. 여기서 주목해야 할 점은 문제 해결과 직접 관련 없는 수많은 정보(주변 환경의 세부 사항이나 내적인 생각 등)도 끊임없이 우리의 의도와는 무관하게 인지 시스템에 유입된다는 것이다. 그렇다면 관련이 있는가, 없는가는 어떻게 결정되는가? 이를 결정하는 것은 바로 '심적 작업 모델(mental work model) 규칙', 즉 특정 과업을 성공적으로 수행하기 위해 필요한 일련의 규칙이다. 예를 들면, 이메일을 쓰거나 애완견을 데리고 산책하는 일을

---

11 병아리는 독수리를 움직이면서 점점 다가오는 커다란 그림자로 인지한다. 독수리 형태를 갖춘 고해상도의 이미지는 피질에서 만들어진다.

수행하기 위해서는 (문장을 왼쪽부터 읽고, 페이지를 넘기거나, 개 목줄을 매고 문밖으로 데려나가는 등의) 특정 규칙이 필요하다.[12] 이 심적 작업 모델에 의해 정보의 관련성이 결정되며, 이 모델은 배외측 전전두엽에 '탑재'된다.

이렇게 탑재된 '심적 작업 모델'을 실행해 목표에 집중하게 만드는 주의 시스템이 바로 등쪽 주의 네트워크(DAN)이다. DAN은 한마디로 '목표지향적 주의(집중력)'의 뇌 회로이며, 우리가 책을 읽거나 업무를 볼 때 의지적으로 조절하는 '의식적인 집중 주의력'이다.

반면에 배쪽 주의 네트워크(VAN)는 돌발적 상황을 끊임없이 경계하는 무의식적인 주의력을 뒷받침하는 뇌 회로이다. 시끄러운 시장에서도 어머니 목소리를 알아차리는 것, 갑작스럽게 다가오는 물체에 시선이 쏠리는 현상 등이 바로 VAN의 작용 때문이다. 한마디로 '무의식적인 경계 주의력'이다.

주목할 점이 있다. VAN은 외부 위험뿐 아니라 예상치 못한 통찰이나 창의적인 아이디어가 '번뜩' 떠오를 때와 같은 '긍정적 보상'이 예감될 때도 활성화된다는 것이다.[13] 이렇게 DAN과 VAN은 우리의 주의를 유연하게 관리하는 상호 보완적 시스템을 이룬다.

2) 집중 능력의 강화 방안

집중력은 기본적인 '에너지 관리'에서 출발한다. 이를 크게 세 가지, 즉 생물학적 에너지, 주의 에너지 배분, 에너지 회복·강화 환경으로 구분하여

12　심적 작업 모델을 이해하기 쉽도록 레스토랑의 주방장(우리의 의식)을 사례로 들어보자. 주문받은 요리가 '스테이크'라면 주방장은 '고기, 버터, 로즈마리' 같은 재료는 즉시 사용하지만, '생선, 두부' 같은 재료는 옆으로 밀쳐둔다. 심적 작업 모델은 바로 이렇게 "무엇을 쓸 것인지, 무엇을 무시할 것인지"를 결정하는 기준을 제공하는 것이다.
13　제레드 쿠니 호바스 저, 김나연 역, 2020, 『사람은 어떻게 생각하고 배우고 기억하는가』, 토네이도, 153쪽.

살펴보겠다.

첫째, 주의력을 유지하는 데 필요한 기초 에너지가 부족하지 않아야 한다. 예를 들어 잠을 잘 자지 못하였거나 건강이 좋지 않으면 뇌의 '인지 에너지'가 부족해져서 주의력은 당연히 떨어지고 그 결과 업무 능력도 떨어진다.

둘째, 무의식적 경계 주의력, 즉 VAN의 에너지 사용량이 증가하면 당연히 의식적 집중 주의력, 즉 DAN에 사용되는 에너지가 줄어들어 의식적인 주의력의 성능이 떨어지게 된다. 예를 들어 스크린골프를 아주 잘 하던 사람이 처음 필드 골프에 가면 많이 헤맨다. 그 이유는 처음 접한 필드의 코스 환경으로 인해 무의식적 경계 주의력이 활성화되어 에너지를 많이 소모하게 되고, 그 결과 의식적 집중 주의력이 떨어져 자세와 스윙의 정확성이 낮아지기 때문이다.

스포츠에서 홈팀의 승률이 높은 것도 같은 원리이다. 원정팀은 낯선 경기장 환경 때문에 VAN의 작동에 소모되는 에너지가 증가하며, 자연스레 DAN에 할당되는 에너지가 줄어든다. 즉, 무의식적 경계 주의력이 강화되는 그만큼, 의식적 주의력은 약화되는 상호 보완 관계에 있는 것이다.

여기에서 흥미롭고도 매우 중요한 사례를 볼 수 있다. 원정팀이 홈팀을 상대로 경기에서 이기는 '이변'을 낳은 경우이다. 이 '이변'을 일으키는 데는 다 이유가 있다. 바로 원정팀의 정신력, 즉 "승리에 대한 의지"가 핵심 변수로 작용하기 때문이다. 원정팀의 전문성(기술)은 낯선 환경에서 무의식적 경계 주의력(VAN)을 사용하는 에너지가 증가하면서, 의식적 집중 주의력(DAN)이 떨어질 수 있다. 그러나 이기고자 하는 의지가 강하다면 의식적 집중 주의력의 에너지를 증가시킬 수 있다.

여기서 '의지'나 '동기'는 단순한 추상적인 개념이 아니라 뇌의 자원 배분을 직접 바꿀 수 있는 생물학적 힘을 가진다. 강렬한 동기는 전전두엽 피질의 감정 조절 및 목적지향적 행동을 담당하는 부위를 추가로 활성화시켜, DAN의 활동을 유지하거나 강화하는 '상향식 통제'를 가능하게 한다. 즉, 의식적인 노력이 뇌의 자원 배분에 직접적으로 영향을 미쳐 VAN을 상대적으로 억제하는 효과를 낳는 것이다. 승리하고자 하는 욕구가 솟아오르면 의식적 주의력이 한층 강화되는 반면, 무의식적 경계 주의력은 상대적으로 약화되기 때문에 원정팀이 이변을 일으킬 수 있는 것이다.

이 원리는 회사 업무에도 그대로 적용된다. 실무적인 전문성이 아무리 뛰어나더라도 업무를 하고자 하는 의지나 회사 업무를 삶의 가치로 여기는 정체성이 취약하면, 무의식적 경계와 불안에 에너지를 많이 소모하게 되어 업무 성과는 떨어진다. 반면에 업무에 대한 강한 동기와 소명의식은 뇌의 자원 배분을 최적화하여 전문성을 충분히 발휘할 수 있게 만든다.

이것이 의미하는 바는 명확하다. 인체의 무의식적 생리는 일정 한도 내에서 주관적 의지(인지)에 의해 조절될 수 있다. 기계와 살아 있는 인간을 구분하는 가장 큰 차이이자, 의지의 생물학적 위력이 바로 여기에 있다.

셋째, 에너지를 회복시키고 강화시키기 위한 환경을 적극적으로 조성하는 방법이다. '주의력 회복 이론(attention restoration theory)'은 고갈된 주의력을 효과적으로 회복시킬 수 있다고 설명한다. 이 이론을 제안한 카플란(Kaplan) 부부의 연구에 따르면,[14] 창문 밖으로 자연이 보이는 환경에서 일하는 직원들의 업무 성과가 그렇지 않은 경우보다 약 20% 높게 나타났다. 또 다른 연구에 따르면, 환자들도 병실 밖에 자연이 보이면 통증을 덜 느끼

---

14 Kaplan, R., Kaplan, S., & Ryan, R. L., 1998, *With People in Mind: Design and Management of Everyday Nature*, Washington DC: Island Press.

고 입원 기간도 10% 정도 줄어든다고 한다.[15]

주의력 회복에 도움을 주는 것은 자연환경뿐만 아니라 사회적 환경도 마찬가지이다. 신뢰가 높고 공정한 조직 문화는 스트레스 호르몬인 코르티솔을 줄이고, 사회적 유대감을 강화하는 옥시토신 분비를 촉진한다. 옥시토신은 쾌락과 동기 부여에 관여하는 도파민 시스템과 상호 작용하여, 궁극적으로 업무에 대한 집중력과 몰입도를 높이는 생리적 토대를 마련해 준다.

3) 멀티태스킹의 착각

의식적 주의력을 강화하는 3가지 방법을 언급했으니, 이제 우리가 매일 범하는 오류 하나를 살펴보자. 바로 '하나의 주의력'으로 여러 작업을 동시에 수행할 수 있다는 착각, 즉 멀티태스킹(multitasking)에 대한 환상이다. 멀티태스킹이란 마케팅 기획안을 작성하면서 동시에 주식 동향을 확인하고, 들어온 문자 메시지에도 반응하는 것처럼 여러 작업을 동시에 하는 것을 말한다.

멀티태스킹이 실제로 가능한지, 효율적인지 알아볼 수 있는 간단한 실험이 있다. 먼저, 1, 2, 3… 10까지 숫자를 쓴 뒤, 곧바로 a, b, c… j까지 이어서 쓰고 걸리는 시간을 측정해 보라. 다음으로는 종이 한 장에다가 숫자와 알파벳을 번갈아가며 1, a, 2, b… 식으로 10과 j까지 모두 써보라. 만약 멀티태스킹이 가능하고 효율적이라면, 후자의 방식이 시간상 더 **빨라야** 한다. 그러나 실제로는 전자의 방식이 더 **빠르다**. 이는 뇌가 이 작업을 하다가 저 작업을 하는 등 전환할 때마다 소모되는 '주의력 전환 비용'이 발

---

15 Roger S. Ulrich, 1984, "View Through a Window May influence Recovery from Surgery," *Science*, 224, pp.420-421.

생하기 때문이다.

뇌과학에서는 회사 자료를 보다가 문자 메시지를 확인하는 것과 같은 인지 활동의 전환을 '작업 전환(task-switching)'이라고 한다. 작업을 전환할 때마다 뇌는 '마케팅 기획안 작성'에서 '문자 확인'으로, 즉 기존의 '심적 작업 모델'을 내려놓고 새로운 모델을 적용해야 하는 인지적 부담을 겪는다. 실험에 따르면, 이처럼 '마음의 준비 과정'을 바꾸는 데 약 0.1~0.2초가 소요되는데, 이 순간 집중력이 일시적으로 흐트러지는 현상을 '주의 과실(attention blink)'이라고 한다. 때문에 작업 내용을 자주 전환하면 전환 비용이 누적되어 전체적인 효율이 크게 떨어지고 실수도 늘어난다.

또한 작업 전환 시 두 가지 심적 모델이 혼재되어 충돌하게 되면, 일시적인 정체 현상인 심리적 불응기(psychological refractory period)가 발생한다. 이로 인해 멀티태스킹(다중작업)에서는 '작업 전환에 따른 혼란'이 생겨서 문자 메시지에 쓸 말을 마케팅 기획안에 쓰는 등의 실수가 벌어지기도 한다. 실제 뇌과학 연구에 따르면 멀티태스킹은 사실상 불가능하며, 단지 빠른 작업 전환일 뿐이다.[16] 이렇게 빠른 작업 전환은 비능률과 실수만을 일으킬 뿐이니 주의력을 집중할 때는 하나의 사안에만 집중하자.

하나의 사안에 집중하려면 주의해야 할 사항이 있다. 장기적이고 복잡한 사안에 직면하면, 우리는 습관적으로 최종 결과만을 목표로 삼을 뿐 중간 단계의 목표는 소홀히 하기 쉽다. 결국 '무엇부터 해야 할지' 모른 채 여러 작업을 오가며 '악성 멀티태스킹'에 빠지게 된다. 이로 인해 성과는 떨어지고, 자신의 기술과 능력에 대한 자신감까지 저하되는 악순환이 발생

---

16 Rubinstein et al., 2001, "Executive control of cognitive processes in task switching," *Journal of Experimental Psychology: Human Perception and Performance*, Vol. 27, No. 4, pp.763-797.

한다.

　큰 프로젝트일수록 과정을 잘게 쪼개 '더 작은 단기 목표'를 설정하는 것이 중요하다. 이렇게 하면 멀티태스킹의 편향에서 벗어나 성과를 개선하고 자신감도 높일 수 있다.

　이때 주의할 점은 목표의 난이도 조절이다. 긴 과정을 쪼개서 작은 단위의 목표를 세울 때는 '적당히 어려운' 수준으로 설정해야 한다. 너무 어려우면 포기하게 되고, 너무 쉬우면 노력을 기울이지 않기 때문이다.

　또 하나 유의할 점은 작업 환경이다. 글쓰기 초기 단계에는 컴퓨터 사용을 최소화하자. 컴퓨터의 다양한 기능과 깜빡이는 커서는 VAN을 자극하여, 결과적으로 DAN의 집중력을 저하시킬 수 있기 때문이다.

2. 마케팅에 대한 시사점

마케팅의 주의 전략과 관련해서 핵심적 원칙을 짚어보자. 가장 중요한 것은 소비자의 주의력이 강하게 집중되도록 하는 것이다. 이를 위해서는 돌출적이고 예상치 못한 '뭔가'를 하는 것이 최고일 것이다. 돌출적인 행동을 하든, 괴상망측한 그림이나 공간을 내세우든, 디자인이 특이하든 '무조건' 소비자의 VAN을 작동시키는 것이 가장 효과적이다.

　또한 소비자의 욕구를 끌어내기 위해서는 단순한 '효용의 욕구'에 호소하기보다 생존과 직결되고 정체성에 뿌리내린 욕구를 자극해야 한다. 왜냐하면 정체성이란 단순한 취향이 아니라 자신의 핵심 가치관과 소속감을 정의하는 것이기 때문이다. 따라서 정체성에 대한 도전은 단순한 불편함이 아닌 자기 자신의 존재 가치의 부정으로 느껴지므로, 이를 지키려는 욕구는 효용의 욕구와는 차원이 다르게 강력하게 작용한다.

대표적인 예로, 환경보호라는 가치를 자신의 정체성으로 여기는 소비자를 생각해 보자. 이들에게 '편리한' 플라스틱 용기(효용의 욕구)를 강조하는 것보다 "일회용 플라스틱을 거부하는 당신의 선택이 지구를 지킵니다"(정체성 욕구)라는 메시지가 훨씬 강력하게 공명된다. 럭셔리 브랜드를 구매하는 행위 역시 단순한 '품질'을 넘어 "나는 이런 가치와 세련됨을 추구하는 사람이다"라는 정체성 표현인 경우가 많다.

하지만 정체성에 기반한 강력한 메시지와 주의를 끄는 돌출적 자극만으로는 부족하다. 이러한 "무엇(what)"을 말할지를 결정했다면, 다음 단계는 "누구에게(who), 언제(when), 어떤 상태(context)"에서 그 메시지를 전달할지에 대한 '맥락적 설계'가 필수적이다.

소비자의 주의력과 정보 처리 상태는 신체 에너지, 시간대, 즉각적인 욕구, 개인 성향 등에 따라 크게 달라진다. 따라서 '시간', '욕구', '개인 데이터'라는 세 가지 요소를 핵심 축으로 전략을 설계해야 하며, 이는 현대 마케팅의 필수적인 설계 원칙이다.

과거의 마케팅이 제품의 특징이나 장점을 일방적으로 전달하는 '메시지 중심(message-oriented)'이었다면, 현대 마케팅은 소비자의 행동과 인지 과정을 이해하고 맞추는 '심리적 설계(psychological design)'로 진화했다. 이는 단순한 커뮤니케이션 기술을 넘어 인간의 뇌과학적 특성(예: VAN/DAN)을 활용하는 단계로 나아간다는 것을 의미한다.

소비자의 주의력과 메시지 수용도는 시시각각 변하는 개인의 상태에 따라 좌우된다. 따라서 다음 세 가지 요소를 핵심 축으로 한 전략적 접근이 필요하다.

① 시간(time: when): 인지 리듬에 맞춰라

소비자의 뇌 에너지 상태, 피로도, 생체 리듬(아침형/저녁형)은 광고 메시지의 처리 효율을 결정한다. 뇌가 가장 각성되어 있고 에너지가 충분한 시간대를 타겟팅하여 메시지를 노출해야 한다.

② 욕구(desire: what state): 즉각적인 욕구와 결합하라

VAN을 최적으로 자극하는 것은 현재 느끼는 '즉각적인 욕구'이다. 배고픔, 피로, 사회적 인정 욕구 등 현재 충족되지 않은 욕구와 관련된 정보는 무의식적으로 우선 처리된다. 마케팅 메시지가 이러한 즉각적 욕구와 결합될 때 효과가 극대화된다.

③ 개인 데이터(data: who): 맞춤형 주의 설계를 구현하라

빅데이터 분석을 통해 소비자의 습관, 성향, 관심사를 파악하면 DAN과 VAN을 동시에 공략할 수 있다. 즉, 소비자가 적극적으로 찾는 정보(DAN 대상)를 제공하면서도, 그가 무의식적으로 관심을 가질 만한 맞춤형 제안(VAN 대상)을 동시에 설계할 수 있다.

궁극적으로 "언제(time), 어떤 상태의 누구에게(data & desire) 말할 것인가"라는 접근법은 인간의 인지 구조를 반영한 과학적 마케팅의 핵심이다. 주의를 끄는 강력한 메시지(what)를 개인의 상황과 맥락(context)에 정확히 투사(投射, project onto)하는 일, 즉 무의식적 주의(VAN)와 의식적 집중(DAN)을 아우르는 '맞춤형 주의 설계'가 현대 마케팅의 성패를 가르는 핵심 원칙이다.

제5장 의사결정의 신경심리 시스템 II
―의사결정의 선택

1. 의사결정 유형의 선택

감각 정보의 허브인 시상에서 신체 내외부 감각을 처리하는 부위(대뇌피질)와 감정 형성의 중추(편도체)로 가는 2개의 루트를 중심으로 감각 정보가 전달되면서 의사결정은 시작된다. 정상적인 상황이라면 대뇌피질의 주도하에 대뇌피질과 편도체는 끊임없이 상호 피드백한다. 그런데 뜻하지 않게 호랑이를 만나거나 복권 당첨이란 횡재를 얻으면, 편도체가 주도하는 행동이 무의식적으로 일어난다. 물론 일정 시간이 흐르면 대뇌피질이 감각 정보를 받아 처리하는 신경생리 과정이 일어나서 '자신의 상황'을 의식하게 된다. 우리는 이런 상황을 "나중에 정신 차렸다"라고 말한다.

또한 입력된 정보의 중요성(물론 그 중요성이란 항동성에 미치는 중요성 정도이다)에 따라 일어나는 행동 유형이 다르다. 그런데 논리를 이해하기 쉽게 전개하기 위해서는 입력 정보의 처리 과정을 설명하기 전에 인간의 행동(의사결정) 유형을 간략히 설명하는 것이 좋을 듯하다.

1) 자동적 반사 시스템과 파블로프식 조건 반사

정상적인 상황이라면 대뇌피질과 편도체의 연결 회로가 상호 피드백하면서 주의-집중을 끄는 사안이나 자극은 '목적지향적 의사결정 시스템'(차후 설명)이 처리하면서 주의를 끌지 못한 무수한 '일상화된 자극들'은 무의식적으로 자동처리 된다. 소위 '일상 속의 자동성(automaticity)'이다.[17] 이 '무의식적 자동적 행위'는 자신과 다른 인종(흑인)을 대할 때 자신도 모르게 '본성인 차별 의식'이나 '본심인 싫은 감정'을 드러내는 사태를 일으킬 수 있다.[18]

(1) 파블로프식 반사

이러한 '일상 속의 자동성'을 '의사결정 시스템 유형'으로 분류한다면, 그 근본에는 '파블로프가 연구한 반사 시스템'이 자리 잡고 있다. 반사(reflex)란 자극에 반응해 생리적 작용이 자동적으로 일어나는 것을 의미한다. 반사는 유전자에 각인된 메커니즘에 의해서 자동으로 발생하는 생리적 반응이다. 파블로프의 실험은 선천적인 '무조건 반사'와 학습을 통해 형성되는 '조건 반사'로 구분된다. 이 중에서 '무조건 반사'란 태어날 때부터 나타나는 자동적 생리 반응이다. 예를 들어 배가 고플 때 음식 냄새를 맡으면 자동으로 침이 분비되고 손이 음식으로 향한다. 또한 뜨거운 물체를 만지면 반사적으로 손을 움찔하게 된다. 이러한 반응은 자극에 대한 생

---

17 조지프 르두 저, 임지원 역, 2017, 『불안: 불안과 공포의 뇌과학』, INVENTION, 282쪽.
18 현대인은 인종 차별을 '당연한 금기 사항'으로 생각한다. 그런데 인류에게는 집단 생활 중 서로 부딪히며 친교를 하기도 하고 폭력적 갈등을 일으키기도 하는 등 수십만 년의 세월 속에서 내집단-외집단을 구별(차별)하는 본능이 진화되었다. 차별 금지를 강조하는 현대 문화는 이러한 본능을 '무조건' 억누르지만 '외집단 구별 본능'은 여전히 모든 인간에게 있으며, 피부색의 차이는 이러한 본능을 자기도 모르게 드러나게 한다. 살다 보면 남에게 드러내기 싫은 짝사랑이나 싫은 감정이 있을 때가 있다. 일상생활을 자동적으로 하다 보면 이러한 무의식적인 본심이 자기도 모르게 표출될 수 있다.

리적 자동 반응으로, 의식적으로 억제하기 어렵다. 이것이 바로 천성적으로 지니고 태어나는 '무조건 반사'이다. 여기서 '음식 냄새'는 자극이고, '침이 분비되는 것'은 반사(생리적 자동 반응)이다.

이 '천성적 반사(무조건 반사)'는 '파블로프식 조건 반사'가 형성되기 위한 필수적인 토대가 된다. 파블로프의 유명한 실험을 예로 들어보자. 개에게 종소리를 들려주면서 동시에 음식을 주면 개는 당연히 침을 흘리는데, 이러한 '종소리-음식의 연합'을 반복적으로 하면 나중에 음식을 주지 않고 종소리만 들려줘도 침을 흘린다. '생리적 반사'를 일으키는 자극(음식)이 아닌 신호(cue, 종소리)만 있어도 자동으로 생리적 반사가 일어나는 것이다.

우리는 일상생활에서 의식하지 못한 채 파블로프식 반사를 무수히 겪는다. 직장 사무실에 들어가기만 하면 자동으로 긴장되고 정신이 바짝 들고, 이것을 의식적으로 '절제'하려고 해도 되지 않는 것은 파블로프식 반사가 형성되었다는 것을 의미한다. 회사의 조직 문화가 불신·불안을 일으키는 분위기가 강해서 많은 회사 직원들이 회사만 생각하면 불안·불신의 스트레스 생리가 자동으로 일어나는 '파블로프식 조건화'에 빠졌다면 그 회사의 성과는 바닥일 것이다. 반면에 회사 직원들이 회사만 생각하면 엔돌핀이 나오는 생리가 일어나는 파블로프식 조건화에 빠졌다면 그 회사의 매출은 최고가 될 것이다. 정치 뉴스만 보면 스트레스 생리가 자동으로 발생하는 파블로프식 반사를 많은 국민이 갖고 있다면 그 나라의 앞날은 암울할 것이다.

파블로프식 반사는 파충류에도 있고 벌 등 곤충에게도 있는데, 하찮은 것이 아니라 인간에게도 매우 필요하고 유익한 것이다. 예를 들어보자. 사슴이 호랑이를 발견한 후에 도망가는 '자동 반사'가 일어난 경우의 잡아먹힐 확률과, 낙엽이 부스럭거리는 소리를 호랑이가 있는 신호로 알고 도망가는 '파블로프식 반사'가 일어날 경우의 잡아먹힐 확률을 비교해 보자. 후자가 압도적으로 낮을 것이다. 이렇게 파블로프식 조건화는 동물의 적응력을 결정적으로 높였다. 파블로프식 반사를 쉽게 설명하기 위해 '단일 사건'을 예를 들었지만, 파블로프식 반사는 몇 개의 사건이 연속적으로 일어나는 방식으로 형성될 수 있다. 꿀벌은 첫 이동 때 동료 벌의 동작을 신호로 파블로프식 반사를 통해 이동하고, 일정 지점에 이르면 색상(빨강, 노랑 등)을 신호로 꿀을 찾는다. 이렇듯 파블로프식 반사를 통해 특정 신호(종소리)만으로도 동물에게 공포감이나 안정감과 같은 감정적 반응을 조건화할 수 있다.

(2) 복합 조건화 유형의 반사

또한 이러한 생리적 자동 반사는 맥락에 따라 다른 반응을 하는 '복합 조건화(complex conditioning)'로 형성될 수도 있다. 예를 들어 상사의 미소를 보았을 때 직원이 일을 잘 했다는 맥락에서는 호의적(칭찬)인 생리적 반사가 발생하는 반면, 자신이 일을 잘못 처리한 맥락에서는 비웃음(질책)의 생리적 반사가 일어날 수 있다. '경제적 의사결정'에서 복합 반사의 사례를 보면, 똑같은 골프장의 홍보에 대해 '호의적 경험'이 있는 고객은 '즐거움'의 생리적 반사가 일어날 수 있지만, 불쾌한 경험이 있는 고객은 '속임수라는 불신'의 생리적 반사가 발생할 수 있다.

이러한 복합 조건화는 맥락과 상황을 반영한다는 점에서 목적지향적 행동(goal-directed action)과 유사하게 보일 수 있다. 그러나 그 특성과 생리적 과정은 완전히 다르다. 복합 조건화는 '자극과 자동적 반응의 연합', 즉 자극이 먼저 있고 그다음에 반응이 결정되는 반면에 목적지향적 행동은 목표에 따른 방법/수단의 선택이다. 즉, 목적을 먼저 정하고 그다음에 달성 수단을 선택하는 행동 방식이다. 이 점은 후에 다시 상세히 설명하기로 하자.

파블로프식 반사에는 의식적 의사결정에 소모되는 에너지의 1/20밖에 소모되지 않는다. 따라서 사소하고 간단한 일조차 의식적인 의사결정을 하는 것은 삶의 적응력을 강화하기는커녕 떨어뜨린다. 우리 일상의 의사결정의 90% 이상이 이 반사 시스템에 의해 이뤄진다.

앞에서도 이야기했지만 '행동(action)'이란 항동성을 효과적으로 조절하고자 하는 실행기의 하나이다. 효과적으로 조절한다는 것은 에너지를 덜 사용하면서 그 적응 효과(환경에 대한 적합성)는 최대화하는 것이다. 사소한 사안에 뇌 에너지를 필요 이상 많이 쓰는 행동은 항동성 조절에 실패한 것이다.[19]

덧붙이자면 이 '반사 시스템'은 사소한 일상 일에서 작동할 뿐만 아니라 생명에 아주 위험한 일이 긴박하게 터지면 편도체 주도로 자동 발생한다. 즉, 급박한 위협이나 강한 항동성 교란이 발생하면 대뇌 시스템과 관계없이 편도체가 독자적으로 이 '반사 시스템'을 자동으로 작동한다.

(3) 자동 반사(reflexive/Pavlovian)와 목적지향적 시스템의 충돌

인간이 극도의 공포나 위협 상황에 직면했을 때, 이성적으로는 '피하면 안 된다'는 판단이 들지만, 몸이 먼저 움직여 반사적으로 회피 행동을 하는 현상이 자주 관찰된다. 예를 들어 중요한 공개 발표가 있을 때 이성적으로는 '발표를 성공적으로 마쳐야 한다(goal-directed)'고 생각하지만, 연단에 오르는 순간 심장이 뛰고 호흡이 가빠지면서 말이 막혀 얼어붙는(freezing)

---

19 조지프 르두 저, 임지원 역, 2017, 앞의 책, 146~151쪽.

반응이 나타난다. 이성은 행동을 억제하지 말라고 명령하지만, 몸은 위험 신호에 따라 자동적으로 정지해 버리는 것이다.

이 상태는 신경심리학적으로 파블로프식 정서 반응 시스템과 목적지향적 억제 시스템이 서로 충돌하는 상황으로 설명될 수 있다. 즉, 행동의 실제 실행은 파블로프식 반사 시스템에 의해 일어나지만, 그 위에서 전전두엽과 ACC가 주도하는 목적의식적 통제 시스템이 억제를 시도하다가 실패한 상태이다. 결과적으로, (편도체-측좌핵 회로 등에서 비롯된) 생존 본능에 의해 유발된 자동 반응이 의식적 통제보다 빠르게 작동하여 '이성은 피하지 말라고 하지만, 몸이 이미 반응해 버린 상태'가 된다.

감각 자극이 시상에 들어오면 뇌는 이를 두 가지 경로로 동시에 처리한다. 첫 번째는 빠르지만 정확성은 낮은 경로로서, 시상에서 직접 편도체로 신호가 전달되어 즉각적인 정서 반응(공포, 놀람, 회피)을 일으킨다. 이 경로는 빠르지만, 세부 정보가 부정확하며 자극의 의미를 정밀하게 해석하지 못한다. 두 번째는 정확하지만 속도가 느린 경로인데, 시상→감각피질→전전두엽→편도체로 이어지는 회로이다. 이 경로는 자극을 보다 정확하게 평가하지만 처리 속도가 느리기 때문에 반응이 지연된다.

극도의 공포 자극, 예를 들어 까마득한 높이에 서 있을 때(등산 중 미끄러질 위험)나 도발적인 시선을 마주할 때(운전 중 급정지 상황)는 편도체가 전전두엽이나 ACC보다 먼저 활성화된다. 이때 편도체는 시상하부와 뇌간으로 직접 신호를 보내 교감신경계를 즉시 활성화시켜 심박수와 호흡수가 증가하고 근육이 긴장하며 동공이 확대되고 도망이나 움츠림과 같은 회피 행동이 자동적으로 일어난다.

반면에 전전두엽과 ACC를 포함한 인지 통제 네트워크는 '지금 피하면 안 된다'는 판단을 내려 행동을 억제하려 한다. 하지만 이 신호는 약

0.2~0.4초 늦게 도착한다. 이 짧은 시차 때문에 몸은 이미 회피 행동을 시작한 후에야 '피하면 안 되는데…'라는 인식을 경험하게 된다. 이와 같은 반응 순서는 "감정이 먼저 작동하고, 이성은 그 결과를 해석한다"는 다마지오(A. Damasio)의 '감정-행동 선행(emotion-before-cognition)' 패턴과 일치한다.

ACC는 감정과 행동의 중재자이자 조절 허브로 '이 행동을 멈춰야 한다'는 억제 명령을 생성하는 영역이다. 보통 ACC는 섬엽(insula)을 통해 현재의 신체 감각을 인식하고, 편도체로 상향(top-down) 억제 신호를 보내 공포 반응을 통제하거나 완화시킨다. 그러나 공포 자극이 지나치게 강하거나 생리적 각성 수준이 급격히 상승하면 편도체의 과활성화가 ACC의 억제 기능을 압도하게 된다. 이때 ACC의 상향 억제 경로가 차단되고, 편도체-시상하부-뇌간으로 이어지는 하향 경로가 주도권을 쥔다. 그 결과 심박수와 호흡수가 급상승하고, 근육이 자동적으로 수축하며, 의도적 제어 없이 '피함', '도망', '얼어붙음'과 같은 파블로프식 회피 반응이 발생한다. 이것은 이성적 억제 회로(전전두엽-ACC)에서 감정적 자동 반응(편도체)쪽으로 행동의 우선권이 넘어간 상태이다.

하지만 이 과정은 단순한 회피가 아닌, 생존을 최우선으로 하는 "진화적 본능의 현명함"이 발현된 결과이다. 편도체의 반응은 수십 밀리초(ms) 단위로 발생하지만, ACC와 전전두엽의 억제·평가 과정은 수백 밀리초 단위로 처리된다. 이런 시간적 차이는 '한 번의 치명적 위험'을 모면하는 것이 '수백 번의 정확한 판단'보다 진화적으로 더 의미가 있었다는 점을 시사한다. 즉, 신속한 반응이 때로는 완벽한 판단보다 생존 가능성을 높인다는 깊은 지혜를 뇌에 각인시켜 둔 것이다.

이렇게 '감정 선행-인지 후행' 구조는 생존의 효율성을 극대화하기 위한 진화적 산물이다. 생명체가 즉각적인 위험에 노출될 때, '왜 위험한가?'를 분석하는 것은 오히려 생존 확률을 낮출 수 있다. 따라서 뇌는 먼저 반사적으로 회피하도록 설계되었고, 이후에 인식이 따라붙어 상황을 재평가한다. 문제는 현대 사회처럼 생존 위협이 아닌 사회적·인지적 상황에서도 이 반사 회로가 동일하게 작동한다. 예를 들어 대중 앞에서 발표할 때 '도망치고 싶다'는 충동이 드는 현상은 실제 생명의 위험이 없음에도 편도체-시상하부-교감신경계 회로가 '위협'으로 잘못 해석했기 때문이다.

이러한 경우, 의식적 억제(ACC-전전두엽)가 반복적으로 작동하여 편도체 반응을 점진적으로 약화시키는 훈련이 필요하다. 즉, '공포 자극에 대한 인식의 재평가'가 감정-행동 루프의 자동적 연쇄를 완화하는 핵심 기제이다.

요컨대, '피하면 안 되는데 피하게 되는 상태'는 파블로프식 반사 시스템의 자동적 회피 반응이 전전두엽과 ACC가 담당하는 목적지향적 억제보다 빠르게 작동함으로써 나타나는 신경심리적 충돌 상태이다. 이 상태에서는 편도체-시상하부-뇌간 회로가 즉각적 생존 반응을 일으키고, 그 뒤 늦은 인식이 이를 '이성적으로는 피하면 안 된다'라고 해석한다. 즉, 감정이 행동을 이끌고, 이성이 그 이유를 설명하는 전형적인 감정-행동 선행 구조이다.

이처럼 인간의 뇌는 생존을 위해 발빠른 '파블로프식 반사'와 신중한 '목적지향적 행동'을 활용한다. 그러나 이 두 극단 사이를 채우며 우리 일상의 대부분을 이루는 또 다른 강력한 시스템이 있다. 바로 '습관적 행동(habitual behavior)'이다.

2) 습관적 의사결정 시스템

인간의 행동은 생리적 항동성(dynostasis)을 유지하기 위해 다양한 수준의 조절 시스템을 동원한다. 파블로프식 시스템(자동 반사), 습관적 시스템, 목적지향적 시스템(의식적 판단)이 그것이다. 그중 습관적 시스템은 반복을 통해 뇌에 각인된 '자동 실행 프로그램'이다. 습관적 시스템은 파블로프식 시스템과 목적지향적 시스템 사이에 위치하는 중간적 체계로 반복된 경험과 강화(보상)를 통해 형성되어, 현재의 구체적 목표나 의식적 판단 없이도 자동적으로 실행되는 행동 시스템이다. 다시 말해, 한때는 목적의식적으로 학습된 행동이었으나, 보상과 결과가 안정적으로 반복되면서 더이상 의식적 판단이 필요 없게 되고, 그 행동이 상황-행동(S-R) 연결 형태로 뇌의 기저핵에 고정되어 자동화된다. 이 과정은 인지적 에너지를 절약하고 신체적 효율성을 높이는 장점이 있다.

습관적 시스템은 뇌의 자동운전 장치인 '기저핵'(특히 행동 패턴을 저장하는 '피각'이라는 부분)에서 주로 작동한다. 이곳에서는 몸의 감각과 움직임이 연결되는 '감각-운동 루프'가 만들어지는데, 이 루프는 도파민 신호를 매개로 보상 예측 오류를 계산하며, 예측된 보상과 실제 보상이 일치할수록 회로의 활성 패턴이 안정되어 행동이 자동화된다.

감정-생리적 감시는 섬엽이 담당하며, 이는 '이 상황은 익숙하다'는 내적 감각을 인식하게 한다. 이 신호는 '새로운 전략이 필요한가, 아니면 기존 루틴을 유지할 것인가'를 평가하게 된다. 새로운 전략이 불필요하다고 판단할 경우, 기저핵-운동피질 루프가 활성화되어 습관적 행동이 실행된다. 이때 전전두엽의 인지적 개입은 최소화되며, 행동은 자동적으로 이루어진다. 이와 같이 섬엽-ACC-기저핵-운동 피질로 이어지는 루프는 크레이그(Craig)가 주장한 대로 뇌가 내적 감각을 바탕으로 적극적으로 균형을 유지하는 '항동성 조절'이 구현된 효율적인 형태이다. 즉, 습관적 시스템은 항동성의 동적 안정 상태에서 작동하는 '에너지 절약형 동적 조절 메커니즘'이다.

(1) 습관적 시스템의 형성과 이점: 효율적 항동성 조절 메커니즘

이러한 습관적 시스템이 형성되기 위해서는 몇 가지 환경적 요인이 필요하다. 첫째, 환경의 안정성이 유지되어야 한다. 동일한 자극-행동-결과의 순환이 반복될 때, 뇌는 이 패턴을 고정시켜 자동 실행 가능한 루틴으로 만든다. 둘째, 보상의 일관성이 중요하다. 보상이 불규칙하거나 불확실하면 목표지향적 회로가 계속 활성화되겠지만, 보상이 일정하고 예측 가능할 경우 습관적 시스템으로 전환된다. 셋째, 인지적 부하가 높은 환경에서는 뇌가 에너지 효율을 높이기 위해 자동화된 경로를 선호한다. 따라서 반복적이고 예측 가능한 환경, 즉 '다시 계산할 필요 없는 상황'에서 습관은 강화된다. 마지막으로, 정서적 안정감은 습관을 유지시키는 정서적 토대가 된다. 익숙한 행동은 불안을 감소시키고, 뇌의 활성 패턴을 안정시킨다.

습관적 시스템의 가장 커다란 장점은 에너지 절약이다. 목표지향적 시스템은 매번 결과를 예측하고 가치를 계산하지만, 습관적 시스템은 이미 계산이 완료된 상태에서 단순히 자극-반응 연결만으로 움직이기 때문에 전전두엽의 대사율이 현저히 낮아진다. 이는 주의력 자원을 절약하고, 처리 속도를 높이며, 신체적·정서적 안정성을 제공한다.

또한 습관적 시스템은 속도와 효율성 면에서 우수하다. 감정이나 인지 평가를 거치지 않기 때문에 반응 시간이 짧고, 일상생활이나 업무 상황처럼 예측 가능한 환경에서 매우 유리하다. 이러한 특성 덕분에 습관적 시스템은 항동성의 안정적 유지를 돕는 중요한 신경심리적 장치로 작동한다.

흔히 "습관을 들여라"라는 말을 많이 하는데, 이 말에는 에너지를 절약하고 효율을 극대화하는 이러한 신경심리학적 지식이 배어 있다고 볼 수 있다.

(2) 습관적 시스템의 위상과 역동성: 비교, 전환, 협력

인간의 행동 시스템은 파블로프식 시스템, 습관적 시스템, 목적지향적 시스템 등 세 가지로 구성되어 있지만, 이들 시스템에는 속도, 에너지 효율, 유연성의 정도에서 차이가 있다.

파블로프식 시스템은 위협이나 급박한 상황에서 즉각적으로 작동하지만 유연성이 거의 없고, 상황 변화에 적응하지 못한다. 반면에 목적지향적 시스템은 유연하고 창의적이지만 보상 계산과 예측에 많은 에너지를 필요로 한다. 습관적 시스템은 이 두 체계의 장점을 절충한다. 반응 속도는 빠르면서도 행동 패턴이 안정적이고 예측 가능하다. 따라서 일상적·반복적·예측 가능한 환경에서는 습관적 행동이 가장 효율적인 시스템으로 기능한다.

그러나 이러한 효율성에도 한계가 있다. 바로 습관적 시스템이 '안정된 환경'에 최적화되어 있기 때문이다. 습관은 안정된 환경에서는 강력하지만, 환경이 변하거나 보상 구조가 바뀌면 쉽게 해체된다. 가장 중요한 해체 요인은 예측 오류의 증가이다. 기존에 예상한 보상과 실제 보상이 달라지면 도파민 신호가 변동하며 기저핵 회로의 안정 패턴이 깨진다.

또한 환경이 불확실해지면 뇌의 감시 시스템(ACC)이 자극을 받고, 이 시스템은 습관 루프를 차단한 뒤 목표지향 시스템(전전두엽-해마 루프)을 다시 호출한다. 새로운 목표가 등장하거나 부정적 결과가 반복될 때도 이 감시 시스템의 조절에 의해 습관적 회로는 해체되고 보다 유연한 전략적 행동 체계로 전환된다.

이러한 해체 메커니즘은 습관적 시스템과 목적지향적 시스템이 고정된 것이 아니라 상황에 따라 유연하게 전환될 수 있음을 보여준다. 습관적 시스템과 목적지향적 시스템은 단순히 경쟁하는 관계가 아니라 상호 전환적이며 보완적인 시스템이다. 두 체계는 모두 ACC를 매개로 연결되어 있으며, ACC는 상황의 안정성·보상 예측 오류·정서 상태 등을 평가하여 어느 시스템이 더 효율적인지를 결정한다.

이 둘은 때로는 경쟁하고, 때로는 협력한다. 예를 들어 다이어트를 결심했지만 무심코 야식을 먹는 경우, 이는 목적지향적 시스템이 '먹지 말라'는 억제 명령을 내렸지만 습관적 시스템이 이미 자동으로 행동을 실행한 경우이다. 반대로 운전이나 악기 연주처럼 반복된 행동이 자연스러워지는 과정은 목적지향적 시스템이 충분히 반복되면서 습관적 시스템으로 전이된 협력적 사례이다. 즉, 두 시스템은 학습 초기에는 경쟁적이었지만, 학습이 안정되면 협력적인 관계로 전환된다.

결국 인간의 행동은 반사-습관-목적지향이라는 세 가지 시스템이 경쟁과 협력을 반복하며 구성하는 유연한 항동성 조절 네트워크 안에서 효율성과 적응성을 동시에 유지한다.

3) 목적지향적 의사결정 시스템

인간 의사결정의 가장 복잡하고 진화된 형태는 '목적지향적(goal-directed) 의사결정'이다. 이는 단순히 "지금 무엇을 해야 할까"라는 반응적 판단을 넘어 "내가 왜 이 행동을 선택해야 하는가"라는 이유와 목적을 포함하는 고차원적 인지 과정이다. 뇌는 이러한 판단을 내릴 때 현재 행동이 미래에 가져올 결과를 예측하고, 그 결과의 '가치(value)'를 평가한다.[20]

---

20 이 기능은 전전두엽, 배내측 선조체(DMS), 해마, 편도체, 도파민 회로 등에서 수행된다.

즉, 뇌는 환경 자극에 반응하는 수동적 존재가 아니라 미래의 항동성을 유지하기 위해 상황을 예견하고 스스로 행동을 설계하는 주체적 시스템이다. 생리적 항동성은 비교적 자동적으로 유지되지만 정체성의 안정(자아 일관성)을 유지하기 위해서는 끊임없는 메타 의식적 점검과 선택이 필요하므로, 더 많은 인지 자원과 에너지를 소모하게 된다.

이 시스템은 반복을 통해 자동화된 '습관적 시스템'과 달리 능동적인 항동성 조절이 가능하다. 의식적인 목적지향을 반복하여 숙달되면, 그 행동은 습관적 시스템으로 전환되어 에너지를 절약하게 된다. 즉, 습관은 과거의 목적지향적 행동이 자동화된 결과물이다. 이는 단순한 현재의 균형 회복을 넘어 장기적인 안정(항동성)을 확보하기 위한 '예측적 조절'로 이어진다. 예를 들어 단기적으로는 피곤하더라도 내일의 중요한 일을 위해 일찍 잠드는 것은 현재의 쾌락보다 미래의 안정성을 선택한 것이다. 바로 이러한 '시간을 초월한 자기 조절'이 목적지향적 의사결정의 본질이다.

결국 목적지향적 의사결정은 '생리적 본능'과 '인지적 사고'가 만나는 교차로이다. 감정은 나아갈 방향을 제시하고, 인지는 구체적인 계획을 세우며, 학습은 행동의 결과를 평가하여 미래 판단의 근거로 삼는다. 이 세 요소가 유기적으로 서로 조응할 때, 비로소 우리의 뇌는 단순한 반응기가 아니라 "미래를 설계하는 생명 시스템"으로 거듭난다.

4) 목적지향적 시스템의 진화적 발달

목적지향적 의사결정은 인류의 진화와 함께 점진적으로 발달한 기능이다. 그 뿌리는 생존과 번식을 위한 감정 기반의 본능적 행동에 두고 있지만, 인지적 계획 능력과 자기 성찰이 더해지며 오늘날과 같은 복합적 사고 체계로 발전했다. 각 수준이 어떤 종에서 최초로 출현했는가 살펴보자.

(1) 포유류 단계: 무의식적 목적지향

초기 포유류의 행동은 생존과 항동성 유지를 위한 본능적 프로그램에 의해 조정되었다. 먹이를 찾거나 포식자를 회피하거나 새끼를 보호하는 행동은 모두 '목적'을 내포하지만, 그 목적 자체는 인식되지 않는 무의식적 수준의 목적지향이다. 감정이 행동의 방향을 결정하는 주요 신호로 작동하며, 이는 생리적 안정을 지키기 위한 자동화된 반응 체계이다.[21]

대표적으로 짐승의 새끼 보호 사례이다. 굴 속에 새끼가 있는 여우가 먹이를 찾아 사냥을 나서는 행동은 단순한 배고픔을 넘어 '굴에 있는 새끼를 먹여 살리자'라는 명확한 목적을 가진 미래 지향적 행동이다. 하지만 여우는 '모성애'나 '양육'이라는 개념을 의식하지 못한다. 오로지 새끼에 대한 애착과 불안이라는 강한 감정적 충동에 따라 무의식적으로 움직일 뿐이다.

(2) 영장류 단계: 인지적 목적 설정

영장류에 이르러 복잡해진 사회적 관계와 도구 사용은 행동을 단순 감정 반응의 차원에서 '계획적 행동'의 수준으로 격상시켰다. '이 행동이 어떤 결과를 낳을까?' 하는 예측이 가능해지고, 목적 설정이 의식적으로 이루어지기 시작했다.[22] 이는 전전두피질의 발달 덕분이며, 협력과 경쟁, 사회적 전략을 가능하게 한 인지적 토대가 되었다.

침팬지의 도구 사용과 협동에서 이 단계의 특성을 확인할 수 있다. 침팬지가 굴 속에 있는 흰개미를 잡기 위해 나무줄기를 골라 잎을 떼고 적절한 길이로 다듬어 '낚싯대'를 만드는 행동은 '지금 당장의 굶주림을 해소하자'는 단순 목적을 초월한다. 그는 '앞으로 흰개미를 잡기 위해 지금 도구

---

21 주요 뇌 구조는 시상하부, 편도체, 중뇌 도파민계가 담당한다.
22 이 과정에서는 전전두엽, ACC, 해마가 주요한 역할을 한다.

를 만들자'는 의식적인 목적을 세우고, 이를 달성하기 위한 일련의 계획을 실행하는 것이다. 또한 사냥을 위해 무리 내에서 역할을 분담하는 협력은 공동의 목적을 의식하고 조율하는 능력을 보여준다.

(3) 인간 단계: 메타 의식적 자기 조절

인간에 이르러서는 의사결정에 자기 성찰이 본격적으로 동반된다. 인간은 단지 '무엇을 얻을까'가 아니라 '내가 왜 그것을 추구하는가', '이 선택이 나의 가치와 정체성에 부합하는가'를 끊임없이 질문한다. 이러한 메타 의식은 '정체성 기반 의사결정'을 가능하게 한다.[23]

구체적인 사례를 통해 알아보겠다. 한 엔지니어가 단순히 연봉이 최고인 직장 대신에 사회적 기여도가 높은 친환경 에너지 분야를 선택하는 것은 '나는 어떤 가치를 중시하는 엔지니어인가?'라는 자기 정체성에 대한 질문에서 비롯된 결정이다. 이는 생존이나 성공을 넘어 자신의 인생을 의미 있게 정의하려는 메타 의식적 행동이다. 또한 채식주의자가 고기를 먹지 않는 선택은 맛이나 비용 같은 즉각적 효용의 계산을 넘어 '동물 권리와 환경 보호라는 나의 신념에 걸맞은 삶을 살고 있는가?'라는 자신의 정체성 점검에서 비롯된다.

일상 관계에서도 이러한 사례를 찾아볼 수 있다. 화가 나는 상황에서도 상대를 향한 폭언을 삼가는 선택은 단순히 갈등을 피하려는 것을 넘어 '나는 타인의 감정을 존중하는 사람으로 남고 싶다'는 자신의 가치관과 정체성을 행동으로 실현하는 것이다.

---

23 이 과정에는 내측 전전두엽(mPFC), ACC, 기본 모드 네트워크(DMN), 전측 섬엽(anterior insula) 등이 관여한다.

결론적으로 목적지향적 시스템은 '감정적 생존→인지적 계획→정체성적 자기 조절'의 방향으로 진화해 왔다. 위 사례들이 보여주듯이 그 진화의 핵심에는 언제나 항동성, 즉 안정을 추구하는 생명의 원리가 자리 잡고 있다. 생리적 안정에서 심리적 안정, 그리고 더 나아가 존재적 안정으로 이어지는 연속선 위에서 인간의 뇌는 끊임없이 더 '균형 잡히고 통합된 자기 조절'을 학습해 왔다.

5) 인간 내부 공존하는 세 가지 의식 수준

한 인간의 내부에는 진화적 단계를 반영하는 세 가지 수준의 의사결정 시스템이 공존하며, 상황에 따라 그 주도권을 달리한다. 이는 마치 '파충류-포유류-인간'의 뇌가 공존하며 협력하고 경쟁하는 것과 같다. 그 진화의 흔적이 오늘날 인간의 뇌 안에서 어떻게 함께 작동하는가 살펴보자.

(1) 무의식적 목표 지향: 파충류·포유류적 본능

감정과 습관에 의해 자동적으로 작동하는 시스템으로 위험 회피와 같은 즉각적인 생존 반응에 특화되어 있다. 속도와 효율성이 뛰어나지만, 융통성이 부족하다.

예를 들어 도마뱀이 위험을 감지하면 즉시 도망치는 행동이다. 이는 '생존'이라는 목표를 위해 설계된, 생각 없이 즉시 발현되는 무의식적 프로그램이다. 인간의 경우, 뜨거운 난로에서 본능적으로 손을 떼거나 갑자기 들이닥치는 차를 보고 순간적으로 몸을 피하는 행동이 이에 해당한다. 이때 우리의 뇌는 '도마뱀 뇌' 모드로 작동하는 것이다.

(2) 의식적 목표지향: 영장류적 계획

경험, 학습, 분석을 바탕으로 결과를 예측하고 전략을 세우는 수준이다. 업무 계획이나 사회적 관계 형성 등 일상의 대부분을 이 시스템이 담당하며, 유연성과 문제 해결 능력이 높지만 감정적 편향이나 단기적 이익에 휩싸일 위험이 있다.

비유하자면, 침팬지가 돌을 들어 열매를 깨는 행동이다. 침팬지는 '지금 이 돌을 사용하면 단단한 껍질을 깨고 맛있는 알맹이를 먹을 수 있다'는 인과 관계와 미래 결과를 예측한다. 인간의 경우, '중요한 미팅을 위해 아침 출근길을 미리 확인하는 것'이나 '시험 공부를 위해 친구들과의 약속을 미루는 결정'이 이에 해당한다. 이는 '영장류 뇌'가 주도하는 목표를 위한 계산과 전략이다.

(3) 메타 의식적 자기 조절: 인간적 성찰

자신의 감정, 사고, 목적 자체를 객관적으로 바라보고 평가하는 최상위 시스템으로 '생각에 대해 생각하는 능력', 즉 메타 인지(metacognition)이다. 의식적 목적지향이 "무엇을 할 것인가(what)"에 집중한다면, 메타 의식적 자기 조절은 "왜 그것을 해야 하는가(why)"와 "이 행동이 나라는 존재를 어떻게 정의하는가(who)"라는 질문을 던지는 과정이다. 장기적 인생 설계, 윤리적 판단, 자아 일관성 유지에 핵심적 역할을 하며, 비록 느리고 많은 에너지를 소모하지만 '효율적인 선택'이 아닌 '나다운 선택'을 가능하게 한다.

이러한 메타 의식적 자기 조절은 오직 인간에게만 존재한다. '연봉이 더 높은 직장을 떠나 자기 가치관과 더 잘 맞는 직장을 선택하는 것'이 대표적 예이다. 이때 당신은 '돈'이라는 단기적 이익과 '자아 실현'이라는 장기적 가치 사이에서 갈등하며 '도대체 내가 추구하는 인생의 의미는 무엇인가?'라는 근본적인 질문을 스스로에게 던진다. 또 다른 예로 '화가 치밀 때 한순간의 감정에 휩쓸리지 않고, 내가 진정으로 원하는 관계의 모습을 생각하며 진정하는 것'도 있다. 이는 '인간의 뇌'만이 할 수 있는 정체성에 기반한 최고 수준의 자기 조절이다.

이처럼 우리의 일상적인 선택은 이 세 시스템 중 어느 것이 주도권을 잡느냐에 따라 그 질과 방향이 결정된다. 진정한 성숙은 빠른 무의식적 반응을 가진 것도, 뛰어난 의식적 계획을 세우는 것도 아닌, 메타 의식적 자기 조절을 통해 세 시스템을 통합하고 조율하는 능력에 있다.

6) 목적지향적 시스템의 실천적 통합과 항동성

모든 목적지향적 행동의 근원에는 신체와 마음의 안정을 유지하려는 '항동성'이 자리 잡고 있다. 인간의 뇌는 단순히 현재의 불균형을 해소하는 것을 넘어 '미래의 안정 상태를 예측하고 사전에 조치를 취하는 예측적 조절(predictive control)' 능력을 진화시켰다. 이는 목적지향적 행동의 본질이라 할 수 있다. 이러한 항동성 추구는 생리적 수준(중간 섬엽)에서 시작되어 감정적 수준(전측 섬엽-전측 대상피질), 나아가 정신적·정체성의 안정(내측 전전두엽-기본 모드 네트워크)으로 그 영역을 확장해 왔다.[24]

요약하면, 목적지향적 행동은 항동성을 '시간적으로 확장한 형태'이다. 생리적 안정→심리적 안정→정체성의 안정으로 확장될수록 목적지향적

---

24 이 개념은 크레이그(Craig)의 섬엽(insula) 이론과 다마지오(Damasio)의 감정-의식 모델에서 모두 강조된다. 신체적 항동성은 중간 섬엽(mid-insula)에서, 감정적 항동성은 전측 섬엽-전측 대상피질(anterior insula-ACC)에서, 정신적 항동성은 내측 전전두엽-기본 모드네트워크(mPFC-DMN)에서 조절된다.

의사결정은 더 높은 수준의 의식적 통제를 요구하게 된다.

우리의 일상은 다양한 유형의 목적지향적 판단이 복합적으로 작용하는 장이다. 효율적인 의사결정을 위해서 각 유형의 특성을 이해하고 상황에 맞게 균형을 잡는 것이 중요하다.

결국 진정으로 효과적인 목적지향은 감정이 "방향"을, 분석이 "근거"를, 메타 의식적 성찰이 "의미"를 제공하는 세 시스템의 조화를 통해 완성된다.

유형	설명	효율적 활용 전략
감정 기반	감정이 방향 신호로 작용함	감정을 억압하지 말고, 중요한 '정보'로 인식하기
직관적	경험과 패턴 인식에 의한 빠른 판단	직관이 떠오른 후, 짧은 검증 시간을 확보하기
휴리스틱적	단순한 규칙을 활용한 효율적 판단	반복되는 오류 패턴을 기록하고 교정하기
분석적	논리와 데이터에 기반한 체계적 판단	분석 과정에 개입되는 감정적 요인을 분리하기
메타 의식적	정체성과 가치에 기반한 근본적 판단	주기적으로 "나는 왜 이 목표를 추구하는가?"를 점검하기

이렇게 목적지향적 의사결정은 단순히 행동을 선택하는 과정이 아니라 생명체가 자신의 항동성을 유지하고 확장해 가는 심리적 구조이다. 이 시스템은 진화적으로 포유류의 감정 회로에서 시작해, 영장류의 계획적 사고를 거쳐, 인간의 메타 의식적 자기 조절로 발전하였다.

무의식적·의식적·메타 의식적 수준이 함께 작동할 때 인간은 단순히 '살아남는 존재'를 넘어 '어떤 사람이 되고 싶은가'를 기준으로 선택하는 존재가 된다. 즉, 목적지향적 의사결정의 완성은 효율이 아니라 정체성이다.

2. 항동성에서 감정으로: 정서(emotion)의 형성과 역할

왜 의사결정에서 '감정'을 이해해야 할까? 목적지향적 의사결정을 논할 때, 감정은 방해꾼이 아니라 그 자체로 시스템의 핵심 엔진이기 때문이다. 우리의 뇌는 진화 과정에서 '빠르고 자동적인 생존 시스템(파블로프식 반사)'과 '느리지만 유연한 목표 추구 시스템(목적지향적 의사결정)'을 이중으로 발달시켜 왔다. 파블로프식 시스템이 위협에 대한 즉각적인 회피(공포)나 기본적 보상(갈증 해소)을 담당한다면, 목적지향적 시스템은 '할인'을 위해 현재의 욕구를 지연시키고, 복잡한 사회적 상황을 헤쳐나가는 고등 전략을 가능하게 한다.

정서는 이 두 시스템을 가로지르는 공통 언어이자 동력이다. 여기에서는 감정이 단순한 '느낌'을 넘어 어떻게 ① 신체의 항동성 상태를 감지하고, ② 그 정보에 의미를 부여하며, ③ 최종적으로 '나다운' 목적지향적 행동으로 발전시키는지를 신경과학적 모델을 통해 살펴볼 것이다. 감정의 이러한 여정을 이해할 때, 비로소 우리는 자신의 선택에 작동하는 보이지 않는 논리를 발견하고, 더욱 통합적이고 지혜로운 의사결정의 주체가 될 수 있다.

1) 항동성 기반의 '원초적 감정-주관적 느낌의 형성'

인간의 감정은 단순한 심리적 반응이 아니라 항동성을 유지하기 위한 감각-통합-조절의 신경생리적 시스템이다. 감정은 신체 내부의 생리 상태를 감지하고, 그것을 심리적으로 의미화하며, 행동과 동기로 연결함으로써 생존과 적응을 가능하게 하는 항동성의 조절 메커니즘이다. 이러한 관점은 크레이그(Craig, 2002; 2009; 2020)가 제시한 '감정의 항동성 조절 모델'

에서 구체적으로 제시된다.

항동성은 단순한 생리적 평형 유지가 아니라 환경 변화 속에서 최적의 내부 상태를 예측적 조정하는 과정이다. 이때 감정은 항동성의 감지와 행동적 조정 사이를 연결하는 매개자(mediator)로 작용한다. 즉, 감정은 신체 내부 상태의 변화를 감지한 후, 그 상태를 정서적으로 평가하고, 그 결과를 행동적 반응이나 의사결정으로 이어지게 하는 신경적 번역 장치(neural translator)이다.[25]

결국 감정은 '항동성적 감각→정서적 의미→동기화된 행동'으로 이어지는 신경심리적 전환의 중심 고리라 할 수 있다. 이러한 감정의 과정은 크게 신체 상태의 '감지', 정서적 '의미 부여', 다양한 정보의 '통합', 행동의 '조절', 그리고 경험을 통한 '학습'의 단계를 거쳐 완성된다.

이렇게 복잡한 감정 시스템의 근본적인 뿌리에는 위협에 대해 순간적으로 반응하는 훨씬 더 오래되고 자동화된 체계가 자리 잡고 있다. 대표적인 예가 파블로프식 반사로, 이는 편도체-시상하부-뇌간을 중심으로 작동하는 자동적 정서 반응 체계이다. 감정은 이 시스템의 단순한 부산물이 아니라 항동성의 위협에 대한 즉각적 행동을 유도하는 정서적 동기화 신호로 작용한다. 자극이 시상을 거치면 두 가지 경로로 분기된다. 하나는 빠르지만 부정확한 경로(low road)로 시상→편도체→시상하부→뇌간에서 반응하며, 다른 하나는 느리지만 확실한 경로(high road)로 시상→감각피질→전전두엽→편도체를 거치는 경로이다.

편도체는 자극의 정서적 의미(위협, 보상 등)를 부여하고, 시상하부는 자

---

25 크레이그(Craig, 2010)는 이를 다음과 같이 정의하였다. "Emotion represents the subjective image of the state of the body in the process of homeostatic regulation(감정은 항상성 조절 과정에서 신체 상태의 주관적 표상이다)."

율신경계를 활성화시켜 심박수, 호흡, 근긴장 등의 변화를 일으킨다. 따라서 공포, 놀람, 회피 같은 감정은 생존에 필요한 즉각적 반응 시스템을 작동시킨다. 즉, 감정은 파블로프식 반사에서 '항동성 감지와 행동적 회피를 연결하는 생존 메커니즘'으로 기능한다.

그러나 인간의 감정은 이렇게 자동적이고 순간적인 반응에만 머무르지 않는다. 동일한 감정 시스템이 더 복잡하고 미래지향적인 목적을 위해 정교하게 진화했는데, 이 과정을 가장 잘 보여주는 것이 크레이그의 섬엽 모델이다. 이 모델은 우리가 '느끼는' 감정이 단순한 생리적 신호가 아니라 신체 데이터가 '의미'를 갖고 '의식'으로 성장하는 일련의 위계적 과정임을 설명한다.

이 과정은 뇌의 섬엽에서 후측 섬엽(posterior insula, 신체 감각의 수용소)→중간 섬엽(mid-insula, 감정과 생리 신호의 통합 부위)→전측 섬엽(anterior insula, 자기 인식과 공감의 중심) 순으로 위계적으로 진행된다.

① 후측 섬엽: 신체생리 내부감각의 지도화(interoceptive mapping)

후측 섬엽은 심장 박동, 근육 긴장, 체온 같은 순수한 신체 데이터(내감각)를 수집하는 출발점이다. 예를 들어 발표 전에 '"심장이 빨리 뛰고 땀이 난다"는 사실을 감지하는 단계로 아직 '불안'이라는 감정은 존재하지 않고, 단지 "몸이 이상하다"는 감각만 있다.

② 중간 섬엽: 원초적 정서(primordial emotion)의 형성과 통합

중간 섬엽은 이 신체 데이터에 정서적 의미를 부여한다. 빠른 심장 소리와 땀을 '위험' 또는 '불확실성'으로 해석하여 '불안'이라는 원초적 정서를 생성한다. 이제 우리는 비로소 "나는 불안하다"라고 느끼게 된다.

③ 전측 섬엽: 완성된 정서(elaborated emotion)의 자각과 동기화

전측 섬엽에서는 이 정서가 비로소 의식과 목적의 수준으로 승화된다. 여기서 '불안'은 단순한 신호가 아니라 과거의 경험, 사회적 맥락, 나의 정체성 및 장기적 목표와 결합된다. 결과적으로 "지금 이 불안은 중요한 도전의 일부이므로 도망치지 않고 숨을 고르며 발표를 진행해야 한다"는 목적지향적 판단과 행동으로 이어지게 된다.

이 내용을 정리하면 다음과 같다.

구분	후측 섬엽	중간 섬엽	전측 섬엽
주요 기능	신체 내부 데이터의 수집 및 지도화	원시 데이터에 정서적 의미 부여	감정의 의식적 통합 및 행동 동기화
처리 수준	감각	원초적 감정	의식적 느낌
사례: 발표 공포	입력: "심장 빨라짐, 땀남, 복부 긴장"	처리: "이 신체 신호는 '위험' 또는 '불확실성'이다."	의미 부여: "이 불안은 중요한 도전의 자연스런 일부이다."
주관적 경험	"몸이 이상해요." (막연한 신체 감각)	"불안하다! 무섭다!" (명확한 감정 인식)	"불안하지만, 해낼 수 있어!" (의미 부여 및 행동 결정)
결과적 행동	(아직 행동으로 연결되지 않음)	도망치고 싶은 충동 (감정에 휩쓸린 본능적 반응)	심호흡을 하고 발표 진행 (목적지향적이고 조절된 행동)

크레이그 모델은 감정이 단순한 생리적 신호가 아니라 목적지향적 의사결정을 가능하게 하는 '의미 생성 시스템'이라는 점을 보여준다. 이 모델을 이해하려면 원초적 정서(primordial emotion)와 완성된 정서(elaborated emotion)의 구분부터 시작하는 것이 좋다.

원초적 정서는 중간 섬엽에서 생성되는, 신체 상태에서 직접 비롯된 생존 본능의 핵심이다. '배고픔', '통증', '공포'와 같이 생리적 충동의 순수한 느낌에 가깝다. 반면에 완성된 정서는 이러한 원초적 정서가 전측 섬엽으로 전달되어 개인의 경험, 기억, 사회적 맥락과 결합된 상태를 말한다. 같은 '공포'라도 '이 발표를 망치면 내 평판이 땅에 떨어질까 봐 두렵다'와 같

이 원인과 의미가 명확히 자각된 정서가 여기에 해당한다.

이 두 정서는 '감지(후측 섬엽)→의미화(중간 섬엽)→자각 및 조절(전측 섬엽)'이라는 기본적인 상향 흐름을 따르지만, 그 관계는 일방통행이 아니다. 상향 흐름은 원초적 정서가 '의식적인 느낌(feeling)'으로 승화되는 과정이고, 하향 조절은 전측 섬엽-ACC-전전두엽 회로가 중간 섬엽의 정서 강도를 조절하며 사회적 맥락에 맞게 감정을 재해석(reappraisal)하는 과정이다.

이러한 쌍방향 루프가 갖는 결정적 의미는, 우리가 단순히 감정의 '종속자'가 아니라 '조율자'가 될 수 있다는 점이다. 상향 루프가 우리에게 '지금 내 몸과 마음에 무슨 일이 일어나고 있는가?'라는 중요한 데이터를 제공한다면, 하향 루프는 '그 감정을 바탕으로 어떻게 생각하고 행동할 것인가?'를 결정하는 고차원적 통제력을 부여한다.

이것이 바로 목적지향적 의사결정의 핵심이다. 예를 들어 시험 전 느껴지는 불안(원초적 정서)은 도망치게 만들 수도 있다. 그러나 하향 조절을 통해 '이 불안은 집중력을 높이는 신호이다. 내 목표는 좋은 성적을 받는 것이므로, 지금은 공부에 매진해야 한다'고 재해석한다면, 오히려 불안을 성과로 이끄는 동력으로 전환될 수 있다. 결국 쌍방향 시스템은 우리로 하여금 감정에 휩쓸리지 않고, 감정을 활용하여 더 나은 선택을 할 수 있게 하는 생물학적 기반인 것이다.

결국 중간 섬엽이 '감정의 생리적 뿌리'라면, 전측 섬엽은 '그 감정을 의식하고 의미를 부여하는 창'이라 할 수 있다. 이 두 층위의 실시간 소통과 조화야말로 인간 감정의 생리적·심리적 통합을 가능하게 하는 핵심 메커니즘이다.[26]

---

[26] 크레이그(Craig, 2009)는 이를 다음과 같이 요약하였다. "The mid-insula represents the physiological condition of the body as a feeling state, while the anterior insula integrates

이러한 정교한 시스템을 통해 신체의 항동성 데이터는 단순한 '배고픔'이나 '통증'을 넘어 '내가 무엇을 원하는가', '어떤 행동이 가치 있는가'라는 의식적 질문과 선택으로 발전한다. 결국 감정은 생명 유지를 위한 생리적 메커니즘(항동성)에 '의미'와 '방향'을 부여함으로써 단순한 생존을 넘어 더 나은 삶을 추구하는 인간의 심리적 토대가 되는 것이다.

따라서 감정은 항동성을 조절하는 핵심 메커니즘일 뿐만 아니라 신체와 심리, 사회를 통합하는 인간 행동의 근본적 기반이라 할 수 있다. 감정이 없다면 항동성은 단지 생리를 유지하는 '자동 기계'에 머물겠지만, 감정이 존재하기에 비로소 항동성은 '살아 있는 경험'이 되고, 우리의 삶은 '의미'를 갖게 된다.

원초적 정서와 완성된 정서의 차이 및 상호관계

구분	원초적 정서	완성된 정서
형성 부위	중간 섬엽	전측 섬엽-ACC 회로
입력 정보	내부감각, 생리 신호	사회·인지 정보, 자기 인식, 목표
의식 수준	무의식적 또는 전의식적	의식적
기능적 성격	항동성 유지, 생리 피드백	판단, 사회적 평가, 동기 유도
감정 예시	불쾌감, 긴장, 안정감	기쁨, 슬픔, 죄책감, 자부심 등
역할 관계	"몸이 느끼는 정서 상태"	"마음이 해석한 심리 정서"

2) 의식적 느낌과 무의식적 감정의 신경과학

모든 정서가 목적지향적 행동을 유발하는 주관적 느낌으로 바뀌는 것은 아니다. 인간의 감정 시스템은 신체 내부에서 생성되는 수많은 정서적 신호 중에서도 항동성 유지에 특별히 중요한(salient) 일부 신호만이 '의식

---

that feeling into conscious emotion and motivation.(중간 섬엽은 신체의 생리적 상태를 '감각적 느낌 상태'로서 표상하며, 전측 섬엽은 그 느낌을 의식적 감정과 동기로 통합한다.)"

된 느낌'으로 표출된다.[27]

이처럼 일부 정서만이 의식 수준으로 전환되는 현상을 이해하려면, 먼저 '감정(emotion)'과 '느낌(feeling)'이라는 근본 개념을 구분해야 한다. 감정과 느낌은 동일한 현상이 아니다. 감정은 신체 내부 상태의 변화를 감지하고 조절하기 위한 항동성적 신경생리 반응이며, 느낌은 그 감정이 의식 수준으로 표출된 주관적 경험이다. 즉, 감정은 '몸'이 느끼는 상태, 느낌은 '내'가 느끼는 상태이다.

이 개념적 구분은 단순한 이론이 아니라 뇌의 실제 구조에 그대로 구현되어 있다. 감정은 후측-중간-전측 섬엽으로 이어지는 위계적 회로를 따라 처리된다. 이 회로를 따라 신체 감각은 정서적 가치로 평가되고, 그중 중요한 신호만이 최종적으로 의식적 느낌으로 전환된다. 결국 우리가 '느낀다'고 인식하는 것은 뇌가 방대한 감각 정보 중 '의미 있다'고 판단한 결과물에 불과하다.[28]

그렇다면 의식에 오르지 못한 감정들은 어떻게 될까? 이들은 소멸하지 않는다. 오히려 '무의식적 정서'로 남아 우리의 마음과 행동을 보이지 않게 조율한다. 무의식적 정서로 남은 이러한 감정 신호들은 주의를 편향시키거나, 이유 없는 호감/불쾌감을 형성하며, 미세한 행동 변화를 유도하는 방식으로 작용한다. 이처럼 무의식적 정서는 의식의 배경에서 끊임없이 울려퍼지는 '생명의 배경 음악'과 같다.

의식과 무의식의 이 경계는 어떻게 결정될까? 그 답은 '현저성(salience;

---

27 이 구조는 크레이그(Craig, 2009, 2010, 2020)의 섬엽 기반 감정의 계층적 모델(hierarchical model of interoceptive awareness)을 통해 명확히 설명된다.
28 크레이그(Craig, 2009)는 이를 다음과 같이 설명한다. "Only the most salient interoceptive signals reach the AIC to become consciously felt(가장 주목할 만한 내부감각만이 AIC에 도달하여 의식된 느낌으로 경험된다)."

뇌가 두드러지게 중요하다고 판단하는 성질)', 즉 항동성적 중요도에 있다. 전측 섬엽이 감정을 '느낌'으로 선택하기 위한 조건은 크게 세 가지이다. 첫째, 통증처럼 강렬한 강도(intensity), 예를 들어 손을 데이거나 갑작스러운 위험에 직면했을 때처럼 신체 변화가 극적으로 클 경우, 감정은 자동적으로 의식의 전면으로 떠오른다. 둘째, 평소와 다른 생리적 불균형(deviation), 예를 들어 잠 부족이나 공복 상태에서 사소한 자극에도 예민해지는 이유는 뇌가 항동성의 이탈을 감지했기 때문이다. 이때 감정은 회복을 위한 신호로 의식화된다. 셋째, 사회적·인지적 맥락적 의미(contextual salience), 예를 들어 같은 자극이라도 상사 앞과 친구 앞에서 다르게 느껴지는 것은 사회적 맥락이 감정 신호의 의식화를 결정하기 때문이다. 이처럼 감정의 의식화는 단순한 생리적 반응이 아니라 개인의 상황과 목적, 맥락을 반영한 정교한 판단의 결과이다.

이 모든 과정은 하나의 통합된 시스템으로 설명할 수 있다.

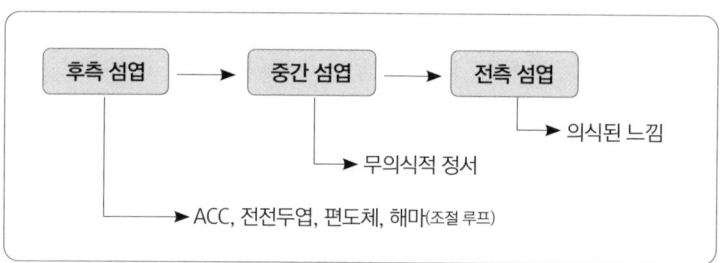

결론적으로, 우리의 감정 경험은 빙산과 같다. 우리가 의식하는 '느낌'은 빙산의 일각에 불과하며, 그 아래에는 훨씬 거대한 무의식적 감정의 세계가 자리 잡고 있다. 인간의 감정 체계는 이 방대한 정보의 바닷속에서 오직 항동성 유지에 '의미 있다'고 판단된 신호만을 선택해 의식의 수면 위

로 끌어올리는, 놀랍도록 효율적이고 목적지향적인 시스템인 것이다.[29]

3) 정체성과 현저성: 감정의 선택이 만드는 개성의 신경심리학[30]

인간의 감정과 인지는 모두 동일한 생리적 토대 위에서 작동하지만, 각 개인이 세상을 인식하고 느끼는 방식은 서로 다르다. 이 차이는 단순한 성격 차이가 아니라 뇌가 감각·감정을 의식으로 끌어올리는 과정에서 무엇을 중요하다고 판단하느냐, 즉 현저성(중요도)의 선택 기준이 다르기 때문이다. 그리고 그 선택 기준은 바로 '나는 누구인가'라는 자기 인식(self-awareness), 즉 심리적 정체성에 의해 형성된다.

정체성이 감정의 선택을 규정한다. 크레이그의 섬엽 기반의 감정 이론(Craig, 2009; 2020)에 따르면, 감정은 후측-중간-전측 섬엽을 따라 점차 통합·의식화되는 계층적 구조를 갖는다.

모든 인간은 중간 섬엽 수준에서 비슷한 신체 기반 감정(예: 긴장, 불쾌, 안정, 따뜻함)을 공유한다. 그러나 이러한 감정 중 어떤 것이 '의식된 느낌'으로 전환될지는 사람마다 현저히 다르다. 그 이유는 '나에게 의미 있는 감정이 무엇인가'를 결정하는 내부 기준이 다르기 때문이다. 이 기준은 각 개인의 정체성—"나는 어떤 사람인가", "무엇을 중요하게 여기는가"—에 의해 형성된다. 결국 정체성은 감정이 의식으로 표출되는 게이트웨이의 기준치(threshold)를 설정하는 것이다.

이렇게 설정된 기준에 따라 감정을 선별하는 핵심 관문이 바로 전측 섬

---

29 크레이그는 다음과 같이 말한다. "Feeling is not the total of emotion, but the conscious surface of what the body continuously senses(느낌은 감정 전체가 아니라 몸이 끊임없이 감지하는 정서적 흐름 중 의식 위로 떠오른 일부이다)."
30 크레이그(Craig), 다마지오(Damasio), 노르토프(Northoff), 세스(Seth) 등의 연구를 기반으로 "정체성에 따른 현저성(중요도) 선택이 개성을 형성한다"는 주제를 중심으로 정리했다.

엽이다. 중간 섬엽에서 생성된 신체 감정은 전측 섬엽에 전달되고, 여기서 각자의 정체성을 바탕으로 '나에게 중요한 감정'이 평가된 후, 선택된 신호만이 비로소 의식적 느낌으로 전환된다.

중간 섬엽은 모든 사람에게 공통된 원초적 정서를 생성한다. 신체 내부 감각, 편도체, 시상하부의 신호를 통합해 '몸이 느끼는 정서 상태'를 형성하지만, 대부분은 무의식적 수준에 머문다. 전측 섬엽은 이 감정들 중에서 항동성에 중요한 신호이거나 '나와 관련된 정서적 의미'를 지닌 것만을 선택해 의식된 느낌으로 전환한다. 즉, 같은 상황이라도 어떤 이는 "흥분"을, 또 다른 이는 "불안"을 느끼는 이유는 전측 섬엽이 정체성 기반의 필터를 통해 감정을 다르게 선택하기 때문이다.

ACC와 전전두엽은 전측 섬엽으로부터 전달받은 감정 중 '내게 중요한 것'을 더욱 세밀히 평가한다. 이 영역들은 감정적 현저성(중요도)에 따라 주의력을 배분하고, 행동 계획과 사고의 방향을 결정한다. 이때 '무엇이 중요한가?'를 판단하는 기준은 각 개인의 심리적 정체성 모델(self-schema), 즉 '나는 어떤 사람인가'라는 자아 개념이다.[31]

동일한 자극이라도 사람마다 전혀 다르게 느끼는 이유가 여기에 있다. 예를 들어 청중 앞에 서는 상황에서 어떤 사람은 "기대감"을 느끼고, 다른 사람은 "불안감"을 느낀다. 신체적으로는 두 사람 모두 심장 박동이 빨라지고 교감신경이 활성화되지만, 전측 섬엽이 그 감각을 해석하는 방식은 다르다.

한 사람은 '나는 주목받는 것을 즐긴다'라는 정체성에 따라 이 신호를

---

31 크레이그(Craig, 2020)는 이를 다음과 같이 표현했다. "The salience of interoceptive signals depends on the individual's self-concept and contextual goals(내부 감각의 중요성은 개인의 자기 개념과 맥락적 목표에 따라 달라진다)."

흥분과 자신감으로 인식하고, 다른 사람은 '나는 실수하면 안 된다'라는 자기 인식에 따라 같은 신호를 불안과 긴장으로 인식한다. 즉, 같은 생리 신호가 다른 감정으로 해석되는 이유는 정체성에 따라 현저성의 기준이 다르기 때문이다.

정체성에 따라 선택된 감정은 주의, 사고, 행동으로 확장되며 결국 한 개인의 '개성(personality)'을 형성한다. 이 과정은 다음과 같이 요약된다.

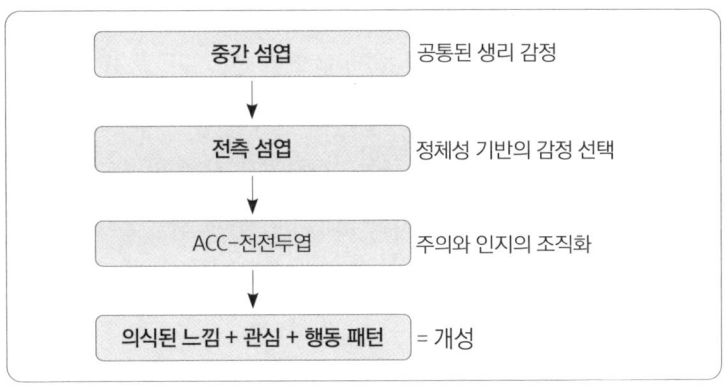

즉, 개성이란 정체성이 감정(salience; 현저성)을 선택하고, 그 감정이 주의력과 인지 패턴을 형성한 결과이다.

사람마다 '현저성의 표출 기준치'가 다르다는 것은 뇌가 감정 신호를 선택적으로 의식화하는 방식이 다르다는 뜻이며, 이것이 곧 개성이다. 모든 인간은 중간 섬엽 수준에서는 비슷한 신체 감정을 경험하지만, 어떤 감정이 '나의 느낌'으로 의식화되는가는 '나는 누구인가'라는 자기 인식에 따라 달라진다. 따라서 개성이란 정체성에 의해 조율된 감정의 선택 패턴이며, 각 개인이 세상을 해석하는 뇌의 방식 자체라고 할 수 있다.

개성은 결국 자기 정체성이 감정의 현저성이란 필터를 통과시키는 방식이다. 무엇을 느끼고 어디에 주의를 두는가, 그것이 곧 나 자신이다.

4) 항동성 감정 시스템의 3중 구조
―예측(wanting)-결과(liking)-비교(prediction error)의 통합

인간의 항동성이 단순히 신체적 평형을 유지하는 생리 과정이 아니라고 누차 강조한 바와 같이, 항동성은 감정과 느낌을 통해 변화하는 환경 속에서 균형을 예측하고 조정하는 정서적 시스템이다. 이때 뇌는 단순히 수치적 비교를 수행하는 것이 아니라 그 차이를 '놀람', '후회', '만족' 같은 감정의 형태로 경험한다.

예측 욕구(wanting)는 예측된 효용의 감정적 표현으로서 행동을 유도하고, 경험 선호(liking)는 실제 결과의 쾌/불쾌를 반영한 느낌으로서 경험을 평가하며, 예측 오차(prediction error)는 그 차이를 감정 형태로 피드백하여 학습을 갱신한다. 이 세 요소는 각각 독립적인 감정 신호로 작용하면서도 하나의 순환 루프 안에서 통합되어 전전두엽을 중심으로 한 인지 시스템의 핵심 입력으로 기능한다.

이 세 가지 감정 메커니즘은 인간의 항동성을 유지하며 행동과 학습, 의사결정을 통합적으로 조율하는 핵심 구조이다.

(1) 감정을 구성하는 세 가지 핵심 메커니즘

① 예측 욕구(예측 효용, wanting): 하고 싶게 만드는 감정의 힘

예측 욕구는 '내가 무엇을 원할 것인가', '그것이 얼마나 가치 있을 것인가'를 미리 평가하는 정서적 과정이다. 이 시스템은 항동성의 불균형 상태를 복원하려는 예측적 동기화 신호(predictive motivation)를 생성한다.[32] 이 단

---

32 이 예측 효용(wanting) 시스템은 도파민(DA)을 기반으로 하는 VTA-측핵(NAc)-안와전두피질(OFC) 회로에 의해 작동한다. 크레이그의 용어로 표현하면, 이는 "항동성적 감정"에 속하며,

계에서 감정은 '갈망', '기대', '불안', '호기심' 등의 형태로 표출된다. 즉, 예측 욕구(wanting)는 예측된 효용에 대한 감정적 표현이며, 행동을 개시하도록 유도하는 에너지적 감정이다.

② 경험 선호(결과 효용, liking): 기분 좋음을 결정하는 느낌

경험 선호는 예측한 결과가 실제로 경험될 때 형성된다. 이 단계에서 뇌는 '실제 결과가 얼마나 만족스러운가'를 평가하며,[33] 이 신호가 전측 섬엽에 도달하면 의식된 느낌으로 전환된다. 즉, 경험 선호(liking)는 감정의 결과물이자, 예측이 실제로 어떻게 체험되는지를 평가하는 감각적 느낌이다. 이 단계에서 나타나는 감정은 '만족', '안도', '기쁨', '실망', '편안함' 등이며, 이는 신체 내부 상태의 쾌·불쾌라는 항동성을 반영한다.

③ 예측 오차(prediction error): 비교 감정과 학습

예측과 결과가 일치하지 않을 때, 뇌는 그 차이를 예측 오차로 계산한다. 이 오차 신호는 ACC, 복내측 전전두엽(vmPFC), 배외측 전전두엽(dlPFC), 선조체 등이 함께 작동하여 예측-결과의 불일치를 감지하고 학습을 조정한다. 예측보다 결과가 좋을 경우→도파민 활성 증가(burst)→긍정적 학습 강화가 이루어지고, 예측보다 결과가 나쁠 경우→도파민 활동 억제(dip)→회피 행동 강화로 이어진다. 이때 뇌는 단순히 수치적 비교를 수행하는 것이 아니라 그 차이를 감정 형태로 경험한다. 놀람, 후회, 만족과 같은 감정이 바로 '비교 감정', 즉 예측 오차 감정이다. 이 오차 감정은 새로운 학습

몸의 내부 에너지 상태를 다시 안정화하기 위한 감정적 추진력(emotional drive)이다.
33 이는 오피오이드(opioid)와 엔도카나비노이드(endocannabinoid) 시스템을 중심으로 작동한다. 특히 측좌핵 외곽부(NAc shell), OFC, 중간 섬엽 회로가 활성화된다.

의 원동력이 되며, 다음 행동의 방향과 가치 판단을 조정한다.

(2) 통합의 허브: 전전두엽과 감정-인지 순환 루프

앞서 대뇌화를 설명하면서 전전두엽은 인간에게 특별히 발달한 뇌 부위라고 했다. 전전두엽의 중요성은 전전두엽이 감정이 단순한 반응을 넘어, 의식적 판단·평가·학습의 입력으로 작용하게 만드는 통합 허브라는 점에서 뚜렷이 드러난다.

영역	주요 기능	감정적 입력의 역할
OFC	경험 선호(liking) 평가	쾌/불쾌 경험의 정서적 가치 평가
ACC	예측 오차 감지 및 갈등 탐지	예측-결과 간 불일치 감정 처리
dlPFC	인지적 재평가, 전략 조정	감정적 신호의 의식적 해석 및 조절
vmPFC	가치 통합	예측 욕구-경험 선호-예측 오차의 통합적 가치 평가

즉, 전전두엽은 감정을 억제하거나 무시하는 기관이 아니라 감정을 이해하고, 의미를 해석하여 인지로 변환하는 기관이다. 감정은 인지의 하위층이 아니라 인지를 구성하는 전 단계적 데이터 층이다.

이러한 감정 구조는 하나의 순환 회로로 작동한다. 크레이그가 제시한 감정-인지 통합 루프(emotion-cognition integration loop)는 다음과 같다.

이 루프는 신체 내부 상태(항동성), 감정, 인지를 통합하여 인간의 사고, 학습, 행동이 정서적으로 구성된 예측 시스템 위에 있음을 보여준다. 항동성은 단순한 생리적 균형이 아니라 예측(wanting), 결과(liking), 비교(prediction error)가 순환하며 끊임없이 조정되는 감정-인지 통합 시스템이다. 예측 욕구(wanting)는 예측된 효용의 감정적 표현으로서 행동을 유도하고, 경험 선호(liking)는 실제 결과의 쾌/불쾌를 반영한 느낌으로써 경험을 평가하며, 예

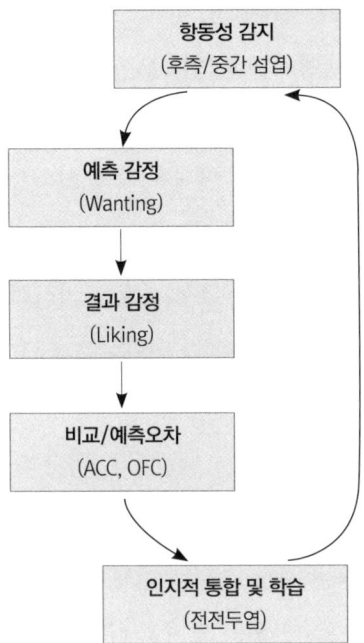

측 오차는 그 차이를 감정 형태로 피드백하여 학습을 갱신한다.

이 예측 오차 감정은 전전두엽으로 입력되어 사고(thought), 판단(judgement), 학습(learning)의 기초가 된다. 결국 인지란 감정을 억제하거나 배제하는 것이 아니라 감정을 이해하고 해석하는 과정이며, 항동성 감정 루프는 인간 사고와 학습의 근본 원천이다. 감정은 인지의 전 단계가 아니라 인지가 감정을 이해하는 방식이다.

3. 주관적 느낌에서 의식적 인지로

의식된 주관적 느낌이든 무의식적 감정이든, 모든 유형의 감정은 항동성에서 행동으로 전환되는 매개이며, 이러한 행동의 목적은 항동성을 상향 조절(upregulation)하여 생명체를 환경에 '상향 적응'하게 하는 것이다.

이제 감정과 인지는 어떤 관계인지, 그리고 인지가 어떻게 상호 작용하는가로 주제를 진전시켜 보겠다. 먼저 인지의 의미를 정확히 이해하기 위해서 의식과 인지의 차이를 살펴보자. 의식하는 생명체인 인간은 의식과 인지를 정확히 구별하지 못한다. 그 결과로 무의식적 감정와 무의식적 인지의 엄청난 역할을 놓쳐 잘못된 의사결정을 하게 된다.

1) 의식과 인지의 차이

인간의 마음을 구성하는 가장 핵심적인 두 축은 의식(consciousness)과 인지(cognition)이다. 이 둘은 종종 같은 의미로 혼용되지만, 신경심리학적으로는 그 작동 수준과 기능 목적이 분명히 다르다. 요약하자면, 의식은 '지각하고 있음'을 아는 상태(awareness)이며, 인지는 '지각한 내용을 처리하고 조직하는 기능(function)'이다. 즉, 의식은 '존재의 상태(state of being)'이고, 인지는 '작동의 과정(process of operation)'이다.

의식은 자신과 세계의 존재를 느끼고, 그 상태를 '나의 것'으로 경험하는 주관적 자각의 장(field)이다. 이 터전은 감각, 감정, 사고가 통합되어 '지금-여기에서 일어나고 있음'을 느끼게 한다. 반면, 인지는 이 장 안에서 외부 자극을 분류하고 비교하며 의미를 부여하고 예측하는 정보 처리 과정이다. 의식이 없다면 인지는 단순 계산적 처리로 머물고, 인지가 없다면 의식은 내용이 없는 흐릿한 감각으로 남는다. 따라서 의식은 무대(stage)이며, 인지와 감정은 그 무대 위에서 연극을 펼치는 배우(actors)라 할 수 있다.

의식은 주체의 존재를 감지하게 하고, 인지는 그 감지된 내용을 구성하고 해석한다.[34] 의식은 '지금-여기의 자각된 장(field of awareness)'을 만들고, 인지는 그 장 위에서 벌어지는 '구별·예측·의미화의 연산 과정'을 담당한다.

이러한 의식과 인지의 구분은 '의식된 인지(conscious cognition)'라는 개념에서 더욱 선명해진다.

의식된 인지란 정보가 단순히 처리되는 것을 넘어 느낌(feeling)을 통해 자각되는 상태를 의미한다. 의식은 단순한 정보 처리 결과가 아니라 감각 정보가 '나의 상태'와 결부되어 느껴지는 과정이다. 예를 들어 "이것은 빨간 사과이다"라는 구별이 인지라면, "나는 빨간 사과를 본다"는 주관적 느낌이 바로 의식이다. 이때의 느낌은 감정(emotion)과 구분된다.

감정이 신체 상태의 자동적 변화(항동성 반응)라면, 느낌은 그 변화가 '나에게 일어남'을 자각하는 경험이다. 크레이그(Craig, 2009)와 다마지오(Damasio, 1999)에 따르면, 감정은 편도체, 시상하부, 뇌간에서 비의식적으로 유발되지만, 느낌은 전측 섬엽과 ACC에서 감정이 자기 참조적으로 해석될 때 형성된다. 즉, 의식된 인지는 언제나 느낌을 매개로 한다. 느낌은 의식이 인지를 자기 상태와 연결시키는 생리적 형태이다.

그런데 무의식적 인지(unconscious cognition) 또한 감정과 무관하지 않다. 그런데 무의식적 인지는 의식적 자각이 없는 자동적 정보 처리 과정이지만, 그 안에도 감정이 내재되어 있다. 무의식적 인지는 결코 '감정 없는 기계적 계산'이 아니다. 그 배경에는 언제나 감정적 필터(emotional bias filter)가 작동하며, 자극의 중요도와 방향성을 조율한다. 예를 들어 사람은 자신

---

34 신경학적으로 의식은 뇌간의 망상활성계(RAS)와 시상, 그리고 ACC와 전측 섬엽의 통합 네트워크를 통해 생성된다. 반면, 인지는 감각피질(sensory cortex), 연합피질(association cortex), 전전두엽을 중심으로 이루어진 계통적 처리 구조이다.

에게 위협적인 단어('위험', '죽음')를 0.03초만 노출해도 편도체가 즉각적으로 반응한다.[35] 의식적으로는 '못 봤다'고 하지만, 뇌는 이미 감정적 필터링을 수행한 것이다. 또한, 도파민 신호를 통한 보상 예측 단서는 우리가 의식하기 전에 주의 집중과 선택의 방향을 바꾸어놓는다. 즉, 무의식적 인지는 감정을 기반으로 작동하며, 감정은 의식 이전 수준에서도 인지적 선택의 방향을 미리 조율하는 조절자이다.

이처럼 의식, 인지, 감정은 뇌 안에서 하나의 계층적 통합 구조를 이룬다. 이 구조는 항동성을 유지하기 위한 예측적 정보 처리 체계로 작동한다.

계층	작동 형태	주요 뇌 회로	기능적 특징
항동성 감지	내장기관 상태 감지	시상하부, 뇌간	생리적 기반
감정	항동성 변화의 자동 반응	편도체, 변연계	비의식적 조정
느낌	감정이 '나의 상태'로 자각됨	AIC, ACC	의식적 자기 참조
의식된 인지	느낌을 매개로 한 의미 구성	전전두엽C, DMN	자기 감각적 인식
무의식적 인지	감정에 편향된 자동 처리	편도체-선조체 회로	감정적 프라이밍

이처럼 감정은 인지의 기반이자 조율자이며, 느낌은 인지를 의식의 차원으로 끌어올리는 다리로 작동한다. 감정이 없으면 인지는 방향을 잃고, 인지가 없으면 감정은 형태를 갖지 못한다.

궁극적으로 의식은 감정과 인지를 하나의 장(field)으로 통합하는 작용이다. 감정은 의식의 톤(tone)을, 인지는 그 형태(form)를 만든다. 감정이 없으면 의식은 공허하고, 인지가 없으면 의식은 무정형이 된다. 또한, 감정과 인지는 서로의 예측 모델을 보정하는 쌍방향 회로를 형성한다. 감정은 신체 기반의 항동성 신호를 인지 모델의 가치 기준으로 제공하고, 인지는 외

---

35 Whalen et al., 1998, *Nature Neuroscience*.

부 상황의 시나리오화를 통해 감정 반응의 방향을 조정한다. 이 상호 작용을 통해 감정이 바뀌면 인지가 바뀌고, 인지가 새 시나리오를 구성하면 감정 상태도 새롭게 형성된다.

의식된 인지는 항상 느낌을 내재하며, 무의식적 인지 또한 감정을 내포한다. 즉, 감정-느낌-인지는 모두 하나의 예측적 항동성 시스템의 상이한 층위일 뿐이다. 결국 의식은 감정과 인지가 통합되어 '나의 상태와 세상 사이의 관계'를 실시간으로 감지하는 터전이며, 그 위에서 인지는 감정의 빛 아래 세상을 의미화한다.

모든 의식된 인지는 느낌을 통해 세상과 나를 잇고, 모든 무의식적 인지는 감정을 통해 선택의 방향을 미리 정한다. 의식은 존재의 빛이며, 인지는 그 빛 아래에서 이루어지는 사고의 구조이다. 감정은 그 둘을 연결하는 생명의 가장 근원적인 언어이다.

2) 감정-인지-가치 평가-의사결정 통합 신경 루프

감정-인지-가치 평가-의사결정은 목적의식적 행동의 신경심리 과정으로 파블로프식 반사와는 생리적 과정이 완전히 다르다. 파블로프식 반사는 자극(환경)에 대한 반응(자동적인 생리적 반응이나 행동)으로 환경에 능동적·장기적 예측력에서 현저히 떨어진다. 앞서 파블로프식 시스템에서 '복합적 반사'를 소개했는데, 이 유형은 상황의 변화에 탄력적으로 변화된 반응을 보일 수 있다는 점에서 '무의식적 목적지향적 행위'와 유사한 점이 있으나, 후자는 예측적 목표를 정하고 방법을 그에 맞춰 선택한다는 점에서 '복합적 반사'보다 훨씬 더 예측적이고 능동적 행동이다. 그렇지만 진화는 복합적 반사에서 무의식적 목표지향적 행동으로 전개되어 왔다. 이러한 진화적 변화는 에너지 효율 측면에서도 우수하다.

우리 생활에서 지혜, 지능을 향상하는 데 가장 중요한 것은 목적지향적 행위들 중에서 인간에게만 있는 정체성 기반의 목적의식적 행동을 잘하는 것이다. '의식적 행위'의 특성은 '감정', '인지', '가치 평가', '의사결정'이다. 이 4가지 사이의 관계를 설명해 보자. 먼저 감정-인지-가치 평가-의사결정의 '필수적 통합'을 입증하는 사례를 살펴보자.

3) 감정-이성 통합 모델: 임상적 증거(엘리엇 이야기)

현대 신경심리학은 감정(emotion)과 이성(reason)의 관계를 '대립'이 아닌 '통합'의 관점에서 본다. 안토니오 다마지오(Antonio Damasio)는 『데카르트의 오류』(1994)에서 "감정은 이성의 방해물이 아니라 이성이 작동하기 위한 신경적 전제 조건"이라고 선언했다. 이 주장의 핵심적 증거로 제시된 임상 사례가 바로 엘리엇(Elliot)이다.[36]

엘리엇은 한때 사회적으로 성공한 직장인이었으나, 전두엽 하부(orbitofrontal cortex)에 생긴 종양을 제거하는 수술 이후, 지적 능력은 온전히 보존된 상태에서 결정 불능 상태에 빠졌다. 그의 언어, 기억, 논리적 사고력은 정상이었고 IQ 검사에서도 높은 점수를 유지했으나, 일상적 판단과 사회적 행동은 현저히 손상되었다.

그는 일상의 사소한 일조차 결단하지 못했다. 점심 메뉴 하나를 고르는 데도 끝없는 분석만 반복했고, 결정을 내리지 못했다. 업무나 가정사에서도 논리적 분석은 가능했지만, 실제 선택으로 이어지지 않았다.

엘리엇의 사례는 '논리적 사고는 가능하지만, 결정을 내리지 못하는 인간'의 대표적 예시이다. 이는 단순한 의지력의 문제가 아니라 감정 신호의

---

36 안토니오 다마지오의 『데카르트의 오류(Descartes' Error)』(1994)에 나오는 감정-이성 통합 모델을 중심으로 다룬다.

결여로 인한 신경계의 구조적 손상이었다. 다마지오는 이 현상을 다음과 같이 요약한다.

"엘리엇은 사고의 기계는 멀쩡했지만, 그 사고가 어느 방향으로 가야 할지를 알려주는 나침반이 사라졌다."[37] 즉, 논리적 사고는 가능한 대안들의 특성과 장점을 계산할 수는 있으나, 각 대안의 가치 차이를 감정적으로 느끼는 신호가 없으면 비교는 가능하되, 선택(의사결정, decision)은 불가능하다. 이때 감정은 단순한 정서 반응이 아니라 뇌가 항동성의 기준에 따라 '좋음과 나쁨, 유익함과 위험함'을 즉각 평가하는 가치 신호(value signal)로 작동한다.

다마지오는 이러한 관찰을 바탕으로 감정이 사고 과정에 작동하는 구체적 메커니즘을 '소마틱 마커 가설(Somatic Marker Hypothesis)'로 정식화하였다. 감정은 외부 자극에 대한 단순 반응이 아니다. 그것은 특정 선택지에 '신체적 표식(somatic marker)'으로 작동하며, 사고에 우선순위를 부여해 판단을 현실로 이끈다.

이 가설에 따르면 감정은 경험의 신체적 흔적이자 가치의 신경적 요약치로 작용하며, 이 신호를 통해 뇌는 수많은 논리적 가능성 중 하나를 '느낌(feeling)'으로 정렬시켜 선택을 가능하게 한다. 따라서 감정은 사고의 방향을 제한하는 제약이 아니라 사고를 실행 가능한 형태로 조직화하는 생리적 메커니즘이다.

엘리엇의 손상 부위인 복내측 전전두엽(vmPFC)과 안와전두피질(OFC)은 감정적 가치 신호를 인지적 판단에 통합하는 '감정-가치-의사결정' 루프의 핵심 허브로, 그 작동 과정은 다음과 같다. 감각 입력이 내부 감각 및 감

---

37 다마지오 저, 김린 역, 2017, 『데카르트의 오류』, 눈출판그룹.

정 처리(전측 섬엽, 편도체)를 거쳐 전전두엽에서 의미와 인지 모델링으로 발전하고, vmPFC/OFC에서 가치를 평가·통합하여 소마틱 마커를 생성한 후, 최종적으로 ACC와 선조체를 통해 행동 선택과 실행으로 이어진다. 엘리엇의 경우 이 루프의 감정-가치 통합 구간이 손상되어 인지적 판단은 가능했으나 감정적 우선순위 부여가 불가능해졌고, 그 결과 결정을 실행하지 못한 것이다. 이를 통해 다마지오는 "감정이야말로 이성의 신경적 기초"라는 결론에 도달한다.

이 사례는 정상인이 감정 신호를 바탕으로 유연한 선택이 가능한 반면, 엘리엇은 감정의 소실로 인해 가치 판단과 결정이 마비되었음을 보여준다. 감정이 없으면 이성은 작동하지 않으며, 감정은 판단을 왜곡시키는 것이 아니라 오히려 판단을 가능하게 하는 신경적 구조이다.

엘리엇의 사례는 인간 의사결정의 본질을 근본적으로 재정의한다. 감정은 신체 상태의 예측적 표현이며, 이 예측적 감정이 인지적 시나리오와 결합할 때 비로소 '선택 가능한 판단'이 탄생한다.

4) 감정-이성 통합 모델: 실험적 검증(아이오와 도박 게임)

엘리엇 사례의 임상적 증거를 뒷받침하는 실험적 증거가 바로 아이오와 도박 실험(Iowa Gambling Task)이다. 이 실험은 다마지오 연구팀(Bechara, Damasio, Tranel & Damasio, 1994)이 수행하였으며, 감정이 실제로 인지적 판단에 선행하여 작동한다는 점을 행동적·생리적으로 규명하였다.

아이오와 도박 실험은 감정이 인지를 이끌어가는 과정을 보여주는 대표적 실험으로, 참가자에게 4개의 카드덱(A, B, C, D)을 제시하고, 각 덱에서 카드를 뽑아 가능한 많은 돈을 벌도록 지시하는 과제이다.

A·B 덱은 높은 보상과 큰 손실이 반복되는 고위험 구조이고, C·D 덱은

낮은 보상과 작은 손실이 누적되는 안정형 구조이다. 겉보기엔 비슷하지만, 장기적으로는 C·D 덱을 선택해야 이익이 남는다.

참가자들은 이러한 보상·위험 패턴을 스스로 학습해야 하며, 그 과정에서 감정적·생리적 반응이 어떻게 작용하는지가 핵심 관찰 대상이었다.

실험 결과는 "몸이 먼저 알고, 마음이 따라간다"는 사실을 입증했다. 연구팀은 정상인 그룹과 vmPFC·OFC 손상 환자 그룹을 비교했다.

먼저 정상인 그룹은 초기에는 A·B 덱(고위험)을 자주 선택했다. 하지만 20~30회 이후 피부 전도 반응—즉, 손에 땀이 나는 반응—이 위험 덱(A·B)을 선택하기 직전에 강하게 나타났다. 이 감정적 신체 반응은 참가자가 위험을 의식하기 전에 발생했으며, 이후 점차 C·D 덱으로 전환하여 손실을 회피했다. 이는 감정적 신호(불안·긴장)가 먼저 작동하고, 그 이후에 인지적 판단이 그 신호를 따르는 감정 선행형 의사결정(emotion-led decision)이 관찰된 것이다.

그러나 전두엽(OFC/vmPFC) 손상 환자 그룹은 정상인과 현저히 다른 양상을 보였다. 그들은 손실을 반복적으로 경험하면서도 피부 전도 반응이 전혀 나타나지 않았고, 손실이 누적되어도 A·B 덱을 계속 선택했다. 자신이 '합리적으로 판단하고 있다'고 믿었던 것이다. 다시 말해, 감정 신호가 결여되면 학습도 불가능하다. 이들은 논리적으로 상황을 분석했으나, '위험'이라는 신체적 경고를 느끼지 못해 행동이 수정되지 않았다.

이렇게 대조된 두 그룹의 결과는 다마지오의 '소마틱 마커 가설'을 실험적으로 입증한 것이다. 이 가설에 따르면, 감정은 특정 상황·선택지와 연관된 신체적 표식으로 존재하며, 이 표식이 사고 과정에 '가중치(weight)'를 부여함으로써 수많은 대안 중 가치 있는 선택지를 신속하게 부각시킨다. 이 실험은 감정이 판단을 왜곡하는 요소가 아니라 판단을 유도하는 신호

체계임을 명확히 보여주었다.

이 실험은 감정-인지-가치-결정을 연결하는 신경 회로의 존재를 뒷받침한다. 아이오와 도박 실험의 결과는 감정이 인지·의사결정 과정에 선행하여 작동하는 신체-감정-인지-가치-결정 루프의 존재를 실증적으로 뒷받침한다. 이 루프에서 편도체-OFC 회로는 위험 감지와 가치 재평가를 연결하는 핵심 경로로, 손상되었을 때 '몸으로 느끼는 경고'가 사라지게 된다.

궁극적으로 아이오와 도박 실험은 감정이 단순한 주관적 경험을 넘어 의사결정의 예측적 신경 기제임을 보여준다. 그 핵심은 첫째, 감정은 인지보다 먼저 작동한다는 점이다. 무의식적 신체 반응이 의식적 판단에 선행하는 것이다. 둘째, 감정은 경험적 확률 계산의 대리자일 뿐이다. 복잡한 확률 계산 대신 신체 표식이 판단을 단축하는 것이다. 셋째, 감정은 항동성 위협의 예측 신호이다. 불안, 긴장 등의 감정은 뇌의 생리적 경보 체계인 것이다. 넷째, 감정 없는 이성은 방향을 잃는다. 감정이 없으면 판단은 실행되지 못한다. 다섯째, 신체-감정-인지-가치-결정의 루프 체계이다. 몸이 먼저 반응하고, 인지가 뒤따른다.

아이오와 도박 실험은 엘리엇 사례를 실험실에서 재현한 행동신경학적 검증이라 할 수 있다. 이 실험은 감정이 사고를 혼란스럽게 하는 요소가 아니라 오히려 위험을 예측하고 선택을 유도하는 생리적 기반임을 명확히 보여준다.

정상적인 의사결정은 감정→신체 반응→인지적 해석→가치 평가→행동 선택이라는 통합 루프 속에서 이루어진다. 결국 우리의 모든 합리적 판단은 '감정'이라는 신경적 나침반(neural compass) 위에서 방향을 잡는다. 감정은 판단을 왜곡하는 방해꾼이 아니라 판단을 가능하게 하는 생리적 파트너이다. 엘리엇의 임상 기록과 아이오와 도박 실험의 데이터는 하나의 결론으로 귀결된다.

"이성은 감정 위에 세워진다."―안토니오 다마지오

4. 목적지향적 행동의 신경심리학
― 감정-인지-가치 평가 통합 모델

1) 구성 요소: 통합 시스템을 이루는 세 가지 핵심

인간의 목적지향적 행동은 단순한 반응의 결과가 아니라 감정, 인지, 가치 평가가 긴밀히 통합되어 작동하는 예측적 항동성 조절 시스템의 산물이다.

이러한 구조를 구체적으로 이해하기 위해서는 감정, 인지, 가치 평가가 각각 어떤 역할을 수행하며 어떻게 통합되는지를 단계적으로 살펴볼 필요가 있다.

(1) 감정: 항동성의 예측적 표현

감정은 단순한 '느낌'이나 '기분 상태'가 아니라 항동성의 변화를 예측하고 이를 조절하기 위한 신체적-신경적 준비 상태이다. 즉, 감정은 현재의 신체 상태를 정태적으로 반영하는 결과가 아니라 다가올 상황에 대비해 신체와 행동을 조정하려는 예측적 반응(predicted response)이다. 편도체와 전측 섬엽은 내부감각을 통해 신체 에너지 상태와 위험 신호를 감지하고, ACC과 전전두엽으로 전달하여 행동 경향성을 형성한다. 따라서 감정은 '항동성의 정태적 표현'이 아니라 '항동성의 미래 변화에 대비하는 신경적 행동 명령'으로 이해되어야 한다. 이 점에서 감정은 의사결정의 전 단계이자, 모든 목표지향적 행동의 '방향성 신호'로 작용한다.

(2) 인지: 예측과 시나리오의 구성

감정이 방향을 제시한다면, 인지는 그 방향을 구조화하고 시뮬레이션 하는 과정이다. 인지란 외부 자극과 내부 신호를 세밀하게 구별하고, 그들 간의 관계를 추론하며, 가능한 결과 시나리오를 구성하는 과정이다. 전전두엽과 해마는 이러한 예측 모델을 정교화하여 '현재 상태에서 가능한 행동 경로와 그 결과'를 상상하고, 각 시나리오가 초래할 신체적·정서적 변화를 예측한다.

이때 인지적 예측은 감정 시스템과 분리되어 작동하지 않는다. 각 시나리오는 그 자체로 특정한 감정적 상태를 불러일으키며, 즉, '시나리오의 의미'는 곧 '예상되는 감정 상태의 질'로 표상된다. 따라서 인지의 과정에는 필연적으로 감정이 통합되어 있으며, 인지된 선택지의 비교는 곧 감정 상태의 비교로 이어진다.

(3) 가치 평가: 감정의 비교를 통한 선택

가치 평가(valuation)는 인지와 감정이 통합된 상태에서 각 선택지의 감정적·항동성적 의미를 비교하여 행동의 우위를 결정하는 과정이다. 감정은 각 시나리오가 불러올 신체·심리적 안정성의 예측치를 표식화하고, OFC와 ACC는 이 예측치들 간의 감정적 안정성 비교를 수행한다. 즉, 가치 평가는 단순한 효용 계산이 아니라 '어느 선택이 나의 신체-정서 시스템을 더 안정시키는가'라는 감정-생리적 판단이다. 이 과정을 통해 인지적으로 가능한 시나리오들 중 가장 '감정적으로 일관된' 방향이 행동으로 선택된다.

2) 상호 작용 메커니즘: 감정과 인지의 쌍방향 교정

감정과 인지는 서로 독립된 경로가 아니라 예측 오류를 최소화하기 위해 상호 교정되는 쌍방향 회로이다.

- 감정→인지: 신체 기반의 항동성 신호를 인지 모델의 가치 기준으로 제공한다.
- 인지→감정: 외부 환경의 시나리오를 재구성하여 감정 반응의 방향을 수정한다.

이 상호 작용의 결과, 감정이 변하면 인지가 바뀌고, 인지가 새로운 시나리오를 구성하면 감정 상태도 재조정된다. 따라서 '감정적 변화'와 '인지적 재구성'은 하나의 통합적 과정의 두 측면이다.

3) 실행 루프: 인지-감정-가치 평가의 동적 순환

목적의식적 행동은 다음과 같은 신경심리적 루프 안에서 이루어진다.

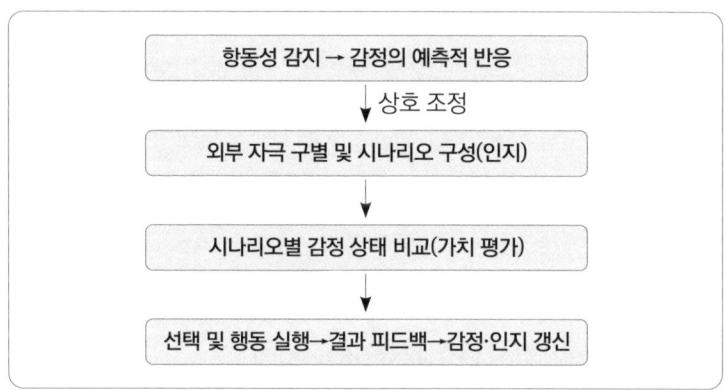

이 루프의 핵심은 '통합적 평가(integrated valuation)'이다. 감정은 예측의 생리적 토대이고, 인지는 그 예측을 구체화하며, 가치 평가는 이 두 신호의 통합적 비교를 통해 산출한다.

4) 임상적 증거: 엘리엇 사례와 통합 시스템의 붕괴

앞서 소개한 엘리엇 사례는 이 통합 구조가 깨졌을 때 발생하는 신경심리적 붕괴의 전형이다. 그는 사고 후 감정 회로(OFC, vmPFC)가 손상되어 인지적으로 논리적 판단은 가능했지만, 감정 기반 가치 신호를 느끼지 못했다. 그 결과, 그는 어떤 선택이 더 유리한지, 혹은 더 의미 있는지 판단할 수 없었으며, 일상의 단순 결정조차 '무의미한 계산의 반복'으로 마비되었다.

이 사례는 감정이 단순한 정서가 아니라 목적지향적 판단의 신경적 근거이자 행동으로의 변환을 가능하게 하는 생리적 토대임을 명확히 보여준다.

5) 통합의 의미: 의식적 행동의 완성으로서의 생명

감정, 인지, 가치 평가는 인간의 목적지향적 행동을 구성하는 세 개의 통합 요소이다. 감정은 항동성의 예측적 반응으로서 행동의 방향을 제시하고, 인지는 그 방향을 구조화하며 시나리오를 구성한다. 가치 평가는 이러한 감정-인지 통합체를 비교·평가하여 행동으로 확정한다.

이 세 요소가 유기적으로 작동할 때 인간의 의사결정은 생리적 안정성과 심리적 의미를 동시에 만족시키며, '생존과 존재의 조화'라는 목적의식적 행동이 가능해진다.

5. 탐색(foraging)과 의사결정(decision-making)

1) 탐색의 의미와 신경심리적 과정

'탐색(exploration)'이란 현재의 안정된 행동 패턴에서 벗어나 새로운 정보, 자원, 또는 가능성을 찾아나서는 과정이다. 이는 단순한 호기심이 아니라 항동성의 예측 오류를 줄이기 위한 전략적 시도이다. 즉, '지금의 상태가 최적이 아닐 수 있다'는 내적 신호가 감정적으로 활성화될 때, 뇌는 새로운 정보를 찾는 방향으로 에너지를 전환한다.

탐색 회로의 진화적 기원

감정, 인지, 가치 평가가 통합된 '살아 있는 존재의 선택'은 결국 생존이라는 궁극적 목적을 위해 진화했으며, 그 구체적 원형이 바로 제한된 자원 속에서 최적의 전략을 찾는 탐색(foraging)[38] 이다.

이제 이러한 '살아 있는 존재의 선택'이 실제 생명체 행동에서 어떻게 구현되는지 살펴보자. 탐색은 생명체가 생존과 번식을 위해 환경 속에서 자원

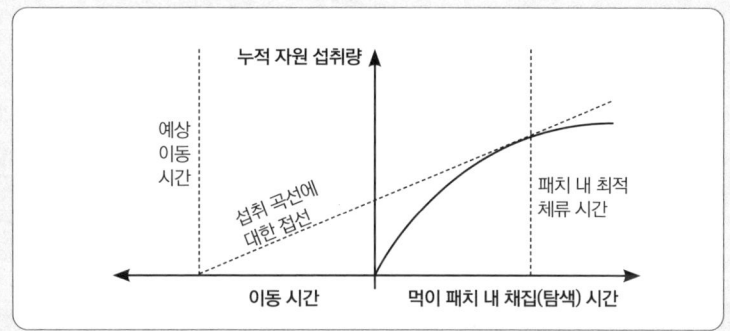

패치 이용의 한계이익 모형(Marginal Value Theorem)

이 그림은 생물체가 먹이 자원이 분포된 여러 패치(patch, 자원이 분포된 구역) 사이를 이동하며, 각 패치에서 머무르는 시간을 결정하는 과정을 도식화한 것이다. 자원 섭취 곡선은 시간이 지날수록 점차 완만해지며, 이는 패치 내 자원이 점차 고갈되어 수확률이 감소함을 의미한다. '섭취 곡선에 대한 접선'이 '예상 이동 시간'이 만나는 지점이 '패치 내 최적 체류 시간'을 결정한다. 즉, 이 지점은 패치를 떠나 다음 패치로 이동할 때 전체 자원 섭취의 평균 효율이 최대가 되는 시점으로, 생물체의 합리적 채집 행동 전략을 설명하는 핵심 이론적 모델이다(그림 출처: 위키백과).

---

38 탐색 회로의 진화적 기원 포리징(foraging): 탐색(exploration)은 신경생리적으로 보면 포리징의 뇌 회로이다. 그래서 신경심리학에서는 탐색과 포리징을 '탐색'이라는 동일한 의미로 사용한다.

—먹이, 물, 은신처, 정보, 사회적 지위, 배우자 등—을 찾아내고 선택하며 소비하는 일련의 과정이다.

현대 행동생태학은 이를 단순한 '먹이 찾기' 행위를 넘어 제한된 에너지와 시간을 최적으로 배분하는 전략적 의사결정 과정으로 규정한다. 즉, 모든 동물은 '에너지 획득량(E_gain)'을 극대화하고 '에너지 소모량(E_cost)'을 최소화함으로써 단위 시간당 순이익을 극대화하기 위해 자신의 행동을 적극적으로 조정한다.

■ 최적 탐색 이론

이러한 탐색의 원리를 수학적으로 정립한 것이 바로 최적 탐색 이론(optimal foraging theory, OFT)이다. 이론의 핵심은 '한정된 자원 속에서 가장 효율적인 포리징 전략을 선택한다'는 원리이다.

크렙스 등(Krebs et. al.; 1977)은 대표적인 실험종인 박새(Parus major)를 이용해 먹이의 크기, 찾는 시간, 처리 시간을 조작한 결과, 먹이가 풍부할 때는 에너지가 풍부한 먹이만 선택하고, 희소할 때는 에너지가 낮은 먹이까지 포함하는 식단 확장을 보인다는 사실을 확인했다. 이는 동물이 환경 조건에 따라 '효율 극대화↔포괄적 확보' 전략을 유연하게 전환함을 보여준다. 또한 카노프(Charnov, 1976)가 제시한 패치 이용 모델(marginal value theorem, MVT) 역시 박새 실험에서 실증되었다. 인공 먹이통(패치)의 먹이량이 감소할수록 박새는 일정 시점에 새로운 패치로 이동했는데, 그 시점은 정확히 '현재 패치의 순간 이익률=환경의 평균 이익률'일 때와 일치했다. 즉, 박새의 행동은 수학적 예측 모델과 실제 행동이 정합적으로 일치한 최초의 생태 실험 중 하나였다.

■ 인간의 경우

이 원리는 인간의 경제적·심리적 의사결정에서도 그대로 관찰된다. 탐색의 핵심은 단순한 효율 극대화가 아니라 환경의 불확실성과 생리적 결핍 상태를 고려한 '위험 조절'이다. 이로부터 발전한 위험-민감성 탐색 이론(Risk-sensitive Foraging Theory)은 개체가 에너지 결핍 상태일수록, 다시 말해 생존 임계치(threshold)에 가까울수록, 고위험·고보상 전략을 택하는 경향을 보인다고 설명한다. 예컨대 박새는 먹이가 충분할 때는 안정적인 패치를 선호하지만, 굶주림이 심할 때는 변동성이 크더라도 한 번에 큰 먹이를 얻을 가능성이 있는 패치로 이동한다. 이러한 선택은 단순한 충동이 아니라 항동성 위협 상태에서 생존 확률을 높이려는 적응적 전략으로, 이 같은 위험 조절의 원리는 인간의 경제적·심리적 의사결정에도 그대로 적용된다. 인간에게 '에너지'는 '돈'으로 치환되며, 경제적 결핍은 곧 생존 불안과 항동성 위협으로 작용한다.

따라서 자원이 부족한 사람일수록 뇌의 보상 회로(특히 복측선조체[VS]-편도체-ACC 회로)가 강하게 활성화되어 '지금의 불안정 상태를 한 번에 해소할 수 있는 선택', 즉 모험적·도박적 결정(risk-seeking choice)으로 기울게 된다. 풍족한 사람은 전전두엽-OFC 회로가 안정적으로 작동하여 분산투자·저위험 전략을 취하지만, 궁핍한 사람은 편도체와 ACC의 긴장 신호가 증가하면서 "이대로는 실패하느니 차라리 도전하자"는 방향으로 의사결정이 편향된다. 이는 도파민 시스템이 위험의 변동성(variance)에 과도하게 반응하면서 '큰 보상 가능성'에 비합리적으로 높은 가치를 부여하기 때문이다.

이 현상은 행동경제학의 전망 이론(Prospect Theory)과도 정합한다. 카네만(Kahneman)과 트베르츠키(Tversky)가 보여준 것처럼 사람은 '이익 상황'에서는 위험을 회피하지만, '손실 상황'에서는 위험을 감수한다.

결핍 상태의 인간이 도박·고위험 투자에 몰입하는 것은 결국 박새가 먹이가 부족할 때 변동성 높은 패치로 이동하는 동일한 원리가 인간의 신경경제 시스템에서도 작동한 결과라 할 수 있다.

따라서 이러한 탐색 메커니즘은 단순한 동물 행동의 관찰을 넘어 인간 신경경제학의 핵심 틀을 제공한다. 최근 연구들은 탐색을 의사결정의 보편적 신경 알고리즘으로 해석한다. 박새의 해마는 공간적 패치 기억을 담당하고, 전뇌부 영역과 복측선조체는 보상 예측(valuation)을, ACC는 이익률 비교 및 전환 시점 계산을 수행한다. 이와 동일한 구조가 인간 뇌의 경제적 의사결정 과정에서도 관찰된다. 즉, 박새의 탐색 회로와 인간의 투자·소비·정보탐색 행동의 신경 회로는 구조적으로 동일한 감정-인지-가치 평가(emotion-cognition-valuation) 통합 루프 위에서 작동한다.

결론적으로, 탐색은 생명의 가장 기본적인 생존 알고리즘이자, 현대 인간의 복잡한 경제·사회적 의사결정의 원형적 모델이다. 박새가 먹이가 줄어드는 순간 새로운 패치로 이동하듯이 인간도 불안정한 환경 속에서 보상, 위험, 안정성의 균형을 계산하며 행동한다. 따라서 "가난할수록 도박적"이라는 현상은 단순한 사회적 편향이 아니라 진화적 적응 과정에서 형성된 위험-보상 신경 시스템의 자연스러운 발현이다.

탐색 이론은 이처럼 동물의 행동에서 인간의 의사결정, 나아가 신경경제학과 사회심리학으로 이어지는 감정·인지·가치의 통합적 이해 틀을 제공한다.

탐색은 생존의 전략이자, 선택의 알고리즘이다. 박새의 날갯짓과 인간의 투자 판단은 서로 다른 종의 행동이 아니라 같은 뇌의 계산 논리가 다른 형태로 표현된 것이다.

탐색 행동은 뇌의 도파민 기반 예측-오류 회로(prediction error circuit)가 연계하여 작동되는 일련의 신경심리적 과정으로 진행된다.

이 과정의 시작은 편도체와 전측 섬엽에서 비롯된다. 이 영역들은 현재 상태의 '불만족'이나 '위험'을 감지하는 감정적 경보 역할을 하며, '지금의 상태는 최적이 아니다'라는 내적 신호를 생성한다.

이 신호는 중뇌의 복측 피개영역(VTA)을 자극하여 도파민을 대량 분비시키고, 이는 복측 선조체(VS)로 전달되어 동기를 활성화한다. 이 단계에서 뇌는 '새로운 무언가를 찾아야 한다'는 강력한 추동력을 얻게 된다.

다음으로, 전전두엽과 해마가 협력하여 본격적인 탐색 계획을 수립한다. 전전두엽은 가능한 시나리오를 구성하고, 해마는 공간적·개념적 '정보 지도(cognitive map)'를 제공하여 "어디로 가야 할지"에 대한 후보 경로를 설계한다.

마지막으로, ACC와 OFC가 개입하여 평가와 억제 작업을 수행한다. 이들은 설계된 탐색 계획의 가치와 위험을 저울질하며, "정말 그쪽으로 가는 것이 유리한가?"를 최종 판단함으로써 충동적인 탐색이 아닌, 전략적인 탐색 행동으로 전환될 수 있도록 조정한다.

다시 말해, 탐색 행동은 [편도체와 전측 섬엽이 감정적 불균형을 신호하면]→[뇌가 이를 '예측 오류'로 인식하고]→[VTA-VS 경로에서 도파민을 활성화시켜]→[전전두엽이 새로운 시나리오를 생성하며]→[OFC가 가치와 위험을 평가한 끝에]→[비로소 실제 탐색 행동으로] 이어지는 일련의 과정이다.

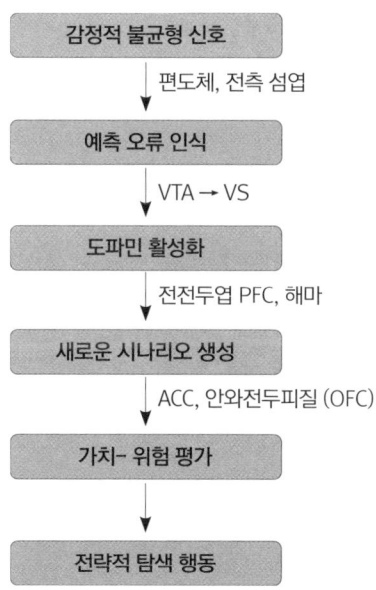

이와 같은 탐색 메커니즘은 동물과 인간에게서 공통적으로 관찰된다. 박새의 먹이 탐색에서 보는 바와 같이, 박새는 '현재 패치의 먹이 효율이 감소'하면 ACC가 이익률 하락을 감지하고, 해마와 전전두엽이 새로운 위치로의 이동 경로를 모색한다. 인간에게도 같은 구조가 적용되어, 예컨대 직장인이 '현재 직무의 성장 한계'를 느끼면 내적 불안감이 탐색 동기로 전환되어 새로운 경력, 정보, 혹은 기술 학습을 시작한다.

따라서 탐색은 단순한 '찾기'가 아니라 '생존을 위한 정보 투자'이다. 이 과정에 에너지를 쓴다는 것은 현재의 안정을 일시적으로 포기하더라도 미래의 더 큰 적응 가능성을 확보하겠다는 전략적 결단이다. 탐색이 없다면 생명체는 변화하는 환경에 갇힌 채 점점 낡은 지도로 길을 찾는 꼴이 된다.

2) 의사결정(decision-making)의 의미와 신경심리적 과정

의사결정은 탐색을 통해 수집된 대안들 중에서 하나를 선택·집행하는 행위이다. 즉, '가능성의 공간(space of possibilities)'을 '행동의 선택(action)'으로 축소하는 과정이다. 이때의 판단은 순수한 이성이 아니라 감정과 인지의 통합된 가치 평가를 기반으로 이루어진다.

의사결정은 예측(prediction)→가치 평가(valuation)→실행(execution)의 세 단계로 이루어진 신경심리적 과정이다.

예측 단계에서는 해마와 전전두엽이 핵심적인 역할을 수행한다. 해마는 과거 경험과 유사한 패턴을 회상하고, 전전두엽은 각 선택지가 초래할 미래 결과를 시뮬레이션하며 '만약 A를 선택하면 어떤 결과가 올까?'라는 질문에 대한 가능성 있는 시나리오들을 구성한다.

가치 평가 단계에서는 OFC, 복측선조체(VS), ACC가 협력한다. OFC는 각 시나리오가 가져올 쾌·불쾌, 이익·손실 같은 감정적·생리적 의미를 통합하고, VS는 예상 보상에 대한 감정적 가중치를 부여하며, ACC는 여러 대안들의 상대적 가치를 비교하여 '어느 선택이 더 가치 있는가?'를 판단한다.

실행 단계에서는 배외측 전전두엽(dlPFC), 기저핵, 운동피질이 관여한다. dlPFC는 최종 선택을 명확히 하고 집행 의지를 유지하며, 기저핵과 운동피질은 실제 행동을 시작하고 다른 경쟁적 행동을 억제하는 물리적 실행을 담당한다.

다시 말해, 의사결정은 [탐색을 통해 대안 목록이 형성되면]→[해마와 전전두엽이 결과를 예측하고]→[OFC와 VS가 가치를 평가하며]→[ACC가 비교·통합하여]→[dlPFC가 최종 선택을 실행하는] 일련의 신경적 계산 과정이다.

이와 같은 의사결정 메커니즘은 '아이오와 도박 과제'에서 명확히 관찰된다. 건강한 사람은 OFC와 ACC의 통합 작동을 통해 '나쁜 덱'을 선택하기 직전에 느껴지는 미묘한 불쾌감을 감정적으로 감지하고, 이 신호를 따라 손실이 적은 덱으로 전환한다. 반면, 감정 회로(OFC)가 손상된 환자는 논리적으로는 상황을 이해하지만, 이러한 감정 신호가 결여되어 계속해서 손실을 초래하는 선택을 반복한다.

의사결정은 단순한 '선택'이 아니라 '가능성을 현실로 응축하는 행위'이다. 이것이 없으면 탐색은 영원히 미결 상태의 공상에 불과하다. 우리가 "누구인가"는 우리가 내린 선택의 총합이다. 따라서 의사결정은 인지 과정을 넘어 한 생명이 자신의 존재를 세계 속에 구현하는 주체적 행위이다.

3) 탐색과 의사결정의 전환: 선택 시스템 경쟁

탐색과 의사결정은 단순한 순차적 과정이 아니라 뇌 내에서 끊임없이 경쟁하며 우위를 다투는 두 개의 시스템이다. 이는 '새로운 가능성을 탐구하려는 충동'과 '기존의 안정된 선택을 고수하려는 경향' 사이의 신경적 긴장 관계로, 뇌는 이 두 시스템 사이의 동적 균형(dynamic balance)을 유지한다.

탐색 시스템은 불확실성과 호기심을 기반으로 하며, 해마-VTA-전전두엽 경로가 주도한다. 이 시스템이 활성화되면 도파민과 노르아드레날린이 증가하여 '새로운 무엇인가'를 찾고자 하는 동기가 강화된다.

결정 시스템은 안정성과 예측 가능성을 기반으로 하며, OFC-ACC-dlPFC 경로가 담당한다. 이 시스템이 우위를 잡으면 세로토닌과 GABA 등이 작용하여 기존의 검증된 행동 패턴을 유지하고 실행하게 된다.

이 두 시스템 간의 전환을 조절하는 핵심 조절자는 ACC이다. ACC는 지속적으로 '현재 상황의 이익률'을 '예측된 평균 이익률'과 실시간으로 비교한다. 현재의 이익률이 기대치보다 낮을 경우 ACC는 탐색 시스템을 가동시키는 신호를 보내고, 반대로 기대치를 충족하거나 넘을 경우 결정 시스템을 유지하도록 안정화 신호를 보낸다.

다시 말해, 탐색과 의사결정의 전환은 [ACC가 현재 이익률을 모니터링하면]→[현재 이익률 < 예측 평균치일 때]→[탐색 시스템(해마-VTA-PFC)이 활성화되어 새로운 가능성을 모색하고]→[현재 이익률 ≥ 예측 평균치일 때]→[결정 시스템(OFC-ACC-dlPFC)이 유지되어 기존 선택을 고수하는] 일종의 경제적 계산 과정이다.

이러한 전환 메커니즘은 박새의 '패치 이동' 실험에서 명확히 관찰된다. 박새는 특정 먹이 패치에서의 수확률이 떨어질 때 ACC가 이를 감지하고, VTA-도파민 회로를 통해 새로운 패치 탐색을 시작한다. 인간의 경우에도 주식 투자에서 '현재 보유 종목의 수익률이 평균 이하로 떨어질 때' 새로운 종목 탐색으로 전환하는 과정이 이와 완전히 동일한 신경 메커니즘에 따른 것이다.

이처럼 뇌는 끊임없는 경제적 계산을 통해 탐색과 결정 사이의 최적의 균형점을 찾아내며, 이 역동적인 과정이 바로 환경 변화에 유연하게 적응하는 생명체의 지혜라 할 수 있다.

따라서 탐색과 의사결정의 경쟁은 비효율이 아니라 '적응적 유연성'의 핵심이다. 이 전환 메커니즘은 '언제 기존 전략을 버리고 새로운 모험을 시작할지'라는 고대의 생존 난제에 대한 뇌의 해법이다. 이 균형이 무너진다면 우리는 끝없는 탐색에 허우적거리거나 변화를 외면한 채 경직되게 굳어 버리게 된다.

4) 탐색-의사결정-상호 전환, 생존을 위한 삼위일체

탐색, 의사결정, 그리고 그 사이의 상호 전환(transition)은 '적응적 행동'이라는 하나의 목표를 위해 함께 작동하는 불가분의 삼위일체(trinity) 체계를 이룬다.

탐색, 의사결정, 상호 전환은 하나의 통합된 적응 시스템을 이루며, 각각 고유한 역할로 분업과 협력을 이룬다. 탐색은 미래지향적으로 작동하여 새로운 '가능성'이라는 자원을 확보하는 정보의 확장을 담당한다. 반면에 의사결정은 현재 지향적으로 작동하여 그 가능성들을 하나의 현실로 응축시키는 행동의 수렴을 책임진다. 그리고 전환 메커니즘은 이 두 과정 사이의 '시기'를 조절하는 지휘자 역할을 하며, 한정된 에너지와 주의를 어디에 배분할지를 결정함으로써 자원 배분의 최적화를 꾀한다. 이 세 과정의 역동적 상호 작용은 창의성 분야에서 잘 알려진 '확장적 사고(탐색)→수렴적 사고(의사결정)→메타 인지(상호 전환)'라는 최적의 문제 해결 모델과 정확히 일치하며, 이는 뇌의 작동 방식이 근본적으로 혁신과 실행을 위해 설계되었음을 보여준다.

이 삼위일체 시스템의 균형이 무너질 때, 우리의 행동과 판단에 뚜렷한 병리적 증상이 나타난다.

첫째, '분석 마비(analysis paralysis)'는 탐색 시스템이 과도하게 활성화되고 의사결정 시스템이 약화되었을 때 발생한다. 이는 끝없는 정보 수집과 옵션 비교에 빠져 실제 행동으로 이어지지 못하는 상태로, 전환 메커니즘의 실패가 원인이며 결과적으로 탐색 모드에 갇히게 된다.

둘째, '고집(rigidity)'은 그 정반대의 문제이다. 의사결정 시스템이 지나치게 경직되고 탐색 시스템이 위축되어, 새로운 정보와 변화하는 환경에 제대로 대응하지 못하는 상태이다. 이 또한 전환 메커니즘의 오작동(malfunction)으로, 결정 모드에 갇혀 옛날 방법만 고수하게 만든다.

셋째, '충동(impulsivity)'은 탐색(깊이 있는 고려)과 전환(평가와 억제) 과정이 생략된 채, 의사결정의 실행 단계만이 돌발적으로 작동하는 위험한 상태이다.

이러한 이해는 단순한 이론을 넘어 개인과 조직의 성장을 위한 강력한 실천 지침을 제공한다. 개인적 성장을 위해서는 '의도적인 모드 전환'을 학습해야 한다. 집중적인 학습과 정보 수집의 '탐색기'와, 이를 바탕으로 목표를 향해 돌진하는 '실행기'를 명확히 구분하고, 주기적인 '회고'를 통해 자신이 현재 어떤 모드에 더 필요한지를 점검하는 것이 필수적이다. 조직 관리 측면에서는 팀 내에 미래 가능성을 탐구하는 '탐색 전문가'와, 현실 속에서 확실한 성과를 도출하는 '결정 전문가'를 육성하고, 이 두 흐름 사이의 자원 배분을 총괄하는 '전환 책임자'(예: 프로젝트 매니저)의 역할이 중요하다. 모든 구성원이 탐색과 실행을 동시에 하려 들면 조직의 효율은 급격히 떨어진다.

나아가 리더십의 궁극적 임무는 '조직의 탐색-의사결정 루프의 질을 관리하는 것'이다. 즉, 언제 모험을 감수하고 새로운 시장을 탐색해야 하며, 언제 신속하게 방향을 결정하고 실행에 옮겨야 하는지를 판단하는 것이 리더의 가장 중요한 결정이다.

결론적으로, 탐색-의사결정-전환의 삼위일체 시스템은 변화라는 거대한 바다를 항해하는 생명체에게 부여된 가장 위대한 진화적 선물이다. 이 시스템의 존재와 작동 원리를 이해하고, 이를 의도적으로 조정하고 균형 있게 활용하는 능력, 바로 그것이 예측 불가능한 현대를 살아가는 우리 모두에게 요구되는 핵심 생존 역량이다.

5) 실생활 통합 사례: '탐색-의사결정' 루프는 삶의 현장에서 살아 숨 쉰다

실제 삶에서 탐색과 의사결정은 이론 속의 독립된 개념이 아니라 하나의 '탐색-의사결정 통합 루프'로써 모든 선택의 순간에 함께 작동한다. 이는 단순한 인지 과정이 아닌 감정(emotion)이 방향을, 인지(cognition)가 전략을, 가치 평가(valuation)가 실행을 책임지는 유기적 시스템이다. 구체적 사례를 통해서도 일관된 패턴을 확인할 수 있다.

① 직업 전환
- **감정적 신호**(시작): '현재 일의 보상/성장 한계'에서 오는 불만족스러운 느낌(편도체/전측 섬엽 활성).
- **탐색**(정보 확장): 새로운 회사, 직무, 커리어 패스에 대한 적극적 정보 수집(전전두엽/해마 주도).
- **가치 평가 및 의사결정**(수렴 및 실행): 수집된 정보를 바탕으로 각 옵션의 장단점과 자신에게 주는 '느낌'을 종합적으로 저울질(OFC/ACC 역할)

하여, 최종적으로 '가장 적합한' 하나의 제안을 선택하고 사직서를 제출(dlPFC 실행).

② 소비 행동
- **감정적 신호**(시작): '갖고 싶다', '필요하다'는 욕구 또는 '기존 제품의 불편함'에서 오는 감정.
- **탐색**(정보 확장): 제품 검색, 스펙 비교, 다양한 후기 탐색(전전두엽/해마 주도).
- **가치 평가 및 의사결정**(수렴 및 실행): '이 제품이 나의 문제를 해결해 주고, 정서적 만족을 줄 것이다'라는 확신(OFC/ACC의 감정적 통합)이 들면, 비로소 구매 버튼을 클릭(dlPFC 실행).

③ 대인 관계
- **감정적 신호**(시작): 기존 관계에서의 '무료함'이나 새로운 사람에 대한 '호기심'.
- **탐색**(정보 확장): 새로운 사교 모임에 참석하거나, 소셜 미디어를 통해 새로운 관계의 가능성을 모색.
- **가치 평가 및 의사결정**(수렴 및 실행): 새로 알게 된 사람과의 '케미스트리'와 기존 관계의 '안정성'을 비교 평가(OFC/ACC)한 후, 관계에 에너지를 투자할 대상을 선택(dlPFC 실행).

이 모든 사례는 감정→인지→가치 평가→실행의 순환 루프를 따른다. 감정은 탐색의 방향을 정하는 '나침반'이고, 인지는 그 길을 가기 위한 '지도'를 그리며, 가치 평가는 여러 갈림길 중 하나를 선택하도록 하는 최종 결정의 '스위치'이다. 따라서 진정한 합리적 의사결정이란 감정을 배제하는 것이 아니라 감정이 제공하는 가치 신호를 올바르게 해석하고 인지적 전략과 통합하는 능력에 달려 있다. 이렇게 삶의 모든 선택은 '느낌'에서 시작된다.

6) 응용: 마케팅에서의 탐색-의사결정 전략

신경과학과 행동경제학의 통합적 이해는 단순한 소비 유도가 아닌, 소비자의 뇌와 공명하는 마케팅을 설계할 수 있는 토대를 제공한다. 소비자의 구매 과정을 탐색과 의사결정이라는 뇌의 기본 알고리즘으로 해석할 때, 우리는 그들이 무의식적으로 따르는 신경심리적 흐름에 전략적으로 개입할 수 있다. 이는 마케팅을 '메시지 전달'이 아닌 '의사결정 환경 설계' 영역으로 격상시킨다.

(1) 탐색 단계 설계: 호기심의 불씨 지피기

소비자가 수동적인 상태에서 능동적인 '탐색 모드'로 전환되게 하려면, 감정적 예측 오류를 유발시켜야 한다. 이는 '지금의 상태가 최적이 아닐 수 있다'는 내적 신호를 감정적으로 각성시키는 것이다.

핵심 전략은 현재의 안정된 인식에 균열을 내는 '미세한 불만족'을 자극하고, 해결 가능성을 제시하며 도파민 기반의 호기심을 유도하는 것이다. 예를 들어 콘텐츠 및 광고 메시지를 통해 "지금의 효율에 만족하나요?", "당신이 몰랐던 세 가지 문제", "당신의 하루를 바꾸는 단 하나의 선택"과 같이 기존 상태를 재평가하게 만드는 질문과 제안을 활용하여 새로운 경험을 설계해 주는 것이다. 무료 체험, 인터랙티브 콘텐츠, 맞춤형 진단 도구 등 소비자가 적은 비용으로 새로운 가능성에 몰입할 수 있는 '저항이 적은 탐색 출입구'를 제공한다.

(2) 의사결정 단계 설계: 확신의 길로 안내하기

소비자가 충분히 탐색을 마친 후, 다음 단계는 그들이 수많은 선택지 중에서 특정 제품을 선택하도록 감정적 확신(feeling of rightness)을 제공하는 것이다. 이는 소비자의 OFC와 ACC에서 긍정적인 가치 통합이 일어나도록 돕는 과정이다.

핵심 전략은 인지적 합리성과 감정적 안정감을 동시에 충족시켜 선택에 대한 심리적 마무리라는 느낌을 주는 것이다. 예를 들어 복잡한 기능 나열이 아닌 제품이 해결해 주는 '감정적 편익'(시간 절약, 자신감, 안도감)을 강조하며 가치를 명료화해 주는 것이다. 또한 실제 사용자 후기, 명확한 보증 정책, 과학적 검증 데이터, 전문가 추천 등 사회적 증거(social proof)를 제시하여 정서적 불안을 해소하는 신뢰 증거를 제시할 수 있다. 더불어 비용-편익 구조를 단순화하는 것이다. 복잡한 할인 구조나 옵션은 오히려 가치 평가에 대한 부담을 늘린다. 선택의 경제적·심리적 비용을 직관적으로 이해시키는 명확한 가격 및 혜택 체계를 구성한다.

(3) 탐색-결정 균형 활용: 전환의 적기 놓치지 않기

마케팅에서 가장 흔한 실수는 소비자를 탐색 모드에 너무 오래 머물게 하여 '분석 마비'에 빠지게 하는 것이다. ACC의 전환 메커니즘을 활용하여, 탐색을 종료하고 결정을 내릴 '적기(optimal timing)'를 설계해야 한다. 핵심 전략은 '지금이 바로 행동할 때'라는 인식을 주는 결정 유도 신호(decision cue)를 제공하는 것이다.

실행 방안으로는 전환 시점을 설계할 수 있다. "한정 수량", "오늘만 할인", "곧 가격 인상"과 같은 희소성 메시지는 현재의 기회 비용이 평균보다 높음을 알려 탐색을 종료하도록 신호한다. 또한 "무료 반품 보장", "취

소 수수료 없음", "간편한 결제"와 같은 위험 감소 장치는 결정 실행의 최종 심리적 장애물을 제거해 준다.

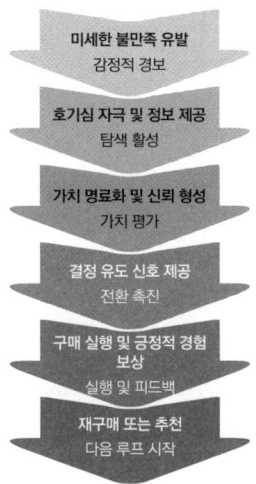

마케팅 관점의 종합 소비자 여정 도식

궁극적으로 성공적인 마케팅은 소비자의 무의식적 의사결정 루프를 방해하는 것이 아니라 그 흐름을 이해하고 각 단계에서 필요한 지원과 신호를 제공하는 '선택의 조력자' 역할에 있다. 탐색의 즐거움을 제공하고, 결정의 불안을 줄이며, 전환의 명확한 시기를 알려 주는 이 통합적 접근은 단기적 판매를 넘어 브랜드에 대한 깊은 신뢰와 지속적인 관계를 구축하는 토대가 된다.

제6장 의사결정 시스템 유형의 선택과 결정
―전측 대상피질(ACC)의 메타 조정 허브 역할

1. 의사결정(행동) 시스템의 선택과 결정의 신경심리 구조

인간의 모든 행동은 단순한 선택 행위가 아니라 신체 내부의 균형 상태를 유지하고 환경 변화에 적응하기 위한 항동성 기반의 감지-조절 과정으로부터 비롯된다. 뇌는 매 순간 내부와 외부의 변화를 감시하면서 지금의 상태가 안정적인지, 조정이 필요한지를 판단한다. 그리고 그 판단의 결과에 따라 '어떤 행동 시스템을 가동할 것인가'를 결정한다.

인간의 뇌는 세 가지 의사결정 시스템―반사적 시스템(파블로프식), 습관적 시스템, 목적지향적 시스템―을 상황에 따라 유연하게 선택한다. 이 선택 과정은 단순히 '의지'의 문제가 아니라 뇌의 항동성 유지 메커니즘에서 비롯된다.

뇌는 매순간 내·외부 환경을 감시하며 현재 상태의 안정성을 평가하고, 이 평가를 바탕으로 '어떤 행동 시스템을 가동할 것인가'를 결정한다. 이 복잡한 판단 과정의 중심에는 ACC가 '메타 조정자'로 작동한다.

1) 항동성의 감지-조절 루프

행동 시스템의 선택은 항동성의 감지로부터 출발한다. 항동성은 단순히 체온이나 혈당의 물리적 균형을 의미하는 것이 아니라 크레이그가 제시한 바와 같이 감정적 항동성, 즉 신체적·정서적 안정 상태를 포함한다. 이 감지-조절 루프는 세 단계로 구성된다.

먼저 후측 및 중간 섬엽이 심박, 호흡, 위압, 근육 긴장 등 내부 상태를 감지한다. 이 감각 정보는 편도체와 시상하부로 전달되어 자극의 정서적 의미와 생리적 가치를 평가한다. 마지막으로 ACC와 전측 섬엽이 정보를 통합하여 조절 명령을 내린다. 이 루프는 곧 감정적 상태의 감지와 조절이 결합된 항동성 회로이며, 현재의 생리적·정서적 균형 상태에 따라 '반사적 시스템, 습관적 시스템, 목적지향적 시스템 중 어느 체계를 작동시킬 것인가'를 결정하는 상위 판단의 기반이 된다.

2) 감정-생리 루프[39]에 의해 조절되는 반사 및 자동 행동(반사)

이 루프는 인간의 행동 중 가장 빠르고 자동적인 반응 체계이다. 감정이 곧 행동으로 직결되는, 이른바 파블로프식 반사 시스템이 여기에 속한다. 이 회로는 섬엽-편도체-시상하부-뇌간으로 이어지는 하위 생리 경로로 구성된다.

자극이 시상을 거쳐 편도체로 전달되면, 그 정보는 즉시 시상하부와 뇌간의 자율 신경핵으로 보내져 심박수 증가, 침 분비, 근육 긴장 등 즉각적 생리 반응을 일으킨다. 이 과정은 피질(cortex)을 거의 거치지 않으며, 의식

---

[39] 감정·생리 루프(emotional-physiological loop): 신체 내부 상태(예: 심박, 호흡, 근긴장 등)에 대한 감각 신호가 뇌의 섬엽, 시상, 편도체를 통해 감정적 반응으로 전환되고, 다시 자율신경계와 내분비계 반응을 유도하는 순환 체계이다. 이 루프는 생존 본능에 기반한 즉각적·자동적 반응을 생성하여, 위급한 상황에서 빠른 반사 행동을 가능하게 한다.

적 판단 이전에 실행된다. 예를 들어 배가 고플 때 빵 냄새를 맡으면 자동적으로 침이 고이는 현상, 큰 소리를 듣고 몸이 움츠러드는 반응, 춥다고 느끼기도 전에 몸이 떨리는 반응, 아기의 울음소리에 시선이 즉시 향하는 행동 등이 모두 이 회로의 결과이다.

이 루프의 기능은 '즉각적 생존 반응'이며, 평상시에는 ACC가 개입하지 않는다. 다만, 이 반응이 항동성을 심각하게 위협하거나 새로운 상황으로 확장될 때, ACC가 상위에서 조정자로 개입하게 된다.

3) 인지-결정 루프에 의해 조절되는 행동(목적지향적 시스템)

감정-생리 루프가 즉각적 반사를 담당한다면, 인지-결정 루프(cognitive-decision loop)[40]는 행동의 전략적 선택과 학습적 조절을 담당한다. 이 루프는 습관적 시스템과 목적지향적 시스템으로 구분된다.

습관적 시스템은 반복된 경험을 통해 자동화된 루틴으로, 주로 기저핵(특히 피각[putamen])과 운동 피질의 루프에서 수행된다. 이 회로는 예측 오류가 줄어드는 환경, 즉 예측 가능한 상황에서 작동하며, 에너지를 절약하고 효율적으로 행동을 실행한다.

반면에 목적지향적 시스템은 예측 오류, 갈등, 불확실성을 평가하여 새로운 전략을 선택하는 체계로 전전두엽과 ACC, 그리고 선조체가 주도한다. 이 회로는 환경이 불확실하거나 목표가 새롭게 설정될 때 작동하며, 유연성과 창의성을 제공하는 대신 인지적 자원을 더 많이 소모한다.

따라서 불확실성이 낮은 안정된 환경에서는 기저핵이 주도하는 습관적

---

40 인지-결정 루프: 전전두피질, ACC, 측좌핵 등이 관여하는 상위 조절 회로로, 감정-생리 루프에서 전달된 신호를 해석하고 그 의미를 평가하여 전략적 행동을 선택한다. 이 루프는 학습, 계획, 가치 판단, 결과 예측 등의 기능을 담당하며, 습관적 행동과 목적지향적 행동을 구분하고 조절한다.

시스템이, 불확실성이 높거나 새로운 목표가 주어질 때는 전전두엽-ACC 루프가 주도하는 목적지향적 시스템이 작동한다. 그리고 극단적인 위협이 발생하면 이 두 체계를 모두 건너뛰고 편도체-뇌간의 파블로프식 반사 시스템이 즉시 호출된다. 결국 세 가지 행동 시스템은 환경의 안정성, 불확실성, 위협 정도에 따라 ACC의 판단에 의해 선택·전환된다.

2. 전측 대상피질(ACC)의 역할: 항동성 조절자, 행동 시스템 스위치

ACC는 감정-생리 루프와 인지-결정 루프를 연결하는 핵심 허브로서 내부 상태 정보와 가치 평가를 통합하는 역할을 한다. 섬엽과의 협력을 통해 수집된 이 정보를 바탕으로, ACC는 현재의 항동성 상태를 유지하기 위한 최적의 행동 시스템을 선택한다.

크레이그는 ACC를 신체적·정서적 균형을 감시하고 불균형이 감지되면 조절 명령을 내리는 항동성 조절 허브로 규정하였다. 반면에 도야(Doya) 등의 연구자들은 이를 한 걸음 더 나아가 행동 시스템 선택 허브(meta-controller)로 설명한다. 이러한 관점을 종합해 보면, ACC는 평상시에는 감정-생리 루프의 상태를 수동적으로 감시하지만, 불확실성이 증가하거나 기존 루틴이 붕괴되거나 새로운 목표가 등장할 때 개입하여 적절한 행동 시스템으로의 전환을 지시한다고 할 수 있다. 이처럼 ACC는 항동성의 안정성을 유지하면서도 환경 변화에 능동적으로 대응하도록 하는 뇌의 '스위치'이자 조정자로 기능한다.

ACC는 다음 세 가지 기준에 따라 시스템 간 전환을 결정한다.

첫째, 위험 수준 판단이다. 급성 위협이 감지되면 파블로프식 시스템(반사적 행동 체계)이 즉각 활성화되고, 중간 정도 수준의 위협에서는 목적지향적 시스템을 통해 대안을 탐색한다. 반면에 안정된 상황에서는 에너지 효율이 높은 습관적 시스템이 유지된다.

둘째, 에너지 효율성 계산이다. 익숙한 상황에서는 에너지 소비를 최소화하기 위해 습관적 시스템을 활성화하지만, 새로운 상황이 발생하면 더 많은 인지 자원을 투입해야 하는 목적지향적 시스템으로 전환한다.

셋째, 예측 오류 모니터링이다. 기대와 현실 사이의 불일치(예측 오류)가 발생하면, ACC는 이를 신호로 인식하여 현재의 행동 시스템을 수정하거나 전환하라는 명령을 내린다.

이처럼 ACC는 상시적인 '지휘자'라기보다 필요할 때만 개입하는 '조건부 개입자(conditional regulator)'에 가깝다. 안정적인 상황에서는 감정-생리 루프가 자동적으로 작동하고 ACC는 감시자 역할에 머물지만, 불확실성이나 갈등이 발생하면 즉시 개입하여 행동 시스템의 전환을 지시한다. 다만, 극단적인 위협 상황에서는 ACC의 통제 기능이 일시적으로 차단되고, 편도체-뇌간 회로가 직접 작동하여 즉각적인 생존 반응을 유도한다.

결국 ACC는 단순한 스위치를 넘어 '안정-경계-전환'이라는 세 단계의 균형을 조정하며, 뇌 전체의 의사결정 체계가 항동성과 적응성이라는 두 가지 목표를 동시에 달성하도록 돕는 고급 전략가이다.

이 모든 과정을 종합하면 다음과 같다. 먼저 섬엽과 시상하부, 편도체로 이루어진 감정-생리 루프가 신체 내부의 감각 정보를 감지하고 즉각적 반응을 일으킨다. 그 위에서 기저핵과 전전두엽으로 구성된 인지-결정 루프가 행동을 학습하고 선택한다.

이 두 루프는 독립적으로 작동하는 것이 아니라 ACC를 중심으로 통합되어 상황의 안정성·불확실성·위협 정도에 따라 서로 다른 행동 시스템이 호출된다. 따라서 인간의 모든 행동은 단순한 의지의 결과가 아니라 '감정적 항동성→인지적 조절→ACC의 선택'이라는 통합적 신경심리 루프의 결과이다. ACC는 이 전체 과정의 상위 조정자로서 환경과 신체의 상태를 지속적으로 감시하며, 필요할 때 행동 시스템 간의 전환을 지휘한다.

결국 인간의 의사결정은 감정적·생리적·인지적 회로가 항동성의 원리를 중심으로 상호 작용하는 통합적 의사결정 네트워크의 산물이다. 이처럼 인간의 의사결정은 단순한 사고 과정이 아니라 감정-생리-인지 시스템이 ACC를 중심으로 상호 작용하는 복합적 네트워크의 결과이다.

따라서 개인의 감정 조절, 대인 관계, 위기 대응 방식을 진정으로 이해하고 개선하려면, 단순한 '기술 훈련'을 넘어 현재 어떤 행동 시스템이 주도하고 있는지를 파악하는 것이 첫걸음이다.

제2부

감정, 인지, 가치 평가, 행동 선택의 역할

제1장 감정

앞서 우리는 감정, 인지, 가치 평가, 행동 선택이 통합된 시스템으로 작동함을 살펴보았다. 이제부터는 이 지식을 실생활의 문제를 해결하는 데 활용할 수 있도록, 각 요소의 세부 작동 방식을 보다 구체적으로 들여다보려 한다.

먼저 감정의 생물학적 역할(항동성의 감지와 조절 간을 매개하는 역할로 '항동성의 표상+행동의 안내'로서의 기능), 감정과 인지의 통합적 형성과 상호 작용, 행동 유형의 선택, '탐색과 의사결정'에 작용하는 가치 평가의 역할 등을 설명했다. 또 행동 3유형의 파블로프식, 습관적, 목적지향적 시스템)의 차이, 탐색(새로운 환경으로의 이동)과 의사결정(많은 선택지에서 하나를 선택/결정) 간 차이와 상호 관계 등도 설명했다. 이제 감정이 담당하는 이러한 역할을 생활에 응용할 수 있도록 좀 더 세밀히 설명해 보자.

1. 행동의 선택: 통합 모델, 효용(utility)의 유형들

1) '행동 선택의 기준': 기존 개념의 한계와 '통합 모델'

인간의 행동 선택을 이해하려는 질문—"우리는 무엇을 기준으로 선택하는가?"—은 오래전부터 다양한 개념과 이론을 낳았다. 가치, 효용, 감정, 욕구, 예측 오류 등 여러 설명이 제시되었지만, 각 개념은 마치 퍼즐 조각처럼 개별적으로 존재해 행동 전체를 충분히 설명하지 못했다.

이 글은 이러한 분절적 접근의 한계를 넘어, 인간 의사결정을 '통합 신경심리 모형(integrated neuropsychological model of decision-making)'이라는 새로운 관점으로 조망한다. 뇌라는 생물학적 기반 위에서 감정(emotion), 동기(motivation), 인지(cognition), 학습(learning)이 하나의 순환적 고리로 엮여 최종 선택을 만들어내는 과정을 살펴본다.

이를 통해 기존 이론이 설명하지 못했던 '같은 자극에서도 다른 선택이 나타나는 이유'와 '순간적 충동과 계획적 판단이 공존하는 인간의 모순'을 뇌 안에서 벌어지는 다층적 신경 연산의 역동적 과정으로 이해할 수 있다. 이 모형은 단순한 학문적 설명을 넘어 마케팅·리더십·교육 등 인간 행동을 분석하고 활용해야 하는 영역에서 적용 가능한 새로운 패러다임이자 자신의 선택을 이해하는 출발점이 된다.

2) 행동 선택의 기준과 관련된 다양한 개념들과 그 혼돈

행동 선택의 기준은 무엇인가? 가치 평가인가, 주관적 효용인가, 감정적 가치량(emotional valenc)인가, 욕구(wanting)인가, 예측 오류인가—이런 다양한 개념들의 차이와 상호관계를 우선 정리해 보자.

인간의 행동 선택을 결정하는 기준은 전통적으로 효용(utility) 혹은 가치

(value)의 문제로 간주되어 왔다. 그러나 신경경제학과 신경심리학의 발전에 따라 행동 선택의 근저에는 단순한 경제적 효용이 아닌 다층적 신경 연산이 존재함이 밝혀졌다. 이 연산에는 가치 평가, 주관적 효용, 감정적 가치량, 욕구(wanting), 그리고 예측 오류 등이 상호 작용하며, 이들이 통합되어 행동 선택의 방향과 강도를 결정한다.

이를 구성하는 핵심 요소들을 살펴보면 다음과 같다.

첫째, 가치 평가는 주어진 선택지에 대해 '좋다/나쁘다'를 판단하는 가장 근본적 신경 연산 과정이다.[41] 가치 평가는 이후 단계에서 효용·욕구·감정·예측 오류의 입력 및 출력의 중심적 허브로 작용한다.

둘째, 주관적 효용은 동일한 자극이라도 개인의 경험, 성향, 기억, 생리 상태에 따라 다르게 느껴지는 '가치의 강도'를 의미한다. 이는 가치 평가의 결과물로서,[42] '나는 이 선택이 유리하다'는 판단은 가치 평가 결과의 의식적 표상이다.

셋째, 감정적 가치량은 감정이 지닌 쾌/불쾌의 방향성과 세기를 나타낸다.[43] 가치 평가의 감정적 토대를 형성한다. 감정의 가치량이 긍정적이면 행동 접근을, 부정적이면 회피를 유도한다.

넷째, 욕구(wanting)는 '지금 그것을 하고자 하는 동기적 추진력'으로 정의된다.[44] 가치 평가의 예측 단계에서 작동한다. 즉, 아직 보상을 얻지 않았지만, 그 가능성에 대한 도파민 신호가 욕구를 유발한다. 욕구(wanting)는 보상 후의 쾌감(liking)과는 별개의 신경 시스템이며, 행동 개시의 직접적인

---

41 이는 주로 OFC와 vmPFC에서 이루어지며, 현재 자극에 대한 감정적·인지적 평가를 통합하여 행동의 방향성을 계산한다.
42 dlPFC와 vmPFC의 통합 작용을 통해 의식적으로 보고될 수 있는 형태로 표현된다.
43 이는 편도체와 섬엽, 그리고 OFC의 상호 작용에 의해 생성된다.
44 도파민성 중변연계(VTA, NAcc 경로)에 의해 생성된다.

원인이 된다.

다섯째, 예측 오류는 '예상한 가치와 실제 결과의 차이'를 의미한다. 이는 학습 시스템의 핵심으로,[45] 예측된 보상보다 결과가 좋을 때는 도파민이 분비되어 욕구를 강화시키고, 반대로 결과가 기대보다 나쁘면 도파민이 억제되어 욕구를 감소시킨다. 이 반복적 보정 과정을 통해 가치 평가 시스템은 지속적으로 갱신된다.

결국 가치 평가는 효용, 감정, 욕구, 예측 오류를 통합적으로 처리하는 신경적 연산 함수로 볼 수 있다: 가치평가(Valuation)=f[효용(Utility), 감정(Emotion), 욕구(Wanting), 예측 오류(Prediction error)].

그러나 이러한 개념들을 개별적으로 분리하여 행동 선택을 설명할 경우, 다음과 같은 몇 가지 중요한 문제점과 이론적 한계가 발생한다.

첫째, 개념적 중복의 문제이다. 효용, 가치, 감정, 욕구는 학문적 배경에 따라 다르게 정의되지만, 실제 뇌 수준에서는 동일한 회로—특히 vmPFC-선조체-섬엽—에서 동시에 작동한다. 즉, 용어의 구분은 학문적·철학적 구분일 뿐, 생리적 수준에서는 분리 불가능하다.

둘째, 시간적 단계의 혼동이 존재한다. 가치 평가는 행동 이전의 예측적 평가인 반면, 효용은 행동 이후의 경험적 결과이다. 이 구분이 모호하면 예측 오류 기반의 학습 메커니즘을 제대로 설명할 수 없다. 즉, '왜 같은 자극이라도 반복 노출되면 선호가 변화하는가'를 이해할 수 없게 된다.

셋째, 의식과 무의식 사이의 경계가 모호하다는 점이다. 욕구는 무의식적 동기 시스템에 속하지만, 효용은 의식적 인식과 평가에 가깝다. 그러나 실제 행동은 두 층위의 결합된 결과로 나타난다. 따라서 인간의 선택을 완

---

45   도파민성 중뇌(VTA, SNc)과 선조체에서 처리된다.

전히 합리적 계산의 결과로만 설명할 수 없다.

넷째, 감정의 양면성 문제이다. 감정의 가치량은 흔히 단일 축(쾌-불쾌)으로 단순화되지만, 실제 감정은 다차원적 구조(흥분도, 긴장도, 의미, 신체 감각)를 가진다. 따라서 단순한 긍정/부정 값으로는 인간의 복합적 동기를 설명하기 어렵다.

다섯째, 예측 오류 방향성의 불분명성이다. 일부 이론은 '예측 오류가 0이 되면 학습이 종료된다'고 보지만, 실제 인간은 완전한 일치보다 '적당한 불일치' 상태를 선호하며, 이는 탐색이나 호기심 같은 행동을 유발한다. 즉, 예측 오류는 단순한 보정 신호가 아니라 동기를 지속시키는 핵심적 긴장 상태로 작동한다.

여섯째, 사회적 가치의 특수성이다. 공정성(fairness), 신뢰(trust), 죄책감(guilt) 등은 개인 효용으로 환원되지 않는 사회적 정서(social emotion)이며,[46] 이러한 감정들은 단순 효용 개념으로는 포착하기 어렵다.

이상의 논의를 통합하면, 행동 선택은 다음의 과정으로 설명될 수 있다. 즉, ① 내부 감각 상태와 ② 외부 자극 예측이 가치 평가 시스템에서 통합되어 예측 가치를 생성하고, 이 예측 가치가 욕구를 유발함으로써 최종 행동을 결정한다. 행동의 결과는 선호(liking/ 쾌감)를 통해 피드백되며, 이 정보를 통해 예측 오류가 계산되어 다음 선택에 반영된다. 이 과정을 간략히 표현하면 다음과 같다.

---

46 이는 배외측 전전두엽(dlPFC)과 측두극(temporal pole) 등의 사회적 판단 회로가 관여한다.

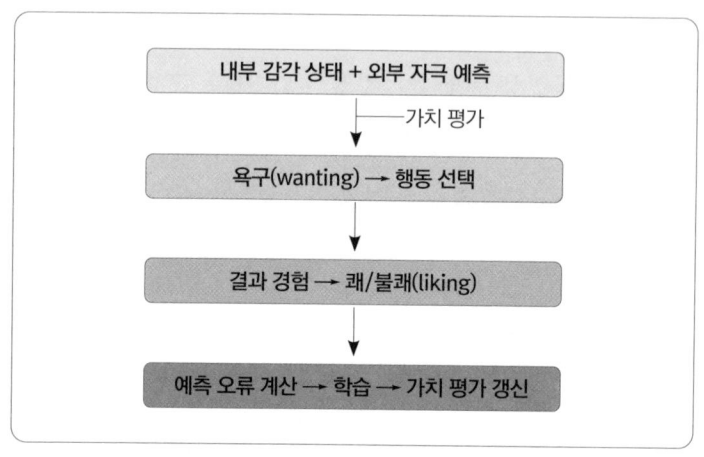

즉, 가치 평가는 입력-출력의 중심적 통합 기제이며, 욕구 및 선호(wanting/liking)는 동기와 보상의 양극으로, 예측 오류는 시스템 갱신 신호로, 감정적 가치량(valence)은 감정적 배경으로, 주관적 효용은 의식 수준에서 인지되어 보고되는 최종 결과물이다.

결국 행동 선택의 기준은 어느 한 개념으로 환원될 수 없으며, 가치 평가, 효용, 감정, 욕구, 예측 오류의 다층적 상호 작용 속에서 결정된다. 이러한 통합 신경심리 모형은 인간의 선택을 합리적 계산의 결과가 아니라 감정적 경험, 신체적 상태, 인지적 평가가 결합된 역동적 가치 연산(dynamic value computation)의 결과로 설명한다.

3) 통합 신경심리 모형

행동 선택을 단순히 '가치의 계산'이나 '효용의 극대화'로 설명하는 전통적 접근은 인간의 실제 행동을 충분히 설명하기 어렵다. 현대 신경경제학과 신경심리학은 인간의 의사결정이 감정, 동기, 인지, 학습이 순환적으로 상호 작용하는 통합적 과정임을 보여준다.

이러한 이해를 바탕으로 제시된 것이 '통합 신경심리 모형'이다. 이 모형은 인간의 행동 선택이 단일한 변수―예를 들어 효용이나 욕구―에 의해 결정되는 것이 아니라 신체 내부 감각―감정적 평가(감정적 가치량)-가치 통합(가치 평가)-동기화(wanting)-결과 경험(liking)-예측 오류 학습이라는 연속적 과정이 순환적으로 작동함으로써 형성된다고 본다.

이러한 '감정-동기-인지-학습의 순환적 구조'는 다음과 같은 단계별 작용을 통해 완성된다.

첫째, 내부 감각 단계에서는 신체의 항동성을 감지하는 기능이 중심이 된다. 이 과정은 섬엽과 시상하부가 관여하며, 현재의 생리적 상태―예를 들어 피로, 허기, 긴장―를 감각적으로 파악한다. 이 신체 정보는 이후 모든 정서적 평가와 가치 판단의 기초가 된다.

둘째, 감정적 평가(emotional valence) 단계에서 감정은 자극의 쾌·불쾌 방향을 판단한다. 편도체와 OFC가 관여하며, 이때 자극은 '긍정적 접근' 혹은 '부정적 회피' 반응의 정서적 색조를 부여받는다.

셋째, 가치 통합(valuation) 단계에서는 감정, 기억, 상황 정보를 종합하여 '이 선택이 나에게 어떤 가치가 있는가'를 계산한다. vmPFC가 중심적으로 작동하며, 이전 경험과 현재의 정서 상태를 통합해 예상 효용(expected utility)을 생성한다.

넷째, 동기화(wanting) 단계에서 도파민성 중뇌 회로―특히 복측피개영역(VTA)과 측좌핵(NAcc)―이 활성화된다. 이 회로는 행동을 실제로 유도하는 추진력, 즉 '지금 그것을 하고자 하는 동기적 에너지'를 만들어낸다.

다섯째, 결과 경험(liking) 단계에서는 보상이 이루어졌을 때의 정서적 만족감이 경험된다. 이때 복측 창백핵(ventral pallidum)과 OFC가 관여하며, 실제 쾌감(liking)이 뇌의 쾌락 회로를 통해 강화된다.

여섯째, 예측 오류 학습(prediction error) 단계에서는 예상한 보상과 실제 결과의 차이를 계산하여 시스템을 갱신한다. 이 과정은 선조체와 도파민 시스템이 담당하며, 기존의 가치 평가 회로가 수정되거나 강화되어 다음 행동의 근거가 된다.

마지막으로, 이러한 일련의 과정은 전전두엽-변연계 루프(prefrontal-limbic loop)를 통해 순환적으로 연결된다. 즉, 새로운 경험은 다시 감정-동기-가치 회로로 되돌아가 신체 상태, 정서, 기억의 통합적 학습을 지속적으로 갱신한다.

따라서 행동 선택은 정적(static)인 판단이 아니라 감정적 에너지↔인지적 평가↔신체적 항동성 조절이 상호 피드백하는 동적(dynamic) 자기 조절 과정으로 이해되어야 한다.

하지만 기존의 행동 선택 이론은 주로 특정 변수—예를 들어 '가치', '효용', '욕구'—에 초점을 맞추어 행동을 하나의 결과값으로 설명해 왔다. 그러나 통합 신경심리 모형은 인간의 선택이 단일 변수의 함수가 아니라 다중 시스템의 상호 작용에 의해 형성된다고 본다.

비교 항목	기존 개념적 접근	통합 신경심리 모형
설명 초점	특정 변수 중심(가치·효용·욕구 등)	감정·동기·인지의 통합적 상호 작용
시간 구조	정적(static)	순환적(dynamic)
인간상	합리적 경제인(rational agent)	감정적·사회적·학습적 존재(emotional-social agent)
신경 기준	단일 회로 중심(보상 회로 중심)	전전두엽-변연계-시상하부의 통합 네트워크
행동의 본질	"선택의 계산"	"신체·감정·인지의 통합적 자기 조절"

요약하자면, 행동 선택의 기준은 가치 평가, 효용, 욕구, 예측 오차 중 어느 하나로 환원될 수 없다. 인간의 행동은 감정적 평가, 동기적 에너지, 인

지적 판단, 학습적 갱신이 순환적으로 작용하는 통합 신경심리 시스템의 결과이다. 즉, 인간은 계산하는 기계가 아니라 감정적으로 느끼고, 동기적으로 추동되며, 인지적으로 평가하고, 학습적으로 적응하는 존재이다.

따라서 의사결정을 이해하려면 가치·감정·욕구·예측 오차의 개별 요소를 넘어 그들 간의 상호 피드백 루프를 포착해야 한다. 결국 '통합 신경심리 모형'은 인간 행동을 단순한 효용의 산물이 아닌, 감정-동기-인지-학습의 순환적 통합 과정으로 재정의한다.

2. 경험 효용에서 결정 효용으로

1) 쾌락과 선택의 신경경제학: 베리지와 오도허티의 이중적 욕구 이론

인간의 행동 선택은 단순한 이성적 판단의 결과가 아니라 쾌감의 경험과 그에 대한 예측이 결합되어 작동하는 감정-인지 통합 과정이다. 베리지(Berridge)와 오도허티(O'Doherty)는 이러한 과정을 설명하기 위해 '경험 효용(experience utility)'과 '결정 효용(decision utility)'이라는 두 단계의 가치 체계를 구분하였다.

경험 효용은 실제로 느껴지는 쾌락이나 만족감, 즉 선호(liking)에 해당한다. 이는 감정적·신체적 차원의 경험이다.[47] 반면에 결정 효용은 미래 행동의 선택 순간에 '이 행동이 얼마나 가치 있을 것인가'를 계산하는 예측적 가치로, 전전두엽과 선조체의 인지적 평가 회로에서 처리된다. 인간은 바로 이 경험된 효용(느낀 즐거움)을 기억하여, 이후 행동을 선택할 때 예측된

---

47 안와전두엽피질(orbitofrontal cortex, OFC)과 복측 담창구(ventral pallidum) 같은 정서 평가 회로에서 처리된다.

효용(결정 효용)으로 변환한다. 이 변환 과정이 곧 학습과 행동 선택의 신경적 기반이다.

베리지와 오도허티는 결정 효용이 다시 두 가지 유형의 욕구로 구분된다고 보았다. 첫째는 유인가 현저성 욕구(Incentive salience wanting)로 자극이 감정적으로 '도드라져 보이게' 만들어 자동적 접근 행동을 일으키는 원초적 욕구이다. 이는 베리지가 제시한 개념으로, 무의식적이고 자극 중심적인 동기 형태를 갖는다.[48] 이때의 욕망은 '즐거워서'가 아니라 단지 그 대상에 강렬하게 '끌리기 때문'에 일어난다. 쾌락(liking)과는 분리되어 있으며, 약물 중독·도박·충동 구매와 같은 자극 의존적 행동을 유발한다. 도파민 분비가 높거나 생리적 결핍, 욕구, 흥분 상태가 클수록 유인가 현저성 욕구(자극 유인 욕구)가 쉽게 유발된다.

둘째는 인지적 욕구(ordinary wanting)이다. 이는 오도허티가 제시한 개념으로, 과거 경험과 기대를 바탕으로 결과의 효용을 예측하며 행동을 선택하게 하는 인지적·예측적 욕구를 의미한다. 따라서 '결정 효용 욕구'라고도 한다.[49] 즉, '이 행동을 하면 좋은 결과가 있을 것이다'라는 의식적 판단에 근거한 계획적 욕구로, 일상적인 안정 상태에서 주로 작동한다. 일상적인 안정 상태, 즉 정상적인 도파민 수준과 항동성이 유지되는 생리 조건에서 이 인지적 욕구가 주로 작동한다.

이 두 유형의 욕구는 각각 파블로프식 시스템(model-free)과 목적지향적 시스템(model-based)의 작동과 대응된다. 전자(파블로프식 시스템)는 자극-보상 간의 자동적 연합 학습에 기반하며, 정서적 반응과 습관화된 행동을 이

---

48 도파민성 중뇌-변연계 회로(ventral tegmental area→nucleus accumbens→ventral pallidum)의 활성으로 발생한다.
49 이는 안와전두엽피질(OFC)과 복내측 전전두엽(ventromedial prefrontal cortex), 그리고 선조체의 가치 평가 회로에서 계산되며, 보상 예측 오류에 의해 지속적으로 수정된다.

끈다. 후자(목적지향적 시스템)는 결과를 예측하고 비교하는 인지적 계산에 기반하며, 유연하고 계획적인 행동을 유도한다. 따라서 파블로프식 시스템이 발동할 때는 원초적 감정에 근거한 유인가 현저성 욕구가, 목적지향적 시스템이 작동할 때는 인지적으로 조절된 인지적 욕구가 활성화된다.

이러한 두 시스템은 서로 대립하거나 배타적으로 작용하지 않는다. 실제 인간의 행동은 경험 효용으로부터 얻어진 감정적 가치가 두 종류의 결정 효용(유인가 현저성 욕구와 인지적 욕구)으로 각기 변환되는 과정 속에서 형성된다. 그중 어느 회로가 더 우세하게 작동하는가는 도파민 분비 수준, 생리적 상태, 자극의 강도, 인지적 통제력 등에 의해 결정된다. 결국 인간의 다양한 행동 유형―충동적 반응, 습관적 행동, 계획적 선택―은 이러한 두 형태의 결정 효용과 공통의 기반인 경험 효용 위에서 서로 다른 조건 하에 활성화될 때 발생한다. 즉, 인간은 '경험된 감정의 가치'를 인지적으로 예측하고, 그 예측이 다시 감정적으로 보강되는 순환적 체계 속에서 행동한다.

이 관점에서 보면 도파민 시스템은 단순히 쾌락을 주는 신경 전달물질이 아니라 감정적 동기와 인지적 의사결정 사이의 조절자(mediator)로 작동한다.

인간의 행동 선택은 경험 효용에 의해 형성된 감정적 가치가 이후 결정 효용으로 전환되는 과정에서 이루어진다. 도파민의 생리적 수준이 높을수록 자극의 유인가 현저성이 증폭되어 자동적·파블로프식 형태의 유인가 현저성 욕구가 유발되고, 반대로 정상적 항동성 상태에서는 전전두엽의 인지 조절에 의한 인지적 욕구가 주도적으로 작동한다. 따라서 인간의 상이한 행동 유형은 이러한 두 형태의 결정 효용과 공통된 경험 효용에 기반하여 상호 다르게 발동될 때 나타난다.

2) 기억에 의한 효용 변형: 기억 작용을 포함한 통합 신경심리 모형

베리지와 오도허티가 제시한 경험 효용으로부터 결정 효용으로의 개념은 인간의 의사결정을 '느낀 효용(liking)'과 '예측된 효용(wanting)'의 상호작용으로 설명하며, 행동 선택이 단순한 계산 과정이 아니라 감정-동기-평가의 신경적 순환에 의해 이루어진다는 점을 밝혔다. 그러나 이 모델은 의사결정의 시간적 차원, 즉 '과거의 경험이 기억으로 저장되고 그 기억이 다시 재평가되어 현재의 선택에 영향을 미치는 과정'을 충분히 설명하지 못했다. 실제 인간의 행동은 경험된 효용이 기억의 부호화, 통합, 재구성, 인출 과정을 거치며 반복적으로 수정된 결과물이다.

3) 경험 효용의 생성: 감정–신체 기반의 가치 형성

경험 효용은 실제 경험된 쾌감(liking) 또는 만족의 감정이다. 이 단계에서 자극은 감각·정서 통합 시스템을 통해 평가되며, 주요 신경 기제는 섬엽, 편도체, vmPFC, 그리고 OFC가 포함된다. 이 회로들은 외부 자극의 쾌·불쾌 여부를 판단하고, 그 순간의 신체적 항동성 상태와 감정 반응을 결합하여 주관적 가치를 형성한다. 즉 경험 효용은 단순한 감각적 평가가 아니라 '신체적 항동성+정서적 반응'이 통합된 신경심리적 가치 신호이다. 이때의 효용은 감정적 색조를 띠며, 그 자체가 이후의 행동 동기(욕구)와 학습(예측 오류)의 기반이 된다.

4) 기억 저장 단계의 변형: 감정적 재부호화(emotional re-encoding)

경험된 효용은 해마-편도체-전전두엽 네트워크를 통해 기억으로 부호화(encoding)된다. 그러나 기억은 단일 사건의 정지화된 복사본이 아니라 통합(consolidation), 정서적 강화(sensitization), 선택적 망각(forgetfulness)의 과정을 거치며 의미 중심으로 재구성된다.

변형 단계	주요 작용	결과
통합	해마-피질 네트워크에서 의미 중심으로 재구성	구체적 감각 정보는 약화되고, 감정적 핵심은 강화됨
정서적 강화	편도체의 감정 신호에 의해 현저성 (salience)이 증폭	향후 동기 체계에서 과대 표현
선택적 망각	상충되거나 불필요한 세부 정보 제거	효용 기억의 단순화·정형화

이 과정에서 '기억된 경험 효용'은 더이상 객관적 사건이 아니라 감정적으로 재부호화된 효용 기억으로 남는다. 따라서 인간이 회상하는 '그때의 즐거움'은 실제 경험의 복제가 아니라 감정적 강화와 의미적 재구성이 결합된 심리적 재구성(affective reconstruction)이다.

5) 인출(retrieval) 시의 변형: 현재 상태에 따른 가치 재평가

기억은 인출될 때마다 현재의 생리적 상태와 감정적 맥락에 따라 달리 해석된다. 이때 작용하는 현상은 상태 의존적 기억 및 기분 일치 기억(mood-congruent recall)이다.

현재의 항동성 상태	인출되는 기억의 경향	조절 신경 기제
항동성 안정 상태	중립적·균형된 기억 인출	vmPFC가 감정 신호를 억제
도파민 과활성 (흥분, 욕구, 결핍 상태)	보상적 경험 기억의 과대 인출	선조체, NAcc의 현저성 과활성
세로토닌 저하 (우울, 피로 상태)	부정적 경험 중심의 인출	편도체-해마 회로의 부정적 편향 증가

즉, 같은 '즐거운 기억'이라도 현재 도파민이 높으면 '그때의 쾌감'이 과장되어 강한 욕망으로 이어지고, 세로토닌이 낮으면 '그때의 부족함'으로 재해석되어 회피적 감정으로 작용한다. 기억은 언제나 현재의 뇌 상태에 맞추어 재구성되는 유동적 평가 시스템이다.

6) 결정 효용으로의 전환: 기억된 효용의 재평가와 행동화

기억된 경험 효용은 다시 결정 효용으로 변환되어 행동 선택의 기준으로 작동한다. 이 변환 과정에서 작용하는 주요 경로는 다음과 같다.

- **기억 인출:** 해마에서 경험적 가치가 OFC로 전달
- **현재 상태 통합:** OFC가 섬엽과 선조체, vmPFC로부터 현재의 신체·감정 상태를 수집
- **가치 갱신:** vmPFC–선조체 회로에서 '기억된 가치×현재의 생리 상태'를 가중 통합하여 새로운 결정 효용을 계산

이로써 과거의 즐거움은 현재의 생리·정서 상태에 따라 다르게 해석되어 새로운 행동 동기로 변환된다. 즉, 결정 효용은 과거 효용의 복제가 아니라 기억된 효용의 재평가 결과로서의 현재적 효용이다.

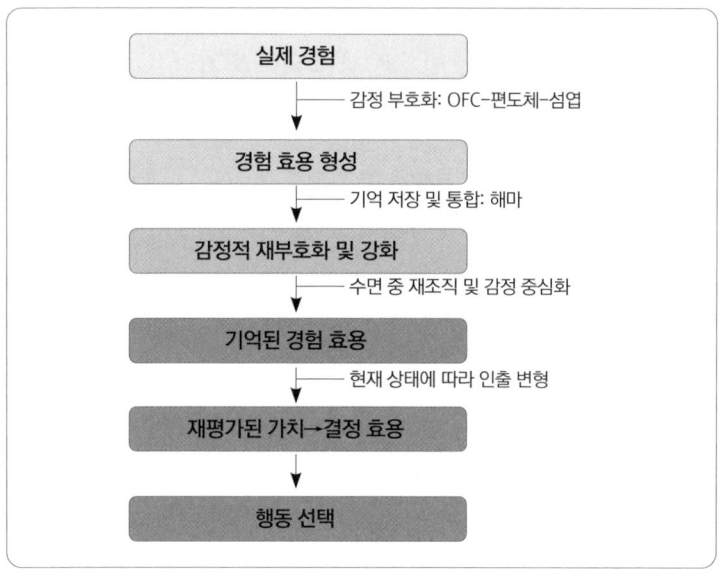

경험 효용은 감각과 감정의 통합을 통해 형성되며, 기억으로 저장되는

과정에서 해마-편도체 네트워크에 의해 감정적 핵심이 강화된다. 이 기억은 시간의 경과와 재인출 과정에서 현재의 생리적·정서적 상태에 의해 반복적으로 수정된다. 따라서 결정 효용은 단순히 과거 경험의 복제가 아니라 기억된 효용이 현재적 신체 상태와 감정 맥락을 통합하여 재계산된 결과이다. 이러한 관점은 '같은 경험이라도 왜 다른 상황에서 다르게 느껴지고, 왜 인간의 선호와 선택이 변동적인가'를 설명하는 핵심 이론적 토대를 제공한다. 즉, 기억은 단순한 정보 저장이 아니라 효용을 재구성하는 신경적 연산 과정이며, 의사결정은 기억된 효용의 재평가에 의해 끊임없이 갱신되는 동적 과정이다.

인간의 결정 효용은 경험 효용의 단순한 반영이 아니라 감정적으로 재부호화된 효용 기억이 현재의 신체·정서 상태와 상호 작용하여 새롭게 계산되는 신경심리적 산물이다.

> **참고**
>
> **기억 재판매의 원리: 경험 효용에서 결정 효용으로의 마케팅 전환**
>
> "기억은 곧 마케팅 자산이다"를 금언으로 삼아야 할 때이다. 전통적 마케팅은 소비자의 현재 욕구나 효용에 집중하지만, 신경심리학적 관점에서 실제 구매 결정의 70% 이상은 '기억된 효용'(remembered utility)에 기반한다. 즉, 고객은 '좋았던 경험'을 현재의 감정 상태로 다시 불러와 '그 경험을 반복하고 싶은가?'를 판단한다.
>
> 따라서 효과적인 마케팅은 새로운 욕구를 자극하는 것이 아니라 '기억된 효용을 현재화(가치 재평가)'하는 과정이다. 이것이 바로 경험-기억 기반(experience-memory-decision) 마케팅의 핵심 원리이다.
>
> 이러한 '기억된 효용→인출 시의 감정 변형→현재적 가치 재평가'라는

과정은 구체적으로 네 단계로 작동한다.

첫째, '경험 효용 형성' 단계에서는 고객이 제품이나 서비스를 통해 감각적·감정적으로 즐거운 경험을 하게 된다. 이는 모든 마케팅의 출발점으로, 체험형 이벤트나 감각을 자극하는 브랜드 터치포인트를 설계하여 긍정적인 첫인상을 각인시키는 것이 중요하다.

둘째, '기억의 저장 및 감정적 재부호화' 단계에서 이 경험은 뇌에 장기 기억으로 저장된다. 이 과정에서 구체적인 세부 사항보다는 감정의 핵심이 강화되므로, 마케팅은 스토리텔링을 통해 경험에 의미를 부여하고 '감정 태그'를 남기는 브랜드 내러티브를 구축해야 한다.

셋째, '인출 시 변형' 단계에서는 저장된 기억이 고객의 현재 감정이나 상황에 따라 재해석된다. 따라서 마케팅은 개인 맞춤형 리마인드 전략을 통해, 예를 들어 특정 시간이나 고객의 기분 상태에 가장 잘 어울리는 방식으로 기억을 소환해야 한다.

넷째, '결정 효용 전환' 단계에서는 재해석된 기억이 현재의 가치로 재평가되어 구매나 재방문이라는 행동으로 이어진다. 이 결정의 순간을 포착하기 위해 마케팅은 재방문이나 재구매를 유도하는 명확한 액션 촉구를 제공해야 한다.

즉, 마케팅은 '기억된 효용을 다시 꺼내어 지금의 감정 상태에 맞게 재활성화하는 기술'이다. 기업은 단순한 프로모션보다 고객의 감정 기억 회로를 자극하여 '그때의 좋은 감정이 지금 다시 살아나는 순간'을 만들어야 한다.

7) 마케팅 응용 사례

(1) 골프장 리마인드 마케팅: 기억된 평온함의 재소환

골프장 마케팅의 성공은 첫 방문에서 비롯된다. 고객이 필드에서 느끼

는 바람, 잔디의 향, 공의 타격음과 같은 감각적 경험은 편도체와 해마를 통해 강력한 '정서적 부호화' 과정을 거쳐 기억으로 각인된다. 이후 1~2일 이내에 이루어지는 '기억 통합' 단계에서는 시각적 세부 사항보다 '편안함'과 '성취감' 같은 감정의 핵심만이 추려져 강화된다. 이렇게 형성된 감정 자산을 활용하기 위해 마케팅은 2~3주 후 도파민 수준이 높은 금요일 오후와 같은 시점에 "그날의 바람을 기억하시나요?"와 같은 감성적 리마인드 메시지를 발송한다. 이는 전전두엽과 선조체를 자극하여 기억을 재활성화시키고, 현재 느끼는 스트레스와 결합되어 '그때의 만족감'이 '지금의 강렬한 재방문 욕구'로 전환되도록 유도한다.

(2) 뷰티·패션 브랜드: 감정 기억에 잠긴 정체성의 발견

뷰티와 패션 제품은 단순한 소비재가 아니라 첫사랑의 향수나 졸업식의 립스틱처럼 특정 시절의 감정과 단단히 결합된 기억의 매개체이다. 따라서 이들의 마케팅은 새로움보다 '재발견'에 초점을 맞춘다. 목표는 새로운 제품을 판매하는 것이 아니라 오래된 향수나 색상을 통해 '그때의 감정을 다시 경험하게 하는' 것이다. 이를 위해 특정 향기나 질감 등 '감각 단서'를 재활용하여 편도체에 저장된 감정 기억을 직접 자극하거나, 고객의 SNS 기록을 분석해 '그때의 기억을 다시 입는' 맞춤형 캠페인을 구성한다. "그날의 당신이 다시 웃을 수 있도록"과 같은 메시지는 단순한 광고 문구가 아니라 기억에 새로운 의미를 덧입히는 '재부호화'를 유도한다. 결과적으로 고객의 구매 결정은 제품 자체의 효용이 아닌 기억된 경험과 정체성의 재평가를 통해 이루어진다.

(3) 커피 브랜드: 일상에 스민 회고(回顧)의 리듬

스타벅스나 블루보틀과 같은 커피 브랜드의 성공 비결은 '커피' 그 자체에만 있지 않다. 그들은 한 잔의 커피를 마시던 '그 시간과 공간의 감정'을 상품화한다. 매장의 특별한 향기, 배경 음악, 공간의 온도는 고객의 뇌에 특정 감정으로 부호화된다. 재방문 시 동일한 감각 자극을 제공함으로써 이 감정 기억을 강화하고, 계절과 시간대에 맞춘 "그때 그 향이 다시 돌아왔습니다"와 같은 리마인드 메시지를 통해 기억을 정확한 시점에 소환한다. 이 모든 과정은 고객이 현재 느끼는 피로나 일상의 스트레스와 결합되어, 커피 한 잔의 가치를 '과거의 평온했던 그 시간으로 돌아갈 수 있는 통로'로 재평가하도록 만든다. 즉, 고객은 카페인을 찾아가는 것이 아니라 '기억 속에서 자신을 위로하는 경험'을 구매하는 것이다.

(4) 여행·호텔 산업: 설계된 노스탤지어의 귀환

여행을 마친 고객이 사진을 보며 '다시 가고 싶다'고 느낄 때, 그 배후에서는 단순한 정보 회상이 아닌 편도체와 해마의 협력을 통한 '감정 기억의 재활성화'가 일어나고 있다. 선도적인 호텔과 리조트에서는 이러한 생물학적 메커니즘을 의도적으로 설계에 활용한다. 여행 후 2~3주가 지난 시점, 감성적인 사진과 함께 당시 현장의 향기나 자연 소리를 연상시키는 콘텐츠를 제공한다. 이는 고객의 현재 상태(예: 피로가 극에 달한 퇴근 시간)와 대비되어 '그때의 평온함'을 더욱 간절하게 재소환한다. 나아가 재방문 시에는 같은 향과 음악을 재현하여 '감정 기억의 일관성'을 제공함으로써 기억된 효용에 대한 신뢰를 강화하고 이를 넘어 브랜드에 대한 강한 애착으로 발전시키는 토대를 마련한다.

8) 기억 기반 마케팅의 핵심

현대 마케팅의 본질은 새로운 욕구를 만들어내는 것이 아니라 고객이 과거 경험을 통해 느꼈던 감정적 효용(remembered utility)을 현재의 감정 상태에서 다시 활성화시키는 데 있다. 고객의 뇌는 단순한 정보나 숫자를 기억하지 않지만, 감정과 경험을 기억하며, 그 감정이 다시 살아날 때 행동이 발생한다.

첫 단계인 경험 효용(experience utility)에서는 고객이 현장에서 느끼는 감정이 OFC, 편도체, 섬엽 회로를 통해 부호화된다. 이때 고객은 바람, 향기, 소리, 질감 등 감각적 경험을 통해 최초의 감정적 가치를 형성한다.

두 번째 단계인 기억 변환(memory transformation)에서는 해마-편도체 회로가 작동하며, 경험의 핵심 감정이 강화되고 스토리화되어 장기 기억 속에 자리 잡는다. 이 과정에서 마케팅은 감정 태그, 스토리텔링, 영상, 이미지 등 다양한 전략을 활용해 경험의 의미를 심화시킬 수 있다.

세 번째 단계인 인출(reactivation)에서는 vmPFC와 선조체가 관여하여, 고객이 과거 경험을 떠올릴 때 현재의 감정 상태와 결합해 기억된 효용이 재평가된다. 이를 활용하면 시간, 계절, 기분, 상황에 맞춘 맞춤형 리마인드 마케팅이 가능하다.

마지막 단계인 결정 효용(decision utility)에서는 vmPFC와 OFC의 통합 작용을 통해 재활성화된 감정 기억이 구체적 행동으로 연결된다. 고객은 단순히 정보를 기반으로 결정을 내리는 것이 아니라 과거에 느꼈던 긍정적 감정을 다시 체험하며 재방문, 재구매 등 행동으로 이어지게 된다.

결론적으로, 기억 기반 마케팅의 핵심은 '고객의 기억된 감정을 현재화하고, 이를 행동으로 전환시키는 기술'이다. 고객의 뇌가 기억하는 것은 정보가 아니라 감정이며, 마케팅 전략은 이 감정을 어떻게 효과적으로 재활성화할 것인가에 달려 있다. 이러한 이해를 기반으로 설계된 마케팅은 단순한 프로모션을 넘어, 브랜드 애착과 장기적인 고객 충성도를 구축하는 강력한 도구가 된다.

이러한 '통합 신경심리 모형'을 골프장 고객의 이용·재방문·충성도 형성 과정에 적용하면, 단순한 가격과 프로모션 중심의 마케팅을 넘어 '감정-동기-기억-학습-항동성'의 전 과정을 조절하는 뇌 기반 골프 마케팅 전략(neuropsychological golf marketing)을 설계할 수 있다. 이는 이론이 단지 관념에 그치지 않고, 실제 비즈니스 현장에서 구체적인 성과를 창출할 수 있는 실용적 프레임워크로 자리 잡음을 의미한다.

3. 시간적 지속성을 기준으로 본 감정의 유형과 이용

이처럼 기억과 감정이 결합된 마케팅은 고객의 '현재적 행동'을 이끌어내는 데 초점을 맞추지만, 그 근간에는 감정이 시간 속에서 어떻게 지속되고 변화하는가에 대한 이해가 필수적이다. 즉, 감정이 단순히 '순간의 반응'으로 그치지 않고, 기억·동기·결정 과정에 걸쳐 장기적으로 작용한다는 점을 이해해야만 감정의 재활성화 메커니즘을 정밀하게 설계할 수 있다.

다음에서는 감정의 시간적 지속성(temporal persistence)을 기준으로 그 유형과 기능을 살펴보고자 한다.

1) 감정의 지속 시간에 따른 신경심리학적 유형과 이론적 근거

감정(emotion)은 단일한 순간적 반응이 아니라 지속 시간(temporal duration)에 따라 서로 다른 신경기제와 생리적 기능을 갖는 다층적 현상이다. 즉, 감정은 '순간적 느낌'에서 '장기적 성향'에 이르기까지 시간의 스펙트럼 위에서 작동하며, 각기 다른 신경 회로, 신경 전달 물질, 그리고 인지적 통합 수준을 반영한다.

신경심리학 및 정서신경과학(affective neuroscience)에서는 감정의 지속 시간을 기준으로 ① 성격적 정서(affective trait), ② 습관적 감정(affective habit), ③ 기분(mood), ④ 이월된 감정(carried-over emotion), ⑤ 의사결정 통합 감정(decision-integrated emotion)으로 구분한다. 이 구분은 단순한 심리학적 분류가 아니라 각 감정이 작동하는 시간적 범위와 신경 회로의 동역학에 근거한다. 감정의 지속 시간에 따른 감정의 신경심리학적 구분은 다음과 같다.

(1) 성격적 정서(affective trait)

성격적 정서는 몇 년에서 몇십 년에 걸쳐 지속되는 장기적 감정의 경향성을 의미한다. 이는 vmPFC와 편도체의 장기 연결성과 관련되며, 세로토닌 조절 시스템의 장기적 안정성에 의해 유지된다.

예컨대 불안 성향이 높은 사람은 편도체의 과활성으로 인해 위협 자극에 과도하게 반응하며, 전전두엽의 억제 기능이 충분히 작동하지 않아 작은 자극에도 불안을 지속적으로 경험한다.

데이비슨(Richard Davidson, 1998)의 정서 성향 모형과 그레이(Gray, 1987)의 BIS/BAS 이론[50]은 이러한 장기 정서 성향을 '좌·우뇌 전전두엽의 비대칭적 활성 패턴'으로 설명한다. 즉, 성격적 정서는 유전적 요인과 신경 가소성에 의해 형성된 '구조화된 정서 패턴'이다.

---

50 Gray, J. A., 1987, *The Psychology of Fear and Stress*(2nd ed.). Cambridge: Cambridge University Press.

(2) 습관적 감정(affective habit)

습관적 감정은 몇 개월 단위로 지속되며, 반복된 정서 경험이 강화 학습 회로를 통해 자동화된 반응으로 내면화된 형태이다. 이 과정은 주로 전전두엽-기저핵(prefrontal-basal ganglia) 경로와 도파민 강화(sensitization) 메커니즘을 통해 매개된다. 예를 들어 직장에서 반복적으로 경험하는 좌절이나 불만이 누적될 경우, ACC와 선조체 간의 연결이 강화되어 '짜증', '불만' 같은 감정 반응이 특정 자극 없이도 자동적으로 재생된다. 베리지(Berridge, 2003)는 이를 도파민 강화라고 부르며, 반복된 감정 자극이 뇌의 욕구 회로를 강화하여 감정 반응이 습관화된 자동 반응으로 변한다고 설명하였다. 따라서 습관적 감정은 학습에 의해 형성된 정서적 자동화 패턴으로 이해된다.

(3) 기분(mood)

기분은 명확한 자극이 없어도 일정 기간 지속되는 배경 감정(background emotion)으로 시상하부-편도체-중뇌 도파민계로 구성된 장기적 조절 루프에 의해 유지된다. 이때 세로토닌과 노르아드레날린이 정서의 안정성과 지속 시간을 조절하며, 기분은 개인의 주의, 기억, 인지적 해석의 편향에 영향을 준다. 다마지오(Damasio, 1999)는 이를 '배경 감정'이라 하며, 기분은 외부 사건이 아니라 내부 항동성의 신경적 표현이라고 보았다. 즉, 기분은 장기적 신체 상태와 환경 적응의 균형을 반영하는 정서적 지표이다.

(4) 이월된 감정(carried-over emotion)

이월된 감정은 몇 분에서 몇 시간 정도 지속되며, 이전 상황의 감정적 각성과 생리적 긴장이 새로운 상황으로 전이되는 현상이다. 이는 ACC, 섬엽, 편도체 등의 회로에서 관찰되며, 이전의 정서적 각성이 완전히 소멸되지 않아 다음 판단이나 행동에 영향을 미치는 것이다. 예를 들어 회의 중 분노를 느낀 사람이 이후 운전 중 작은 자극에도 과도하게 반응하는 경우, 이는 남은 감정 에너지가 인지 판단에 개입하는 정서적 잔류 효과를 보여준다.

크레이그(Craig, 2009)는 이러한 현상을 '내부 수용 감각의 지속적 통합(interoceptive continuity)'으로 설명하며, 감정이 단절되지 않고 시간적으로 이어지는 생리적 연속성을 강조하였다. 즉, 이월된 감정은 내부감각 신호의 지속적 활성화로 인해 감정 상태가 잔류하는 현상이다.

(5) 의사결정 통합 감정(decision-integrated emotion)

의사결정 통합 감정은 몇 초에서 몇 분 단위로 작동하며, 판단이나 선택의 순간에 감정이 인지적 평가와 통합되어 행동을 유도한다. 주요 회로는 OFC, vmPFC, ACC, 그리고 선조체이다. 다마지오의 소마틱 마커 가설에 따르면, 감정은 '이 선택이 나에게 유리할까?'라는 인지적 판단의 순간에 신체적 반응(gut feeling)의 형태로 개입하여 결정 효용을 조절한다. 즉, 감정은 이성적 판단을 방해하는 요소가 아니라 불확실한 상황에서 행동 방향을 제시하는 실시간 가치 신호(value signal)로 작용한다.

이렇게 감정은 단일한 사건이 아니라 시간적 계층 구조를 가진 다차원적 신경 현상이다. 장기적 감정(성격적 정서, 습관적 감정)은 신경 가소성 수준의 회로 재구조화와 관련되고, 단기적 감정(이월된 감정, 의사결정 감정)은 실시간 신경 활동의 동적 상호 작용에 의해 형성된다. 이러한 시간적 다양성은 인간 행동의 복합성과 개별성을 만들어낸다. 즉, 한 개인의 행동에는 ① 성격적 정서가 형성하는 장기적 정서 경향, ② 이월된 감정이 만드는 단기적 판단 편향, ③ 의사결정 감정이 유발하는 순간적 선택 충동이 동시에 작용하여 인간의 선택을 유일하고 예측 불가능하게 만든다.

요약하자면, 감정은 시간의 길이에 따라 서로 다른 신경 회로와 생리적 원리를 기반으로 작동한다. 이러한 시간 스펙트럼은 인간의 행동이 예측 불가능하고 개인차가 큰 이유를 설명하며, 성격에서 순간적 결정에 이르는 정서의 시간 스펙트럼은 인간 행동의 다양성과 개별성의 근원적 구조를 이룬다.

2) 감정의 지속 시간 구조의 생물학적·진화적 근거

이러한 감정의 시간적 구분은 단순한 심리적 현상이 아니라 생물학적 진화 과정 속에서 생존 효율성을 극대화하기 위해 뇌가 채택한 전략적 구조로 이해할 수 있다.

이제 우리는 감정의 지속 시간 구조가 어떻게 진화적·생물학적으로 형성되었는지를 살펴볼 필요가 있다. 감정은 단순한 일시적 반응이 아니라 서로 다른 시간 단위에서 작동하는 다층적 신경 시스템으로 구성되어 있다. 즉, 인간의 감정 체계는 몇 초에서 몇 년에 이르는 다양한 지속 시간(time scale)을 가진 감정 모듈들의 복합체로 이루어져 있다.

이러한 시간적 다양성은 단지 감정의 강도 차이 때문이 아니라 환경 변화의 속도와 적응의 필요성이 상이하기 때문에 생물학적·진화적으로 분화된 결과이다.

이들은 각각 서로 다른 신경 회로와 신경전달물질 시스템에 의해 유지되며, 그 기능은 에너지 관리, 환경 적응, 사회적 안정성의 유지라는 세 가지 생물학적 목적에 기초한다.

또한 인간의 뇌는 여러 시간 단위에서 작동하는 감정의 시간 계층(time

hierarchy)을 가지고 있다. 이는 각각의 감정 시스템이 적응해야 할 환경의 변화 속도에 따라 분화된 것이다.

감정 지속 범위	감정 유형	기능적 초점	진화적 목적
몇 년 이상	성격적 감정	장기적 행동 성향, 사회적 일관성	안정된 사회적 협력, 정체성 형성
몇 개월	습관적 감정	반복된 자극에 대한 자동 반응	학습 효율 향상, 에너지 절약
며칠~몇 주	기분	환경 적응과 에너지 상태 조절	장기적 환경 변화에 따른 생리 조절
몇 초~몇 시간	이월된 감정	상황 간 감정 연속성 유지	맥락 유지, 판단의 일관성 확보

이처럼 감정의 각 시간 범위는 적응해야 하는 환경의 시간 구조에 맞춰 진화했다. 즉, 단기적 위협이나 자극에 반응하기 위한 시스템과 장기적 사회 관계나 환경 패턴에 대응하기 위한 시스템이 서로 다른 시간 단위로 작동하는 것이다.

(1) 생물학적 근거 Ⅰ: 에너지 효율성과 예측 안정성의 균형

감정은 기본적으로 신체 에너지의 관리 시스템으로 단기적 변동과 장기적 패턴이 공존하는 환경에 적응하기 위해 다층적 시간 구조를 진화시켰다. 각 감정 유형은 서로 다른 시간 환경에 특화되어 에너지 효율성과 예측 안정성의 균형을 담당한다.

성격적 감정은 장기적 사회·환경 패턴에 적응하여 에너지 분배의 안정성과 예측 가능한 행동을 유지하는 반면, 이월된 감정은 회의 후 대화와 같은 단기적 연속 상황에서 감정적 맥락을 유지하고 판단의 일관성을 확보한다.

이 두 극단 사이에서 습관적 감정은 반복적 경험을 자동화하여 인지 부

담을 줄이고, 기분은 계절적 변화와 같은 주기적 환경 리듬에 맞춰 대사율과 항동성을 조절한다.

즉, 감정의 시간 다양성은 예측 안정성과 신속한 반응성 사이의 균형을 이루기 위한 진화적 해결책으로, 뇌가 여러 시간 축에서 에너지를 최적으로 분배할 수 있게 한다.

(2) 생물학적 근거 II: 신경 회로의 시차적 적응력

감정의 지속 시간은 각 신경 회로의 고유한 생리적 '시간 상수(time constant)', 즉 정보를 처리하고 회복하는 시간 해상도에 의해 결정된다.

성격적 감정은 몇 개월에서 몇 년에 이르는 시간 상수를 가지며, 전전두엽-편도체 구조 연결의 장기적 가소성에 기반한다. 습관적 감정은 몇 주에서 몇 개월 단위의 시냅스 강화를 통해 기저핵-도파민 루프에서 자동화된다. 기분은 시상하부와 뇌간 화학 전달계가 며칠에서 몇 주에 걸친 호르몬 및 신경 전달 물질의 대사 리듬에 따라 조절된다. 마지막으로, 이월된 감정은 몇 초에서 몇 시간 동안 지속되는데, 이는 ACC와 섬엽의 신경 활성과 자율신경계의 긴장이 완전히 해소되기까지의 짧은 시간 상수를 반영한다.

따라서 감정의 지속성은 단순한 느낌의 길이가 아니라 각 신경 회로의 생리적 작동 단위를 내재적으로 보여주는 지표이다.

(3) 진화적 근거: 환경 예측과 사회적 적응의 이중 요구

인간의 감정 시간 구조는 생리적 생존을 넘어 사회적 관계 속에서 예측 가능성을 확보해야 했던 진화적 요구의 결과이다. 이는 사회적 안정성과 환경 적응의 이중 목적을 충족시키기 위해 발전했다.

성격적 감정은 타인에게 일관된 정서 신호를 제공하여 '안정적'이라는

인상을 줌으로써 신뢰 구축과 협력 관계 유지에 기여했다. 습관적 감정은 반복적인 사회적 역할 수행에서 효율성을 극대화했으며, 기분은 집단 내 정서를 동기화하고 분위기를 공유함으로써 집단 결속력을 강화하는 진화적 이점을 제공했다. 한편, 이월된 감정은 상황이 전환되어도 일관된 태도를 유지하게 하여 커뮤니케이션의 신뢰성을 확보하는 데 기여했다.

결국 감정의 지속성은 타인과의 관계에서 신뢰와 안정성을 구축하기 위한 핵심적인 사회적 적응 장치로 진화한 것이다.

감정의 시간적 다양성은 생명체의 적응 효율성을 극대화하기 위한 진화적 산물이다. 성격 수준의 장기 감정은 사회적 안정성과 정체성 유지에 기여하며, 습관적 감정은 반복적 경험을 자동화하여 인지적 자원을 절약한다. 기분은 환경 변화에 따른 생리적 조절을 담당하고, 이월된 감정은 단기적 맥락의 연속성과 판단의 일관성을 유지한다. 따라서 감정의 지속 시간 구조는 단순한 심리 현상이 아니라 뇌의 에너지 관리-사회적 신뢰-환경 적응이라는 세 가지 핵심 생존 과제를 통합적으로 해결하기 위한 신경진화적(neuroevolutionary) 체계로 이해할 수 있다.

요약하자면, 감정의 시간 계층은 단기적 반응성과 장기적 안정성의 균형을 이루기 위해 진화한 뇌의 다층적 시간 시스템이며, 이 구조는 인간이 생리적 생존을 넘어 '사회적 신뢰와 정체성'을 유지할 수 있도록 만든 정교한 생물학적 설계이다.

3) 감정의 지속 시간 구조의 응용: 자기 조절·리더십·마케팅·AI·치유

감정은 몇 초에서 몇 년에 이르는 다양한 시간 축에서 작동하는 신경심리적 시스템이다. 이러한 '감정의 지속 시간 구조'는 단순한 학문적 분류가 아니라 개인의 자기 조절과 의사결정, 조직의 리더십, 시장에서의 소비 행동, 그리고 AI·교육·치유 분야의 실천적 설계를 안내하는 실제적 원리로 기능한다. 핵심은 감정을 순간적 반응으로만 보지 않고, 성격적 감정(년 단위), 습관적 감정(월 단위), 기분(주·일 단위), 이월된 감정(상황 간 전이), 의사결정 통합 감정(순간적 정서)이라는 시간적 층위로 파악하여 각각을 적절히 다루는 것이다.

(1) 개인의 자기 조절: 감정은 '시간적 자기 관리 도구'

개인의 정서 조절은 즉흥적 감정 통제가 아니라 시간 구조를 다루는 작업이다. 표층에서 느끼는 '오늘의 기분' 아래에는 몇 개월에 걸쳐 형성된 습관적 감정 패턴이 있으며, 그 바탕에는 몇 년에 걸쳐 누적된 성격적 감정 성향이 존재한다. 따라서 자기 조절의 1차 과제는 자신의 정서적 기질을 인식하고 반복되는 대인관계 반응을 자각하여, 불필요한 정서 루틴을 교정하는 데 있다. 다음으로는 수면, 식사, 운동, 일광 노출 등 생리 리듬을 정돈하여 기분 변동을 완화하고, 특정 사건의 감정이 다음 사건으로 이어지지 않도록 짧은 산책이나 호흡·전환 의식 같은 '감정 리셋' 절차를 일상에서 적용한다. 중요한 결정을 앞두고는 '지금의 순간 감정'과 '평소의 장기 감정'을 의식적으로 분리하여, 감정의 일시적 왜곡이 판단을 압도하지 않도록 시간을 두고 재결정하는 메타 인지 습관을 갖추는 것이 바람직하다. 요컨대 감정의 시간 스펙트럼을 알게 되면, 우리는 자극에 즉각 반응하는 존재에서 자신의 정서를 설계·관리하는 존재로 이동한다.

(2) 조직과 리더십: 감정 지속 시간의 차이를 설계하는 리더십

조직에서의 정서적 생산성은 구성원들의 감정이 서로 다른 시간 축에

서 작동한다는 사실을 이해하고, 그 차이를 리더십 설계로 흡수하는 데서 나온다.

회의나 피드백 직후의 반응은 이월 감정이 직접 행동으로 연결된 것이므로 리더는 같은 순간에 공감·정리·피드백을 제공해 잔류 정서를 해소해야 한다. 팀의 분위기와 성과는 며칠에서 몇 주 단위의 기분으로 지속되므로 주기적 회고와 리추얼을 통해 정서적 공명과 리셋을 반복하는 장치를 두는 것이 효과적이다. 반복되는 업무 스트레스가 몇 달에 걸쳐 습관화되면 자동적 부정 정서가 형성되기 때문에 리더는 업무 설계, 자원 배분, 관계 조정 등 구조적 개입으로 장기 패턴을 교정해야 한다.

마지막으로 성격적 감정은 개인의 안정성·낙관성 같은 장기 성향이므로 역할 배분과 팀 구성에서 이를 고려하는 것이 갈등 비용을 예방한다.

이처럼 조직의 정서 운영은 '즉시 공감-주기 리셋-구조 개선-역할 설계'라는 서로 다른 시간 축의 개입이 맞물릴 때 성과를 낸다.

(3) 마케팅과 소비 행동: 감정 기억의 시간 설계

마케팅은 본질적으로 감정 기억을 설계하는 일이다. 구매 순간에는 의사결정 통합 감정이 지배하므로 감각 자극과 내러티브를 통해 '지금 이 선택이 나에게 맞다'는 감정 일치를 만들어야 한다. 매장 방문이나 서비스 이후에는 이월 감정의 잔상이 재방문 의도를 결정하므로, 체험 후 여운을 남기는 UX와 사후 커뮤니케이션이 핵심이다. 주간·계절 단위의 소비 성향은 기분에 의해 조절되므로, 시간대·날씨·상황에 맞춘 타이밍 전략이 효과적이다. 특정 브랜드에 대한 지속적 친밀감은 습관적 감정으로 축적되기 때문에 일관된 경험·커뮤니티·반복 접점을 통해 장기 루틴을 강화해야 한다. 최종적으로 브랜드가 개인 정체성과 일치하면 성격적 감정의 층위에서

'나를 대변하는 브랜드'로 내면화되어, 가격·편의의 변동을 넘어서는 공명을 만든다. 따라서 '즉흥 구매'에서 '생애 관계'에 이르기까지 마케터는 감정의 시간 생태계를 설계해야 한다.

(4) AI·교육·치유: 맞춤형 정서 시간계 코칭

AI가 감정의 지속 구조를 모형화하면 단순 감정 분석을 넘어 시간 패턴에 맞춘 개입이 가능해진다. 예컨대 사용자의 기분 리듬을 학습해 적절한 시점에 동기 메시지를 제시하거나, 회의 직후의 이월 감정이 다음 작업을 방해하지 않도록 미세 개입을 제공하는 '정서 주기형 AI 코치'가 그 예이다. 교육에서는 학습자의 기분·습관적 감정 패턴에 따라 피드백 주기와 과제 구조를 달리하여 동기 유지의 효율을 높일 수 있다. 심리 치유에서는 우울을 '기분 시스템의 장기화', 불안을 '이월 감정의 탈동기화', 외상후 스트레스를 '습관적 감정의 병리적 고정'으로 파악하고, 목표를 '감정 지속 시간의 리셋'으로 설정하여 시간 축별 정상화(단기 리셋–중기 리듬–장기 재학습)를 병행한다. 결국 회복의 본질은 감정의 시간 상수를 건강한 범위로 되돌리는 데 있다.

(5) 정서 전략의 시간 지도

감정의 시간 구조는 실생활에서 다음과 같은 전략 지침으로 환원된다. 장기적으로는 성찰과 가치 점검을 통해 성격적 감정을 정렬하고, 중기적으로는 일상 구조와 루틴을 재설계하여 습관적 감정을 건강하게 바꾼다. 단기적으로는 수면, 운동, 식사, 햇빛 등 생리 리듬을 관리하여 기분을 안정시키고, 사건과 사건 사이에는 정서 전환 의식을 두어 이월 감정을 차단한다.

중요한 결정은 순간 감정과 평소의 나를 분리해 해석하며, 가능하면 시간을 두고 재확인한다. 요컨대 감정의 시간 구조를 이해하는 순간, 우리는 즉흥적 반응의 반복에서 벗어나 시간의 리듬에 맞춰 감정을 설계·조절하는 존재가 된다. 이것이 현대 뇌과학이 제시하는 실천적 정서 활용법이며, 개인·조직·시장·치유의 장에서 모두 유효한 공통 원리이다.

4. 심리적 정체성과 감정의 시간 구조의 상호 관계

이와 같이 감정의 시간 구조 위에 세워진 정체성은 행동 선택의 근본적인 틀을 제공한다. 개인이 특정 행동에 부여하는 '효용'은 궁극적으로 그의 정체성, 즉 '나는 어떤 사람인가'라는 자기 정의와 분리될 수 없기 때문이다. 따라서 행동 선택의 다양성과 개별적 차이는 단순한 상황적 계산을 넘어 각 개인의 정체성을 구성하는 감정의 시간 구조의 깊이와 복잡성에서 비롯된다고 볼 수 있다.

1) 정체성과 감정 시간 구조의 이론적 관계

   정체성(identity)은 '시간을 관통하는 자기 일관성(self-continuity)'을 의미한다. 그러나 이 자기 일관성은 단순히 인지적 기억의 지속으로만 형성되는 것이 아니라 감정적 경험이 일정한 시간 구조를 따라 축적되고 통합되면서 형성된다. 즉, 인간의 정체성은 감정의 시간적 리듬과 구조 위에 세워진 정서적 자기 내러티브(narrative, 서사)라 할 수 있다. 다마지오는 "자아(Self)는 감정적으로 일관된 신체 상태의 시간적 내러티브"라고 정의하였다. 이는 곧, '나는 누구인가'라는 감각이 '나는 무엇을 느껴왔고, 지금은 어떻게 느끼는가'라는 감정의 시간적 일관성에서 비롯됨을 의미한다. 따라서 정체성의 본질은 감정의 지속적 패턴이 만들어내는 자기의 정서적 안정성이라 할 수 있다.

정체성은 인지적으로는 '기억', 정서적으로는 '감정'에 의해 유지된다. 특히 해마와 전전두엽은 자전적 기억의 시간적 일관성을 보장하며, 섬엽과 vmPFC, 그리고 ACC는 신체 상태와 감정의 통합을 담당한다. 이 신경망은 기본 모드 네트워크(default mode network)와 결합하여 개인의 내적 내러티브를 재구성함으로써 '나'라는 감정적 자아감(emotional sense of self)을 생성한다. 결국 정체성이란, 신경생리적으로는 시간적으로 안정된 감정 패턴의 총합, 심리적으로는 감정의 지속성과 변동성이 균형을 이루는 자기 인식 구조이다.

감정의 지속 시간은 정체성의 안정성과 가변성을 결정하는 핵심 요인이다. 앞서 살펴본 다층적 감정 시스템은 정체성의 서로 다른 층위를 구성하며, 각각이 고유한 '자기 질문'에 답함으로써 통합된 자아를 형성한다.

① **성격적 감정**(affective trait)은 '나는 어떤 사람인가(핵심적 자아)'라는 물음에 답하며, 자아의 토대를 이룬다.

② **습관적 감정**(affective habit)은 '나는 일상에서 어떻게 반응하는가(일상적 자아)'를 형성하여 행동의 일관성을 부여한다.

③ **기분**(mood)은 '요즘 나는 어떤 기조에 있는가(상황적 자아)'를 반영하며, 자기 인식의 정서적 배경을 제공한다.

④ **이월된 감정**(carried-over emotion)은 '지금 이 순간, 나는 어떤 상태에 놓여 있는가(순간적 자아)'를 결정한다.

⑤ **의사결정 감정**(decision-integrated emotion)은 '지금 이 자리에서 나는 무엇을 선택해야 하는가(즉각적 자아)'라는 즉각적인 자기 표현을 가능

하게 한다.

결국 정체성이란 '감정의 지속 시간의 층위 구조 위에 세워진 자아감'이다. 장기 감정은 정체성을 고정시키고, 단기 감정은 정체성을 갱신하며, 이 둘의 상호 작용이 '지속적이면서 변화 가능한 자아'를 구성한다.

감정 유형	지속 시간	정체성 층위	역할
성격적 정서	수년 이상	핵심적 자아(core self)	장기적 안정성, 신뢰 구축
습관적 감정	수개월	일상적 자아(working self)	반복적 행동 패턴 자동화
기분	며칠~몇 주	상황적 자아(state self)	환경 적응, 에너지·생리 조절
이월 감정	수초~수시간	순간적 자아(momentary self)	상황 연속성 유지, 판단 일관성
의사결정 감정	수초 이하	즉각적 자아(reactive self)	순간적 선택, 행동 방향 신호

(1) 정체성-감정 상호 작용의 통합 모델

정체성은 고정된 실체가 아니라 감정의 시간 계층이 통합된 동적 평형 구조이다. 이 계층은 위로 갈수록 안정성과 예측 가능성이 높아지고, 아래로 갈수록 적응성과 가변성이 증가한다. 성격적 감정이 자아의 기반(core self)을 이루면, 그 위에 습관적 감정이 행동의 일관성을, 기분이 자기 인식의 감정적 기조를, 이월 감정이 순간적 자기 변동을, 의사결정 감정이 즉각적 자기 표현을 담당한다. 즉, 정체성은 장기 감정의 안정성과 단기 감정의 유연성이 균형을 이루는 신경심리적 항동성 구조이다. 크레이그와 다마지오는 이를 '정서적 항동성 루프'라고 설명하며, 뇌가 다양한 시간 척도의 감정 정보를 통합하여 일관된 자아를 유지하는 과정을 강조하였다.

(2) 정체성 형성의 진화적 의미

감정의 시간 계층은 정체성의 생존 전략이다. 성격적 감정은 사회적 일관성과 신뢰성을 보장하여 협력적 생존을 가능하게 하고, 습관적 감정은 반복된 경험을 자동화해 에너지를 절약하며, 기분은 환경과 생리 리듬의 조화를 유지한다. 이월 감정은 상황 간의 정서 연속성을 유지해 행동 판단의 일관성을 높이고, 의사결정 감정은 위험을 회피하거나 기회를 포착하는 즉각적 대응 능력을 제공한다. 따라서 정체성은 단순한 자기 인식이 아니라 장기적 안정성과 단기적 적응성이 공존하는 감정의 시간 계층이 만든 생물학적 자기 조절 구조이다. 이는 복잡한 사회적 환경 속에서 개인이 예측 가능한 협력자이자 동시에 유연한 상황 대응자로 살아남기 위한 최적의 해결책이었다.

(3) 이론의 응용: 정체성 발달, 리더십, 치유

정체성 발달과 심리적 건강, 리더십, 그리고 치료는 모두 감정의 시간 구조를 복원하고 조율하는 과정이다.

자기 이해는 '나의 감정이 어떤 시간 스펙트럼에서 불안정한가'를 인식하는 데서 출발한다.

리더십은 자신의 성격적 감정이 만든 장기 일관성과 구성원들의 단기적 감정 변동 간의 시간차를 관리하는 능력이다. 구성원의 '기분'과 '이월된 감정'에 대한 공감과 '습관적 감정'을 형성하는 업무 구조 설계가 리더의 핵심 과제이다.

정신 치유에서는 우울을 기분층 정체성의 장기화로, 불안을 이월 감정층의 과활성으로, 외상후 스트레스를 습관적 감정층의 병리적 고정으로 파악한다. 따라서 치료의 궁극적 목표는 '정체성의 감정 시간층 복원'에 있으며, 이는 각 시간층에 맞춘 개입(단기 리셋, 중기 리듬 교정, 장기 패턴 재학습)을 병행함으로써 달성된다.

청소년기의 불안정한 정체성은 습관적 감정과 기분층의 급격한 변동성에서 비롯되므로, 장기 감정 패턴이 건강하게 정착될 수 있는 안정적이고 이를 지지하는 정서적 환경이 필수적이다.

(4) 정체성은 감정의 시간적 층위 위에서 형성된다

정체성은 감정의 시간적 계층 위에서 구축된 자기감이다. 장기 감정(성격적·습관적 감정)은 자아의 일관성과 사회적 신뢰를 형성하며, 단기 감정(기분·이월 감정·의사결정 감정)은 상황 적응과 자기 표현의 유연성을 부여한다. 따라서 인간의 정체성은 고정된 실체가 아니라 서로 다른 시간 척도를 가진 감정 시스템들이 끊임없이 상호 작용하며 균형을 이루는 신경심리적 자기 조절 구조로 이해되어야 한다.

요약하자면, 정체성은 '감정의 시간 구조 위에서 구성된 자기 내러티브'이며, 장기 감정이 자아의 뼈대를, 단기 감정이 그 표정을 만든다. 그 균형이 무너질 때 우리는 자신을 잃고, 그 균형을 회복할 때 비로소 '나'를 회복한다.

감정의 시간 구조는 단순히 개인의 정서적 리듬이 아니라 사회적 관계와 경제적 선택을 관통하는 심리적 시간 프레임이다. 이 프레임이 소비 상황으로 확장되면, '브랜드 경험'은 단순한 자극이 아닌 '정체성의 감정적 층위에 내재된 기억'으로 기능하게 된다.

2) '정체성 – 감정의 시간 구조 상호 작용 모델'의 마케팅 응용

소비자는 즉각적 감정 자극에만 반응하는 존재가 아니다. 감정은 성격적 감정(년 단위), 습관적 감정(월 단위), 기분(주·일 단위), 이월된 감정(상황 간 전이), 그리고 의사결정 통합 감정(순간적 정서)으로 구성된 시간적 계층에서 작동한다. 이 다층적 정서 구조는 개인의 정체성 형성과 긴밀히 결합하며,

브랜드와의 관계 역시 이 시간 계층을 따라 형성·강화·내면화된다.

(1) 고객 이해의 뉴 패러다임: 고객 세그먼트, 효용과 정체성의 이중 축

마케팅의 본질은 단기 자극이 아니라 정체성-감정의 시간 구조를 설계하여 브랜드 경험을 소비자의 정서 생태계 속에 안정적으로 위치시키는 데 있다. 이를 위해 먼저 고객을 이해하는 두 가지 핵심 축을 도입해야 한다. 첫 번째는 '효용'으로 경제적·시간적 효율성을 추구하는 동기이다. 두 번째는 '정체성'으로 사회적 의미와 자기 표현을 추구하는 동기이다. 대부분의 소비자는 이 두 축 사이에서 각기 다른 비중으로 의사결정을 내린다.

(2) 정체성과 감정 시간층의 대응

정체성은 '나는 어떤 사람인가(핵심적 자아)'에서 '지금의 나는 어떤 상태인가(상황적 자아)'에 이르는 다층적 자아감으로 구성된다. 장기 감정(성격적·습관적 감정)은 자아의 일관성과 생활 양식을 형성하고, 중·단기 감정(기분·이월·의사결정 감정)은 상황 적응과 즉각적 선택을 결정한다. 마케팅 관점에서 이는 곧 브랜드가 소비자의 장·중·단기 감정의 시간축을 각각 점유할 때 지속적 관계가 성립함을 뜻한다.

(3) '시간 단위 감정'별 마케팅 설계 원리

① 성격적 감정(장기적): 정체성 공명
브랜드는 소비자의 핵심 자아와 신념에 공명해야 한다. 철학·미션·세계관을 명료하게 제시하고, 사회적·환경적 가치와 일관된 행위를 지속함으로써 '이 브랜드는 나를 대변한다'는 감정 각인을 만든다. 장기 신뢰는 가

격·편의의 변동을 초월하는 충성으로 이어진다.

② 습관적 감정(중장기적): 감정 루틴화

반복 접점(아침 루틴, 퇴근 후 휴식, 주말 활동)을 정교하게 설계해 '예측 가능한 감정적 만족'을 제공한다. 리워드 설계는 정보 설득이 아니라 감정 예측 가능성을 높이는 방향이어야 하며, 커뮤니티·정기 구독·개인화 리마인더가 루틴 강화를 돕는다.

③ 기분(중기적): 타이밍과 맥락 최적화

요일·시간·날씨·사회적 이벤트에 연동된 메시지·가격·콘텐츠로 '지금의 나'와 정서적으로 맞물리게 한다. 추천·큐레이션 시스템은 사용자의 기분 리듬에 맞추어 상황 맞춤 감정 일치를 달성해야 한다.

④ 이월된 감정(단기적): 감정 잔상 관리

구매/이용 이후의 여운이 다음 행동을 좌우한다. 사후 감사·리마인드·리캐핑(나의 성취·추억 불러오기)으로 긍정 잔상을 증폭하고, 불편·불만에 대해서는 신속한 복원 경험(회복적 서비스 디자인)으로 부정 잔상을 차단한다. 이월 감정은 '다음 행동의 정서적 다리'이기 때문이다.

⑤ 의사결정 통합 감정(순간적): 결정 순간의 설계

구매 순간의 감각·스토리·증거가 일관된 정서 시그널을 제공해야 한다. 시각·음향·향·촉감과 내러티브가 '지금 이 선택이 나에게 맞다'는 감정의 확신을 형성하도록 몰입형 UI/UX를 설계하고, 마찰을 최소화한 플로우로 즉시성의 쾌감을 제공한다.

(4) 신경심리학적 작동 논리와 브랜드 강화

단기 층(의사결정·이월)은 도파민 중심의 접근/회피 동기를 점화해 즉각적 행동을 유도한다. 중기 층(기분·습관)은 세로토닌·노르아드레날린계와 결합해 반복·유지의 리듬을 만든다. 장기 층(성격)은 전전두엽−변연계−기억 네트워크와 결합해 정체성의 일관성을 형성한다. 마케팅의 임무는 이 생물학적 순환을 따라 '순간 몰입→긍정 잔상→기분 맞춤→루틴화→정체성 공명'의 폐루프를 안정화하는 것이다.

(5) 전략 프레임: 정체성−감정 시간 구조의 기반의 브랜드 로드맵
① **브랜드 철학**(성격): 왜 존재하는가를 일관되게 증명한다. 캠페인보다 행위의 누적이 중요하다.
② **반복 경험**(습관적 감정): 주기·장소·동반 활동을 고정해 '정서적 루틴'을 만든다. 구독·리마인더·커뮤니티로 강화한다.
③ **상황 타이밍**(기분): 날씨·요일·일정·위치 데이터로 메시지·오퍼를 동조시킨다.
④ **사후 여운**(이월 감정): 이용 직후 24시간 내 감사·리뷰·리캐핑으로 긍정 정서를 공고화한다.
⑤ **결정 순간**(의사결정 감정): 감각 일관성과 최소 마찰 경로로 즉시성을 보상한다(원클릭, 투명한 가격, 신뢰 신호).

(6) 사례에서 보는 시사점
① **정체성 공명형 브랜드**: 지속 가능성, 창의성, 도전 등 핵심 가치로 '나의 이야기'를 말하게 한다(장기 각인).
② **루틴 중심 카테고리**(커피, 피트니스, 생산성 앱): 하루/주간 리추얼에 편

입시켜 습관적 감정을 형성한다.

③ **상황 민감 카테고리**(푸드·여행·엔터테인먼트): 기분·날씨·이벤트 연동 큐레이션으로 '지금의 나'와 맞춘다.

④ **경험 재점화**(스포츠·교육·웰니스): 성취 리포트·리마인드·코칭으로 이월 감정을 다음 행동으로 연결한다.

⑤ **프리미엄 리테일**: 감각 통합(조명·향·음향)과 스토리 전개로 결정 순간의 감정 일치를 극대화한다.

(7) 측정과 거버넌스

시간 단위 감정별 KPI를 분리해 관리해야 한다. ① 순간은 전환율·체류·클릭, ② 이월은 재방문 속도·리뷰 감성, ③ 기분은 타이밍 반응도·요일/날씨 매칭 성과, ④ 습관은 반복 주기·구독 유지율·커뮤니티 참여도, ⑤ 성격은 NPS·가치 일치도·장기 유지율로 본다.

조직 내에서도 브랜드(성격층), CRM/로열티(습관층), 마켓옵스/퍼포먼스(기분·이월·순간층)가 하나의 정서 시간 운영체제로 통합되어야 한다.

감정 시간층별 마케팅 KPI와 운영 체계

마케팅 성과를 정확히 측정하고 관리하려면 감정의 시간 구조에 따라 다른 접근이 필요하다. 소비자의 감정 반응은 순간에서 장기에 이르는 다양한 시간층에서 발생하므로 각 층위별로 적합한 성과 지표(KPI)와 운영 체계를 구축해야 한다.

■감정 시간층별 핵심 성과 지표(KPI)

KPI(key performance indicator)란 각 감정 시간층(순간-이월-기분-습관-성격)별로 마케팅 성과를 측정하는 구체적 지표를 의미한다. 모든 마케팅 활동을 단일 지표로만 평가하면 어떤 감정층이 효과를 발휘했는지 구분할 수 없다. 따라서 시간층별로 다음과 같이 다른 KPI를 설정하고 관리해야 한다.

감정 시간층	측정 초점	대표 KPI 예시
의사결정 감정층 (순간)	즉각적 반응, 구매 행동	클릭률(CTR), 전환율(CVR), 장바구니 추가율, 결제 완료율
이월 감정층 (단기)	경험의 여운, 재방문 유도	재방문 주기, 리뷰 감정 분석 점수, 사후 만족도
기분층(중기)	타이밍·상황 기반 반응	특정 요일·날씨·시간대별 반응률, 캠페인별 기분 적합도
습관적 감정층 (중장기)	반복 이용, 감정 루틴화	구독 유지율, 재구매율, 커뮤니티 참여율, 앱 일간 활성
성격적 감정층 (장기)	브랜드 정체성 일치, 충성도	NPS(추천 지수), 브랜드 가치 일치도, 장기 고객 유지율, 감정 공명도

KPI는 '소비자가 지금은 좋아하지만 오래가지는 않는 이유' 또는 '즉각 반응은 약하지만 장기 충성도가 높은 이유'를 구분하는 핵심 분석 도구이다.

■감정 시간층별 운영 체계: NPS, CRM, 마켓옵스

감정 시간층별 마케팅을 효과적으로 운영하기 위해서는 각 층위를 전문적으로 관리하는 체계가 통합되어야 한다. 성격층은 NPS, 습관층은 CRM, 기분·이월·순간층은 마켓옵스가 담당한다.

· NPS(net promoter score, 순추천 지수)

NPS는 고객이 "이 브랜드를 친구나 동료에게 추천할 의향이 있는가?"를 0~10점으로 평가하여, 성격적 감정층의 공명도를 측정하는 지표이다. 9~10점은 '추천자', 0~6점은 '비추천자'로 분류하며, (추천자 비율-비추천자 비율)×100의 공식으로 계산된다. 이는 단순 만족도보다 '이 브랜드는 나와

맞는다'는 장기적 감정 일치와 정체성 공명을 수치화한다. 애플, 파타고니아 등 정체성이 선명한 브랜드에서 NPS가 높게 나타나는 이유이다.

· CRM(customer relationship management, 고객 관계 관리)

CRM은 고객 데이터를 기반으로 개인화된 소통과 혜택을 제공하여 습관적 감정층의 반복 이용을 강화하는 시스템이다. 구매 이력 분석, 개인화 리마인더, 멤버십 프로그램 등을 통해 소비자가 브랜드와 '일상적으로 정서적 연결을 지속하도록' 유도한다. 즉, 브랜드가 소비자의 감정 루틴에 자연스럽게 자리 잡도록 하는 도구이다. 스타벅스 리워드 앱이 '매일의 나만의 시간'을 감정 루틴화하는 것이 대표적 예시이다.

· 마켓옵스(market operations, 마케팅 운영 체계)

마켓옵스는 실시간 시장 반응과 데이터 기반 의사결정을 담당하는 운영 기능으로 기분·이월·순간 감정층에 해당하는 즉각적 감정 반응을 관리한다. 퍼포먼스 마케팅(클릭률·전환율 관리), 캠페인 타이밍 조정, 데이터 대시보드 운영, A/B 테스트 등을 통해 '지금, 이 순간 소비자가 어떤 기분인지'를 실시간으로 감지하고 최적의 대응을 실행한다. 비 오는 날 따뜻한 커피 할인 프로모션과 같이 상황에 맞춘 실시간 캠페인 조정이 여기에 포함된다.

통합 운영을 위한 비교 체계

용어	주요 기능	대응 감정층	핵심 목표
NPS	장기 감정 충성도 측정	성격적 감정층	"이 브랜드는 나와 맞는다"는 감정 일치
CRM	개인화된 관계 유지, 반복 이용 촉진	습관적 감정층	감정 루틴화, 일상적 친밀감 강화
MarketOps	실시간 캠페인 운영·성과 측정	기분·이월·순간 감정층	즉각적 감정 반응 관리, 최적 타이밍 실행

이렇게 NPS는 브랜드 정체성 공명도를 측정하는 지표이며, CRM은 소비

자의 감정을 루틴화하는 시스템, 마켓옵스는 감정의 흐름을 실시간으로 조정하는 운영 체계이다. 이 세 체계가 유기적으로 통합될 때, 브랜드는 감정의 시간 구조 전반(순간→루틴→정체성)을 포괄적으로 관리하는 '감정의 시간 운영 체계(affective time operating system)'로 진화하게 된다. 그 결과 브랜드는 소비자의 정체성 내부에 '감정의 시간 루프(emotional time loop)'를 형성하며, 이는 소비자가 단기적 보상 때문이 아니라 "이 브랜드와 함께 할 때 나는 나답다"는 일관된 자아감을 느끼게 하는 감정적 고착(emotional anchoring)을 만들어낸다.

정체성과 감정의 시간 구조는 마케팅의 근본적인 심리학적 기반이다. 효과적인 브랜드는 소비자의 감정적 시간 생태계 속에서 순간의 몰입을 여운과 루틴으로 연결하고, 최종적으로 정체성의 일부로 내면화된다. 다시 말해, 마케팅의 목적은 주목을 빼앗는 것이 아니라 시간을 함께 구매하는 것이다. 감정의 시간층을 설계하는 브랜드만이 소비자의 삶 속에서 오래 머문다.

3) 정체성-감정 시간 구조의 마케팅 응용

(1) 마케팅 전략의 신경심리학적 토대

마케팅 커뮤니케이션은 단순한 정보 전달이 아니다. 이는 소비자의 뇌에 존재하는 서로 다른 시간 척도의 감정 회로를 체계적으로 활성화하는 과정이다. 의사결정 및 이월 감정은 도파민 시스템을 통해 즉각적인 보안과 접근/회피 행동을 점화한다. 기분과 습관적 감정은 세로토닌과 노르아드레날린 계통과 결합하여 환경에 대한 적응과 반복 행동의 리듬을 유지시킨다. 궁극적으로 성격적 감정은 전전두엽-편도체-해마 네트워크를 거쳐 장기 기억과 정체성에 통합된다. 따라서 성공적인 브랜드 관계 구축은 베리지(Berridge)가 주장한 'wanting(동기화)→liking(가치 평가)→learning(학습)'의 신경적 순환을 완성하여 단기적 관심을 중기적 루틴으로, 나아가 장기적 정체성으로 내면화시키는 것을 의미한다.

(2) 5단계 감정 시간층별 브랜드 사례 심층 분석

다음은 앞서 제시된 이론적 틀이 실제 브랜드의 전략에서 어떻게 구현되는지 시간층별 감정을 구체적으로 분석한 것이다.

① 성격적 감정층: '가치'를 통한 정체성 공명 (사례: 파타고니아)

파타고니아(Patagonia)의 "Don't Buy This Jacket" 캠페인은 소비의 유혹을 부정하는 패러독스를 통해 '환경 보호를 중시하는 나'라는 소비자의 핵심 자아에 강력하게 호소한다. 이 브랜드는 제품이 아닌 철학을 판매하며, 구매 행위 자체를 하나의 가치 실천으로 재정의함으로써, 소비자와의 관계를 단순한 거래를 넘어 신념을 공유하는 정체성 동맹으로 격상시킨다. 이는 장기적 충성도의 최고 형태, 즉 "이 브랜드를 선택하는 것이 나를 설명한다"는 감정적 공명을 생성한다.

② 습관적 감정층: '루틴'을 통한 일상적 편입 (사례: 스타벅스)

스타벅스의 성공은 단순한 커피의 맛이 아니라 "매일 나만의 시간 (ritual)"이라는 감정적 가치를 정교하게 상품화한 데 있다. 모바일 주문, 리워드 프로그램, 일관된 매장 경험은 소비자로 하여금 복잡한 의사결정 없이도 예측 가능한 감정적 위로와 일상의 리듬을 얻을 수 있게 한다. 이를 통해 브랜드는 소비자의 습관적 감정 회로에 침투하여 선택의 고민을 넘어선 자동화된 생활의 일부로 자리 잡는다.

③ 기분층: '맥락'을 통한 상황적 동조(사례: 스포티피)

스포티피(Spotify)는 "Blue Monday"나 "비 오는 날의 플레이리스트"와 같이 사용자의 현재 기분과 외부 환경(요일, 날씨, 시간대)에 완벽히 동조하는 큐레이션을 제공한다. 이는 '지금, 이 순간의 나'를 정확히 이해하고 반영해 주는 듯한 감정적 일치감을 형성한다. 날씨나 개인의 감정 상태라는 변동적인 요소를 마케팅의 최적의 타이밍으로 전환함으로써 브랜드를 소비자의 정서적 흐름 속에 자연스럽게 개입시키는 전형적인 예시이다.

④ 이월된 감정층: '여운'을 통한 관계 연속(사례: 나이키)

나이키의 'Nike Run Club' 앱은 단순한 러닝 기록 도구가 아니다. 달리기 후에 제공되는 성취 피드백과 공유 기능은 운동으로 인한 생리적 각성과 성취감이라는 긍정적 감정을 포착하여 그 여운을 다음 러닝 동기로 연결시키는 설계이다. 이는 한 번의 경험이 끝나도 감정이 소멸되지 않고 다음 행동을 위한 에너지로 이월되도록 관리함으로써 브랜드와의 관계를 단발성이 아닌 지속적인 정서적 대화로 만든다.

⑤ 의사결정 감정층: '몰입'을 통한 순간적 확신(사례: 애플)

애플(Apple) 매장의 감각적 경험(미니멀한 디자인, 제품 체험의 자유로움, 전문적인 스태프)은 구매 결정의 순간에 집중된다. 모든 감각 자극은 "이 제품은 혁신적이며, 나의 삶을 더 가치 있게 만들어줄 것이다"라는 감정적 확신(gut feeling)을 형성하도록 설계되었다. 이는 다마지오의 소마틱 마커 가설이 설명하듯이 복잡한 인지적 평가를 거치기 전에 감정이 신체적 반응을 통해 의사결정을 유도하는 원리를 극대화한 사례이다.

(3) 감정 생태계로서의 브랜드

이상의 분석을 통해 현대의 성공적인 브랜드는 단일한 메시지가 아니라 다층적인 '감정의 시간 생태계'를 설계하고 있음을 알 수 있다. 그들은 소비자의 생활 속에서 순간적 몰입(의사결정)을 경험의 여운(이월)으로, 그것을 주기적인 습관(기분, 루틴)으로, 궁극적으로는 자신의 정체성(성격)의 한 부분으로 성장시키는 통합적인 정서 경로를 구축한다. 따라서 마케팅의 최종 목표는 광고를 노출하는 것이 아니라 소비자의 정서적 삶의 리듬에 브랜드가 필수적인 파트너로 자리 잡도록 하는 것이다.

4) 정체성-감정의 시간 구조에 기반한 골프장 마케팅 응용 사례

(1) 감정의 시간 구조와 골프 이용 행동

골프는 단순한 스포츠가 아니라 감정·정체성·사회적 관계가 장기적으로 중첩되는 복합적 경험이다. 골프 이용자의 감정은 라운드의 순간적 쾌락에서 그치지 않고, 시간이 지남에 따라 성격적 감정-습관적 감정-기분-이월 감정-순간적 정서의 다층적 구조 속에서 누적·변형·강화된다.

따라서 골프장 마케팅의 본질은 '이용자의 감정 시간 구조 전체를 브랜드 경험으로 통합하는 것'이며, 이는 신경심리학적 정체성 모델과 정서적 시간 이론에 기초한 장기적 감정의 생태계 설계라 할 수 있다.

(2) 골프장 고객 세그먼트: 효용 기준 vs 정체성 기준

고객은 '라운드를 구매'하는 것이 아니라 '자기 정체성'을 경험한다. 골프장은 단순한 운동 시설이 아니다. 그곳은 사회적 지위, 관계, 자기 이미지가 교차하는 공간이다. 즉, 고객은 단지 '골프를 치러' 오는 것이 아니라 "나는 어떤 사람으로 보이고 싶은가"라는 정체성의 욕구를 충족하러 온다.

그러나 모든 고객이 이런 정체성 기반의 욕구를 가진 것은 아니다. 일부 층은 여전히 합리적 효용—'가격·거리·시간' 중심의 판단 기준—으로 움직인다. 따라서 골프장 마케팅은 효용 중심 세그먼트, 정체성 중심 세그먼트, 그리고 두 축을 통합한 '정체성-효용 메트릭스(matrix)'로 이해될 때 비로소 정교한 고객 전략이 가능해진다.

① 효용 기준 세그먼트: 가까운 곳, 합리한 가격, 빠른 예약

효용 중심 세그먼트는 고객의 경제적·시간적 효율성을 중심으로 구분된다. 이들은 "나에게 이익이 되는가?"라는 판단 기준으로 움직인다. 이들은 합리적 판단자, 혹은 편의 추구자이다.

세그먼트	주요 특성	마케팅 포인트	대표 문장
가격 민감형	할인·그린피·쿠폰 중심	할인 이벤트, 동시간대 비교	"싸면 가고, 비싸면 안 간다."
거리 편의형	거리·접근성·이동시간 중시	지역 광고, 교통 정보, 내비 연동	"멀면 아무리 좋아도 안 간다."
시간 효율형	예약 간편성, 빠른 라운드 선호	앱 예약 시스템, 대기 없는 운영	"대기 없이 빨리 치고 싶다."
시설 실속형	코스 품질, 가격의 균형 강조	코스 정비 정보, 효율적 운영 이미지	"가성비 좋은 곳이면 돼."

예를 들어보자. 서울 외곽의 한 대중 골프장은 "30분 거리, 9홀 5만 원"이라는 문구로 광고를 냈다. 이 캠페인의 핵심은 정체성이나 품격이 아니

라 '합리성'이었다. 결과적으로 시간 대비 효율을 중시하는 고객층(퇴근 후 라운드, 실속형 중년층)이 몰렸다. 효용형 고객은 감정적 스토리보다 가격·거리·할인 정보에 반응한다. 이들은 "가까운 곳에서 합리적으로 스트레스 없이"라는 메시지에 가장 민감하다.

효용형 고객은 '경제적 효율'과 '물리적 접근성'을 중심으로 행동하며, 브랜드보다는 가격, 거리, 편리성을 중시한다. 이들에게 마케팅 메시지는 '더 가깝게, 더 싸게, 더 빨리'여야 한다. 효용형 고객은 '라운드의 품질'보다 '라운드의 효율'을 산다.

② 정체성 기준 세그멘트: '나는 어떤 골퍼로 보이고 싶은가'

정체성형 세그멘트는 사회적 상징, 소속감, 감정적 만족을 중심으로 판단한다. 이들은 단순한 이용객이 아니라 자기 정체성을 표현하는 소비자이다.

세그멘트	주요 특성	마케팅 포인트	대표 문장
엘리트 지위형	사회적 지위, 상징성 중시	브랜드·회원제·전용 공간	"내가 어디서 치느냐가 나를 말해준다."
관계 네트워크형	비즈니스·인맥 중심	VIP 멤버십, 네트워킹 행사	"여기선 비즈니스가 된다."
가족 소속형	가족·세대공유·힐링	가족 코스, 연령 통합 프로그램	"아이와 부모가 함께 즐길 수 있어야 한다."
라이프스타일형	감성·취향·자기 표현	브랜드 경험, 문화 결합	"골프는 내 일상의 일부야."

사례를 들어보자. 제주도의 한 프라이빗 골프장은 광고에 잔디 사진이나 요금을 싣지 않았다. 대신 "당신의 일상에 품격을 더하는 곳"이라는 문구와 '정숙한 풍경 속의 프라이버시'를 강조했다. 이 캠페인은 '가격 경쟁' 대신 '나의 가치 상승'을 자극했다. 이 고객들은 '이 코스가 나를 어떻게 보이게 하는가'를 중요하게 여긴다. 따라서 정체성 마케팅은 체험의 질, 공간

의 감정적 언어, 브랜드 상징성을 중심으로 설계되어야 한다.

정체성형 고객은 '어디서 얼마에 치느냐'보다 '어떤 사람들과 어떤 의미로 치느냐'를 더 중요시한다. 그들의 의사결정에는 옥시토신적 보상(신뢰·유대감)과 정체성 강화(자기 내러티브)가 핵심이다. 정체성형 고객은 '잔디의 질'보다 '나의 이미지'를 산다.

③ 정체성-효용 통합 메트릭스: 합리적 품격, 실속 있는 자부심의 시대

현대의 소비자는 '가성비'만으로 움직이지 않는다. 반대로 '품격'만으로도 붙잡을 수 없다. 그들은 점점 더 '실속 있는 품격', 즉 효용과 정체성이 통합된 선택을 원한다.

구분	효용↓/정체성↓	효용↑/정체성↓	효용↓/정체성↑	효용↑/정체성↑
세그먼트	무관심층	실속형 고객	품격형 고객	전략형 핵심층
대표 유형	일시 방문객, 초보	가격·거리형 (효용 중심)	VIP 회원, 기업 오너	프리미엄 실속층 (양측 통합형)
핵심 욕구	정보 부족, 일회성	접근성·편리성	이미지·소속감	효율+품격 동시 만족
주요 감정	무관심·탐색	만족·합리성	자부심·소속감	자존감·안정감
마케팅 전략	인지도 캠페인	프로모션, 할인	감성 브랜딩, 프리미엄	CRM 기반의 가치 브랜딩
대표 문장	"가끔 치는 곳이면 돼."	"가까워서 편해."	"이곳은 나의 품격이다."	"효율적이고 품격 있는 나의 코스."

예를 들어 서울 근교의 한 신규 골프장은 '가까운 거리와 스마트 예약 시스템(효용)'을 앞세우면서도 '품격 있는 이용자만을 위한 라운지(정체성)'를 결합했다. 이 모델은 실속형과 품격형 사이의 '전략형 핵심층'을 공략한 성공 사례이다. '합리적 품격', 즉 효용과 정체성을 통합한 브랜드만이 오늘날 골퍼의 마음을 붙잡을 수 있다.

효용은 고객을 데려오고, 정체성은 고객을 머물게 한다. 효용 중심 마케팅은 '예약 버튼을 누르게' 만들고, 정체성 중심 마케팅은 '그 코스를 사랑하게' 만든다. 성공적인 골프장 브랜드는 이 둘의 통합에 있다. 효용은 단기적 동기, 정체성은 장기적 관계이다. 효용이 이용을, 정체성이 충성을 낳는다. 미래의 골프 마케팅은 '효율적 자존감(efficient pride)'을 설계하는 일이다.

(3) 감정 시간층별 골프장 마케팅 실행 전략

감정의 지속 시간에 따라 골프 이용자의 행동 유형과 마케팅 초점은 다르게 나타난다.

감정 시간층	골프 이용자의 행동 특징	핵심 마케팅 목표
성격적 감정(년 단위)	골프를 자기 정체성의 일부로 인식("나는 골퍼다")	정체성 기반 관계 구축
습관적 감정(월 단위)	정기적 라운드·예약·멤버십 참여	감정적 루틴 강화
기분(주~일 단위)	날씨·컨디션·동반자에 따라 이용 여부 결정	긍정적 기분 리듬 조성
이월 감정(상황 전이)	이전 라운드의 감정이 다음 예약 의사에 영향	경험의 잔상 관리
의사결정 감정(순간)	당일 예약, 이벤트 참여 등 즉각적 행동	몰입형 감정 자극 디자인

① 성격적 감정층 마케팅: 정체성으로서의 골프

성격적 감정층은 '골프가 내 삶의 일부'라는 정체성 기반 감정을 형성하는 단계로, 단순한 서비스 홍보를 넘어 '골프를 하는 나'라는 자기 내러티브를 강화하는 전략이 요구된다. 이 층위의 궁극적 목표는 골프 이용을 단순한 여가가 아니라 '자기 존재를 표현하는 방식'으로 승화시켜 장기적 충성도로 연결하는 것이다.

핵심 전략으로는 첫째, 브랜드 미션과 가치의 지속적 공유가 있다. '골프를 통한 인격적 성장', '자연과의 교감'과 같은 철학적 가치를 커뮤니케이션의 중심에 둠으로써 골프장은 단순한 스포츠 시설이 아니라 소비자의 핵심 자아('나는 어떤 사람인가')와 공명하는 가치 공동체로 자리 잡는다. 둘째, 회원 스토리텔링을 통해 이러한 가치를 구체화한다. "당신의 라운드가 당신의 인생을 만든다"는 주제로 회원들의 성장 스토리를 감정적 내러티브로 풀어내면, 다른 잠재 고객들은 그 정체성에 자신을 투영(projection)하게 된다. 마지막으로, 장기 회원이나 커뮤니티 리더에게 '정체성 배지'를 부여하는 사회적 인정 시스템은 자아 실현의 욕구를 자극하며, 브랜드에 대한 감정적 소속감을 한층 강화한다.

② 습관적 감정층 마케팅: 감정 루틴으로서의 골프

습관적 감정층은 반복된 경험이 정서적으로 자동화된 상태로, 골프를 '내 일상 리듬의 일부'로 만드는 데 주목한다. 이 층위의 마케팅은 고객으로 하여금 '골프를 해야 마음이 안정된다'는 감정적 루틴을 형성하도록 유도하는 것이다.

이를 위한 실행 방안은 구체적이고 체계적이다. 먼저, 월 단위 구독형 라운드 패스와 같은 정기 멤버십을 도입한다. 이는 경제적 혜택 이상으로 '의사결정 피로'를 줄여주는 심리적 효과가 있으며, 골프를 반복적 선택이 아닌 당연한 일상으로 자리 잡게 한다. 다음으로 AI 부킹 코치 시스템을 활용한다. 이용자의 과거 데이터(선호 요일, 동반자, 날씨별 만족도)를 분석하여 최적의 라운드를 추천하면, 고객은 '나를 이해하는' 서비스에 대한 신뢰를 바탕으로 예약 과정을 자동화된 습관처럼 수행하게 된다. 또한, 매 라운드 후 제공되는 '기분 리포트'는 라운드 자체를 정서적 성찰의 시간으로 만들며, 골프라는 활동이 일상의 감정 조절 루틴으로 자리 잡도록 돕는다.

③ 기분층 마케팅: 기분과 날씨에 맞춘 감정 리듬 설계

기분은 단기적이지만 소비 결정에 가장 강력한 영향을 미치는 요소로, '오늘 골프 치고 싶다'는 충동은 대부분 기분에서 비롯된다. 따라서 이 층위의 마케팅은 단기 감정 리듬을 포착하고 긍정적으로 전환하여 즉각적인 예약과 방문을 유도하는 데 초점을 맞춘다.

가장 효과적인 전략은 날씨 및 기분 연동형 프로모션이다. "맑은 날엔 9홀 할인", "흐린 날엔 카트비 무료"와 같은 실시간 오퍼는 소비자의 '지금 당신이 느끼는 것'에 직접적으로 공명한다. 이는 '이 브랜드는 내 현재 상태를 이해한다'는 감정적 동조감을 형성한다. 나아가 감정 큐레이션 알림을 통해 날씨, 요일, 개인의 과거 선호도를 분석해 '오늘의 추천 코스'를 푸시로 제공하면, 고객은 복잡한 고민 없이 즉각적인 결정을 내릴 수 있다. 라운드 전, 클럽하우스에서 음악, 조명, 향기 등 감각 자극을 통한 환경 연출을 더하면, 고객의 기분을 라운드에 집중할 수 있도록 사전에 동기화하는 효과를 거둘 수 있다.

④ 이월 감정층 마케팅: 경험의 잔상 관리

이월 감정은 한 번의 라운드가 끝난 후에도 여운이 남아 다음 행동을 결정짓는 감정의 잔상이다. 따라서 이 층위의 핵심은 골프의 '기억된 감정(remembered affect)'을 적극적으로 디자인하고 관리하여 재방문으로 연결되는 정서적 다리를 놓는 것이다.

구체적인 실행 수단으로, 라운드 종료 24시간 이내에 발송되는 피드백 메시지가 중요하다. "지난 주 라운드, 어땠나요?"라는 단순한 질문은 즐거웠던 경험을 재생시키고, 그 감정을 현재로 불러온다. 더 나아가, 개인의 라운드 기록과 당시의 감정을 시각화한 감정 리포트를 제공하면, 골프 경

험을 단순한 스코어 관리가 아닌 정서적 성장의 기록으로 인식하게 만든다. 또한, 라운드 중 촬영된 영상이나 사진을 자동으로 편집하여 제공하는 감정 재경험 콘텐츠 서비스는 긍정적인 감정 잔상을 SNS에서 재생산되도록 하여 브랜드에 대한 긍정적 인식을 확산시키는 동시에 고객 자신의 정체성 강화에도 기여한다.

⑤ 의사결정 감정층 마케팅: 순간 몰입형 경험 디자인

의사결정 감정층은 '지금 바로 선택하고 싶다'는 감정 충동이 발생하는 순간이다. 이 단계에서 마케팅의 역할은 모든 요소를 집중하여 감정적 몰입을 극대화하고, 이를 즉각적인 행동(예약, 결제)으로 전환시키는 것이다.

성공을 위한 첫걸음은 즉시 예약이 가능한 최적화된 UX에 있다. 복잡한 과정 없이 원클릭으로 예약이 완료되는 환경은 '행동 마찰'을 제거함으로써 순간의 욕구를 바로 실현하게 한다. 둘째, 감각 몰입형 공간 연출이 중요하다. 예약 사이트나 모바일 앱의 시각적 요소, 또는 실제 클럽하우스의 조명, 음악, 향기 등이 조화를 이루어 고객의 주의를 사로잡고 '지금 이곳에 집중'하게 만든다. 마지막으로, 게임화(gamification) 요소를 도입하는 것이다. 즉석 리워드나 도전 과제를 제시하면, 도파민 시스템을 통한 즉각적인 보상 체계가 활성화되어, '예약'이라는 행동 자체가 재미와 쾌락으로 연결되도록 설계할 수 있다.

(4) 통합 모형: 정체성-감정의 시간 계층을 관통하는 마케팅 순환 고리

이상의 다섯 가지 감정 층위는 서로 분리된 것이 아니라 하나의 상향적 (bottom-up) 순환 고리를 형성하며 브랜드 정체성을 구축한다. 이 과정은 소비자가 순간적인 몰입(의사결정 감정)을 경험하는 것에서 시작하여, 그 경

험이 긍정적인 여운(이월 감정)으로 남고, 이것이 반복되어 주변 환경과 조화를 이루는 습관(기분, 습관적 감정)이 되며, 궁극적으로는 '나를 정의하는 핵심 가치(성격적 감정)'로 승화되는 일련의 여정이다.

이 순환 고리는 단방향이 아닌 강화 피드백 루프를 이룬다. 즉, '골퍼라는 정체성(성격적 감정)'이 확고해질수록 골프는 더욱 '일상적인 루틴(습관적 감정)'이 되고, 이는 다시 '골프를 선택하는 순간(의사결정 감정)'의 몰입감을 한층 강화한다. 따라서 골프장 마케팅의 성공은 단일 전략이 아니라, 다층적 감정 순환 시스템 전체를 건강하게 가동시키는 것에 달려 있다.

```
의사결정 → 이월 감정 → 기분 → 습관적 → 의사결정
   ↑                                        │
   └────────────────────────────────────────┘
              강화 피드백 루프
```

5) 결론: 감정의 시간 계층을 통한 정체성 내재화 전략

이 모형이 추구하는 것은 '소비자의 하루의 감정'이 아니라 '삶 전체의 감정 리듬'을 관리하는 감정 생태계이다. 즉, 즉각적 감정→주간 기분→월간 루틴→연간 정체성으로 이어지는 감정적 시간 계층을 설계하는 것이 곧 '브랜드로서의 골프장'을 형성하는 길이다.

골프장 마케팅에서 정체성과 감정의 시간 구조를 통합적으로 고려하는 것은 단기 이벤트 중심의 마케팅을 넘어 이용자의 생애 정체성 수준의 감정 관계를 구축하는 전략이다.

① 성격적 감정층은 "나는 골퍼다"라는 정체성 기반의 충성도를 형성하고,

② 습관적 감정층은 일상적 루틴을 통해 안정감을 제공하며,
③ 기분층은 단기 감정 리듬을 자극하여 방문 동기를 유발하고,
④ 이월 감정층은 경험의 여운을 관리하여 재방문을 촉진하며,
⑤ 의사결정 감정층은 순간 감정 몰입을 통해 행동을 유도한다.

따라서 골프장 마케팅의 궁극적 목표는 '감정의 시간적 계층을 따라 이용자의 정체성 속에 브랜드를 내재화하는 것'이며, 이것이 곧 정체성 기반의 감정 마케팅이자 지속 가능한 고객 관계를 구축하는 신경심리학적 경영 전략이라 할 수 있다.

5. 예측 동기-경험 평가 통합에 의한 감정 생성 메커니즘

앞서 심리적 정체성과 감정의 시간 계층의 상호관계에서 살펴본 바와 같이 인간의 정체성은 다양한 시간 척도에 걸쳐 형성된 감정의 층위 위에 세워진 동적 구조이다. 이처럼 감정 유형이 지속 시간에 따라 분화되는 현상의 배후에는 그 근본을 이루는 신경 메커니즘이 존재한다. '도대체 이 복잡한 감정의 시간 구조는 어떤 원리로 생성되고 유지되는가?'

이에 대한 해답은 예측 동기(wanting)와 경험 평가(liking)라는 이중 시스템에서 찾을 수 있다. 베리지의 이론에 기반하여 도파민과 오피오이드 시스템이 어떻게 상호 작용하며 다양한 감정 상태를 만들어내는지 그 신경심리학적 메커니즘을 살펴보자.

1) 감정 생성의 신경심리학적 기반

인간의 감정은 단일한 '느낌'이나 '기분 상태'로 환원될 수 있는 단순한 현상이 아니다. 감정은 생명체가 환경에 적응하고 항동성을 유지하기 위해 진화시킨 이중 단계적 신경심리 과정(biphasic neuropsychological process)으로 이해해야 한다. 이 과정은 자극에 대한 동기적 준비 상태(wanting)와 결과에 대한 감정적 평가(liking)가 순차적으로 결합되는 순환 구조를 갖는다.

2) 정상적 감정 생성 과정: 동기와 평가의 통합

정상적인 감정 반응은 다음 두 단계의 통합적 작동에 의해 형성된다.

(1) 동기적 단계: 목표 탐색과 접근/회피 추진력(wanting)

예측 동기(wanting)는 특정 자극에 대한 접근 혹은 회피의 동기적 에너지를 발생시키는 신경 과정으로, 중뇌 복측피개영역(VTA)에서 시작되어 측좌핵(NAcc)과 전전두피질로 이어지는 도파민 회로에 의해 매개된다. 이 과정에서 도파민 신호는 자극 현저성을 강화하여 생리적으로 '하고 싶다', 또는 '피하고 싶다'는 행동 추진력을 유발한다.

(2) 정서적 평가 단계: 결과에 대한 감정적 가치 평가(liking)

경험 평가(liking)는 자극의 실제 결과에 대한 감정적 평가를 담당하는 단계로 OFC, 복측 창백핵(ventral pallidum), 섬엽 등에서 활성화되는 오피오이드 시스템(opioid system)이 중심적 역할을 수행한다. 이 오피오이드 시스템에는 두 개의 상반된 하위 경로가 존재한다. μ-오피오이드(mu-opioid) 경로는 내인성 엔돌핀에 의해 작동하며, 쾌감·만족·안정과 같은 긍정적 정서(positive liking)를 생성한다. κ-오피오이드(kappa-opioid) 경로는 다이노

르핀(dynorphin)에 의해 활성화되어 스트레스, 혐오, 불쾌 등 부정적 정서 (negative liking)를 유발하며, 과도한 자극을 억제하는 생리적 안전장치로 작용한다. 결과적으로 감정은 '예측된 가치(wanting)'와 '경험된 가치(liking)' 간의 신경적 비교와 통합을 통해 발생하며, 이 순환이 정상적으로 작동할 때 인간은 쾌락, 슬픔, 혐오 등의 정상적 정서 상태를 경험하게 된다.

3) 예측 동기(wanting) – 경험 평가(liking)의 교차 구조와 감정 상태

인간의 감정 경험은 예측 동기와 경험 평가의 조합으로 설명된다. 다음 네 가지 패턴이 대표적이다.

예측 동기 (wanting)	경험 평가 (liking)	감정 상태	예시
긍정적	긍정적	정상적 보상 추구	음식 섭취, 성취, 사회적 포옹
긍정적	부정적	기대 후 실망	과식 후 불쾌감, 쇼핑 후 후회
부정적	부정적	혐오·공포 반응	불쾌 자극 회피, 위협적 상황
부정적	긍정적	부정적 자극 제거 후 안도	통증 완화, 빚 해결 후 해방감

이 네 가지 패턴은 감정이 단순히 '좋다/싫다'로 구분되지 않고, 예측된 동기(접근/회피)와 결과적 평가(쾌/불쾌)의 교차 작용으로 생성된다는 사실을 보여준다. 즉, 긍정적 예측 동기(wanting)가 항상 긍정적 경험 평가(liking)로 이어지는 것은 아니며, 자극의 실제 결과가 기대와 불일치할 때 '긍정적 예측 동기 → 부정적 경험 평가'(후회, 실망)나 '부정적 예측 동기 → 긍정적 경험 평가'(고통 후 안도감)와 같은 정서적 전환이 일어난다.

4) 병리적 감정: 중독·무쾌감·혐오 과잉

이 예측 동기-경험 평가의 통합 순환이 파괴될 때 병리적 감정 상태가 발생한다.

병리 형태	신경 기전	심리적 특징
중독	도파민 회로 과활성→(+)예측 동기만 지속, μ-오피오이드 둔화	"원하지만 즐겁지 않다." 반복적 충동, 만족 결핍
무쾌감	도파민 및 오피오이드 회로 저활성	의욕 저하, 쾌감 결핍, 우울
혐오 과잉	편도체-시상하부-κ-오피오이드 시스템 과활성	과도한 회피 반응, 사회적 단절, 스트레스 감정

이 가운데 중독(addiction)은 "예측 동기와 경험 평가의 분리(dissociation)"로 정의된다. 뇌는 특정 자극에 대한 접근 동기를 지속적으로 생성하지만, 그 결과에 대한 쾌감을 더이상 경험하지 못한다. 즉, '원하지만 즐기지 못하는(positive wanting/ null liking)' 상태가 중독의 신경심리학적 핵심이다.

5) 감정 생성 순환 구조

감정의 정상적 생성은 다음과 같은 순환적 신경심리 과정으로 설명할 수 있다.

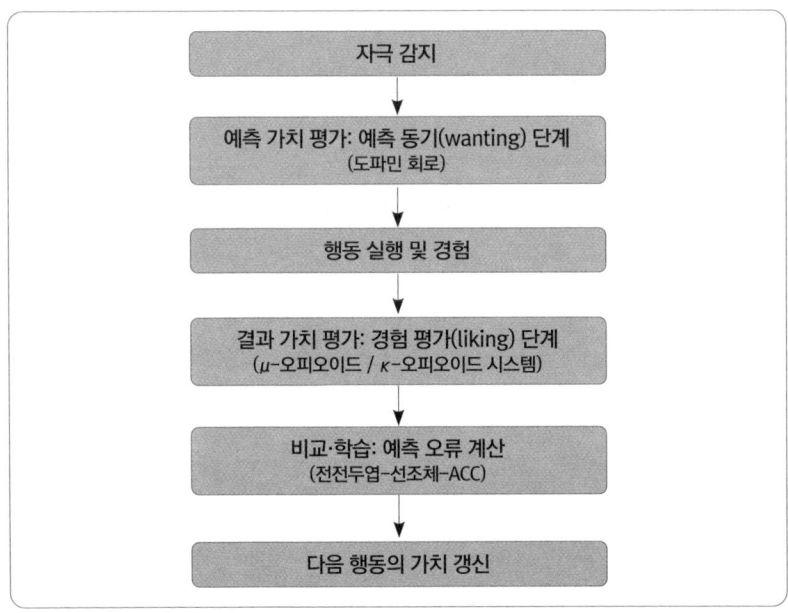

이 순환이 정상적으로 작동할 때 감정은 '예측 동기'와 '경험 평가'의 균형적 통합 상태로 나타나며, 그 결과로 인간은 행복, 슬픔, 혐오 등 다양한 감정 상태를 경험하고 학습한다. 반면에 이 순환 고리가 파열되면 '원하지만 즐기지 못하는' 중독 상태나 '즐거움을 느껴야 할 상황에서도 무감각해지는' 무쾌감, 또는 '사소한 자극에도 과도하게 회피하는' 혐오 과잉과 같은 병리적 정서 상태가 발생한다.

6) 진화적·생물학적 의미

이 예측 동기-경험 평가라는 이중 시스템은 생명체의 생존과 적응을 위해 진화한 양단 감정 시스템(biphasic emotion system)이다.

단계	생물학적 목적
예측 동기(wanting)	목표 탐색과 에너지 동원 → 생존·번식 기회 확대
경험 평가(liking)	결과 평가와 학습 → 효율적 자원 사용, 행동 조정

즉, 예측 동기는 생명 유지의 추진력이며, 경험 평가는 항동성 조절의 보상 신호이다. 이 두 시스템의 교차와 균형이 인간의 감정, 학습, 행복의 본질적 신경심리 구조를 형성한다.

7) 결론: 동기-보상 통합 시스템으로서의 감정

감정은 단일한 쾌·불쾌의 반응이 아니라 예측 동기와 경험 평가가 도파민-오피오이드 시스템의 상호 피드백을 통해 통합되는 순환적 신경심리 과정이다.

이 과정에서 μ-오피오이드 시스템은 긍정적 감정을, κ-오피오이드 시스템은 부정적 감정을 생성하여, 두 시스템의 균형이 감정의 건강성과 적응성을 결정한다.

정상 상태에서는 예측 동기-경험 평가의 통합을 통해 정서가 조화롭게 작동하지만, 중독·무쾌감·혐오 과잉과 같은 병리 상태에서는 이 회로가 분리되어 '원하지만 즐기지 못하거나', '즐거워야 할 것을 피하는(negative wanting/ positive liking)' 역전 현상이 나타난다. 따라서 인간의 감정은 생명체의 항동성과 행동 적응을 조절하기 위한 신경심리학적 동기-보상 통합 시스템으로 이해될 수 있다. 이러한 감정의 통합 메커니즘은 소비자 행동에도 직접적으로 작용한다.

이렇듯 인간의 감정은 예측 동기와 경험 평가의 순환적 통합에 의해 형성된다. 이러한 감정의 신경심리적 구조는 단순한 정서 반응을 넘어 행동의 방향과 강도를 결정하는 핵심 동력으로 작용한다.

특히 마케팅이나 소비 행동의 영역에서는 이 '동기-보상 통합 시스템'이 소비자의 구매 욕구, 브랜드 선호, 만족감의 형성을 좌우한다. 다음에서는 이 이론을 바탕으로, 에크만의 기본 감정 구조와 결합된 '감정-예측 동기-경험 평가 메커니즘'이 실제로 소비자의 본성적 구매 성향에 어떻게 반영되는지를 구체적으로 살펴보고자 한다.

6. 감정 형태(modality)에 따른 '본성적 구매 성향'

1) 감정의 진화적 의미와 이론적 통합

여기에서는 감정의 신경심리 구조가 소비자 구매 욕구에 미치는 함의를 에크만(Ekman)의 기본 감정과 베리지의 '예측 동기-경험 평가(wanting-liking, 이하 "wanting-liking)' 메커니즘을 통해 규명한다.

감정은 단순한 '느낌(feeling)'이 아니라 생명체가 항동성을 유지하고 환경에 적응하기 위해 진화시킨 신경심리적 조절 체계이다. 에크만이 제시한 여섯 가지 기본 감정(기쁨, 슬픔, 공포, 분노, 놀람, 혐오)은 이러한 조절 체계의 원형적 형태로, 각 감정은 특정한 신체적 반응, 행동적 경향, 그리고 인지적 평가 패턴을 수반한다(Ekman, 1992; Ekman, 1999; Ekman & Friesen, 1971).

한편, 베리지가 제시한 'wanting-liking 신경 모형'은 감정이 단순한 반응이 아니라 ① 예측적 동기 단계(wanting)와 ② 결과적 평가 단계(liking)로 구성된 이중적 과정임을 밝혔다. 이때 도파민 회로는 행동 에너지를 일으키는 예측 동기(wanting)를, 오피오이드 회로(μ-opioid, κ-opioid)는 경험된 쾌·불쾌의 평가인 경험 평가(liking)를 담당한다.

이 두 관점을 통합하면, 감정은 단순히 느끼는 것이 아니라 '원하고(동기화)→행동하고→평가하고→학습'하는 순환적 과정으로 이해된다. 따라서 감정은 소비자의 구매 욕구(접근/회피 동기)와 상품 선호 성격(product preference)에 직접적인 영향을 미친다.

2) 감정-동기-보상의 신경심리적 순환 모델

감정이 소비자 행동으로 연결되는 과정은 다음과 같은 신경적 순환 구조로 설명된다: 감정→욕구(동기화)→결과 평가→행동 강화 또는 회피→구매 결정.

감정은 신체적 반응을 통해 특정한 동기적 에너지(wanting)를 일으키며, 그 감정 상태를 유지·해소하기 위한 행동이 유발된다. 행동의 결과가 쾌감·안도·만족으로 경험되면 결과 평가(liking) 단계가 활성화되어 동일한 행동이 강화된다. 이러한 순환이 반복되면서 감정은 특정 상품이나 브랜드에 대한 선호(preference)로 고정된다. 즉, 소비자는 상품을 '사고 싶어서' 사는 것이 아니라 '감정을 해소하거나 유지하기 위해' 구매 행동을 수행하는 것이다.

3) 기본 감정별 구매 동기와 보상 구조 분석

각 감정은 고유한 생리적 기능과 신경 회로를 가지고 있으며, 이들은 서로 다른 방향의 wanting-liking 과정을 통해 특정한 구매 욕구를 생성한다.

기본 감정	생물학적 기능	wanting (방향)	liking (목표)	유발되는 구매 욕구	상품 성격 예시
기쁨	보상 획득, 사회적 결속	(+)접근	(+)쾌감·흥분	즐거움·공유 욕구	여행, 패션, 음악, 디저트, 엔터테인먼트
공포	위협 회피, 안전 확보	(-)회피	(+)안도감	불안 해소 욕구	보험, SUV, 건강식품, 보안 서비스
분노	통제 회복, 정의 추구	(+)공격적 접근	(+/-)카타르시스	스트레스 해소, 자기 통제 욕구	스포츠, 정치 콘텐츠, 게임, 파워 브랜드
슬픔	상실 적응, 위로 필요	(-)회피→(+)위안 추구	(+)위로·공감	위안·휴식 욕구	감성 콘텐츠, 향수, 따뜻한 디자인, 위로 캠페인
놀람	예측 오류, 탐색	(+)탐색	(+)호기심·신기함	자극·새로움 추구 욕구	신제품, 혁신 기술, 이벤트, 한정판
혐오	오염 회피, 순수성 유지	(-)회피	(+)청결·안정감	청결·순수성 추구 욕구	세정제, 친환경 제품, 미니멀 디자인

이 표에서 보듯, 각 감정은 '생리적 목적'→'wanting의 방향'→'liking의 목표'→'상품 성격'으로 이어지는 일관된 흐름을 형성한다. 예를 들어 기쁨은 도파민-μ-오피오이드 회로의 활성에 의해 즐거움을 강화하므로, 감각적 자극과 사회적 즐거움을 제공하는 상품에 대한 구매를 촉진한다. 반면에 공포는 회피 동기를 유발하므로, 불안을 해소하고 안전감을 주는 상품(보험, 안전장비 등)을 선호하게 된다.

4) 감정 계열별 마케팅 전략 프레임워크

감정 계열	wanting 기제	liking 결과	소비자 심리 목표	대응 상품 전략
긍정 감정군 (기쁨, 놀람)	탐색·접근(도파민 활성)	μ-오피오이드 쾌감 강화	즐거움·호기심 충족	감각적·체험형 상품, 스토리텔링 중심
부정 감정군 (공포, 혐오, 슬픔)	회피·보호(κ-오피오이드, 세로토닌 활성)	안정·위로의 만족	불안 해소, 위로 추구	안전, 신뢰, 힐링 중심 브랜드
혼합 감정군 (분노)	통제욕·자아 표현(도파민+아드레날린)	카타르시스적 만족	자기 통제, 정체성 회복	강한 상징성, 경쟁·주체성 중심 브랜드

이 구조는 소비자의 감정 상태가 곧 '신경적 동기 상태'이며, 브랜드나 상품은 이러한 신경 상태를 완화하거나 강화하는 정서적 도구(affective instrument)로 작용함을 보여준다.

5) 적용 사례: 골프장 감정 마케팅 전략

골프장은 사회적·정서적 복합 행동이 일어나는 대표적 공간이다. 따라서 감정별 wanting-liking 구조를 이해하면, 각기 다른 소비자 집단의 심리적 욕구에 맞춘 세분화된 마케팅 전략을 설계할 수 있다.

감정	wanting(동기)	liking(목표)	마케팅 전략
기쁨	사회적 유대 강화	성취감·즐거움	'공동체적 라운드' 강조, 친구·가족 단위 프로모션
공포	불안 회피	안전·안도	'안전·위생·프리미엄 관리' 중심 커뮤니케이션
분노	통제·도전 욕구	카타르시스	랭킹·챌린지형 경쟁 프로그램 운영
슬픔	위로·휴식 욕구	평온·안정	자연 속 치유형 힐링 캠페인
놀람	호기심·자극	신기함·만족	스마트 부킹, 혁신형 카트, 이벤트형 체험
혐오	불쾌 회피	청결·순수	친환경 잔디, 무공해 시스템, ESG 인증

이처럼 감정은 소비자의 '감정 에너지의 방향(wanting)'과 '행동의 정서적 보상(liking)'을 모두 결정하므로 상품의 기능보다 감정적 경험을 중심으

로 한 브랜딩이 훨씬 강력한 효과를 낸다.

6) 결론: 정서적 경험 설계로서의 마케팅

감정은 생명체의 적응과 항동성을 유지하기 위한 신경심리적 메커니즘이며, 소비자는 이러한 감정의 에너지(wanting)와 정서적 결과(liking)를 조절하기 위해 상품을 구매한다. 에크만의 기본 감정은 각각 다른 wanting-liking 회로를 활성화하며, 그 결과로 즐거움을 주는 상품, 안도감을 주는 상품, 통제감을 복원하는 상품 등 서로 다른 성격의 제품이 선택된다.

따라서 마케팅의 본질은 단순한 재화의 제공이 아니라 소비자의 감정 상태를 이해하고 그 감정을 조절·완화·확장시켜 주는 정서적 경험 설계(emotional design)에 있다. 즉, 성공적인 상품은 감정을 반영하는 신경심리적 구조를 품고 있으며, 브랜드는 감정의 과학을 이해하는 순간 '뇌가 사랑하는 경험'을 만들어낼 수 있다.

여기까지 감정을 마케팅 등 실생활에 응용할 수 있도록 설명했다. 지식은 실제로 이용하는 실습을 하지 않으면 3일(장기 기억이 형성되는 기간) 이내에 70%를 잊어버리고 3달 후에 90% 이상 잊어버린다. 읽으면서 그것을 어떻게 내 생활에, 회사 업무에 이용할까를 계속해서 생각해 보고 기획서를 만들어보라. 친구들에게, 또는 회사에서 교육하거나 보고하려는 자세로 책을 읽을 때와, 그냥 막연하게 도움이 되겠지 하는 자세로 읽을 때는 기억에 엄청난 차이가 있다. 전자의 효과는 후자의 3배는 된다고 한다. 자, 이제 '인지'란 사안으로 가자.

제2장 인지

　인지는 단순한 정보의 수동적 수용을 넘어서 환경 속에서 의미 있는 패턴을 식별하고 미래의 변화를 예측하여 적응하는 능동적인 지적 체계이다. 이것은 생명체가 끊임없이 변화하는 환경 속에서 '무엇이 중요한가'를 구분하고, '앞으로 어떻게 될 것인가'를 추론하는 고등한 적응 지능의 핵심이다.

　이러한 인지 기능은 4단계의 계층적 처리 시스템을 통해 구현된다. 첫째, 인지 지도 단계에서 뇌는 경험을 바탕으로 세상의 공간적·개념적 지도를 구축한다. 둘째, 패턴 발견 단계에서는 반복되는 사건들 사이의 규칙성을 탐지하여 예측 모델을 형성한다. 셋째, 모델 구성 단계에서는 이러한 패턴들의 인과관계를 분석하고 사고 실험을 위한 시뮬레이션 시스템을 구축한다. 마지막으로 추상화 단계에서는 복잡한 정보 속에서 핵심 변수만을 추출하여 일반화된 지식을 창출한다.

　인지 능력의 발전은 세 가지 핵심 메커니즘을 통해 이루어진다. 모델링 사고는 논문 작성형 사고 훈련처럼 체계적인 문제 해결 과정을 통해 인지 구조를 강화한다. 코딩된 학습은 언어, 수학, 알고리즘과 같은 상징 체계를 습득함으로써 지식의 압축과 전이를 가능하게 한다. 모방적 내면화는 거울 신경계를 활용한 관찰-이해-변형-창조의 과정을 통해 사회적 학습 효율을 극대화한다.

이 모든 과정은 '경험→패턴 발견→모델 구성→추상화→예측→재검증→정밀화'라는 순환 고리를 형성하며, 이 순환이 반복될수록 인지의 정확성과 유연성이 동시에 발전한다. 인지는 고정된 능력이 아니라 지속적인 재구성이 가능한 동적 시스템으로 의식적인 훈련과 경험의 다양성을 통해 그 깊이와 폭을 무한히 확장해 나갈 수 있다.

1. 인지의 본질과 작동 메커니즘

1) 인지의 본질: 식별과 예측 능력

인간의 뇌는 단순히 정보를 저장하거나 반응하는 기관이 아니라 환경 속의 수많은 자극 중에서 의미 있는 것을 식별하고, 다가올 상황을 예측하여 적응하는 시스템이다.

이러한 능력은 단순한 '지식의 양'보다 훨씬 더 중요하다. 예를 들어 한 마케터가 새로운 광고 캠페인을 기획할 때를 생각해 보자. 그는 시장의 수많은 신호 중에서 '어떤 소비자 반응이 진짜 중요한가'를 구별하고, 그 흐름을 바탕으로 '다음 달, 사람들의 관심이 어디로 이동할 것인가'를 미리 읽는다. 이것이 바로 인지의 본질이다. 즉, 식별(identification)과 예측(prediction)의 통합된 기능이다.

신경심리학적으로 볼 때, 이러한 예측적 인지는 전전두엽의 계획 능력, 해마의 기억 통합 기능, 그리고 편도체의 감정 신호 해석 기능이 함께 작동하여 만들어진다. 따라서 인지는 감정·기억·주의가 결합된 전체적 적응 메커니즘이라 할 수 있다.

2) 인지적 예측의 단계적 구조

인간의 사고는 우연히 일어나지 않는다. 뇌는 현실 세계를 '지도(map)' 처럼 구성하고, 그 지도 위에서 여러 가능성의 시나리오(scenario)를 그려본 뒤, 그중 가장 적절한 경로를 선택한다. 이 과정은 다음의 네 단계로 설명할 수 있다.

(1) 인지 지도(cognitive map)의 구성과 시나리오 형성

'인지 지도'란 개인이 경험을 통해 세상에 대한 공간적·개념적 구조를 마음속에 형성한 것이다. 예컨대, 낯선 도시에 도착했을 때 처음에는 길을 몰라 헤매지만, 며칠을 다니다 보면 머릿속에 주요 길과 지점의 위치가 그려진다. 이것이 바로 인지 지도의 형성이다.

마찬가지로, 학생이 논문을 쓰거나 회사원이 프로젝트를 기획할 때에도 머릿속에는 '목표에 도달하기 위한 중간 단계들'이 자동적으로 떠오른다. 즉, '최종 목적(goal)'과 '중간 지점(sub-goal)'을 잇는 사고의 경로도 인지 지도 형태로 존재한다. 이 지도 위에서 인간은 '가능한 여러 시나리오'를 그려보며 행동을 계획한다.

(2) 시나리오의 패턴 발견

사람의 뇌는 반복되는 사건 속에서 규칙성(pattern)을 찾아낸다. 예를 들어 '이 고객은 할인 행사가 있을 때만 구매한다', '회의 전날에는 팀장이 항상 아이디어를 묻는다' 같은 패턴을 학습한다. 이러한 패턴은 뇌의 보상 회로와 전전두엽이 협력하여 만들어내며, 이를 통해 뇌는 미래의 결과를 예측한다.

패턴을 찾는 능력이 뛰어난 사람은 경험에서 배운 법칙을 응용할 줄 안다. 반대로 패턴을 무시하는 사람은 매번 같은 실수를 반복한다. 즉, '패턴의 발견'은 단순한 기억의 재생이 아니라 기억 속에서 규칙을 추출해 새로운 상황에 적용하는 인지적 재구성이다.

(3) 패턴 발견을 위한 분석 모형(model) 구성

뇌는 단순한 직감에만 의존하지 않는다. 사람은 반복되는 사건들 속에서 "왜 이런 결과가 나왔을까?"라는 질문을 던지며, 자신만의 모델을 세운다. 이 모델은 하나의 '생각 실험 시뮬레이터'이다.

예를 들어 한 골프장은 '주말 오전보다 평일 오후에 예약률이 낮다'는 사실을 발견한다. 이때 단순히 '운이 나쁘다'고 느끼는 사람과 '기상 조건·시간·할인율·날짜 요인'을 고려해 모델을 세워보는 사람은 다르다. 후자의 사람은 데이터를 해석하고 가설을 세우며, 다시 검증하는 과정을 통해 자신의 인지 모델을 정교화한다. 이러한 사고방식이 곧 연구적 사고이며, 신경학적으로는 전전두엽의 '추론 네트워크'가 중심이 된다.

(4) 주요 요인 추출과 추상화

인지의 마지막 단계는 '단순화'이다. 즉, 복잡한 정보 중에서 핵심 변수만 남기고 불필요한 세부를 버리는 능력이다. 이를 추상화(abstraction)라고 한다. 예를 들어 좋은 디자이너는 제품의 형태를 복잡하게 꾸미지 않는다. 대신 사용자의 시선이 머무는 핵심 포인트를 잡아내어 단순화한다. 뇌도 마찬가지이다. 지나치게 많은 정보를 그대로 저장하면 인지 부하(cognitive load)가 커지고, 결정 속도와 정확도가 떨어진다. 그래서 인간의 뇌는 자동적으로 중요 요인만을 남긴 '요약 모델'을 만든다.

이 과정에는 전전두엽과 두정엽이 협력하며, 이는 인간 지능의 핵심적인 기능인 '모델적 사고(model-based cognition)'를 가능하게 한다.

3) 인지 능력 함양의 방법

이제 '이런 인지적 능력을 어떻게 키울 수 있을까?' 하는 문제로 넘어가자. 인지신경심리학적 관점에서 보면, 인간의 사고력은 다음 네 가지 방법을 통해 체계적으로 강화될 수 있다.

(1) 다양한 경험의 축적

경험은 인지 지도의 원재료이다. 여행, 독서, 사회 활동, 새로운 취미 등은 모두 뇌의 시냅스를 새롭게 연결한다. 예를 들어 평생 회계 업무만 하던 사람이 잠시 미술을 배우면, '패턴·공간·균형'을 보는 시각이 달라진다. 이 새로운 경험은 단순한 여가가 아니라 전전두엽의 사고 구조를 재배치하는 인지적 훈련이다.

(2) 모델 기획의 연습: 논문 작성형 사고

논문 작성은 단순히 학문적 글쓰기 기술이 아니다. 그 구조 자체가 인간의 인지 발달 절차와 동일하다. 문제 인식→자료 수집→패턴 발견→가설과 모델 설정→실험·검증→오류 진단 및 수정→모델 정밀화 등 이러한 일련의 과정은 뇌가 세상을 배우는 방식 그대로다. 따라서 '논문을 쓴다'는 행위는 생각의 뇌 회로를 직접 훈련하는 메타 인지적 활동이다. 업무 보고서, 프로젝트 제안서, 사업계획서도 마찬가지이다. 이들은 모두 '사고의 모델링' 훈련 도구로 작용한다.

(3) 코딩된 지식의 습득

인간만의 독특한 학습 방식은 '코딩된(symbolic) 지식'을 배운다는 점이다. 언어, 수학, 음악, 프로그래밍, 법률 조항 등은 모두 인간이 세상을 압축해 표현하는 기호 체계들이다.

예를 들어 '1+1=2'라는 식은 단순히 숫자가 아니라 '결합과 통합의 원리'를 상징적으로 표현한 코드이다. 이런 상징적 학습은 감각적 경험보다 훨씬 빠르게 지식을 축적하고 전이시킨다. 결국 '배우는 인간(Homo discens)'의 핵심은 바로 코딩된 지식을 다루는 능력이다.

(4) 모방과 순응의 인지적 본능 활용

인간은 사회적 존재이므로, 타인의 행동과 사고를 모방하며 배우는 능력을 타고났다. 이를 가능하게 하는 뇌의 구조가 바로 거울 신경계(mirror neuron system)이다. 우리가 누군가의 손짓, 표정, 말투를 보면 무의식적으로 그 행동을 내면화하는 이유가 여기에 있다.

따라서 능력 향상을 위해서는 '모방'이 단순한 복제가 아니라 관찰→이해→변형→창조의 과정임을 인식해야 한다. 예를 들어 마케팅 신입 사원이 선배의 발표 방식을 흉내 내며 배우는 것은 단순한 습관이 아니라 신경학적 학습이다. 실제로 그의 뇌는 그 순간 자신이 직접 발표를 한 것과 거의 같은 회로를 활성화시키고 있다.

4) 결론: 경험에서 예측으로, 예측에서 창조로

인지는 인간이 가진 가장 고등한 적응 도구이다. 그 구조는 단순히 '생각'이 아니라 경험→패턴→모델→추상화→예측→재검증→정밀화의 순환이다. 이 순환을 의식적으로 실행하는 사람이 곧 '생각하는 전문가'가 된다. 즉, 능력이란 타고난 것이 아니라 인지의 재구조화 과정을 얼마나 자주, 얼마나 깊게 반복하느냐에 달려 있다.

신경심리학적 관점에서 볼 때, 인지의 발달은 곧 예측의 정확성과 유연성의 조화이다. 즉, '세상을 예측하되, 언제든 수정할 준비가 되어 있는 뇌'가 가장 강력하다. 이것이 오늘날 불확실한 사회에서 개인이 스스로의 역량을 개발하고, 창의적 문제 해결자(creative problem solver)로 성장하기 위한 가장 근본적인 인지적 전략이라 할 수 있다.

2. 목적지향적 결정에서 무의식·의식적 인지 차이의 통합적 응용 능력

1) 인지는 '정보 처리'이자 '의미 생성'의 과정

인간의 인지는 단순히 외부 자극을 받아들이는 감각이 아니라 그 정보를 목적과 맥락에 따라 가공·선택·해석하는 과정이다. 즉, 인지는 '입력(input)-처리(processing)-출력(output)'의 기계적 구조이면서, 동시에 '의미의 선택과 결합'이 일어나는 심리적 과정이다.

이 정보 처리 과정에는 항상 두 층위의 인지가 함께 작동한다. 바로 무의식적 인지(unconscious cognition)와 의식적 인지(conscious cognition)이다.

두 인지는 상호 경쟁적이 아니라 상호 보완적이며 협력적이다. 예를 들어 우리가 차를 운전하며 목적지까지 가는 동안, '가속 페달을 얼마나 밟을지, 신호등의 색을 언제 인식할지'는 거의 자동으로 처리된다(무의식적 인지). 하지만 '다음 목적지를 어디로 정할지, 지름길을 택할지'는 의식적 판단의 결과이다. 이처럼 의식적 사고는 목표를 설정하고, 무의식적 인지는 목표를 효율적으로 실행한다.

2) 무의식적 인지와 의식적 인지의 차이 및 장단점

(1) 무의식적 인지의 특징: 자동성과 패턴 감지 시스템

무의식적 인지는 우리의 인지 체계 중 가장 빠르고 자동적으로 작동하는 시스템으로, 자극이 입력된 후 불과 몇 밀리초(milliseconds)만에 반응이 일어나는 특징을 지닌다. 이 과정은 의식적인 통제 없이 진행되며, 방대한 양의 정보를 동시에 병렬적으로 처리할 수 있는 매우 큰 처리 용량을 갖는다. 이러한 무의식적 인지는 반복적이거나 익숙한 행동을 자동화하고, 정서적 판단이나 직관적 탐색을 담당한다.

신경학적으로는 변연계(특히 편도체와 시상하부), 기저핵, 후두두정피질 등 뇌의 하위 회로가 중심적으로 관여한다. 예를 들어 운전 중 갑작스러운 위험 상황에서 브레이크를 밟는 반사적 반응, 낯선 사람의 얼굴에서 즉각적으로 느끼는 호감 혹은 불쾌감, 익숙한 표정의 빠른 인식 등이 모두 무의식적 인지의 전형적인 사례이다.

이 체계의 장점은 매우 빠르고 에너지 효율적이며, 정서적 경험을 풍부하게 만들어준다는 데 있다. 그러나 동시에 이러한 속성은 인지적 편향이나 오류를 유발하기도 한다. 대표적으로 첫인상에 대한 과도한 일반화, 혹은 기존 신념을 강화하는 확증 편향(자신의 기존 믿음과 일치하는 정보만 선택적으로 수용하는 현상)과 같은 인식 왜곡이 무의식적 인지의 자동적 판단에서 비롯된다.

요컨대, 무의식적 인지는 생존에 유리한 빠른 판단과 행동을 가능하게 하지만, 그 판단이 언제나 정확하거나 합리적이지 않다는 점에서 의식적 사고와의 균형이 필요하다.

(2) 의식적 인지의 특징: 희소한 자원을 다루는 시스템

의식적 인지는 뇌가 '지금 이 순간 주의를 어디에 둘 것인가'를 선택하는 행위에서 출발한다. 우리는 매 순간 수많은 자극 속에서 특정 정보에 집중하고, 그에 따라 사고와 행동을 조정한다. 이때 작동하는 시스템이 바로 '의식적 인지'이다. 의식적 인지는 외부 환경의 변화에 맞추어 스스로의 생각과 행동을 조절할 수 있게 해주는 인간만의 고차원적 조정 장치라 할 수 있다.

이 시스템은 감각을 받아들이는 즉각적 반응에서 한 단계 위에 있다. 자극에 대한 단순 반사나 자동화된 반응이 아니라 '지금 이 상황에서 무엇을 우선할 것인가'를 판단한다. 이 과정에서 전전두엽과 ACC가 중심적 역할을 맡는다. 전전두엽은 가능한 선택지를 시뮬레이션하며, ACC는 주의 자원을 어디에 배분할지를 결정한다. 즉, 의식적 인지는 목표 달성을 위해 에너지를 효율적으로 배분하는 주의 통제 시스템이라 할 수 있다.

의식적 인지의 핵심은 '자기 조절(self-regulation)'이다. 우리는 본능이나 감정의 즉각적 충동을 억누르고, 사회적 규범이나 장기적 목표에 따라 행동을 수정할 수 있다. 이 능력 덕분에 인간은 단순한 생존을 넘어 협동과 계획, 창의적 문제 해결을 가능하게 했다. 그러나 동시에 이 시스템은 에너지 소모가 크고 피로에 취약하다. 감정적 스트레스나 과도한 피로 상태에서는 이성적 통제력이 급격히 약화되며, 무의식적 반응 시스템이 다시 우위를 점하게 된다.

따라서 의식적 인지는 언제나 희소한 자원(scarce resource) 위에서 작동한다. 사람의 주의와 인지적 에너지는 한정되어 있으며, 그 사용에는 비용이 따른다. 마치 배터리처럼 집중과 통제력은 점차 소모되며, 회복에는 시간과 휴식이 필요하다. 이 때문에 현명한 의사결정자는 '무엇을 통제할 것인가'보다 '무엇을 통제하지 않을 것인가'를 먼저 결정한다. 이는 단순히 인지의 기술이 아니라 뇌가 생존과 효율성을 동시에 확보하기 위해 진화시킨 전략적 선택이다.

이처럼 의식적 인지는 본능과 습관, 감정의 자동적 반응을 조절하며, 한정된 인지 자원을 최적의 방식으로 배분하는 뇌의 고등 통제 체계이다. 그리고 이러한 통제력은 개인의 훈련, 환경적 자극, 그리고 감정적 안정 상태에 따라 크게 달라진다. 결국 '생각하는 인간'이란 사고 그 자체보다 주의의 방향과 강도를 설계할 줄 아는 존재이다.

(3) 속도-정확도 교환 관계와 인지 통합

두 인지는 '속도-정확도 교환 관계(speed-accuracy trade-off)'를 가진다. 무의식은 속도를 담당하고, 의식은 정확도를 담당한다. 따라서 목적지향적 의사결정은 두 시스템의 협동적 조율 능력에 달려 있다. 이 조율 능력이 곧 '인지 통합 능력'이다.

3) 무의식적·의식적 인지 통합 능력과 그 영향 요인

이 통합 능력은 '감정과 직관을 인지적으로 해석하고, 이성적 판단을 감정적 통찰과 연결할 수 있는 능력'이라 할 수 있다. 즉, '느낌을 생각으로 번역하고, 생각을 느낌에 연결시키는 능력'이다.

다른 표현으로 하면, 이것은 '감정적 직관(emotional intuition)'과 '인지적 통제(cognitive control)'의 동시 작동 능력이다. 심리학자 다마지오가 제시한 소마틱 가설과도 연결된다. 올바른 의사결정은 '감정이 배제된 이성'이 아니라 '감정이 잘 해석된 이성'의 결과이다.

의식적 인지와 무의식적 인지의 통합 능력은 개인의 뇌 기능만으로 결정되지 않는다. 그것은 경험, 주의, 정서, 스트레스 조절, 학습 루프 등 여러 요인들이 상호 작용하는 결과로 형성된다.

무엇보다 경험의 다양성은 무의식적 패턴 학습을 풍부하게 만들어준다. 다양한 상황과 문제를 반복적으로 경험한 사람은 직관적으로 '상황의 패턴'을 인식하고, 의식적 분석 없이도 올바른 결정을 내릴 확률이 높다. 예를 들어 여러 프로젝트를 경험한 마케터는 데이터보다 먼저 '시장 분위기'를 감으로 감지한다.

다음으로 주의력과 메타 인지는 자신의 사고 과정을 인식하고 조절하는 능력을 말한다. 이는 단순히 '집중한다'는 뜻이 아니라 '지금 내가 왜 이런 판단을 내리는가'를 스스로 성찰할 수 있는 능력이다. 실수 후에 즉각적으로 변명하기보다, '왜 그렇게 판단했는가'를 분석할 줄 아는 사람은 사고의 질을 지속적으로 개선할 수 있다.

또한 정서 인식력(emotional intelligence)은 감정을 단순한 반응이 아니라 정보로 해석하는 능력이다. 예를 들어 협상 중 느끼는 불쾌감은 단순한 감정이 아니라 상대의 의도나 상황 변화에 대한 '위험 신호'일 수 있다. 감정을 신호로 읽을 줄 아는 사람은 의사결정 과정에서 감정에 휘둘리지 않고, 오히려 감정을 활용해 전략을 수정한다.

스트레스 조절력 또한 매우 중요하다. 불안과 압박은 전전두엽 기능을 약화시켜 합리적 판단 능력을 떨어뜨린다. 그러나 스트레스를 안정적으로 조절할 수 있는 사람은 위기 상황에서도 직관과 분석의 균형을 유지한다.

이들은 감정적 동요 속에서도 통제력을 잃지 않고, 오히려 평소보다 더 명확한 판단을 내린다.

마지막으로 학습 피드백 루프는 시도-오류-조정의 반복 과정을 생활화하는 사고 습관을 의미한다. 데이터에서 결과를 분석하고, 원인을 찾아내며, 이를 개선으로 연결하는 일련의 루틴을 꾸준히 실행하는 사람은 인지 시스템의 통합 효율을 지속적으로 향상시킨다.

결국 인지 통합 능력은 타고나는 것이 아니라 경험의 폭과 사고의 훈련, 감정 조절, 그리고 학습적 피드백 과정을 통해 점진적으로 길러지는 역량이다.

4) 세 가지 인지 능력(무의식·의식·통합)의 강화 방법

(1) 무의식적 인지 능력의 강화: 패턴 감각 훈련

다양한 환경과 사람, 시장, 예술, 문화적 자극에 노출될수록 뇌의 하위 회로가 풍부한 패턴을 축적한다.

예를 들어 운전·악기·언어·스포츠처럼 반복적 행동은 뇌의 기저핵을 강화시켜 '빠른 직관적 판단력'을 만들며, 일상에서 느낀 불쾌·쾌감의 패턴을 기록하면 편도체의 감정-의사결정 연결이 명확해진다. 일례로, 숙련된 골프 선수는 '분석하지 않아도' 클럽 각도와 공의 속도를 감각적으로 맞춘다. 이는 무의식적 인지의 고도화된 형태이다.

(2) 의식적 인지 능력의 강화: 논리적·메타적 사고 훈련

이른바 논문형 사고 연습을 들 수 있다. 이 연습은 문제 정의-자료 수집-가설 설정-검증-수정의 순환 훈련은 전전두엽의 분석 회로를 강화한

다. 또한 비판적 사고는 자신의 생각과 타인의 주장을 논리적으로 비교하고 근거를 검증하는 훈련이며, 집중력 강화 습관의 일종인 명상, 깊은 독서, 수면 위생, 디지털 절제는 의식적 사고의 에너지 관리에 핵심적이다.

전략기획자가 시장 데이터를 수집한 후 '왜 이런 패턴이 나타나는가?'를 논리적으로 추론할 때, 이는 전형적인 의식적 인지의 작동이다.

(3) 통합적 인지 능력의 강화: 직관과 이성의 협동 훈련

우선 꼽을 수 있는 것이 느낌을 언어화하는 것이다. 직관적으로 떠오른 '감'을 언어로 설명해 보는 습관은 감정-이성 연결을 강화한다. 더불어 느린 의사결정 훈련도 필요하다. 즉각적 판단을 미루고, 감정이 가라앉은 후 재평가하는 루틴으로 전전두엽 조절을 강화한다. 시뮬레이션 사고도 유용하다. 실제 행동 전에 다양한 시나리오를 상상하고 감정적 반응을 관찰하는 것으로 감정·논리를 동시 활성화한다. 예술과 과학의 교차 학습도 해볼 만하다. 예술은 감정적 직관을, 과학은 논리적 분석을 강화하여 통합 회로를 자극한다.

스티브 잡스가 '기술(이성)과 감성(직관)'을 결합해 제품을 설계했던 방식은 전형적인 통합적 인지 능력의 사례이다. 그의 뇌는 디자인의 감각(우뇌)과 기능의 논리(좌뇌)를 동시에 작동시켰다.

5) 결론: 목적지향적 인지는 '생각하는 뇌'와 '느끼는 뇌'의 대화

목적지향적 의사결정은 ① 무의식적 인지가 감각적 직관과 패턴 감지의 신속함을, ② 의식적 인지가 분석적 사고와 자기 통제의 정밀함을, ③ 통합적 인지가 두 체계의 협력적 균형을 담당하는 3중 구조로 작동한다.

이 세 능력은 훈련을 통해 발전한다. 결국 탁월한 의사결정가란 '감정을

통제하는 사람'이 아니라 감정을 '인지적으로 해석하고 활용할 줄 아는 사람'이다. 즉, 무의식은 방향을 제시하고, 의식은 그 방향을 언어로 번역하며, 통합적 인지는 그것을 현실로 만든다.

3. 종합적 인지 능력 개발 방법
― 신체·정서·사회·환경이 통합된 인지의 신경심리학적 접근

1) 인지는 항동성 조절의 고등한 형태

모든 생명체는 항동성, 즉 내부 균형을 유지하려는 경향을 지닌다. 인간의 인지는 이러한 항동성 조절의 가장 고등한 형태로서 몸의 상태와 환경의 변화를 감지하고, 예측하고, 조절하는 기능을 수행한다.

따라서 '인지 능력'은 단순히 사고력·기억력·주의력 같은 '정신 기능의 효율성'이 아니라 몸-감정-사회적 관계-환경 적응의 통합된 작동 능력을 의미한다. 즉, 몸이 피곤하면 사고도 흐려지고, 관계가 불안하면 판단이 왜곡된다. 이것이 '항동성 기반 인지 모델'의 핵심이다.

2) 인지의 신체·심리적 기반: 뇌는 몸과 분리되지 않는다

(1) 신체 건강과 생리적 에너지

사람의 일상에서 무엇보다 중요한 것은 수면이다. 수면은 기억의 공고화와 시냅스 가지치기(synaptic pruning)의 핵심 과정이다. 깊은 수면이 부족하면 해마(기억)와 전전두엽(판단)의 기능이 급격히 떨어진다. 즉, 수면이 부족한 뇌는 술에 취한 뇌와 비슷한 판단 오류를 가져온다.

둘째, 휴식과 회복이다. 전두엽은 가장 에너지 소비가 큰 기관이다. 주기적 휴식은 '인지적 과열(cognitive overload)'을 방지하고 무의식적 연결망(default mode network)을 활성화시켜 창의적 통찰을 낳는다.

셋째, 운동이다. 유산소 운동은 해마의 신경세포 성장을 촉진(BDNF 분비)하고, 전전두엽의 신경망 연결을 강화한다. 즉, 운동은 '몸의 건강'이 아니라 '생각의 효율'을 높인다. 매일 20분 산책을 하는 사람은 하루 종일 앉아 있는 사람보다 문제 해결 속도가 평균 25~30% 빠르다는 연구 결과가 있다.

(2) 신체-뇌 활동의 다양성(레저와 생활 습관)

레저와 취미는 단순한 여가가 아니라 신경 회로의 다양성(diversity)을 만들어낸다. 새로운 활동은 뇌의 다른 네트워크를 자극하며, '인지적 유연성'을 키운다.

음악 연주는 청각·운동·감정·기억 회로를 동시에 작동시켜 전전두엽의 통합력을 강화하며, 운동·스포츠는 공간 지각·주의·협응 능력을 향상시켜 의사결정의 속도와 정확도를 개선한다. 또한 창의적 취미(그림, 글쓰기)는 상상-기억-감정 회로를 통합시켜 문제를 다각도로 보는 능력을 향상시킨다. 골프나 등산 같은 자연 레저는 단순한 운동을 넘어 시각·균형·사회적 교류·정서 안정·자기 조절이 동시에 이루어지는 '뇌의 복합 훈련장'이다.

(3) 애착과 사회적 관계의 안정성

정서적 안정은 인지 효율의 기반이다. 타인과의 안정적 유대감(attachment)은 스트레스 반응을 완화하고 시상하부-편도체-ACC의 긴장도를 낮춘다. 즉, 마음이 안정되어야 생각이 깊어진다. 친교와 대화는 타인의 관점을 듣고 해석하는 과정으로 '사회적 인지(social cognition)'의 핵심 훈련이다. 공감과 신뢰를 통한 거울 신경계의 활성화는 학습·협력·창의적 문제 해결력을 높인다. 그리고 감정 조절은 관계 속에서의 안정으로 불필요한 감정 소모를 줄여 인지 자원을 절약한다.

연구에 따르면, 정서적으로 안정된 인간 관계를 유지하는 사람은 불안정한 관계를 가진 사람보다 작업 기억 수행이 20~30% 높다.

(4) 직업 활동 환경과 인지 구조의 상호 작용

일하는 환경과 방식은 개인의 인지 구조를 직접적으로 반영하고 형성한다. 업무 환경은 인지 능력의 강화 또는 약화를 결정하는 주요 요인으로 작용한다.

통제적이고 수동적인 업무 환경에서는 개인이 외부 지시에만 반응하게 되므로 뇌의 예측 능력이 감소하고, 이는 피로, 소진, 창의성 저하라는 부정적 결과로 이어진다. 반면에 자율적이고 목적지향적인 환경은 개인이 스스로 목표를 설정하고 조정함으로써 인지적 자기 조절 능력과 예측 회로를 강화한다. 그 결과, 집중력, 동기 부여, 의사결정 능력이 향상한다.

특히, 신경심리학적 연구에 따르면 업무의 자율성이 높은 사람은 동일한 업무량을 수행하더라도 스트레스 호르몬인 코르티솔 분비가 30% 낮게 나타났으며, 이는 장기적으로 기억력과 주의력 유지에 긍정적인 영향을 미치는 것으로 밝혀졌다. 즉, 자율적인 업무 환경은 단순히 만족도를 높이는 것을 넘어, 생리적 스트레스를 완화하고 고등 인지 기능을 안정적으로 유지하는 핵심 기반이 된다.

3) 종합적 인지 능력 개발 모델(통합적 접근)

이 모델은 인지가 뇌 안에서만 일어나는 현상이 아니라 신체적 항동성,

정서적 안정, 사회적 관계, 환경 요인과의 상호 작용 속에서 완성된다는 '통합적 인지' 관점을 반영한다.

구분	주요 요인(핵심 목표)	강화 방법(실천 전략)
인지적 훈련	주의력, 기억력, 추론, 모델링	집중 훈련, 독서, 문제 해결 연습, 모델 설계 훈련 등을 통해 고등 사고 기능을 직접적으로 연마한다.
생리적 조절	수면, 운동, 휴식, 영양	규칙적 수면 패턴 유지, 유산소 운동, 간헐적 휴식 및 균형 잡힌 영양 섭취를 통해 뇌의 물리적 에너지 상태를 최적화한다.
정서·사회적 안정	애착(유대감), 공감, 스트레스 조절	관계 훈련, 적극적인 대화, 공감적 경청, 명상을 통해 정서적 안정감을 확보하고 인지 자원의 소모를 줄인다.
생활·레저 활동	다양한 경험, 창의적 취미, 인지적 유연성	음악 연주, 자연 활동(등산 등), 여행 등 새로운 감각적 자극을 통해 뇌 네트워크의 다양성과 유연성을 높인다.
직업·환경 요인	자율성, 목표 명확성, 업무의 의미감	스스로 목표 설정, 피드백 루프 구축, 협업 시스템 활용을 통해 업무 환경이 인지적 자기 조절 능력을 강화하도록 설계한다.

4) 종합적 인지 능력 개발의 실천적 전략

① 24시간 인지 루틴 설계
- **아침:** 신체 활성화(운동·명상)
- **낮:** 집중적 사고(작업·분석)
- **저녁:** 관계·감정 교류(대화·독서)
- **밤:** 수면 통한 기억 통합

② 인지적 생활 환경 조성
- 시각·소리·공간 자극을 단순화하여 주의 자원을 절약
- 자연광, 녹색, 산책로 등 감각적 안정 자극 활용

③ 인지-정서-신체 피드백 루프 인식
- 스트레스 상황에서 '몸의 긴장'을 인식하고 호흡 조절로 뇌 회로 안정
- 감정 신호를 판단의 데이터로 해석('불안하다는 건 정보가 부족하다는 뜻')

④ 레저와 학습의 병행
- 주말 레저 활동을 '인지 회복 프로그램'으로 활용(예: 골프, 등산, 수영 등)
- 신체 움직임 속에서 패턴 감각과 예측 능력을 연습

5) 결론: 인지는 몸과 사회, 환경의 네트워크 속에서 성장한다

요컨대, '생각이란 머리로만 하는 것이 아니라 삶 전체가 하는 일'이다. 신체의 건강, 정서의 안정, 관계의 유대, 환경의 자율성은 모두 인지의 토양이 된다. 인지는 항동성의 한 형태이며, 항동성은 삶의 모든 층위에서 작동한다.

따라서 '종합적 인지 능력 개발'이란 지식 훈련과 함께 몸·감정·관계·생활의 조화를 설계하는 일이다. 이것이 곧 '인지의 신경심리학적 완전성(the completeness of cognition)'이라 할 수 있다.

4. 감정이 인지에 작용하는 신경심리 메커니즘
―선택 폭과 성능의 조절 기능을 중심으로

1) 감정과 인지는 분리된 것이 아니라 통합된 하나의 조절 체계

과거에는 '이성(인지)'과 '감정'이 서로 대립하는 체계로 이해되었지만, 현대 신경심리학은 감정이야말로 인지의 기반임을 보여주고 있다.

감정은 뇌의 항동성 조절 과정에서 생리적 신호(심박, 호르몬, 근긴장 등)를 통합하여 '이 상황은 나에게 얼마나 중요하고, 어떤 행동을 촉진·억제해야 하는가'를 알려주는 내부의 생리적 언어(physiological language)이다. 즉, 감정은 '생리적 에너지의 상태 표시등'이며, 인지는 이 신호를 해석해 미래의 행동 시나리오를 만들어내는 '언어적 계획 시스템'이다. 따라서 감정은 인지의 재료이자 제한 조건이며, 동시에 촉매이기도 하다.

2) 감정은 인지의 선택 폭 결정: 생각을 좁히거나 넓히는 역할

(1) 기본 개념

인지가 처리할 수 있는 정보의 범위(선택 폭)는 무한하지 않다. 뇌는 주어진 순간, 주의와 감정이 허용하는 범위 내에서만 '가능한 사고 시나리오'를 탐색한다. 즉, 감정은 '어떤 종류의 사고를 할 수 있을지'의 탐색 영역을 결정한다. 이를 '인지 선택 폭(cognitive bandwidth)'이라 할 수 있다.

(2) 신경생리적 근거: 베리지의 'wanting-liking 시스템'

이에 대한 신경생리적 근거로는 베리지의 'wanting-liking 시스템'이다. 베리지는 감정과 동기의 신경 기전을 'wanting'(욕구적 동기)과 'liking'(쾌감적 느낌)으로 구분했다. 'wanting'은 도파민 회로(복측피개영역-측좌핵)에서 발생하며, 목표를 향해 행동을 추진시키는 에너지 신호이다. 'liking'은 오피오이드·엔도카나비노이드 회로에서 발생하며, 행위의 결과를 '좋다/싫다'로 평가하는 감정적 보상 신호이다. 이 두 신호의 조합이 감정의 '폭(bandwidth)'을 결정한다.

뇌의 생리적 한계로 인해, 사용 가능한 총 감정 에너지가 100이라 하더라도 실제 의사결정에 동원되는 활성 감정 영역은 그중 약 10 정도에 불과하다. 이 제한된 감정 폭 내에서만 인지가 시나리오를 구성할 수 있다.

(3) 사례와 설명

예를 들어 우울증 환자는 도파민 회로의 'wanting' 신호가 약화되어 '기쁨을 상상하는 인지 시나리오' 자체가 생성되지 않는다. 즉, '기뻐할 이유를 찾지 못하는 것'이 아니라 기쁨을 예측할 인지 회로가 작동하지 않는 것이다. 반대로, 과도한 흥분 상태(행복, 고양감)에서는 슬픔, 위험, 손실 등의 시나리오가 인식되지 않는다. 지나치게 기쁠 때 실수를 하는 이유가 여기에 있다. 감정이 특정 시나리오만 조명하고 나머지는 어둡게 가려버리기 때문이다.

슬픔과 기쁨을 동시에 경험하는 상태(예: 장례식에서의 회상, 예술 감상)는 오히려 인지 폭이 넓다. 이때 ACC와 내측 전전두엽이 함께 활성화되며, 감정적 복합성(complex affect)이 인지적 통찰을 촉진한다.

3) 감정은 인지의 '성능' 결정한다: 감정은 전두엽의 연료이자 제동 장치

(1) 감정-전전두엽 상호 작용의 신경 메커니즘
- **편도체**: 감정의 위험·보상 신호를 감지
- **ACC**: 감정 신호를 인지적 조절 체계로 전달
- **복내측 전전두엽(vmPFC)**: 감정과 가치 평가 통합
- **배외측 전전두엽(dlPFC)**: 논리적 계획, 인지적 통제 담당

이 네 영역은 끊임없이 신호를 주고받는다.

감정이 안정적일수록 dlPFC의 기능이 강화되어 장기적·목적지향적 의

사결정이 가능해진다. 반대로, 감정이 불안정할수록 편도체가 과활성화되어 단기적·자동적(파블로프식) 반응을 유도한다.

(2) 부정적 감정과 인지 성능 저하

불신·불안·분노는 코르티솔 분비를 증가시키고 전전두엽의 신경 가소성을 억제한다. 결과적으로 즉각적 보상 시스템(습관·회피 행동)이 강화(예: 불안한 투자자는 장기 전략 대신 단기 매매 반복)된다. 편도체 과활성→전전두엽 억제의 경로는 '감정적 격앙 상태에서 판단이 흐려지는 이유'를 설명한다.

(3) 긍정적 감정과 목적지향적 시스템의 강화

희망·기쁨·기대감은 도파민의 안정적 분비를 유도하고 전전두엽-선조체 회로를 활성화시킨다. 이 회로는 목표 설정-추진-보상 피드백의 핵심이다. 긍정적 감정 상태에서는 인지적 유연성이 높아져 문제를 다각도로 보는 능력, 대안적 사고, 창의적 연결이 용이해진다.

일례로, '기대감'을 느끼는 직장인은 스트레스 상황에서도 단기적 보상 대신 장기 목표에 집중한다. 이는 감정이 단순히 '기분'이 아니라 목표 유지 회로의 에너지로 작동함을 보여준다.

4) 감정-인지 통합 모델의 요약(실용적 관점)

이 모델은 감정 상태가 우리의 사고방식과 의사결정의 결과를 어떻게 구조적으로 조절하는지를 보여준다.

감정 상태	인지적 영향	결과
불안·두려움	사고 폭 축소, 단기적 반응에 집중	방어적·보수적 판단 및 위험 회피 행동
분노·혐오	선택 편향 심화, 인지적 오류 증가	공격적·충동적 선택 및 타협 거부
기쁨·희망	사고 폭 확대, 창의적 가능성 모색 증가	장기 전략 수립, 유연하고 낙관적인 사고
슬픔·공감	감정적 통찰, 관계적 판단 강화	성찰적 판단, 이타적 및 윤리적 사고

5) 결론: 감정은 인지의 경계를 그리고, 에너지를 조절한다

요약하면, 감정은 인지의 '지도(map)'와 '연료(fuel)'를 동시에 결정한다. 감정이 너무 강하면 사고의 폭이 좁아지고, 너무 약하면 방향을 잃는다. 건강한 인지는 감정의 폭이 넓으면서, 조절이 가능한 상태에서 발생한다. 즉, 감정은 인지의 선택 가능성을 규정하고, 감정의 질은 인지의 성능을 결정한다.

이 두 가지가 통합될 때 비로소 인간은 '의식적 판단+직관적 통찰'이 결합된 진정한 목적지향적 의사결정자가 된다. 감정은 인지의 그림자이자 빛이다. 그림자가 방향을 제한하고, 빛이 길을 비춘다. 이 둘의 균형이 인간 사고의 완전성을 이룬다.

6) 실생활 응용: 최적의 판단을 위한 '정서적 중용 상태'의 조성

(1) 감정의 균형이 인지의 폭을 확장한다

현대 신경경제학의 실험들(예: Phelps, Damasio, Ashby & Isen 연구)은 감정의 세기가 너무 강하거나 한쪽으로 치우치면 인지적 오류가 증가함을 보여준다. 즉, 지나친 긍정(흥분)은 '위험 신호'를 간과하게 만들고, 지나친 부정(불안·두려움)은 사고의 폭을 좁혀 회피적 선택을 강화한다.

따라서 긍정과 부정 시나리오를 모두 그릴 수 있는 '편안한 정서 상태', 즉 중용(equilibrium affect) 상태가 인지의 폭과 성능을 동시에 최적화한다. 이 상태에서 전전두엽과 편도체의 연결이 안정화되어 감정의 과도한 간섭 없이 냉철하고 유연한 판단이 가능해진다.

(2) 신경생리적 근거

편안한 정서 상태에서는 자율신경계의 교감·부교감 활동이 균형을 이루며, 코르티솔(스트레스 호르몬) 분비가 낮아지고, 전전두엽-ACC-해마 간의 '감정-인지 조절 회로'가 원활히 작동한다.

결과적으로, 사고의 에너지가 불필요한 방어적 반응에 소모되지 않고, '긍정적 예측(가능성 탐색)'과 '부정적 예측(위험 관리)'이 동시에 활성화된다. 즉, '기회'와 '위험'을 함께 볼 수 있는 인지적 시야가 열린다.

(3) 직장·조직 내 적용 사례

조직심리학 연구(예: Losada, 1999; Fredrickson, 2001)에 따르면, 신뢰와 안정의 분위기 속에서 근무하는 팀은 불안·경쟁적 분위기인 팀보다 문제 해결 효율이 평균 20~30% 높다. 그 이유는 단순히 '기분이 좋기 때문'이 아니라 이때 직원들의 뇌가 '인지적 중용 상태'에 머물기 때문이다. 즉, 감정이 지나치게 자극되지 않아도, 완전히 억눌리지도 않은 '편안한 각성 수준(optimal arousal)'에서 전전두엽의 정보 통합 기능이 최대 효율로 작동한다.

(4) 실천적 적용 방법: 감정-인지 통합 활용 전략

이 표는 감정과 인지의 상호 작용 원리를 바탕으로, 실제 생활에서 의사 결정의 질과 창의성을 향상시키기 위한 구체적인 실천 전략을 제시한다.

영역	실천 전략	기대 효과
직장 환경	신뢰·존중 기반의 대화 문화 구축, 비난보다 피드백 중심의 회의 진행	업무 효율 +20~30%, 창의성 향상(정서적 안정으로 인지 자원 확보)
개인 상태 조절	깊은 호흡, 가벼운 산책, 음악 감상 등으로 정서 진정 유도	사고의 폭 확장, 감정적 충동에 의한 판단 오류 감소
결정 상황	의사결정 전 긍정·부정 시나리오를 모두 시각화(감정적 통찰 활용)	예측의 정확도 향상, 결정 후 후회 감소

(5) 결론: 감정은 이성의 조율자이자 인지 성능의 핵심 조건

감정의 균형은 단순한 심리적 편안함이 아니라 인지적 성능을 극대화하는 생리적 조건이다. 즉, 최적의 판단이란 '감정을 배제한 상태'가 아니라 '감정을 통합하되, 균형 잡힌 상태로 유지할 수 있는 능력'에서 비롯된다.

감정이 이성의 적이 아니라 이성의 품격을 결정하는 조율자라는 사실이 인간 인지의 신경심리학적 진실이다. 좋은 판단은 감정이 없는 상태에서가 아니라 감정이 안정된 상태에서 나온다. '편안한 마음'은 곧 '최적의 사고 환경'이다.

5. 인지가 감정에 미치는 영향의 신경심리학적 이해
― 사고가 감정을 바꾸는 뇌의 메커니즘과 실생활 응용

1) 서론: 감정은 자동 반응이지만, 인지는 그 감정을 선택하고 조절한다

감정은 외부 자극에 대한 자동적 신체 반응으로 시작된다. 하지만 인간은 단순한 반응의 존재가 아니다. 우리는 '생각'을 통해 감정을 인식하고 해석하고 조절할 수 있다. 즉, 인지는 감정의 '주인'이 아니라 '조정자(conductor)'이다.

신경심리학적으로 보면, 전전두엽은, 감정의 생성 중심인 편도체와 직접 연결되어 '감정의 강도와 지속 시간'을 실시간으로 제어한다. 이 능력이 곧 감정 조절력이며, 개인의 사회적 적응력·창의력·지능 수준을 결정짓는 핵심 요인이다.

2) 인지적 착각의 실험 사례: 출렁다리 위의 사랑

감정과 인지의 상호 작용을 가장 생생하게 보여주는 고전적 실험이 있다. 1974년 캐나다의 사회심리학자 더튼(Donald Dutton)과 애런(Arthur Aron)이 수행한 유명한 실험, 바로 '출렁다리 위 남자의 사랑 착각(misattribution of arousal)'이다.

실험 개요는 다음과 같다. 연구진은 두 개의 다리를 이용했다. 하나는 높고 흔들리는 출렁다리, 다른 하나는 안정된 낮은 다리였다. 각각의 다리 중간에서 매력적인 여성 연구원이 남성 참가자에게 접근해 '연구 협조 요청'을 하고 연락처를 건넸다. 결과는 출렁다리(위험 상황) 위의 남성들이 훨씬 더 많이 여성에게 전화를 걸었다.

그 이유는 무엇일까? 그 이유는 남성들이 느낀 심박수 증가·손의 떨림·긴장감을 '두려움'이 아닌 '설렘'으로 해석했기 때문이다. 즉, 뇌는 동일한 신체 각성을 '인지적 해석'에 따라 전혀 다른 감정으로 분류한다.

이렇듯 감정은 단순한 생리 반응이 아니라 인지적 해석을 거쳐 구성되는 현상이다. '사랑한다'는 감정조차 생각이 만들어낸 해석일 수 있다.

3) 인지가 감정을 조절하는 신경심리적 과정

인지가 감정을 조절하는 과정은 뇌의 특정 회로들이 '감정-인지 피드백 루프(emotion-cognition feedback loop)'를 구성하며 이루어진다. 이 루프는 편도체에서 시작되어 위험과 보상 신호를 감지하고, 해마가 과거 경험과 맥락을 연결하여 감정에 의미를 부여한다. 이후 전전두엽과 ACC가 협력하여 감정의 강도와 지속 시간을 조절하며, 최종적으로 시상하부-자율신경계를 통해 심박, 호흡, 근긴장 등 신체 반응을 제어한다. 즉, 우리는 상황을 해석(해마·전전두엽)하고, 그 해석에 따라 감정의 강도를 실시간으로 재조절(전전두엽·ACC)하는 순환 과정을 통해 감정을 관리한다. 회사 면접을 볼 때, 면접 전 긴장을 느낄 때 "망치면 어떡하지?"라고 생각하면 불안이 증폭되고, "이건 내 실력을 보여줄 기회야"라고 생각하면 동일한 심박 상승이 '도전의 긴장감'으로 전환된다. 이것은 인지적 재해석이 감정의 질 자체를 바꾼 것이다.

4) 인지가 감정을 조절하는 구체적 방법들

(1) 억제(suppression)

감정을 느끼되, 표현을 억누르는 방법이다. 짧은 순간에는 사회적 갈등을 줄일 수 있지만, 장기적으로는 스트레스 호르몬을 높여 오히려 건강에 해롭다. 회의 중 화가 나더라도 분노를 삼키며 웃는 얼굴로 앉아 있는 상황을 연출해 보자.

(2) 재평가(reappraisal)

상황의 의미를 새롭게 해석하여 감정을 바꾸는 전략이다. 신경 영상(fMRI) 연구에 따르면, 재평가를 자주 사용하는 사람은 편도체의 과활성을 억제하고 전전두엽의 조절 활동이 강화된다. 예를 들어 상대가 거친 말을 할 대 '상대가 나를 무시했다'고 생각하지 않고 '그도 긴장해서 말이 거칠

었을 수 있어'라고 생각하는 것이다.

(3) 주의 전환(distraction)

감정을 유발하는 자극에서 주의를 다른 곳으로 옮기는 전략이다. 단기적으로는 효과적이지만, 원인 분석을 회피하면 장기 해결은 어렵다. 예를 들어 불안할 때 음악을 듣거나 산책을 하는 경우이다.

(4) 신체 기반 조절(embodied regulation)

운동, 명상, 호흡, 자세 변화 등은 뇌-신체 간 피드백 루프를 통해 감정을 안정시킨다. 특히 명상은 내측 전전두엽(mPFC)과 ACC의 연결을 강화하여 감정 인식 능력을 향상시킨다. 허리를 곧추펴고 깊게 호흡하면, 뇌는 '위험이 없다'고 해석해 불안 신호를 줄인다.

(5) 인지적 거리 두기(cognitive defusion)

감정에 휩쓸리지 않고 '지금 나는 불안함을 느끼고 있다'라고 인식하는 전략이다. 자신과 감정 사이의 거리를 두면 전전두엽이 활성화되고 감정의 자동 반응이 완화된다.

5) 충동 억제가 만드는 지능의 향상

감정 조절 능력은 단순한 '인내심'이 아니라 실제 지능(intelligence)의 신경적 기반과 직결된다. 미국 스탠퍼드 대학의 마시멜로 실험(Walter Mischel, 1972)은 이를 잘 보여준다. 4세 어린이에게 마시멜로 한 개를 주고, "15분 동안 안 먹으면 두 개를 주겠다"고 말한 뒤 기다리게 했다. 십여 년 후, 마시멜로를 먹지 않고 기다렸던 아이들이 성인이 되었을 때의 결과를 보면,

SAT 점수, 학업 성취, 직업 안정성, 대인 관계 만족도 모두 더 높았다.

이 실험은 단순한 의지력 실험이 아니라 전전두엽이 편도체의 충동적 반응을 얼마나 잘 억제하느냐를 본 것이다. 즉, 충동 억제는 뇌의 정보 처리 효율과 미래 예측 능력을 높이는 지능적 과정이다.

6) 실생활 응용: 생각이 감정을 바꾸는 다섯 가지 전략

일상에서 강한 감정에 휩쓸릴 때, 단순히 참으려 하기보다 인지적 전략을 의도적으로 활용하면 감정의 흐름을 조절할 수 있다. 다음은 상황별로 효과가 입증된 실전 전략이다.

첫째, 불안이 밀려올 때는 '재평가'를 활용하라.

중요한 회의나 발표 전 '내가 실수하면 어쩌지?'라는 불안이 느껴진다면, 이를 '이 상황은 오히려 내가 성장할 수 있는 기회'라고 의미를 재해석하는 것이다. 동일한 상황을 위협이 아닌 도전으로 바라보는 순간, 불안은 기대감과 집중력으로 전환된다.

둘째, 분노가 치밀어 오를 때는 '신체 조절'에 주목하라.

화가 머리까지 치밀 때는 논리적인 생각이 통하지 않는다. 이때는 10초간 깊게 숨을 쉬고, 주먹을 쥔 손과 긴장된 어깨를 의도적으로 풀어주는 것만으로도 감정의 고조된 상태가 진정된다.

셋째, 슬픔에 잠기고 싶지 않을 때는 '신체 활동'을 택하라.

마음이 무겁고 착잡할수록 움직여야 한다. 가벼운 산책이나 스트레칭과 같은 신체 활동은 마음을 맑게 하고 새로운 관점을 얻는 데 도움을 준다.

넷째, 집중이 흐트러질 때는 '주의 이전'을 시도하라.

일에 집중이 되지 않을 때 무리하게 매달리기보다 짧은 명상이나 선호하는 음악을 듣는 등 주의를 완전히 다른 곳으로 잠시 돌리는 것이 오히려 효율을 높인다.

다섯째, 지나치게 흥분했을 때는 '메타 인지'를 동원하라.

기쁨이나 흥분도 과하면 판단을 그르친다. 이런 순간에는 '지금 내가 너무 들뜬 건 아닌가?', '좋을 때일수록 신중해야 한다'고 스스로에게 되묻는 절제의 태도가 큰 실수를 방지한다.

이러한 전략을 꾸준히 생활화하면 감정의 기복이 줄고, 생각과 감정 사이에 건강한 거리두기가 생긴다. 그 결과 일관된 판단력과 높은 업무 효율을 동시에 얻을 수 있게 된다.

7) 결론: 생각은 감정의 방향타

감정은 자동 반응이지만, 그 반응을 해석하고 조정하는 것은 인지의 몫이다. 인지가 감정을 지휘하는 능력은 단순한 '마음 다스리기'가 아니라 뇌의 자기 조절 기능이다. 이 기능이 발달할수록 감정은 삶의 장애가 아니라 동기·창의성·공감의 에너지로 전환된다.

제3장 의사결정의 신경심리학
―가치 평가와 선택, 탐색의 뇌 메커니즘

1. 인지의 결과: '결정'과 '탐색'의 신경심리학
―기억 기반 인지와 대안 탐색의 메커니즘

1) 인지의 결과는 '결정'과 '탐색'의 이중 구조

경제학은 오랫동안 인지의 결과를 '의사결정(decision-making)'으로 간주해 왔다. 즉, '어떤 대안을 선택할 것인가'에 초점을 맞추었다. 그러나 실제 인간의 사고 과정은 단순한 선택보다 훨씬 복잡하다.

예를 들어 시장에서 사과를 살 때, 우리는 단순히 '어떤 사과를 살까?'만이 아니라 '오늘은 사과 대신 배를 살까?', '다음 주에 사는 게 나을까?', '다른 시장에 가볼까?'를 함께 고려한다.

이처럼 인간의 인지는 항상 '결정'과 '탐색'을 동시에 수행하는 구조를 가진다. 즉, 인지는 선택의 결과를 내리는 동시에, 아직 존재하지 않는 대안의 가능성을 탐색하는 행위이기도 하다. 그 이유는 우리의 인지 작용이 과거의 경험 기억, 특히 무의식적 기억(implicit memory)에 기반하기 때문이다.

2) 기억 기반 인지와 '탐색-결정'의 동시성

(1) 인지는 축적된 기억에 기반한다

모든 인지는 과거의 경험에 뿌리를 둔다. 우리가 어떤 선택을 내릴 때, 의식적으로 기억하는 정보뿐 아니라 '잊었다고 생각하는 수많은 무의식적 기억'이 뇌의 해마와 측두엽에서 자동적으로 활성화된다. 즉, 새로운 결정을 내린다는 것은 사실상 '기억된 과거의 재조합'을 수행하는 것이다. 이때 뇌는 최신 경험(최근의 성공·실패)에 더 높은 가중치를 두어 판단한다.

이는 강화 학습(reinforcement learning)의 핵심 원리이기도 하다. 예를 들어 최근에 먹은 사과가 상했었다면, 우리는 무의식적으로 '사과'라는 단어만 들어도 약간의 회피 감정을 느낀다. 이때 뇌의 편도체와 해마가 과거 경험의 정서를 자동으로 호출한다. 결국 '배를 살까?'라는 탐색적 사고가 자연스럽게 활성화된다.

(2) 인지는 '결정'과 '탐색'을 병렬적으로 수행한다

뇌는 단일 행동을 결정하는 기계가 아니라 '다음 행동을 시뮬레이션하는 기계'이다. 즉, 결정을 내리면서 동시에 다른 대안을 평가하고 있다. 이 병렬적 처리는 전전두엽과 ACC에서 일어난다. 전전두엽은 목적지향적 의사결정을 담당하고, ACC는 현재의 불확실성을 탐색(exploration of alternatives)한다. 예를 들어 취업 준비생이 'A회사를 갈까 B회사를 갈까?' 고민할 때, 표면적으로는 '결정'을 하고 있는 것 같지만, 실제로는 'A회사에 가면 어떤 미래일까?', 'B회사는 어떤 환경일까?' 하는 시뮬레이션적 탐색(thought simulation)을 수행하고 있다. 즉, 인지는 항상 '결정 중에도 탐색을 멈추지 않는다'.

3) 의사결정-탐색의 신경심리 시스템

① 결정 시스템
- **배외측 전전두엽(dlPFC)**: 논리적 평가, 비용-편익 계산
- **복내측 전전두엽(vmPFC)**: 가치 평가
- **측좌핵**: 보상 기대감(도파민 신호)
- **선조체**: 실행 결정, 습관화된 선택

이 회로는 '지금 이 대안을 선택할 것인가?'를 계산한다.

② 탐색 시스템
- **ACC**: 불확실성 탐지, 대안 탐색 유도
- **해마**: 기억의 맥락화, 과거 경험 비교
- **도파민계(VTA-SN)**: 새로운 자극에 대한 예측 오차 신호

이 회로는 '지금의 선택을 유지할 것인가, 새로운 길을 시도할 것인가?'를 판단한다. 창업가가 '현재 사업을 확장할까, 다른 아이템을 시도할까?' 고민하는 순간, ACC는 불확실성을 탐지하고, 도파민 회로는 새로운 가능성을 탐색하라는 신호를 보낸다.

4) 탐색-의사결정을 잘하는 방법

(1) 기억의 다양성 확보하기

뇌는 과거 경험의 데이터베이스를 기반으로 탐색을 한다. 따라서 경험이 다양할수록 새로운 대안의 질이 높아진다. 이를 위한 팁은 새로운 사람, 장소, 정보, 문화에 자주 노출할 수 있는 기회를 만들어야 한다.

(2) 탐색-결정의 균형 잡기

항상 새로운 것을 탐색만 하거나, 반대로 익숙한 것만 고집하는 것은 비효율적이다. 이를 '탐색-활용 균형(exploration-exploitation trade-off)'이라 한다. 사례로 들면, 회식 때마다 같은 식당만 가면 편하지만 새로운 맛을 잃는다. 반면에 매번 새로운 식당만 찾으면 만족도 예측이 어렵다. 이렇게 인간의 뇌는 상황에 따라 '불확실성에 따른 탐색 확률'을 동적으로 조절한다.

(3) 인지적 유연성(cognitive flexibility) 훈련

감정적으로 불안정하면 탐색 능력이 약화된다. 왜냐하면 불안이 ACC의 탐색 회로를 억제하기 때문이다. 따라서 탐색을 잘하기 위해서는 마음의 안정, 즉 감정 조절이 필요하다. 적절한 방법은 명상, 산책, 호흡 훈련, 수면 개선 등으로 인지적 안정을 확보하는 것이다.

(4) '메타 인지' 강화

'나는 지금 결정을 내리고 있는가, 탐색을 하고 있는가?'를 자각하는 것이다. 이 메타 인지는 전전두엽의 자기 감시 회로를 강화해 판단의 질을 높인다. 회의 중에 '지금은 결론을 내릴 때인가, 더 알아볼 때인가?'를 스스로 물어보는 습관이 중요하다.

5) 결론: 인지는 '선택의 종결'이 아니라 '탐색의 지속'

결정은 인지의 끝이 아니라 탐색의 순간적 일시 정지일 뿐이다. 뇌는 선택을 내리는 동시에 끊임없이 다른 가능성을 계산하고, 그 계산은 기억이라는 토양 위에서 자라난다. 인지의 진정한 완성은 선택이 아니라 새로운 대안을 찾아가는 탐색의 유연성 속에서 이루어진다.

2. 기억 기반 탐색과 의사결정 지식의 마케팅 응용
— 감정-인지-탐색의 신경심리학을 활용한 소비자 행동 전략

1) 마케팅은 '소비자의 의사결정'이 아니라 '소비자의 탐색 과정'의 설계

전통적인 마케팅은 소비자의 선택 순간에 집중해 왔다. 그러나 실제 소비는 탐색과 결정이 연속적으로 일어나는 하나의 인지적 여정(cognitive journey)이다. 따라서 현대 마케팅의 목표는 소비자가 "무엇을 사느냐"보다 "어떻게 탐색하느냐"를 이해하고, 그 탐색의 감정·기억·인지 흐름을 정교하게 안내하는 것이다.

2) 기억 기반 탐색-결정의 신경심리 메커니즘

(1) 감정은 탐색의 출발점이다

소비자는 제품 정보를 논리적으로 탐색하기보다, 감정적 '끌림(affective cue)'을 탐색의 신호로 사용한다. 이 감정적 자극은 편도체와 vmPFC를 자극하여 '이 브랜드를 더 알아보고 싶다'는 무의식적 탐색 동기를 일으킨다. 스타벅스의 매장 조명·향·음악은 '탐색 모드'를 자극한다. 소비자가 단순히 커피를 사는 게 아니라 '분위기를 경험하고 싶다'는 감정 기반 탐색을 시작하게 한다.

(2) 인지는 감정적 탐색을 구조화한다

감정이 자극되면 전전두엽은 즉시 '이 감정을 해석할 인지적 틀'을 찾는다. 이는 브랜드 스토리, 슬로건, 사회적 맥락 등이 담당한다. 나이키의 "Just Do It"은 단순한 문구가 아니라 '자기 효능감(self-efficacy)'을 자극하

는 인지적 프레임이다. 소비자는 제품이 아닌 '행동하는 자신'을 상상하며 감정을 인지적으로 구조화한다. 즉, 좋은 마케팅은 감정만 자극하지 않고, 그 감정이 인지적으로 정당화되도록 돕는다.

(3) 기억은 탐색의 방향을 결정한다

소비자는 새로운 선택을 할 때마다 과거의 경험(명시적 기억)과 분위기·감정적 인상(암묵적 기억)을 동시에 불러낸다. 이때 해마가 '이 브랜드는 익숙한가?'를 판단하며, 익숙함은 신뢰로, 낯섦은 호기심으로 변환된다. 애플(Apple)의 마케팅은 '완전히 새로운 기술'을 내세우면서도 익숙한 단순함(Simple, Clean)을 시각 디자인에 유지한다. 소비자는 '새롭지만 두렵지 않은 선택'으로 느끼며 탐색을 멈추고 결정을 내린다.

3) 감정-탐색-의사결정의 통합 마케팅 모델

다음은 소비자의 인지 흐름을 따라 설계된 '신경심리 마케팅 루프'이다: [감정 자극]→[탐색 동기]→[인지적 해석]→[기억 연상]→[대안 비교]→[결정/행동].

소비자는 '좋아서 산다'가 아니라 '좋다고 느끼는 자신을 확인하기 위해 산다'.

- **감정 자극**: 브랜드의 첫 인상, 색채, 향, 음악
- **탐색 동기**: 호기심·기대·안정감
- **인지적 해석**: 브랜드의 스토리, 의미 구조
- **기억 연상**: 과거 경험의 정서적 재현
- **대안 비교**: 탐색의 논리화, '가성비'보다는 '정체성 일치'로 이동
- **결정**: 감정과 인지가 합의된 순간의 행동

4) 응용 사례

(1) 자동차 마케팅: '탐색형 - 결정형 소비자' 분리
- 탐색형 소비자: '브랜드 탐험'을 즐기며 시승, 비교, 영상 탐색에 몰입한다. → 이들에게는 '감정적 탐색 동기'를 강화해야 한다. 전략은 "당신의 다음 여정은 어디인가요?"라는 브랜드 탐험 캠페인이다.
- 결정형 소비자: 이미 경험 기반의 기억이 확고한 그룹으로, '실패하지 않는 선택'을 원한다. '확신 신호(confirmation cue)'를 제공해야 한다. 전략은 "10년째 신뢰받는 안전성"을 내세우며 인지적 확신을 강조한다.

이 두 그룹을 구분하지 않고 동일한 광고를 하면 탐색형은 지루함을 느끼고, 결정형은 과도한 정보로 피로를 느낀다.

(2) 패션·코스메틱 브랜드: '감정 - 기억 - 정체성'의 삼각 구조
감정(예쁜 느낌) → 인지(자기 이미지 부합) → 기억(나에게 어울렸던 경험)이라는 세 축이 일치할 때, 구매는 폭발적으로 일어난다. 샤넬은 광고에서 제품보다는 인물(여성의 정체성)을 강조한다. "샤넬은 향수가 아니라 '나의 존재 방식'이다"라는 인지적 정당화를 유도하는 것이다.

(3) 디지털 플랫폼 마케팅: '탐색 피로'를 줄이는 UX 설계
디지털 시대의 소비자는 선택이 너무 많아 '탐색 피로(exploration fatigue)'를 겪는다. 따라서 인지적 에너지 효율성을 높이는 인터페이스가 중요하다. 넷플릭스(Netflix)는 무한한 탐색 대신 이용자의 '기억 기반 추천 - 기억 기반 강화 학습' 알고리즘을 사용한다. 사용자는 '새롭지만 나에게 익숙한' 콘텐츠를 탐색하며 피로 없이 결정을 내린다.

5) 탐색-결정 신경심리의 마케팅 전략화

단계	마케팅 포인트	사례	뇌의 주요 작용
감정 자극	감정적 톤·시각 디자인	브랜드 향기, 조명, 음악	편도체 활성
탐색 동기	'새로움+안정감'의 조화	신제품+기존 브랜드 연속성	ACC 불확실성 탐색
인지 구조화	스토리텔링, 의미 부여	"이 제품은 당신의 이야기입니다"	전전두엽 해석
기억 재현	과거 경험과 연결	광고에서 '첫 경험의 기억' 소환	해마·측두엽
결론 도출	확신 신호, 사회적 증거	리뷰·평가·인플루언서 언급	도파민-보상 회로

6) 결론: 마케팅은 감정의 예술이자 인지의 과학

탐색과 결정은 뇌의 서로 다른 시스템이지만, 성공적인 마케팅은 이 두 시스템을 하나의 경험 루프로 연결한다. 감정은 탐색을 시작하게 하고, 인지는 그 탐색을 정당화하며, 기억은 선택을 강화한다.

소비자는 정보를 사는 것이 아니라 감정과 기억으로 자신을 다시 확인한다. 결국 마케팅의 핵심은 소비자의 기억 속 탐색 패턴을 재현해 주는 경험의 설계이다. 즉, '사과를 파는 일'이 아니라 '사과를 떠올리게 하는 감정을 디자인하는 일'이다.

3. 골프장 마케팅에서의 감정-탐색-의사결정 통합 모델
― 뇌 기반 인지 구조를 활용한 고객 경험 설계

1) 골프장은 운동 시설이 아니라 '감정-인지적 경험 공간'

골프장은 단순한 스포츠 시설이 아니라 자아 정체성과 사회적 감정이 결합된 복합적 의사결정 공간이다. 고객은 '공을 치러 가는 것'이 아니라 '자신이 어떤 사람으로 느껴질 것인가'를 선택한다. 이때 고객의 감정-탐색-의사결정 과정은 하나의 뇌 기반 인지 시나리오로 작동한다: 감정→탐색→인지→기억→결정.

이 과정을 이해하면, 골프장 마케팅은 단순 예약 유도에서 '감정의 각본을 설계하는 브랜드 시나리오'로 전환된다.

2) 감정이 골프장 선택을 여는 첫 관문

■**감정의 인지적 선행**(affective priming)

사람은 먼저 느끼고, 나중에 생각한다. 따라서 골프장에서의 첫 경험은 시설보다 감정적 신호가 우선이다.

- **시각적 감정 신호**: 코스의 개방감, 잔디의 녹색 채도, 로비의 조명
- **청각적 감정 신호**: 바람 소리, 음악, 사람들의 웃음소리
- **후각적 감정 신호**: 잔디 냄새, 커피 향

사례를 보면, 어느 중견 골프장은 예약 페이지의 첫 화면에 '티타임 정보' 대신, '새벽 이슬 위 첫 티샷의 감정'을 시각·음향으로 전달하는 영상을 배치했다. '예약 의도'보다 먼저 '탐색 의욕'을 유발했다. 이처럼 감정은 인지를 여는 열쇠이며, 브랜드 첫인상은 '정보'보다 '감정'으로 형성된다.

3) 탐색은 고객이 브랜드와 '관계'를 맺는 과정

(1) 탐색은 정보 검색이 아니라 '정체성 탐색'

고객은 '어느 골프장이 좋은가?'를 탐색하는 것이 아니라 '어떤 골프장에서 나는 어떤 사람으로 느껴질까?'를 탐색한다.

- **경쟁적 유형**(challenge seeker): 스코어 기록, 난이도 중심 탐색
- **사교적 유형**(social golfer): 동반자 평판, 음식, 분위기 중심 탐색

- **자연치유형**(nature recharger): 조용한 코스, 풍경, 걷기 가능성 중심 탐색

즉, 탐색은 자아 표현의 과정이며, 각 유형의 감정·기억 기반 탐색 패턴이 다르다.

(2) 탐색을 돕는 인지적 장치

뇌의 ACC는 불확실성 탐색 시스템으로 작동한다. 이때 탐색이 '피로감'으로 바뀌지 않도록, 골프장 웹사이트·앱·오프라인 상담 환경에서 인지 부하를 줄여야 한다. 예를 들어 예약 플랫폼에서 코스 정보를 '① 난이도-② 거리-③ 풍광'의 3축 구조로 정렬한다.

- 'AI 추천 코스' 기능을 통해 개인 기억 기반(이전 예약, 기후, 동반자) 탐색 제공
- VIP 고객에게는 '탐색 상담(exploration concierge)' 프로그램 운영

결국 좋은 마케팅은 '선택을 돕는 것'이 아니라 '피로 없이 탐색을 즐기게 하는 것'이다.

4) 인지와 기억: 브랜드 의미의 내면화

첫째, 인지는 감정을 '합리화'하고, 기억은 감정을 '고착화'한다.

고객이 골프장 선택을 합리적으로 설명하는 이유(거리, 가격, 코스)는 실제로는 감정적 선택을 정당화하기 위한 인지적 장치이다. 이후 만족스러운 경험이 반복되면, 해마에 저장되어 '이 골프장은 나에게 맞는다'라는 정체성 기반의 기억으로 고착된다. 사례를 들면, 어느 회원제 골프장은 "내 코스(My course)" 캠페인을 통해 장기 고객의 사진과 이야기를 코스 내에 전시했다. 고객의 기억을 브랜드의 일부로 전환하는 것이다.

둘째, 기억은 단순한 '기억 회상'이 아니라 감정의 재현이다.

따라서 재방문 마케팅은 할인보다 감정 기억의 소환에 초점을 두어야 한다. 예를 들어 "작년 봄, 그날의 벚꽃 티샷을 기억하시나요?"라는 단순한 문장 하나로 고객의 감정 회로가 활성화되고, 예약 행동이 유도된다.

5) 감정-탐색-의사결정의 통합 마케팅 루프

다음은 골프장에서의 고객 경험을 뇌 기반 흐름으로 재구성한 통합 모델이다: [감정 자극]→[탐색 동기]→[인지적 해석]→[기억 연상]→[의사결정 및 행동]

단계	주요 뇌 작용	마케팅 전략	골프장 적용 예시
감정 자극	편도체	감정적 몰입 유도	영상, 조명, 향기, 잔디 촉감
탐색 동기	ACC	불확실성 탐색 지원	개인 맞춤 추천, 탐색형 UX
인지적 해석	전전두엽	의미·가치 구조 제공	"자연과 교감하는 휴식" 메시지
기억 연상	해마	감정 회상 자극	고객 스토리·사진 활용
의사결정	도파민-선조체	보상·확신 제공	후기·동반자 평판·회원 혜택

6) 사례 분석: 골프장은 탐색의 여정을 파는 곳

① 사례 1: 감정형 마케팅
- 제목: "당신의 주말이 자연의 향기로 시작됩니다."
- 효과: 감정 회로(편도체) 자극→탐색 의욕 상승

② 사례 2: 탐색형 마케팅
- 제목: "AI가 당신에게 가장 어울리는 코스를 찾아드립니다."
- 효과: ACC 기반 불확실성 해소→탐색 피로 감소

③ 사례 3: 기억형 마케팅
- 제목: "작년 여름, 첫 홀에서의 미소를 기억하시나요?"
- 효과: 해마·감정 회로 자극→기억-결정 연결

7) 결론: 골프장 마케팅의 핵심은 '감정-인지-기억의 순환 구조 설계'

감정은 탐색을 여는 열쇠, 인지는 탐색을 구조화하는 지도, 기억은 탐색을 마무리하는 정착지이다. 성공적인 골프장 마케팅은 정보를 전달하는 것이 아니라 감정을 구조화하고 기억을 재현하는 것이다. 좋은 골프장은 좋은 코스보다, 좋은 기억을 남긴다. 기억은 최고의 마케팅 자산이다.

4. Valuation·Choice에 작용하는 신경심리 특성
― 맥락 의존적 선택의 신경경제학적 이해

1) 인간은 '절대적 판단자'가 아니라 '맥락적 판단자'

우리가 어떤 것을 선택할 때, 대부분 '나는 이게 더 좋아서 골랐어'라고 생각하지만, 신경경제학 연구에 따르면 선택은 절대적 가치의 비교가 아니라 맥락(context)에 의한 상대적 판단이다.

즉, 뇌는 '이것이 얼마나 좋은가'보다 '지금 주어진 상황에서 상대적으로 얼마나 더 좋아 보이는가'를 기준으로 판단한다.[51] 이제 각 유형별로 구체적인 신경심리 메커니즘과 일상 사례를 살펴보자.

---

51 루이(Kenway Louie)와 디마티노(Benedetto De Martino)는 이를 '맥락 의존적 선택(context-dependent choice)'이라고 부른다.

2) Effect of Set Size: 선택지의 수가 판단을 왜곡한다

선택지가 많아질수록 '더 합리적 선택을 할 것' 같지만, 실제로는 뇌의 가치 평가 시스템이 혼란을 일으킨다. 예를 들어 마트에서 시리얼을 고를 때 3가지일 때는 쉽게 고르지만, 20가지가 되면 '혹시 더 나은 게 있지 않을까?'라는 탐색 불안이 커진다. 선택 후에도 후회('괜히 다른 걸 골랐나?')가 남는다.

3) Effect of Option Attribute: 미묘한 속성 차이와 '미끼(decoy)'의 힘

선택은 단순히 '좋은 것'의 선택이 아니라 비교 구조(comparative structure)에 의해 형성된다. 대표적인 사례로 '미끼 효과(decoy effect)'가 있다. 커피 매장에서 "소형 3달러/ 중형 6달러/ 대형 6.5달러"가 있을 때, 원래는 3달러짜리를 사려던 고객이 6달러짜리를 선택한다. 이유는 6.5달러짜리가 '비교 기준점'을 제공해 6달러가 합리적으로 느껴지기 때문이다(추후 자세히 다룬다).

4) 기준점(reference point)과 손실 회피(prospect theory)

인간은 이익보다 손실에 2배 이상 민감하다는 전망 이론(prospect theory)의 연구가 있다. 뇌는 '이득 추구'보다 '손실 회피'를 우선하는 신경 구조를 가지고 있다. 예를 들어 주식 투자자가 10% 손실 났을 때 바로 매도하지 못하고 '회복되겠지'라고 버티는 이유는 이성의 실패가 아니라 편도체가 손실 신호를 억압하기 때문이다. 세일 마케팅에서 '지금 사면 20% 절약'보다 '안 사면 20% 손해'가 더 강력하게 작용한다(추후 자세히 다룬다).

5) 공간적·시간적 맥락 의존(Spatial & Temporal Context Dependence)

공간적 맥락(spatial context)도 영향을 미친다. 우리가 사는 지역, 장소, 물리적 거리 등은 뇌의 공간적 평가 시스템(해마와 두정엽 피질)을 자극한다. 동일한 골프장도 '도심 속'에 있으면 럭셔리하게, '교외'에 있으면 힐링 이미지로 평가된다. 같은 대상이라도 공간적 맥락에 따라 감정적 가치가 달라진다.

또한 시간적 맥락(temporal context)에도 의존한다. 가치 평가는 시간에 따라 변화하는 보상 예측 신호에 의존한다. 도파민 시스템은 보상이 '예상보다 일찍' 오면 강화되고, '늦게' 오면 약화된다. '즉시 할인 쿠폰'이 '다음 달 할인권'보다 훨씬 강력한 이유이다. 예를 들어 '오늘 예약 시 30% 할인'은 시간적 맥락에 따른 즉시 보상 효과로, 도파민 분비를 촉진하고 구매 결정을 가속한다.

6) 종합: 뇌는 '절대적 가치'가 아니라 '맥락적 비교'를 계산한다

루이스와 디마티노의 결론은 명확하다. 인간의 뇌는 물건이나 선택지를 절대적 가치로 평가하지 않는다. 오직 맥락 속 상대적 가치를 계산한다.

'인간의 뇌는 대상의 절대적 가치가 아닌 맥락 속 상대적 가치만을 계산한다'는 루이스와 디마티노의 연구를 바탕으로, 가치 판단에 영향을 미치는 주요 맥락 유형과 응용 전략을 정리하면 다음과 같다.

맥락 유형	주요 현상	마케팅 응용
선택지 수량	과잉 선택 불안(선택지가 너무 많아 결정 자체를 포기)	'3~5개 옵션 제한'을 통한 고객의 인지 부하 감소
속성 비교	미끼 효과(비교 기준을 제시하여 특정 선택지 선호 유도)	'비교 기준 상품' 또는 '비효율적인 옵션'을 제공하여 핵심 상품 강조
기준점	손실 회피(이익보다 손실에 두 배 이상 민감하게 반응)	"안 사면 손해" 또는 "이 기회를 놓치면 안 됩니다"와 같은 메시지 사용

맥락 유형	주요 현상	마케팅 응용
공간적 맥락	장소별 가치 차등(같은 물건이라도 장소에 따라 가치 다르게 평가)	제품/서비스의 포지셔닝을 '힐링/자연형' 또는 '도심형/럭셔리' 등으로 구분
시간적 맥락	즉시 보상 선호(미래 보상보다 즉각적 보상을 선호)	'오늘만 할인', '한정 기간 무료 배송' 등 즉각적인 행동을 유도하는 프로모션

7) 결론: 인간의 선택은 계산이 아니라 해석

우리는 합리적 사고로 선택한다고 믿지만, 뇌는 언제나 감정과 맥락을 기반으로 상대적 해석을 수행한다. "선택은 숫자의 문제가 아니라 맥락의 문제이다."—루이스 & 디마티노(2014)

이러한 이해는 신경경제학을 넘어 마케팅, 정책, 교육, 인간 관계까지 확장된다. 사람을 설득하는 일은 '이익을 설명하는 것'이 아니라 '맥락을 설계하는 일'이기 때문이다.

5. Valuation for Risky and Uncertain Choice
— 위험과 불확실성 속에서 뇌는 어떻게 가치를 계산하는가

1) 위험과 불확실성은 같은 말 같지만 전혀 다르다

사람들은 종종 '위험(risk)'과 '불확실성(uncertainty)'을 같은 뜻으로 쓴다. 하지만 신경경제학에서는 이 둘을 명확히 구분한다.

구분	위험(risk)	불확실성(uncertainty)
예측 가능성	확률이 알려져 있음	확률이 알 수 없음
예: 도박	"이길 확률이 50%"	"이길 확률을 모름"
주요 감정	흥분, 기대감	불안, 두려움
주요 작동 뇌 부위	vmPFC, 선조체	편도체, ACC

즉, '동전 던지기(앞뒤 50%)'는 위험, '상대방이 속일 수도 있는 거래'는 불확실성이다. 이 구분이 중요한 이유는 뇌가 두 상황에서 완전히 다른 신경 회로를 사용하기 때문이다.

2) 위험한 선택의 신경심리학: 도파민의 유혹

위험이 뚜렷한 상황(예: 도박, 투자, 복권)은 뇌의 보상 예측 시스템을 강하게 자극한다.

작동 과정은 측좌핵과 복내측 전전두엽(vmPFC)이 활성화된다. 도파민이 분비되면서 "이번엔 될지도 몰라"라는 기대 신호가 형성된다. '이익이 확실하지 않음'에도 불구하고, 뇌는 가능성 자체를 보상으로 인식한다.

먼저 복권 사례를 보자. 복권의 기대 수익은 거의 0에 가깝지만, "이번엔 나일지도 모른다"는 희망이 측좌핵 도파민 회로를 흥분시킨다. 그래서 '희망' 자체가 보상처럼 작동한다. 투자 사례는 어떠한가? 투자자는 이익보다 '리스크 감내 과정에서의 긴장감'을 즐긴다. 이때 도파민 회로는 보상 예측 오차에 반응하며, '예상 밖의 보상'이 주는 쾌감을 학습한다. 즉, 위험을 감수하는 사람은 단순히 돈을 노리는 것이 아니라 '예측을 깨는 쾌감'을 추구하는 신경적 경향을 가진다.

3) 불확실한 선택의 신경심리학: 편도체의 경고 시스템

불확실한 상황(확률 자체를 모르는 경우)은 뇌의 편도체가 강하게 반응한다. 이는 공포 반응을 일으키는 대표적 구조이다. 불확실성이 감지되면 편도체가 활성화되어 '위험 회피 신호'를 보낸다. ACC는 불확실성의 정도를 평가하고, '지금은 결정을 미루는 게 낫다'고 판단한다. vmPFC는 '감정 진정' 역할을 하지만, 불확실성이 심할수록 이 영역의 조절 능력이 떨어진다.

신제품 투자 제안 사례를 보자. A 안은 '성공 확률 70%'→위험(뇌는 계산 모드)이고, B 안은 '성공할지 모름'→불확실(뇌는 회피 모드)이다. 사람들은 A 안을 더 선호하지만, 실제 확률이 같아도 '정보의 부재' 자체가 불안감을 일으킨다. 뇌는 '정보 부족=위험'이 아닌 '정체불명=위험'으로 처리한다.

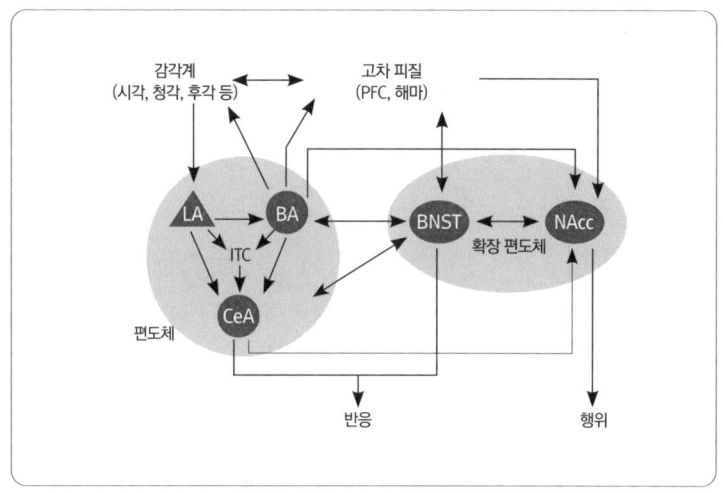

편도와 확장 편도의 연결성: 반응, 행위, 위협 확실성

편도체는 지금 존재하거나 일어날 가능성이 매우 높은 확실한 위험에 근거한 즉각적인 방어 반응을 제어하는 반면, 분계 선조의 침대핵(BNST, 확장 편도체 영역)은 불확실한 위험에 근거한 지속적인 반응과 행위를 제어하는 것으로 생각된다. 그림에서 LA는 외측 핵(lateral nucleus), BA는 기저 핵(basal nucleus), CeA는 중앙 핵(central nucleus), NAcc는 핵심 핵(nucleus accumbens core)을 말한다.
출처: 조지프 르두 저, 임지원 역, 2017, 151쪽.

4) 도파민-편도체의 균형이 결정의 스타일을 만든다

결국 인간의 선택 스타일은 뇌 안의 도파민 시스템과 편도체 시스템 사이의 균형, 혹은 불균형에서 결정된다. 이는 단순한 성격 차이가 아닌, 신경 회로의 작동 방식에서 비롯된 근본적인 차이이다.

첫째, '위험 선호형'의 뇌는 도파민이 주도한다.

도파민-vmPFC 회로가 강하게 활성화되는 이 유형의 사람들은 새로운 것과 강한 자극을 추구한다. 그들은 모험적이고 즉흥적인 성향을 보이며, 불확실성 속에서도 기회를 발견한다. 대표적으로 주식 투자, 벤처 창업, 혁신적인 스타트업을 이끄는 기업가 정신이 이에 해당한다.

둘째, '불확실성 회피형'의 뇌는 편도체가 주도한다.

편도체-ACC 회로가 민감하게 반응하는 이 유형의 사람들은 안정과 확실성을 최우선 가치로 여긴다. 그들은 신중하고 계획적이며, 위험을 사전에 회피하려는 경향이 강하다. 안정적인 직업인 공무원이나 꾸준한 정기적금을 선호하는 삶의 방식이 대표적인 예이다.

셋째, 가장 이상적인 '균형형'은 두 시스템의 조화에서 탄생한다.

이 유형은 도파민의 추진력과 편도체의 경계심을 상황에 따라 유연하게 조절한다. 무모한 모험도, 지나친 회피도 아닌, 충분한 탐색과 정보 수집을 바탕으로 한 '전략적 의사결정자'의 모습을 보인다. 이들은 신중하되 기회를 잡는 현명한 선택을 한다.

여기서 주목할 점은, 균형이 깨질 때 발생하는 문제들이다. 도파민이 지나치게 강하면 '위험 중독'에 빠져 불합리한 판단을 하기 쉽고, 편도체가 과도하게 활성화되면 '불확실성 불안'에 사로잡혀 새로운 기회 자체를 외면하게 된다.

따라서 진정으로 현명한 의사결정이란 '도파민이 제공하는 추진력'과 '편도체가 제공하는 경계심'이 서로 균형을 이루는 상태, 즉 직관과 이성, 도전과 안정이 상황에 맞게 조화를 이룰 때 비로소 가능해진다.

5) 감정과 확률의 교차점: 뇌는 수학자가 아니다

신경경제학은 인간이 확률을 계산하는 기계가 아니라 감정을 통해 확률을 해석하는 존재임을 보여준다. 실험에 따르면, '50%의 확률로 100달러를 얻는다'보다 '동전 던지기에서 이기면 100달러'가 더 자극적으로 느껴진다. 내용은 동일하지만 감정적 이미지는 다르다. 이때 감정적 표현은 편도체와 도파민 회로를 동시에 자극하여 선택의 확신도를 높인다. 따라서 선택은 '확률 계산'이 아니라 '감정적 그림의 설계'에 가깝다.

6) 실생활 응용: 위험과 불확실성에 대처하는 뇌 기반 전략

첫째, 불확실할 때는 정보를 늘려라. 정보의 부재는 편도체를 과도하게 자극한다. 작은 단서라도 확률이 명확해지면 ACC의 불안 신호가 감소한다.

둘째, 위험을 감수할 때는 작은 성공을 경험하라. 도파민 시스템은 '보상 예측 성공'의 반복으로 안정화된다. 즉, 위험 감수도 '학습 가능'하다.

셋째, 불확실성은 나눠서 탐색하라. 전전두엽은 많은 불확실성을 한 번에 처리하지 못한다. 따라서 '작은 실험'을 반복하는 것이 가장 효율적이다.

7) 결론: 불확실성은 두려움이 아니라 학습의 기회

"위험은 계산으로 다스리고, 불확실성은 경험으로 길들인다." 인간의 뇌는 위험을 흥미로, 불확실성을 공포로 느낀다. 하지만 경험이 축적될수록 편도체의 경고 신호는 약해지고, 전전두엽의 합리적 조절력이 강화된다.

결국 지혜로운 선택이란 '위험을 피하는 것'이 아니라 '불확실성을 관리할 줄 아는 감정-인지적 자기 조절 능력'이다.

6. Valuation, Intertemporal Choice, and Self-Control
— 인간의 뇌는 어떻게 '지금'과 '미래' 사이의 가치를

1) 인간은 이성적 계산기보다 '시간을 인식하는 동물'

경제학에서는 사람을 '현재 가치와 미래 가치를 비교해 최선의 선택을 하는 존재'로 본다. 그러나 신경경제학은 여기에 다른 질문을 던진다. "그 가치를 계산하는 뇌의 시간 감각은 어떻게 작동하는가?"

우리가 오늘 운동을 미루고, 내일 다이어트를 결심하며, 한 달 뒤의 이익보다 오늘의 작은 즐거움을 택하는 이유는 '의지 부족'이 아니라 뇌의 시간 지각 시스템이 비선형적이기 때문이다.

2) 가치 평가: '지금 이 순간의 가치 평가'

'가치(value)'란 단순히 가격이 아니라 감정과 예측이 결합된 심리적 신호이다. 가치 평가를 위한 뇌신경 구조는 다음과 같다. vmPFC는 가치의 통합을 계산하고, 측좌핵은 보상 예측 및 도파민 반응을 불러온다. 이에 편도체는 감정적 중요성 평가하고 해마는 과거의 경험을 통해 기억을 소환한다. 즉, 어떤 선택의 가치는 '이익의 크기'보다 '그 이익이 내 정체성·감정·기억과 얼마나 일치하느냐'에 따라 달라진다.

예를 들어 커피 1잔의 가치는 카페인 함량보다 '누구와 마시는가'에 따라 달라진다. fMRI 연구에서도 친구와 함께 먹는 초콜릿은 혼자 먹을 때보다 도파민 활성도가 2배 높다. 이처럼 가치는 물건이 아니라 관계 속에서 형성된다.

3) 시간 지연 선택: 지금과 미래의 경쟁

시간 지연 선택(intertemporal choice)은 즉시 보상과 미래 보상을 비교하며 결정하는 과정을 말한다. 이 과정에는 두 가지 뇌 회로가 경쟁적으로 작용한다. 하나는 즉시 보상 시스템으로 편도체와 측좌핵이 중심 역할을 하며 감정적이고 충동적인 특성을 지닌다. 이 시스템은 '지금 당장 하고 싶다'는 욕구를 촉발하며 순간적 만족을 추구하게 한다. 반면에 미래 계획 시스템은 배외측 전전두엽(dlPFC)과 ACC가 주도하며 분석적이고 계산적인 성격을 띤다. 이 시스템은 '기다리면 더 큰 이익이 온다'는 논리를 기반으로 장기적 이익을 고려하도록 한다.

이 두 시스템이 뇌 안에서 협상을 벌이면서 우리는 '지금의 욕구'를 참거나 '즉시 만족'을 택한다. 예를 들어 다이어트 중인데 케이크가 눈앞에 있을 때, 편도체는 "당장 먹자"고 신호를 보내고, 전전두엽은 "내일 후회할 거야"라며 제동을 건다. 결국 선택은 이 두 신호 중 어느 쪽이 강한가에 달려 있다.

4) 자기 통제: 뇌의 시간 협상력

자기 통제는 단순한 의지나 성격이 아니라 전전두엽이 감정과 충동을 일으키는 도파민 신호를 조절하는 뇌의 능력이다. 신경 메커니즘을 살펴보면, dlPFC는 "하지 마!"라는 충동을 억제하는 브레이크 역할을 하고, ACC는 '지금 당장'과 '기다림' 사이의 갈등을 감지한다(예: "할까, 말까?"). 이후 vmPFC가 '지금의 작은 즐거움'과 '미래의 큰 성과'의 가치를 계산하여 최종 결정을 내린다. 이 세 영역이 조화롭게 작동할 때, 비로소 우리는 '지금의 욕구를 미래의 가치로 바꿀 수 있는 능력'을 발휘하게 된다.

소비할 것인가, 저축할 것인가를 사례로 들어보자. '지금 당장 100만 원을 써서 최신형 스마트폰을 살 것인가, 아니면 1년간 저축하여 120만 원의 여행 자금을 마련할 것인가?'의 선택이다. dlPFC는 '스마트폰은 현재 것도 잘 작동하는데, 충동 구매는 자제하자'며 브레이크를 건다. ACC는 '와, 새 폰 갖고 싶다! 하지만 여행도 가고 싶은데…'라며 내부 갈등을 일으킨다. vmPFC는 '지금 100만 원의 즉각적 만족'과 '1년 후 120만 원의 가치와 소중한 경험'을 저울질하여 최종적으로 장기적 이익을 선택하도록 이끈다.

신경과학 연구에 따르면, 저축을 꾸준히 하는 사람들의 뇌를 촬영해 보면 전전두엽-ACC 회로가 더욱 활성화되어 있다고 한다. 이는 그들이 미래의 보상을 선택할 때, 감정적 충동을 조절하는 인지 통제 네트워크를 더 효과적으로 사용한다는 것을 의미한다.

즉, 자기 통제는 단순한 인지적 능력이라기보다 '미래의 자신을 위해 현재의 유혹에 어떻게 대처할지에 관한 뇌의 훈련'이라고 할 수 있다.

5) 시간 할인(time discounting)의 비선형성

인간은 미래의 보상을 기하급수적으로가 아니라 '비선형적으로' 가치를 낮게 평가하는 특성이 있다. 즉, 가까운 미래의 보상은 그 가치를 크게 깎아내리는 반면, 먼 미래의 보상은 상대적으로 덜 낮게 보는 경향이 있다.

이러한 현상은 우리 뇌의 서로 다른 평가 방식에서 비롯된다.

- **가까운 미래**(예: 오늘과 내일)의 경우: 편도체 같은 감정적 회로가 강력하게 작동하여 두 시점 사이를 매우 큰 차이로 인식하게 한다. 이는 '오늘은 케이크를 먹고, 내일부터 다이어트를 시작하자'와 같은 미루는 일이 습관으로 이어진다.
- **먼 미래**(예: 1년 후와 2년 후)의 경우: 전전두엽 같은 인지적 회로가 주로 활성화되어, 두 시점을 거의 유사한 것으로 판단한다. 따라서 '1

년 후에 성과금을 받으나 2년 후에 받으나 비슷하지'라는 생각을 하게 된다.

이처럼 시간에 따라 선호가 일관되지 않고 변하는 모순된 현상을 '시간 불일치(temporal inconsistency)'라고 한다. 그 핵심 메커니즘은 뇌의 보상 회로가 가까운 미래의 보상에 대해 도파민 예측 신호를 과도하게 활성화시켜, '지금 당장' 얻을 수 있는 만족을 실제 가치보다 훨씬 더 크게 느끼게 만들기 때문이다.

6) 감정·기억·시간의 통합 모델

다음은 세 요소가 통합적으로 작동하는 신경심리 흐름이다.

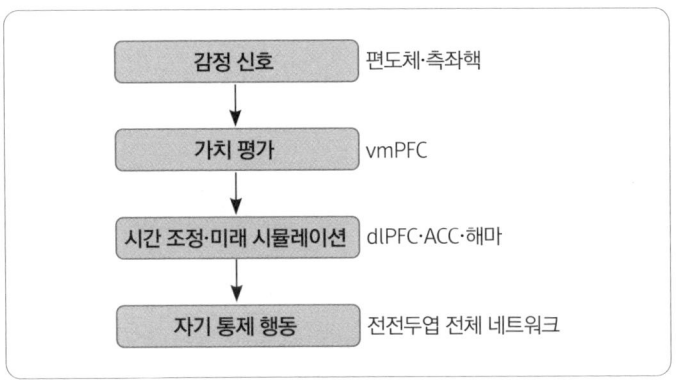

즉, 가치 평가는 '지금 무엇이 가치 있는가'를 정하고, 시간 지연 선택은 '미래의 가치를 얼마나 줄 것인가'를 결정하며, 자기 통제는 '현재 감정을 미래의 목표와 조화시키는 기술'이다.

7) 실생활 응용: 뇌의 시간 협상력을 높이는 방법

첫째, '미래의 자신'을 시각화하라.

해마와 전전두엽은 '자기 미래를 상상'할 때 강하게 연결된다. '내가 6개월 후 건강해진 모습'을 구체적으로 그리면 자기 통제력이 강화된다.

둘째, 보상받는 주기를 작게 나눠라.

'1년 뒤 10kg 감량'보다 '이번 주 1kg'이 뇌에 더 현실적으로 느껴진다. 짧은 주기 목표는 도파민의 안정적 분비를 유지시킨다.

셋째, 감정 조절 훈련을 병행하라.

자기 통제는 감정의 억제가 아니라 감정의 재평가이다. '먹으면 살찐다'가 아니라 '참으면 건강해진다'로 사고를 바꿀 때, 편도체의 반응이 약화되고 전전두엽의 조절력이 강화된다.

7. Social Preference and the Brain
— 협력과 경쟁의 신경심리적 구조

1) 서론: 인간의 선택은 '이익'보다 '관계'에 반응한다

고전 경제학은 인간을 자신의 '이익'만을 추구하는 합리적 존재(Homo economicus)로 설명해 왔다. 그러나 신경경제학의 연구는 우리의 뇌가 '나의 이익'보다 '우리 사이의 관계'에서 비롯된 사회적 선호(social Preference)에 훨씬 민감하게 반응한다는 사실을 보여준다. 대가를 지불하더라도 공정함을 선택하면 만족하고, 이익을 얻더라도 불공정한 상황에서는 불쾌감을 느끼는 것이 인간의 본성이다.

이러한 사회적 선호는 크게 협력적 동기와 경쟁적 동기라는 상반된 두 축으로 나누어진다.

협력적 사회 선호(cooperative social preference)는 "함께 잘살자"는 공감, 연대, 신뢰를 바탕으로 한다. 이는 사회적 유대를 중시하며, 불공정을 회피하거나 약자를 보상하려는 행동으로 나타난다. 이러한 협력적 감정과 선택에는 타인의 감정을 읽고 공정함을 처리하는 전측 섬엽과 ACC, 그리고 가치 판단을 총괄하는 복내측 전전두엽(vmPFC)이 중요한 역할을 한다.

반면에 경쟁적 사회 선호(competitive social Preference)는 "남보다 뒤처지는 것은 싫다"는 질투, 우월감, 사회적 비교에서 비롯된다. 이는 상대적 위치와 경쟁에서 오는 쾌감을 추구하는 동기이다. 이러한 경쟁적 감정은 타인의 의도를 추론하는 측두정엽 접합부(TPJ), 감정의 불쾌함을 일으키는 편도체, 그리고 보상 예측을 담당하는 측좌핵 등의 뇌 회로와 깊이 연관되어 있다.

결국 인간의 뇌는 순수한 이익 계산만으로 작동하지 않는다. 우리는 끊임없이 주변과의 관계 속에서 자신의 자리를 확인하고, 때로는 협력하며 때로는 경쟁하는 사회적 동물로서의 본능에 따라 선택을 내리게 된다.

2) Cooperative Social Preference: 협력적 사회적 선호

(1) 불공정 회피(inequity aversion)

'불공정 회피'란 자신이 손해를 보더라도 공정성을 지키려는 경향이다. 대표적인 사례가 최후 통첩 게임(ultimatum game)이다(Güth, 1982). A가 돈을 나누는 제안을 하고, B가 수락 또는 거절한다. A가 불공정하게 제안(예: 9:1)하면, B는 돈을 포기하더라도 거절한다.

이때 뇌의 반응을 보면, 전측 섬엽이 불공정에 대한 '혐오' 신호를 보내고, ACC는 감정-행동 갈등을 조정하며, vmPFC는 공정한 선택에 따른 보상에 반응한다. 즉, 인간은 불공정한 이익을 받으면 '금전적 이익은 얻지만 도덕적으로 손해'로 느낀다. 뇌는 이를 '내적 손실'로 평가한다. 불공정은 돈보다 더 큰 고통으로 인식된다.

(2) 약자·가난한 사람에 대해 강화되는 만족 반응

인간의 뇌는 약자나 도움이 필요한 사람의 이익에 더 큰 도파민 반응을 보인다. 실험을 통해 참가자가 자신 또는 자선단체에 돈을 기부할 때의 뇌 반응을 비교했다. 자선단체에 기부할 때 측좌핵과 vmPFC가 자신이 이익을 볼 때보다 더 강하게 활성화되었다(Harbaugh et al, Science, 2007). 즉, 타인의 행복이 나의 보상 회로를 자극한다.

이 현상은 '공감적 보상(empathic reward)'으로 불리며, 협력적 사회를 유지하는 신경학적 기초가 된다.

(3) 사회적 신뢰와 옥시토신

협력적 관계에서는 신뢰가 핵심이다. 뇌에서 신뢰를 형성하는 데 가장 중요한 물질은 옥시토신(oxytocin)이다. 상대에게 돈을 맡기는 '신뢰 게임(trust game)'에서 옥시토신을 투여받은 참가자는 평균 40% 더 많은 돈을 맡겼다. 옥시토신은 편도체의 경계 반응을 억제하고, 복내측 전전두엽의 사회적 만족 회로를 강화한다.

3) Competitive Social Preference: 경쟁적 사회적 선호

협력이 사회적 유대의 본능이라면, 경쟁은 생존적 비교의 본능이다. 인간은 타인의 실패에 은밀한 만족(schadenfreude)을 느끼고, 타인의 성공에

질투적 불쾌감(envy)을 느낀다. 이 감정들 또한 명확한 신경 회로를 가진다.

(1) 질투(envy)

실험에 따르면, 타인이 높은 보상을 받을 때, 참가자의 ACC와 편도체가 활성화되었다(Takahashi et al., Science, 2009). 이때 ACC는 '불쾌한 비교'를 처리하고, 편도체는 위협 감정을 형성한다. 즉, 질투는 단순한 감정이 아니라 '타인의 성공이 나의 지위를 위협한다는 신경적 경보'이다.

(2) 샤덴프로이데(Schadenfreude)[52]

실험에서 참가자가 자신을 불공정하게 대했던 상대가 벌을 받을 때, 도파민 회로(측좌핵, 선조체)가 활성화되었다(Singer et al., Nature, 2006). 즉, 뇌는 타인의 처벌을 자기 보상처럼 느낀다. 이것이 '도덕적 보상'의 어두운 이면이자, 경쟁적 사회적 선호의 쾌락 회로이다.

(3) 사회적 비교(social comparison)

경쟁적 사회 선호를 유발하는 핵심은 '상대적 위치'이다. 뇌의 측두정엽 접합부(TPJ)와 전전두엽은 타인의 상태를 나와 비교하여 '서열 감정'을 만든다. 예를 들어 같은 연봉이라도 '동료보다 10% 높으면 만족', '동료보다 10% 낮으면 불만족'이다. 뇌는 절대 금액이 아니라 사회적 순위를 가치로 인식한다.

---

52 샤덴프로이데(Schadenfreude)는 타인의 불행에서 느끼는 기쁨이나 즐거움을 의미한다. 우리말로는 "쌤통이다", "고소하다"가 어울릴 것이다.

4) 사회적 선호의 진화적 의미와 인간의 뇌

협력과 경쟁은 인간 사회를 유지하는 상반되면서도 보완적인 두 축의 신경 메커니즘이다. 협력 회로는 집단의 생존과 조화를, 경쟁 회로는 개인의 지위 확보와 생존을 담당한다. 이 두 회로의 균형이 깨질 때, 사회는 극단적인 경쟁 사회나 비효율적인 온정 사회로 기울 위험이 있다.

인간의 뇌는 본질적으로 '공감하는 경쟁자'로 설계되었다. 우리는 타인의 성공을 질투하면서도 그들의 고통에 마음 아파하는, 모순된 감정을 동시에 지니고 있다. 이는 인간의 결함이 아니라 협력 회로(섬엽-vmPFC)와 경쟁 회로(측좌핵-편도체)가 서로를 억제하고 조화를 이루는 진화적 균형 장치이다. 바로 이 복잡한 신경 회로의 상호 작용이 '사회적 항동성', 즉 사회적 조화를 가능하게 한다.

"인간의 뇌는 혼자 승리하기보다, 함께 생존하도록 진화해 왔다."

―Kenway Louie & Glimcher(2012)

8. Empathic Competition and Group Dynamics
— 공감하는 경쟁이 가능한 집단의 신경심리적 조건

1) 문제 제기: '공감하는 경쟁'은 가능한가?

보통 '경쟁'은 타인을 이겨야 하는 관계, '공감'은 타인과 함께 느끼는 관계로 인식된다. 따라서 두 개념은 서로 모순처럼 보인다. 그러나 실제 인간 사회에서는 이 두 속성이 동시에 존재할 때 가장 높은 성과·혁신·지속성이 나타난다.

사례를 보자. 훌륭한 스포츠 팀은 선수들이 서로 경쟁하지만, 상대의 노력을 이해하고, 팀의 목표를 공유한다. 탁월한 연구 조직은 구성원들이 서로 아이디어를 겨루면서도 서로의 성취를 존중한다. 이러한 관계를 '공감적 경쟁(empathic competition)', 그런 조직을 '협력적 경쟁 집단(cooperative competitive group)'이라 한다.

2) 공감적 경쟁의 신경심리학적 기반

공감적 경쟁은 상반되어 보이는 두 가지 뇌 회로, 즉 공감 회로와 경쟁 회로가 동시에 활성화될 때 비로소 가능해진다. 공감 회로는 주로 전측 섬엽, ACC, 측두정엽 접합부(TPJ)로 구성되어 있으며, 이 영역들은 마치 '상대의 마음을 듣는 귀'와 같이 타인의 감정과 입장을 이해하는 기능을 담당한다. 한편, 경쟁 회로는 측좌핵, 편도체, 전전두엽을 중심으로 작동하며, '내 목표를 향한 추진력'처럼 개인의 지위와 성과를 추구하는 동기를 부여한다.

일반적으로 경쟁이 격화되면 편도체가 과도하게 활성화되며, 오히려 공감 회로(전측 섬엽-ACC)의 활동을 억제하는 양상을 보인다. 그러나 '도파민'이라는 보상 신호가 '타인과의 협력을 통한 공동 성공'과 연결될 때, 이 상반된 두 회로는 서로를 억제하지 않고 동시에 흥분할 수 있는 특별한 상태에 이른다.

이때 우리 뇌는 '타인의 성공을 나의 보상으로 인식'하기 시작하며, 이를 '사회적 보상 회로의 재배선(social reward re-mapping)'이라고 부른다. 이를 뒷받침하는 실험이 있다. 실험에 따르면 공동 과제 수행 중 팀원이 성공했을 때 본인에게 금전적 이익이 직접적으로 주어지지 않더라도, 보상과 가치 판단을 담당하는 측좌핵과 vmPFC가 활성화되는 것으로 관찰된다 (Decety & Lamm, 2007).

3) 집단 수준의 공감적 경쟁이 형성되는 필요조건

공감적 경쟁은 개인적 공감→상호 신뢰→집단 문화로 확장되어야 한다. 이를 위해서는 다음의 3가지 필요조건이 충족되어야 한다.

(1) 정체성의 공유

"나는 이 집단의 일부이다." 공감적 경쟁이 가능한 집단은 개인들이 공통된 정체성(shared identity)을 느낀다. 이는 '우리(we)' 인식을 형성하는데, ACC와 vmPFC가 이 과정에 깊이 관여한다. 대표적인 사례는 다음과 같다.

- 스포츠 팀의 '유니폼 정체성': 같은 팀 유니폼을 입은 선수와 팬들은 승리를 위해 함께 감정을 나누고, 경기장 안에서도 다른 팀과 치열하게 경쟁하지만 결국은 같은 목표를 공유한다.
- 오픈소스 개발자 커뮤니티: 서로 다른 모임 소속이지만 '리눅스'나 '파이썬'과 같은 특정 기술과 가치에 정체성을 공유하며, 경쟁적으로 기여하면서도 전체 생태계의 발전을 위한 공감과 협력을 이어간다.
- 민주주의 사회의 '공공선' 개념: 서로 다른 정치적 의견을 가진 시민들이 '더 나은 사회'라는 공통의 정체성 하에서 경쟁과 토론을 통해 해결책을 모색한다.

이러한 공유 정체성은 경쟁이 격화되어도 '상대는 적이 아니라 함께 성장할 동반자'라는 신경심리적 인식을 유지시키는 토대가 된다.

(2) 공정성의 규범

"승패보다 과정이 공정해야 한다." 공정성은 공감 회로를 보호하는 방화벽이다. 불공정이 감지되면 전측 섬엽이 강하게 활성화되어 타인에 대한 신뢰를 급격히 낮춘다.

예를 들어 동일한 평가 기준이 없는 회사는 협력이 무너진다. 공정한 심판이 사라진 리그에서는 경쟁이 증오로 변한다. 따라서 공정성의 확신이 있는 집단만이 공감적 경쟁을 유지할 수 있다.

(3) 상호 보상 구조

"내가 성공하려면, 네가 어느 정도 잘해야 한다." 보상이 오직 개인 성과에만 주어질 때, 뇌의 보상 회로는 타인의 실패에 반응한다. 반면에 팀 단위의 성과 보상, 공동 프로젝트 평가는 도파민 분비의 대상 자체를 '집단 성취'로 전환시킨다. 신경경제학 연구에 따르면 공동 보상 구조에서는 타인 보상 시 자신의 측좌핵이 함께 활성화되었다. 이는 '이타적 도파민 반응(altruistic dopamine response)'으로 불린다.

4) 공감적 경쟁 집단의 실현 방법

첫째, 감정-인지적 훈련 병행 프로그램을 운영한다. 리더와 구성원이 함께 감정 조절(EQ)·인지적 재평가 훈련을 수행하는 것이다. 감정 폭발(편도체 활성)을 줄이고, 전전두엽-ACC 네트워크의 통제력을 강화한다. 예를 들면, 구글의 'Search Inside Yourself' 프로그램이 바로 공감 기반 리더십 훈련이다.

둘째, 성과보다 과정 피드백 중심의 문화를 정착해야 한다. 성과 지표를 수치로만 평가하면 경쟁이 적대적으로 변한다. 그러나 '학습의 질, 협력의 기여, 피드백의 수용도'를 평가하면 뇌의 vmPFC가 '도덕적 만족'을 보상으로 경험한다.

셋째 '심리적 안전감(psychological safety)' 구축이다. 공감적 경쟁은 비난과 평가에 대한 두려움 없이 자유롭게 의견을 주고받을 수 있는 심리적 안전감이 뒷받침될 때 비로소 유지된다. 이는 편도체의 경계 및 불안 반응을 낮추고, ACC와 전전두엽 회로를 안정시켜 '협력 속의 경쟁'을 지속 가능하게 만드는 토대를 제공한다. 구글의 '프로젝트 아리스토텔레스(2016)'는 이를 입증하는 대표적 사례이다. 수년에 걸쳐 수백 개의 내부 팀을 분석한 이 연구는 팀의 성공을 결정하는 가장 중요한 요소가 개인의 스타일이나 IQ가 아닌 '심리적 안전감'이라는 사실을 발견했다. 즉, 실수를 해도 비난받지 않을 것이라는 믿음과 자신의 의견을 자신 있게 말할 수 있는 환경이 혁신과 효율적인 협력 경쟁을 가능하게 한다는 것을 보여준 것이다.

넷째, 정체성의 상징화(symbolic cohesion)이다. 유니폼, 로고, 구호, 팀명 등 집단 상징은 '우리 정체성'을 뇌의 감정 회로에 각인시킨다. 이때 시상하부-도파민 회로가 안정적으로 작동해 집단 응집력(cohesion)이 강화된다.

5) 결론: '공감하는 경쟁 집단'은 가장 강한 생존 전략

공감은 협력을 낳고, 경쟁은 혁신을 낳는다. 두 요소가 서로를 억누르지 않고 보완할 때, 인간의 뇌는 가장 높은 수준의 사회적·인지적 효율성을 발휘한다. 공감 없는 경쟁은 폭력이고, 경쟁 없는 공감은 맹목적인 동의이다. 둘의 조화가 문명을 만든다.

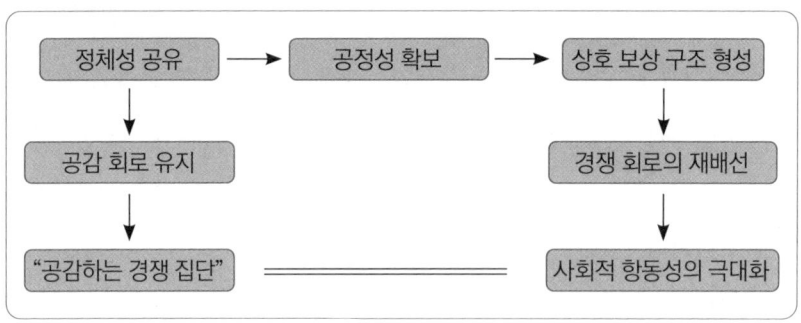

제4장 소비자 의사결정과 마케팅 응용
—신경경제학적 통찰을 활용한 실전 마케팅 전략

1. Effect of Set Size
— 선택지의 수가 판단을 왜곡하는 이유와 최적의 개수

1) 문제 제기: 선택할 게 많을수록 좋을까?

사람들은 흔히 '선택지가 많을수록 자유롭다'고 생각한다. 하지만 실제 실험에서는 선택의 수가 많아질수록 만족도와 결정 확신이 떨어진다. 이 현상을 '선택의 역설(paradox of choice)'이라고 부르며, 신경심리적으로는 '주의력·기억·보상 예측 자원의 한계'와 관련된다. 대표 실험적인 실험이 있다(Iyengar & Lepper, 2000). 슈퍼마켓에서 잼 시식 코너를 운영하면서 A 조건에서는 6가지 잼을 제공했고, B 조건에서는 24가지 잼을 제공했다. 고객들은 물론 24가지 잼 코너에 더 많은 관심을 기울였지만(60%), 실제 구매율은 6가지 잼을 진열한 코너(30%)가 10배 높았다. 이렇듯 선택의 다양성은 흥미를 유발하지만, 결정은 방해한다.

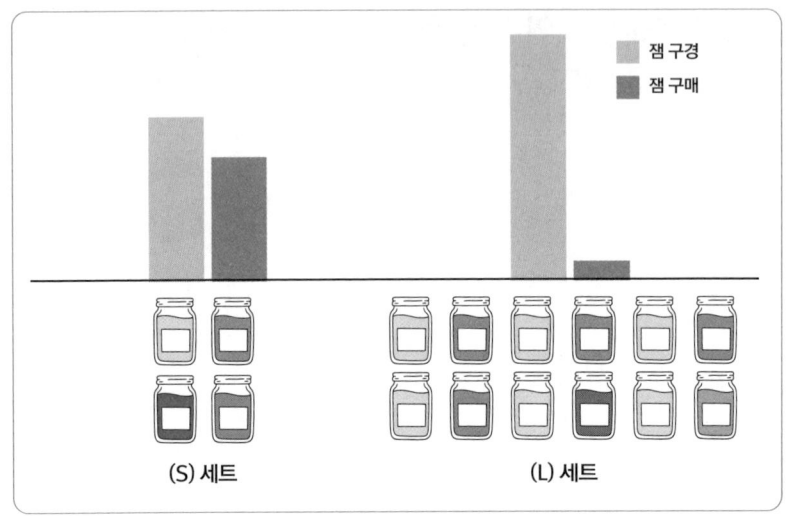

선택의 역설

잼 실험을 도식적으로 나타내면 다음과 같다. 다양한 종류의 잼을 진열한 시식 부스([L] 세트)는 더 많은 방문객을 끌어모았다. 지나가던 고객의 60%가 잼 종류가 많은 부스(L) 앞에서 멈춘 반면, 잼 종류가 제한된 부스([S] 세트) 앞에서는 40%만이 멈췄다. 그러나 소수의 잼만 진열된 시식 부스(S) 앞에 멈춘 사람들은 실제로 잼 한 병을 구매할 확률이 10배 더 높았다.
출처: Paul Glimcher, Ernst Fehr(Eds.), 2014, p.457.

2) 왜 '선택 과부하'가 생기는가: 신경심리학적 이유

(1) 주의력 자원의 한계

전두엽의 dlPFC는 동시에 약 4~7개의 항목을 비교할 수 있다. 선택지가 이 범위를 넘어서면 주의력이 분산되어 보상 비교의 정밀도가 떨어진다. 결과적으로 '뇌가 피곤해져서 아무거나 고르거나, 아예 포기하는' 선택 회피가 일어난다. 넷플릭스에서 30분 동안 영화만 고르다 결국 '아무거나 틀기' 버튼을 누르는 현상이 구체적인 사례이다.

(2) 가치 평가의 불확실성 증가

보상 회로(측좌핵-vmPFC)는 각 선택지의 가치를 비교·예측하는데, 비교할 대상이 많아질수록 예측 오차가 커진다. 이때 ACC가 갈등 신호(conflict signal)를 보내며 불안을 유발한다. 결과적으로 결정 후에도 '다른 게 더 나았을지도 모른다'는 후회(post-decision regret)가 생긴다.

(3) 감정 에너지의 고갈

선택이 많을수록 '잃을 수도 있는 옵션(loss)'이 많아져 감정적 비용이 증가한다. 편도체가 과도하게 활성화되어 피로감·불안·결정 회피가 나타난다. 온라인 쇼핑에서 50개 이상의 유사 상품을 스크롤하다가 '그냥 나중에 사자' 하고 선택을 포기하는 경우라고 할 수 있다.

3) 최적의 선택지 개수는?: 연구와 실험의 결론

(1) 인지심리학적 기준

인간의 작업 기억 용량은 평균 7±2개라는 연구 결과가 있다(Miller, 1956). 따라서 5~9개 사이의 선택지가 가장 효율적이다. 적용된 예를 보자. 스마트폰 메뉴는 6~8개 아이콘이 가장 직관적이다. 레스토랑 메뉴는 5~7개 메인 요리를 제시한다. 설문 응답 선택지는 4~6개(예: '매우 그렇다~매우 아니다')이다.

(2) 신경경제학적 기준

루이스와 글림처(Louie & Glimcher, 2012)에 따르면, 선택지 수가 4개를 넘으면 ACC-dlPFC의 인지부하 신호가 기하급수적으로 증가한다고 한다. fMRI 분석에서 보상 예측 신호는 3~5개 옵션일 때 가장 높고 안정적이다. 즉, 뇌는 3~5개의 대안을 처리할 때 가장 '보상-비용 효율적'으로 작동한다.

(3) 실생활/마케팅 적용 기준

상황	최적 선택지 수	이유
소비자 제품(음료, 과자 등)	4~6개	다양성과 명료성의 균형
고가 제품(자동차, 가전 등)	3~5개	비교 피로 최소화
서비스 플랜(요금제, 멤버십)	3개(Good-Better-Best)	선택 단순화, 가치 대비 판단 용이
설문/앱 UX	4~7개	인지 부하 최소화, 클릭 유도율 증가

실제로, 애플, 스타벅스, 넷플릭스 모두 '3~5가지 핵심 옵션'만을 제시한다(예: 아이폰 모델, 라떼 사이즈, 구독 요금제).

4) 결론: 뇌는 '선택의 자유'보다 '판단의 효율'을 선호

"자유는 많을수록 좋지만, 행복은 적당할 때 가장 크다." 선택의 수가 많아질수록 전전두엽은 피로해지고, 보상 회로는 혼란스러워진다. 따라서 뇌의 행복을 위한 선택지의 최적 수는 3~5개이며, 이는 인간의 인지·감정 시스템이 효율적으로 작동할 수 있는 '심리적 골든 넘버(golden number)'로 볼 수 있다.

구분	뇌의 반응	결과
너무 적음(1~2개)	자율성 결여 → 무력감	불만, 불신
적정(3~5개)	효율적 비교 → 확신 ↑	만족, 결단력
과다(6개 이상)	인지 과부하 → 혼란 ↑	회피, 후회

2. Effect of Option Attribute
— 미묘한 속성 차이와 '미끼(Decoy)'의 힘

1) 개념: 뇌는 비교의 동물이다

인간의 뇌는 상품의 '절대적 가치(가격, 성능)'보다 상대적 차이를 기준으로 선택한다. 이때 미묘한 차이를 가진 제3의 옵션을 추가하면 소비자의 선택이 한쪽으로 기울게 된다. 이 현상을 미끼 효과(decoy effect) 또는 비대칭 우월 효과(asymmetric dominance effect)라고 한다.

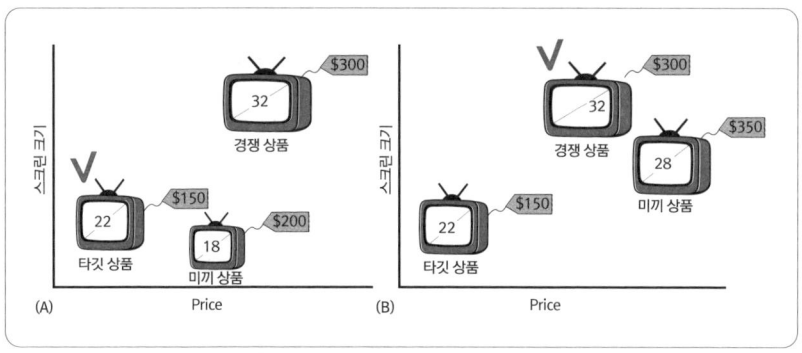

선택지의 속성과 다중 선택지 간 의사결정

(A) 의사결정자(decision maker)는 가격과 화면 크기가 다른 두 TV 세트, 즉 저렴한 가격(150달러)에 작은 화면(22인치)의 TV(타깃 상품)와, 더 큰 32인치 TV(경쟁 상품)이지만 소형 TV보다 두 배 비싼 가격(300달러) 사이에 선택을 해야 한다. 의사결정자가 타깃 상품과 경쟁 상품 중 어느 한쪽에 선호도가 명확하지 않다면, 열등한 선택지(일명 '미끼')를 옵션에 추가함으로써 상품 선호를 타깃 상품 또는 경쟁 상품 쪽으로 바꿀 수 있다. 대개 의사결정자는 화면이 더 작은(18인치) 미끼 TV가 200달러에 포함된 선택지를 대하게 되면, 타깃 상품을 선택하게 된다(녹색 체크 표시). (B) 반대로, 28인치 화면에 350달러인 다른 미끼 상품 TV가 추가 옵션으로 제시될 경우, 동일한 의사결정자는 경쟁 상품을 선택하게 된다.
출처: Paul Glimcher, Ernst Fehr(Eds.), 2014, p.458.

예를 들어 항공권 A는 40만 원(직항, 6시간), 항공권 B는 30만 원(경유, 9시간), 항공권 C는 38만 원(경유, 9시간)[미끼]이라고 하자. C는 B보다 가격이 높고, A보다 매력은 적다. 그러나 C가 들어가면, A의 상대적 가성비가 좋아 보이는 착각이 일어난다. 결과적으로 소비자는 A를 더 많이 선택한다. 미끼 상품은 팔기 위한 게 아니라 다른 걸 더 팔기 위한 것이다.

2) 신경심리학적 메커니즘

(1) 상대 비교 회로의 활성
뇌의 vmPFC와 측좌핵은 '절대적 가치'보다 '상대적 우위'를 계산할 때 더 강하게 활성화된다. 즉, 인간은 '이게 얼마나 좋은가?'보다는 '이게 다른 것보다 얼마나 낫나?'를 평가한다.

(2) 주의력 초점의 왜곡
ACC는 '갈등의 정도'를 감지하는데, 미끼 옵션이 추가되면 비교의 방향이 한쪽으로 단순화된다. 즉, '이건 명백히 별로야→다른 건 상대적으로 좋아 보여'라고 판단한다. 이 신호가 감정적 확신(feeling of rightness)을 만들어, 소비자는 '이게 맞는 선택 같다'는 주관적 안도감을 느낀다.

3) 여행자 패키지 설계에서의 미끼 효과 활용
여행 상품은 가격-편의-체험-명성 등 복합 속성으로 구성되어 있어 미끼 효과가 가장 강하게 작동하는 영역 중 하나이다.

① 기본 구조: 3단계 옵션 구조 만들기

구분	상품	주요 속성	소비자 반응
A	프리미엄 패키지	비싸지만 일정·숙소·가이드 최고	"비싸지만 가치 있다"
B	기본형 패키지	중간 수준의 숙소·가격·일정	"무난한 선택"
C	미끼형 패키지	A보다 약간 저렴하지만, A보다 명백히 불편	"그럴 바엔 A가 낫다"

■ 사례

- A: 180만 원: 4성 호텔+가이드+항공 포함
- B: 140만 원: 3성 호텔+자유 일정+항공 포함
- C: 160만 원: 3성 호텔+가이드 포함[미끼]

■ **결과:** 소비자는 A의 가치를 더 높게 인식하며 A 선택률이 증가(실험적 평균 20~30%).

② 골프 여행 패키지의 미끼 설계 예시

구분	항목	세부 구성
A	고급형	4성 리조트 숙박+3일 54홀+캐디 포함+공항 픽업
B	일반형	3성 숙소+2일 36홀+캐디 옵션 선택
C	미끼형	3성 숙소+3일 54홀+캐디 없음(가격 A보다 10만 원 저렴)

■ **인지 효과:** C가 추가되면 소비자는 '3일 칠 거면 캐디 포함이 낫다'고 판단하여 A의 구매율은 증가하지만 B는 그대로 유지된다.

즉, 미끼는 실제 판매용이 아니라 '주목의 각도를 바꾸는 선택 설계 장치'이다.

③ 숙박형 여행 상품에서의 미끼 활용

- A: 오션뷰 룸(40만 원)
- B: 시티뷰 룸(30만 원)
- C: 부분 오션뷰 룸(38만 원, 뷰·가성비 애매)

소비자는 A(오션뷰)를 선택하며, C의 존재로 인해 '40만 원이 합리적'이라고 느낀다.

4) 실제 마케팅 설계 지침

단계	전략	신경심리적 근거
1	핵심 판매 상품(target Product)을 정한다	뇌는 '기준점(anchor)'을 먼저 만든다
2	조금 열등하지만 가까운 미끼(decoy)를 설계한다	ACC 갈등 감소→vmPFC 확신감 ↑
3	비교가 가능한 속성 1~2개만 다르게 한다	주의력 분산 방지
4	가격 간격은 10~15% 이내	작은 차이일수록 비교 자극 ↑
5	비교 시각화(표, 그래프, 아이콘)	뇌의 전두엽 시각 판단 영역을 자극
6	미끼는 실제로 구매되지 않아야 한다	판매율 5% 이하일 때 가장 효과적

5) 주의점: 과도한 유도는 역효과

소비자가 '속았다'는 느낌을 받으면, 편도체 활성으로 인해 브랜드 신뢰가 급격히 떨어진다. 따라서 미끼 효과는 '유혹이 아닌 설득'의 범위 내에서 사용되어야 한다. 좋은 미끼는 고객이 스스로 합리적이라 느끼게 만든다.

6) 결론: 미끼는 설득의 예술이자, 인지 설계의 과학

뇌는 늘 비교를 통해 선택하며, 그 비교는 절대적 가치가 아니라 상대적 구조에 의해 왜곡된다. 따라서 미끼는 소비자를 속이는 장치가 아니라 '판단의 방향을 명확히 만들어주는 안내 표지판'으로 봐야 한다. 완벽한 선택은 없다. 다만, 잘 설계된 비교가 있을 뿐이다.

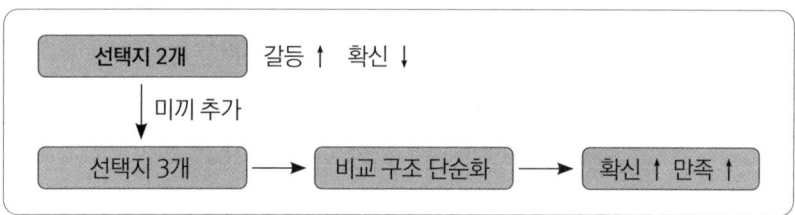

3. Reference Point and Loss Aversion
—기준점과 손실 회피의 신경심리학, 그리고 여행 마케팅 응용

1) 기준점(reference point)의 본질

인간의 뇌는 절대적 기준이 아니라 '비교된 상대'로 느낀다. 경제학적으로 가격은 수치이지만, 뇌에서는 '기준 대비 차이'로 해석된다. 즉, '이득이냐 손실이냐'는 절대값이 아니라 기준점 대비 변화량으로 판단된다.

신경심리학적 경로를 보면, vmPFC에서 주관적 가치 계산, 측좌핵에서 예측된 보상과 실제 보상의 차이를 인식하고, 편도체에서의 손실 가능성에 대한 불안 반응을 보인다. 이 세 영역은 '지금의 상태를 기준으로 앞으로 나아질지, 손해 볼지'를 실시간으로 비교하며, 감정 신호로 판단을 유도한다.

2) 왜 같은 사과가 백화점에서는 비싸게 느껴지지 않는가
—기준점과 상황의 영향

같은 사과라도 어디에서 사느냐에 따라 소비자가 느끼는 가격의 '합리성'은 전혀 달라진다. 예를 들어 동네 구멍가게에서 사과 한 개가 2,000원에 팔리고 있다면 대부분의 소비자는 '비싸다'고 느낀다. 이는 주변에서 판매되는 식료품의 가격 수준이 전반적으로 낮기 때문이다. 소비자는 그 환경에서 이미 '저가 상품군'이라는 기준점을 형성하고 있으며, 이 기준점을 벗어나는 가격은 즉각적으로 '손실'로 인식된다.

반면, 같은 사과가 백화점 과일 코너에서 4,000원에 판매되면 상황은 완전히 달라진다. 흰 조명 아래 정갈하게 진열된 과일, 은은한 향기, 친절한 직원 응대, 그리고 고급스러운 인테리어는 소비자의 감각을 자극해 '이

건 단순한 사과가 아니라 고급스러운 경험의 일부'라는 인식을 형성한다. 이때 뇌의 vmPFC가 활성화되어 감정적 만족감과 '가치 있음'이라는 평가를 내리게 된다. 즉, 백화점이라는 환경 자체가 '고가가 정상'이라는 새로운 기준점을 설정해 버리는 것이다.

결국 소비자는 실제 가격을 비교해 판단하는 것이 아니라 그 가격이 놓인 맥락을 통해 판단한다. 같은 사과라도, 환경이 다르면 전혀 다른 가치로 인식되는 이유가 바로 여기에 있다. 기준점은 '환경이 설정한다'. 가격의 합리성은 뇌가 아니라 '상황'이 결정한다.

3) 손실 회피(loss aversion)

사람은 같은 크기의 이익보다 손실에 2배 이상 민감하다. 전망 이론에 따르면 이익 곡선은 완만하고, 손실 곡선은 가파르다(Kahneman & Tversky, 1979). 즉, '1만 원을 잃는 고통'은 '1만 원을 얻는 기쁨'보다 훨씬 크다.

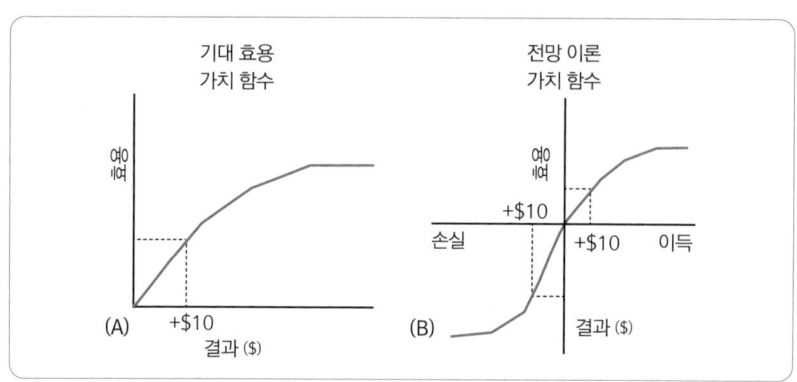

기대효용과 전망이론의 가치함수.
(A) 고전적 기대효용이론의 핵심에 있는 가치 함수: 기대효용이론의 틀에서 '위험 회피' 성향은 의사결정자가 오목한(위로 볼록한) 형태의 재산 효용 함수를 바탕으로 효용을 극대화한다는 가정에서 비롯된다. 즉, 재산이 증가할수록 효용의 증가폭이 점점 줄어드는(한계효용 체감) 특성을 보인다.
(B) 전망이론에서 제시된 가치 함수: 전망이론의 가치 함수에서는 일반적으로 손실에 대한 효용 감소의 크기가 이득에 대한 효용 증가의 크기보다 더 크다. 따라서 전망이론의 틀에서 효용을 결정하는 핵심 변수는 총 재산이 아니라, 기준점(reference point)에 대해 상대적으로 평가된 이득과 손실이다.
출처: Paul Glimcher, Ernst Fehr(Eds.), 2014, p.459.

이에 대한 신경심리학적 메커니즘은 편도체에서 손실 신호(공포, 불안) 감지, ACC에서 갈등·위험 감지, vmPF에서 최종 가치를 통합한다. 이때 손실을 예상하면 편도체가 활성화되고, 이득을 예상할 때보다 강한 스트레스 반응이 나타난다.

4) 여행 패키지 마케팅 응용: '손실 회피'를 부드럽게 자극하는 설계 전략

① 기준점을 '이익'이 아닌 '손실 회피'로 바꿔라

일반 문구	손실 회피형 문구
"지금 예약하면 10% 할인"	"오늘 지나면 10% 할인 기회가 사라집니다."
"특가로 항공 포함"	"이 구간 항공료가 내일부터 인상 예정입니다."
"조기 예약 고객 혜택"	"조기 예약이 마감되면 혜택을 받을 수 없습니다."

소비자는 '얻는다'보다 '놓치지 않는다'에 더 반응한다. 후자의 경우, 소비자 편도체가 더 강하게 활성화되어 행동(예약)을 유도한다.

② '심리적 기준점(anchor)'을 먼저 제시

사람의 뇌는 첫 번째 본 가격을 '참조점'으로 삼는다.

패키지명	가격	역할
A. 럭셔리 패키지	380만 원	기준점
B. 스탠다드	270만 원	실제 판매 목적
C. 이코노미	230만 원	비교 하향 미끼

예를 들어 위와 같이 패키지를 구성했다고 하자. 소비자는 A를 본 뒤, B를 '비교적 합리적'이라 느낀다. 이때 'B를 선택하지 않으면 손해'라는 감

정이 작동한다.

③ '회복 불가능한 손실' 프레임

손실 회피는 '다시 되돌릴 수 없다'는 인식일 때 특히 강력하다. 이 프레임을 응용한 문구는 다음과 같다. 뇌의 편도체와 시상하부 스트레스 회로가 동시에 활성화되며, '즉시 행동'을 유도한다.

- "마감 임박: 좌석 소진 시 동일 요금 보장 불가"
- "선착순 혜택—한 번 지나면 다시는 오지 않습니다."
- "이 시기의 벚꽃은 올해 단 한 번뿐입니다."

④ '기회 손실(opportunity loss)' 프레임

금전 손실보다 '놓친 경험'에 더 강한 감정 반응이 나타난다. 예시하자면, "이번 시즌 이탈리아 골프 리조트는 내년 예약이 불가능합니다"라는 표현을 접하게 되면 이때 해마가 작동하며 '미래의 후회'를 상상하게 된다.

5) 설계 지침 요약

전략	뇌의 주요 반응	적용 예시
기준점 설정	vmPFC 활성화(가치 기준 형성)	"프리미엄 패키지 380만 원 → 스탠다드 270만 원이 합리적"
손실 회피 유도	편도체 경보, ACC 갈등 완화	"오늘 지나면 혜택이 사라집니다"
기회 손실 자극	해마–감정 기억 회로 자극	"이번 시즌 한정"
되돌릴 수 없음 강조	스트레스 각성→즉시 행동	"남은 좌석 3석"
비교 기준 조작	인지 부하 감소, 확신감 증가	"A보다 30% 저렴"

6) 실제 문구 설계 예시: 여행 마케팅용

- **잘못된 예**: "봄 시즌 일본 골프 패키지 예약을 시작했습니다."
- **뇌 반응 유도형**: "봄 시즌 일본 골프 패키지는 이번 주까지만 예약 가능합니다. 지난 시즌은 조기 마감으로 많은 고객이 예약하지 못했습니다."

이 문장은 ① 기준점(지난 시즌 마감), ② 손실 회피(이번 주까지만), ③ 기회 상실(후회 유도)를 동시에 자극한다.

7) 결론: '손실을 피하려는 뇌'를 설득하는 법

인간의 의사결정은 '이익을 추구하는 계산기'가 아니라 '손실을 피하려는 생존 장치'이다. 따라서 여행상품 설계의 핵심은 '무엇을 주겠다'보다 '무엇을 잃지 않게 하겠다'는 메시지이다. 사람은 얻는 즐거움보다, 놓치는 두려움에 더 빨리 반응한다.

> 기준점 제시 → 손실 회피 프레임 설정 → 기회 상실 강조 → 즉시 행동 유도

4. The Satisfaction of Sale
—'거래를 잘했다'는 쾌감의 신경심리학과 마케팅 응용

1) 세일은 '절약의 기쁨'이 아니라 '비교의 승리'

사람들이 세일 상품을 보고 만족하는 이유는 경제적 이익(돈 절약)보다 심리적 보상(뇌의 도파민 분비)에 있다. 즉, 세일의 본질은 '가격이 낮다'가 아니라 '내가 이겼다'는 뇌의 인지적 해석이다. 세일은 지갑의 승리가 아니

라 자존감의 보상이라고 할 수 있다.

2) 신경심리학적 메커니즘

(1) 예측된 손실 회피→도파민 보상 전환
- **세일 전:** '정가로 사면 손해'→편도체 활성(손실 불안)
- **세일 후:** '싸게 샀다'→복내측 전전두엽(vmPFC)·측좌핵 활성(보상 신호)

즉, 뇌는 '손실을 피했다'는 감정 자체를 보상으로 처리한다. 이는 전형적인 손실 회피 기반 보상(loss-avoidance reward) 반응이다. 예를 들어 정가 100만 원의 여행을 70만 원에 샀을 때, 30만 원의 절약보다 '정가 대비 이득'이라는 감정적 만족이 도파민을 더 강하게 자극한다.

(2) '거래를 잘했다'는 자존감 회로

세일의 만족감은 단순한 금전적 이익이 아니라 '내가 현명한 소비자이다'라는 자기 확인(self-validation)의 과정이다. dlPFC는 계획적 사고, 통제, ACC는 선택 갈등의 해소, vmPFC는 자기 보상 및 정체성을 강화한다. 즉, 세일은 '돈을 절약했다'보다 '내가 판단을 잘했다'는 자기 효능감을 강화시킨다. 실험 결과, 소비자가 '할인율이 높을수록'보다 '내가 잘 골랐다'고 생각할수록 vmPFC(자기보상 영역)의 활성도가 더 강하게 나타났다 (Plassmann et al., 2007).

(3) 기준점 조작과 상대적 만족의 착각

정가 500만 원→세일가 350만 원은 '150만 원 절약'보다 '500에서 350으로 내려왔다'는 방향성이 쾌감을 유발한다. 뇌의 보상 시스템은 '방향의 변화'에 반응하며, 절대 금액이 아닌 감정의 기울기(valence slope)를 보상으로 인식한다.

3) 세일의 만족을 유도하는 신경심리 마케팅 원칙

전략	설명	뇌 반응
① 기준점을 명확히 제시	'정가'를 보여줘야 비교 가능	vmPFC 활성
② 할인 폭보다 할인 맥락 강조	"한정 수량", "이번 주까지만"	ACC 갈등 감소
③ '성공한 소비' 감정 유도	"당신은 현명한 선택을 하셨습니다"	측좌핵 도파민 ↑
④ '놓칠 손실' 프레이밍	"오늘이 마지막 혜택입니다"	편도체 자극
⑤ 사회적 비교(타인 기준) 활용	"지금 이 상품은 80%가 선택했습니다"	TPJ-전전두엽 활성

4) 세일을 잘 설계하는 실제 사례

① 여행 패키지: 가격 차등 프레임

유형	가격	설명
A. 기본형	120만 원	기준점
B. 세일형	89만 원	'정가 120만→89만 원' 강조
C. 한정형	89만 원+추가 혜택(룸 업그레이드)	'같은 가격에 더 많이 받는다' 인식

소비자는 금액보다 '가치 차이'에 만족한다. 이때 vmPFC+측좌핵이 동시 활성하여 '보상 예측 성공' 쾌감 발생한다.

② 레저 회원권: 심리적 기준점 조작

단계	전략	신경심리 효과
①	'원가 대비 할인율' 제시	기준점 설정
②	'지금 구매 시' 혜택 강조	편도체 자극→행동 유도
③	'놓친 사람들의 사례' 제시	해마(후회 예측) 자극

- **예시 문구:** "지난 시즌, 이 조건으로 예약하지 못한 고객 중 72%가 후회했습니다."

이 문구는 손실 회피+사회적 비교+기억 자극 3중 효과를 가져온다.

③ 패키지 할인 이벤트: 거래의 성취감 강화 문구
- **일반적인 문구:** "봄 시즌 할인 중, 20% 할인."
- **신경심리형 문구:** "이번 시즌 예약 고객 중 당신이 가장 먼저 혜택을 확보했습니다. 조기 예약 성공! 여행까지의 시간, 이제는 여유롭게 준비하세요."

소비자는 '싸게 샀다'보다 '먼저 확보했다'는 성과형 보상을 경험한다.

5) 결론: 세일은 경제가 아니라 '정서의 게임'

뇌의 입장에서 '세일'은 가격의 하락이 아니라 손실 회피→자존감 회복→사회적 비교 우위로 이어지는 복합적 감정 보상이다. 소비자는 '싼 물건'을 사는 게 아니라 '자신의 뇌를 기분 좋게 만드는 거래'를 산다.

정가 제시(기준점 형성) → 세일 제시(손실 회피) → 선택 행위(자기 효능감 강화)
→ 후회 예방(감정적 안정) → 만족 & 재구매

제3부
사회적 인지와 관계
— 집단 속에서의 선택과 공감 경쟁

제1장 사회적 감정과 인지
— 사회적 동물의 심리적 토대: 진화, 애착, 자아의 형성

1. 사회적 항동성의 진화

1) 생명 유지 원리로서의 항동성

초기 생명체에서 항동성은 순수한 생리적 평형(physiological balance)의 문제였다. 체온, 수분, 혈당, 산소 수준이 일정 범위를 벗어나면 생존이 불가능했기 때문이다. 이를 유지하기 위해 시상하부와 자율신경계는 생리적 변동을 감지하고 즉각적으로 반응하는 자동조절 시스템으로 진화했다.

그러나 생명체가 보다 복잡한 환경에 적응하면서 생리적 항동성만으로는 해결할 수 없는 치명적인 위협에 직면하게 되었다. 이러한 위협을 극복하는 과정에서 사회적 상호 작용은 단순한 선택이 아니라 생존을 위한 필수 전략으로 자리 잡았으며, 이는 항동성의 개념이 '사회'라는 새로운 차원으로 확장되는 계기가 되었다. 그 대표적 사례는 다음과 같다.

첫째, '집단적 방어'의 필요성이다. 초원에 홀로 서 있는 개인은 맹수에게 무방비 상태였다. 생리적 상태가 완벽하더라도 단 한 번의 포식자 공격

으로 생명이 끝날 수 있었다. 무리를 지어 생활함으로써 비로소 '조기 경보 시스템'을 구축하고, 위협에 공동으로 대응하며, 교대로 휴식할 수 있게 되었다. 즉, '내 몸의 안전(생리적 항동성)을 지키기 위해서는 사회적 연결이 반드시 유지되어야 한다'는 새로운 생존 공식이 탄생한 것이다.

둘째, '협력적 양육'의 필요성이다. 인간의 자손은 타 동물에 비해 유달리 오랫동안 무력하고 의존적이었다. 혼자서 새끼를 키우면서 자신의 생리적 항동성(먹이 구하기, 위험 회피)을 유지하는 것은 거의 불가능한 일이었다. 이에 무리 구성원이 함께 먹이를 나누고 돌봄을 분담하는 '협력적 양육' 시스템이 등장했다. 이는 '내 자손의 생존(유전적 지속성)을 보장하기 위해서는 사회적 협력이 필수적이다'는 또 다른 생존 공식을 만들었다.

이처럼 사회적 고립은 곧바로 생리적 죽음이나 유전적 단절로 이어졌다. 따라서 뇌는 '사회적 연결 상태'를 체온이나 혈당만큼이나 중요한 새로운 항동성 항목으로 등록하게 되었다. 결국 항동성의 범위는 개체 내부의 안정을 넘어 관계적 안정, 나아가 집단적 안정을 유지하는 방향으로 확장되었으며, 이것이 바로 '사회적 항동성'이 진화한 근본적인 이유이다. 이러한 생존의 압력은 시상하부-편도체-전전두엽을 연결하는 회로를 발달시켜, 관계적 안정을 생명 유지의 핵심 조건으로 각인시키는 신경생리학적 토대가 되었다.

2) 사회적 항동성의 진화적 전개

(1) 생리적 항동성의 한계와 관계적 전환

포유류의 출현 이후, 생존의 단위는 개체(individual)가 아니라 양육 관계(dyad)로 바뀌었다. 어미는 새끼의 체온과 먹이, 안전을 유지해야 했으며,

새끼는 어미의 존재를 감각적으로 탐지하고 정서적으로 의존했다. 이 시점에서 항동성은 신체 내부의 안정뿐 아니라 '타인과의 정서적 연결'을 통해서만 유지될 수 있게 되었다.

이러한 전환은 신경계 수준에서 시상하부-연수 중심의 생리적 조절 회로 위에 ACC·섬엽·옥시토신 시스템을 추가로 형성하며, '관계적 안정(relational stability)'을 감지·조절하는 새로운 항동성 메커니즘을 낳았다.

이것이 바로 관계적(relational) 항동성의 기원이다. 영장류의 새끼는 어미와의 접촉을 유지하기 위해 울거나 매달리는 본능적 행동을 보이며, 무리 구성원 간에는 서로를 손질하는(grooming, 그루밍) 사회적 의식이 나타난다. 즉, 포유류의 뇌는 단순히 '체온과 에너지'를 유지하는 기관이 아니라 정서적 유대와 안전을 통해 생존을 유지하는 기관으로 진화하기 시작했다.

(2) 사회적 관계의 복잡화와 집단 수준의 확장

영장류, 특히 인간에 이르러 생존의 단위는 개체-관계-집단(social group)으로 확장되었다. 개체의 생명은 더이상 단순한 양육 관계만으로 보장되지 않았고, 집단 내 협력, 서열, 신뢰, 공정성, 소속감 등의 사회적 요인이 생존율을 결정하게 되었다. 이 시기부터 항동성의 개념은 생물학적 균형을 넘어 '사회적 질서의 균형'으로 진화한다.

집단 내의 배제·불공정·불신·수치심은 신체적 위협과 마찬가지로 뇌의 통증 회로를 활성화시키며, 사회적 유대·인정·공정성은 도파민성 보상 회로를 자극하여 쾌감을 유발한다.

따라서 인간에게 사회적 항동성의 붕괴는 생리적 위협과 동등한 수준의 신경학적 불안정 상태를 의미한다. 고독, 배제, 불공정은 모두 '사회적 결핍 상태(social deprivation state)'로서 뇌는 이를 생존 위협으로 해석하고 고통 신호를 발생시킨다.

(3) 사회적 항동성의 신경계적 확장

사회적 항동성은 진화적 단계에 따라 세 가지 수준에서 작동하며, 각 수준은 서로 다른 신경 회로를 중심으로 한다.

항동성 유형	주요 감지 시스템	조절 시스템	인식 수준
생리적 항동성	시상하부, 연수	자율신경계	무의식적·자동적
관계적 항동성	ACC, 섬엽, 옥시토신계	vmPFC, 편도체	반의식적·정서적
사회적 항동성	mPFC, TPJ, dlPFC	규범·도덕 판단 회로	의식적·인지적

이 표가 보여주는 것은 뇌의 진화적 확장 그 자체이다. 가장 오래된 생리적 항동성은 시상하부와 자율신경계가 '몸의 안정'을 무의식적으로 유지한다. 여기에 포유류 단계에서 관계적 항동성이 더해지며, ACC와 섬엽이 '정서적 안전'을 감지하고 옥시토신과 vmPFC가 이를 조절하는 반의식적 시스템이 생겼다. 마지막으로 인간에 이르러서는 사회적 항동성이 발달하며, 전전두엽 영역들이 '규범적 질서'를 의식적으로 판단하고 유지하는 최상위 시스템을 구축하게 된 것이다.

이 세 체계는 모두 사회적 연결과 단절을 '보상'과 '처벌'로 인식하는 공통된 도파민 시스템(선조체-VTA 회로)을 공유한다. 즉, 인간의 뇌는 '신체적 평형→정서적 유대→사회적 질서'라는 3중의 항동성 구조로 확장되어 진화했다.

(4) 사회적 항동성의 감정적 표현

항동성은 그 상태를 감정으로 표출하며 조절한다. 이는 곧 '감정은 항동성의 표정'이라는 다마지오의 명제와 일치한다.

다음 표는 각 항동성 수준이 위협받거나 회복될 때 느껴지는 대표적 감정을 보여준다.

항동성 수준	불균형/붕괴 시(위협 신호)	균형/회복 시(보상 신호)
생리적 항동성	공포, 분노, 불쾌감	안정, 평온, 쾌적함
관계적 항동성	외로움, 불안, 배신감	유대감, 신뢰, 안전감
사회적 항동성	**수치심, 분노, 불공정감**	**공정성, 소속감, 자부심**

이처럼 사회적 항동성은 감정 시스템과 분리된 별도의 기능이 아니라 감정을 매개로 작동하는 자기 조절적 생명 유지 메커니즘이다.

3) 사회적 항동성은 인간 진화의 제3의 항동성

사회적 항동성의 진화란 생리적 항동성이 '신체의 생명'을 유지하고, 관계적 항동성이 '정서의 생명'을 보존하며, 그 위에 사회적 항동성이 '의미와 질서의 생명'을 지탱하게 된 과정이다. 이 진화는 인간이 단독 생명체에서 협력적 존재로, '나의 생존'에서 '우리의 생존'으로 전환된 결과이며, 그 과정에서 뇌는 신체의 안정 회로를 사회적 안정 회로(social regulation network)로 적응적 진화를 하였다.

따라서 인간에게 항동성이란 단순히 체내 평형을 의미하지 않는다. 그것은 곧 '함께 살아남기 위한 정서적·도덕적 평형', 즉 사회적 관계 속에서 생명을 유지하려는 생물학적 도덕성의 기초이다.

사회적 항동성의 진화는 인간의 뇌가 개체의 신체적 생존을 넘어 관계적·도덕적 생존을 유지하기 위해 감정과 인지를 통합한 새로운 항동성 체계를 형성한 과정이다. 다시 말해, 인간의 생명은 '몸의 평형-마음의 유대-사회의 질서'라는 3중 항동성의 진화적 연속선 위에 존재한다.

2. 사회적 감정의 진화

1) 사회적 감정은 원초적 감정의 기능적 변용(exaptation)

현대 진화신경과학에 따르면, 인간의 공감·수치심·공정성과 같은 사회적 감정은 완전히 새로운 감정이 창조된 것이 아니라 기존의 원초적 감정 회로가 '사회적 관계 유지'라는 새로운 기능을 수행하도록 기능적으로 변용된 결과이다.

다마지오(Antonio Damasio), 프란스 드 발(Frans de Waal), 로빈 던바(Robin Dunbar), 크레이그(Bud Craig) 등의 연구를 종합하면, 인간의 사회적 감정은 진화 과정에서 원초적 감정—기쁨, 공포, 분노, 혐오, 슬픔—의 신경 회로가 타인과의 관계를 감지하고 조절하도록 '기능 확장(functional expansion)'된 형태이다. 즉, '사회적 감정'은 독립된 신경 회로가 아니라 원초적 감정이 사회적 자극(social stimuli)에 반응하도록 확장된 신경생리의 기능적 변용의 선물이다.

이 관점은 사회적 감정을 인간 뇌의 새로운 모듈로 보던 과거 이론과 달리 감정의 신경적 '기원(shared ancestry)'을 인정하면서도 사회적 맥락에서의 새로운 기능적 적응을 설명한다.

2) 진화적 배경: 생존 단위의 '개체→관계→집단'으로의 확장

감정은 생명체가 항동성을 유지하기 위해 진화시킨 신체 기반 경보 시스템이다. 초기의 감정은 생리적 위협에 대응하기 위한 개체 중심의 반응이었으나, 영장류—특히 인간—의 생존 단위가 집단(social group)으로 확장되면서, 감정은 관계적·사회적 맥락에서 새롭게 작동하도록 재조직되었다.

진화 단계	생존의 중심	주요 감정	기능
파충류 단계	개체의 생리적 안전	공포·분노·혐오	위협 회피, 생리적 항동성
포유류 단계	가족·양육 관계	애착·보호·애정	관계적 항동성
영장류 단계	집단 내 협력과 질서	신뢰·질투·공정성	사회적 예측·통제
인간 단계	도덕·규범 공동체	수치심·자부심·명예감·연민	사회적 규범과 집단 통합

이처럼 감정의 대상이 '자신의 몸'→'타인의 몸'→'사회적 관계'로 확장되면서, 감정의 기능도 단순한 생리적 조절에서 관계적·도덕적 항동성 유지로 발전했다.

3) 신경심리학적 구조: 같은 회로, 다른 자극

사회적 감정은 완전히 새로운 신경 회로에서 비롯된 것이 아니다. 오히려 그것은 원초적 감정 회로(편도체, 시상하부, 뇌간, ACC, 섬엽) 위에 사회적 자극을 탐지하고 의미화하는 상위 회로(전전두엽, 측두두정접합부[TPJ], vmPFC, 선조체)가 결합하면서 확장된 결과이다.

이로써 감정 회로의 구조는 동일하지만, 자극의 성격과 조절의 단위가 달라졌다.

원초적 감정이 '위협, 음식, 통증'과 같은 생리적 자극에 반응해 신체의 평형을 유지하는 기능을 수행한다면, 사회적 감정은 '인정, 배제, 불공정'과 같은 사회적 자극에 반응해 관계적·규범적 평형을 유지하는 기능을 수행한다.

결국 인간의 감정 시스템은 동일한 신경 회로를 이용하되, 입력되는 정보가 생리적 신호에서 사회적 의미로 전환된 것이다. 다시 말해, 사회적 감정은 '같은 회로가 다른 자극을 처리하도록 진화한 결과'라 할 수 있다.

이 구조는 크레이그(Craig)의 내수용 감각(interoceptive awareness) 이론으로도 잘 설명된다. 크레이그에 따르면, 원초적 감정은 신체 내부의 생리적 상태를 감지하는 '내부 수용 감각'이며, 사회적 감정은 이 체계를 한 단계 확장한 것이다. 즉, 사회적 감정은 '관계적 신체(relational body)', 곧 사회 속에서 자신의 상태를 감지하고 조절하는 확장된 내수용 체계(social interoception)이다.

4) 사회적 감정의 진화적 기능: 관계적 항동성의 유지

사회적 감정은 인간이 '함께 살아남기 위해' 뇌가 재설계한 정서적 조절 메커니즘이다. 그 주된 기능은 관계적 균형을 회복하여 집단 내 협력과 규범 질서를 유지하는 것이다.

감정	기능	진화적 의미
유대감	타인과의 정서적 연결 강화	협력과 신뢰의 기반
공정성	상호 호혜적 교환의 유지	규범적 질서 유지
수치심	규범 위반의 자가 억제	집단의 일체성 강화
자부심	사회적 기여와 평가 강화	동기화와 집단 결속
연민	타인의 고통 완화	이타성 강화
질투·샤덴프로이데	사회적 비교·경계	경쟁·질서 조절

즉, 사회적 감정은 '집단 생존의 정서적 알고리즘'으로 작용하며, 보상 회로(선조체, 도파민)는 인정·신뢰·공정성의 쾌감으로, 고통 회로(ACC, 섬엽)는 배제·수치·불공정의 통증으로 반응한다.

5) 통합적 관점: 원초적 감정의 사회적 확장

다마지오와 크레이그의 신체-감정 이론, 프란스 드 발의 '공감적 유인

(empathic ape)' 가설, 던바의 '사회적 뇌 가설(social brain hypothesis)'은 모두 다음 결론으로 수렴한다.

인간의 사회적 감정은 새로운 감정이 아니라 기존 감정 회로의 사회적 재배선(social rewiring)이다. 즉, '두려움'은 '배제에 대한 두려움'으로, '분노'는 '불공정에 대한 분노'로, '기쁨'은 '인정과 유대의 기쁨'으로 기능이 재해석된 것이다.

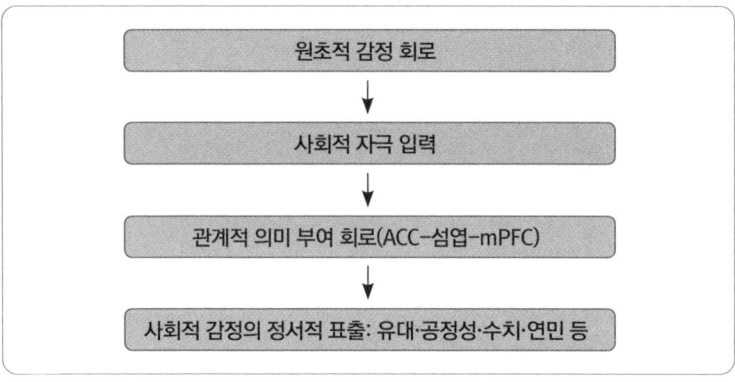

6) 결론

사회적 감정의 진화란 원초적 감정 회로가 사회적 맥락에서 새로운 기능을 수행하도록 재배선된 과정이다. 인간의 공감·수치심·공정성은 새로운 감정이 아니라 기존의 생리적 감정 시스템이 '관계적 항동성'을 유지하기 위한 신경적 확장의 결과이다. 따라서 사회적 감정은 단순히 타인과의 정서를 공유하는 현상이 아니라 '관계 속에서 생명을 유지하기 위한 감정적 적응 장치', 즉 '사회적 항동성의 감정적 표현'이다. 사회적 감정의 진화는 인간의 뇌가 원초적 감정 회로를 사회적 기능으로 재배선한 과정이다. 감정의 회로는 같지만, 자극의 대상이 '나의 몸'에서 '우리의 관계'로 확장되었다.

3. 사회적 인지의 진화

1) 인지의 사회적 전환

인간의 인지는 본래 환경의 물리적 패턴을 인식하고 생존 전략을 세우는 기능에서 출발하였다. 초기 포유류의 인지 체계는 포식자 탐지, 먹이 위치 기억, 공간 탐색 등 외부 자극에 대한 감각-운동적 예측 시스템이었다.

그러나 영장류—특히 인간—가 복잡한 사회적 구조를 형성하게 되면서 생존의 대상은 '환경'에서 '타인'으로, 예측의 초점은 '물리적 사건'에서 '심리적 상태'로 전환되었다.

이로써 인간의 뇌는 타인의 마음을 읽고(mind-reading), 의도를 추론하며(intention inference), 관계의 의미를 평가하는 능력을 발달시켰다. 이러한 기능이 곧 사회적 인지이며, 그 진화는 사회적 항동성을 유지하기 위한 고차적인 적응의 결과이다.

2) 사회적 인지의 진화적 전개

(1) 생물학적 기원: 타인의 행동 예측에서 마음 예측으로

사회적 인지의 뿌리는 거울뉴런 시스템(mirror neuron system)에서 찾을 수 있다. 이 신경계는 타인의 움직임을 볼 때 자신의 운동 뉴런이 함께 활성화되는 구조로, '타인의 행동을 내 몸으로 이해하는' 신경적 공명이다.

초기 영장류는 이 시스템을 통해 다른 개체의 행동 의도를 예측했고, 인간은 여기서 한 단계 더 나아가, 타인의 내적 상태(믿음·욕구·감정)를 추론하는 심리화(mentalization, 마음 읽기) 능력을 진화시켰다. 이것이 이른바 '마음이론(Theory of Mind)'의 출현이다. 따라서 사회적 인지는 행동의 관찰로부터 출발하여 '행동 예측→의도 추론→마음 해석'으로 진화했다. 이 전환은 타인의 표정·시선·언어·맥락을 이용하여 보이지 않는 심리 상태를 상징적으로 표상하는 인간만의 신경인지적 기능으로 발전했다.

(2) 사회적 복잡성과 인지적 확장

로빈 던바(Robin Dunbar)의 '사회적 뇌 가설(social brain hypothesis)'은 사회적 인지의 진화를 가장 잘 설명하는 경험적 근거를 제시한다.[53]

그는 영장류의 대뇌피질(특히 전전두엽)의 크기가 그들이 속한 사회 집단의 크기와 정비례한다는 사실을 밝혔다. 즉, 집단이 커질수록 타인의 마음을 예측하고 관계를 유지해야 할 인지적 부담이 커지며, 이에 따라 전전두엽과 측두엽의 기능이 확장되었다. 인간은 약 150명 내외의 사회적 관계를 지속적으로 관리할 수 있으며, 이 '던바의 수(Dunbar's number)'는 사회적 인지 처리 능력의 한계를 보여준다.

이러한 인지적 확장은 사회적 예측, 도덕적 판단, 언어적 상호 작용(language interaction)의 기초가 되었다.

(3) 사회적 인지의 신경심리학적 구조

사회적 인지는 단순한 감정 차원을 넘어 타인의 마음을 명시적으로 추론하고, 그 관점으로 전환하며, 사회적 상황의 의미를 평가하는 고차원적 정신 기능이다. 이는 여러 뇌 영역이 협력하는 특화된 네트워크에 의해 수행된다.

그 핵심에는 전전두엽과 측두두정접합부(TPJ)가 있다. 전전두엽은 자기

---

53 Dunbar, R. I. M.(1998). "The social brain hypothesis," *Evolutionary Anthropology: Issues, News, and Reviews*, 6(5), pp.178-190.

와 타인의 정신 상태를 모델링하는 '심리화'의 중추이며, TPJ는 타인의 시각과 의도를 추측하는 '마음이론'의 핵심이다. 이들이 만들어내는 '타인에 대한 마음 모형'은 상측두고랑(pSTS)이 시선, 표정, 몸짓 등의 미세한 사회적 신호를 지속적으로 해석함으로써 지속적으로 업데이트된다.

한편, 편도체는 이러한 사회적 신호에 담긴 정서적 가치를 즉각 평가하여 신뢰와 경계의 초기 판단을 내린다. ACC는 사회적 상호 작용에서 발생하는 갈등과 오류를 탐지하고, 인지와 감정을 통합하는 역할을 담당한다. 마지막으로 안와전두피질(OFC)은 상황을 사회적 규범과 가치에 비추어 최종 판단을 내리는 도덕적 의사결정의 장(場)이다.

이처럼 전전두엽, TPJ, pSTS, ACC, 편도체, OFC는 하나의 '사회적 정보 처리 회로'를 구성하며, 이 회로는 공감과 동기 부여를 담당하는 '감정 회로(ACC-섬엽-선조체)'와 긴밀하게 연결되어 있다. 따라서 사회적 인지는 사회적 감정을 보다 정교하게 다듬고 확장하는 '인지적 확장'으로 작동한다고 할 수 있다.

(4) 인지의 기능적 재배선: 환경→타인→사회로

인간의 인지 체계는 진화 과정에서 대상 중심 인지(object cognition)에서 타인 중심 인지(person cognition), 나아가 규범 중심 인지(normative cognition)로 확장되었다.

진화 단계	인지의 초점	목적 (생존의 목표)	결과 (새로운 능력)
① 환경 인지	자연 환경의 예측	생리적 생존	감각-운동 조절
② 타인 인지	타인의 행동 및 의도 이해	관계적 생존	공감, 협력
③ 사회 인지	집단 규범 및 도덕 판단	사회적 생존	도덕성, 문화

이러한 전환은 사회적 항동성의 신경학적 확장으로 이해된다. 즉, 사회

적 인지는 항동성 유지의 '인지적 수단'이며, 타인의 상태를 예측하고 행동을 조정함으로써 관계적 균형을 유지하게 한다.

(5) 사회적 인지의 감정 통합

사회적 인지는 감정 회로와 결합할 때만 완전한 기능을 발휘한다. 공감, 수치심, 공정성, 명예감 등은 모두 인지적 해석 없이 존재할 수 없으며, 감정적 자극이 인지적 판단과 통합될 때 도덕적 행동이 나타난다.

이 통합은 vmPFC와 선조체의 보상 회로에서 이루어지며, '이타적 도움'과 '응징적 정의' 같은 사회적 행동의 결정을 유도한다. 따라서 사회적 인지는 사회적 감정의 평가·조절 메커니즘이자 사회적 항동성의 의식적 조정 장치로 진화했다.

3) 사회적 인지는 사회적 감정 위에 세워진 고차원적 항동성의 도구

사회적 인지의 진화란 인간이 사회적 감정의 정서적 경험 위에 타인의 마음과 집단의 질서를 이해하고 예측하는 인지적 체계를 구축한 과정이다. 이로써 인간은 단순히 공감하는 존재에서 벗어나, 타인의 입장에서 사고하고, 도덕적 판단을 내리고, 사회적 의미를 생성하는 존재로 발전했다.

사회적 인지는 결국 사회적 항동성의 인지적 표현이며, 그 본질은 관계의 균형을 유지하고 집단 질서를 예측·조절하는 '사회적 예측 뇌(social predictive brain)'의 진화적 산물이다.

사회적 인지의 진화는 인간의 뇌가 환경을 이해하는 인지에서 관계를 이해하는 인지로, 그리고 사회 질서를 이해하는 인지로 확장된 과정이다. 그 결과, 인간은 타인의 마음을 추론하고, 공정과 도덕을 인식하며, 사회적 항동성을 유지하기 위한 고차원의 인지적 조절체계를 갖추게 되었다.

4. 공감의 진화와 개념적 구분

앞서 살펴본 바와 같이 인간의 사회성은 '감정'이라는 생물학적 토대 위에 '인지'라는 고차원적 구조물을 세워가며 진화해 왔다. 그리고 '공감(empathy)'은 바로 이 모든 단계를 연결하는 결정적 다리(bridge) 역할을 수행했다.

공감은 단순한 감정 이입을 넘어, 원초적 감정 수준과 고도화된 인지 수준을 가로지르는 종합적 메커니즘이다. 이를 통해 비로소 우리는 타인의 내적 상태를 감정적으로 '공유'하고, 인지적으로 '해석'하며, 궁극적으로 사회적 관계를 '조정'하는 것이 가능해졌다. 따라서 공감의 진화를 이해하는 것은 사회적 뇌가 어떻게 '나'의 세계에서 '우리'의 세계로 확장되었는지를 설명하는 핵심 단서이다.

1) 공감의 진화적 의미

인간이 사회적 존재로 진화하면서 생존의 단위는 개체(individual)에서 관계(relation)로 확장되었다. 이 과정에서 타인의 정서를 감지하고, 그 정서를 자신의 내부 상태로 변환하는 능력이 생존의 핵심 전략이 되었다.

이 능력이 바로 공감이다. 공감은 단순한 감정의 동조가 아니라 타인의 내적 상태를 자신의 신경생리적 체계 안에서 '재현'하고, 그 상태에 대한 인지적 이해를 결합하여 사회적 행동을 조정하는 과정이다. 즉, 공감은 사회적 인지를 보강하는 정서적 토대이자 사회적 항동성을 유지하기 위한 신경심리적 매개체이다.

2) 공감의 진화적 배경: 타인의 고통을 느끼는 뇌

공감의 기원은 모성 행동(maternal behavior)과 양육 본능(caregiving instinct)에서 찾을 수 있다. 포유류의 어미는 새끼의 울음·표정·움직임을 감각적으로 탐지하고, 그 신호를 자신의 신체 상태로 '이입(embodiment)'함으로써 돌봄 행동을 수행한다.

이 과정에서 형성된 것이 거울뉴런 시스템과 ACC-섬엽 회로의 연결이다. 이 회로는 타인의 고통·두려움·즐거움에 반응할 때, 자신의 고통·두려움·즐거움 회로와 동일하게 활성화된다. 즉, 공감의 진화는 '타인의 상태를 내 몸처럼 느끼는 신경적 시뮬레이션'의 출현이며, 사회적 감정과 인지의 모든 기반을 형성한다.

3) 공감의 신경심리 구조

공감은 단일한 기능이 아니라 감정적 공감, 인지적 공감, 그리고 이 둘을 통합 조절하는 세 가지 하위 과정이 유기적으로 연결된 복합 신경 시스템이다. 다시 말해, 공감은 타인의 정서를 '느끼고-이해하고-행동으로 옮기는' 전뇌적 통합 과정이다.

첫째, 감정적 공감(affective empathy)은 ACC, 섬엽, 편도체로 구성된 회로가 중심이 된다. 이 회로는 타인의 감정을 자신의 신체적 감각처럼 느끼게 하는 정서적 공명을 담당한다. 누군가가 다치는 모습을 보고 나도 모르게 몸이 움찔하는 반응이 바로 이 회로의 작용이다.

둘째, 인지적 공감(cognitive empathy) 또는 마음이론은 내측 전전두엽(mPFC), 측두두정접합부(TPJ), 후상측두구(pSTS)가 중심이 된다. 이 영역들은 타인의 감정이 '왜' 발생했는지를 이해하고, 그 의도와 다음 행동을 예측하도록 돕는다. 감정적 공감이 '느낌'이라면, 인지적 공감은 '이해'에 가깝다.

셋째, 통합 조절(integrative regulation) 단계에서는 vmPFC, 안와전두피질(OFC), 선조체가 감정과 인지의 정보를 통합한다. 이 회로는 '그를 도와야 하나, 아니면 피해야 하나?'라는 행동적 결정을 내리며, 보상과 동기를 조절하는 신경 회로와 연결되어 있다.

이처럼 공감은 ① 사회적 감정의 신체화→② 사회적 인지의 의미화→③ 사회적 행동의 조정이라는 세 단계를 거치며 작동한다. 따라서 공감은 단순한 감정 이입이 아니라 사회적 인지를 정서적으로 보강하고 실제 행동으로 이어지게 하는 사회적 뇌의 핵심 메커니즘이다.

4) 공감과 유사 개념의 구분

공감은 자주 정서적 감염, 동정, 연민 등과 혼동되지만, 이들은 서로 다른 심리적 수준의 현상이다.

가장 원초적인 형태는 정서적 감염이다. 아기가 다른 아기의 울음소리를 듣고 따라서 우는 현상이 대표적이다. 이는 타인의 감정을 '그대로 받아들이는' 자동적 모방 반응으로, 인지적 개입이 거의 없다. 감정이 전이되지만, 그 감정이 타인의 것인지 자신의 것인지 구분하지 못한다.

이에 비해 공감(empathy)은 한 단계 더 발전한 과정이다. 타인의 감정을 느끼되, 그것이 '타인의 정서'임을 명확히 인식한다. 즉, 감정적으로는 연결되어 있지만 인지적으로는 구분이 이루어진다. 이 '이중 인식 구조(dual awareness)' 덕분에 공감은 단순한 감정 동조를 넘어 관계 속에서 자기와 타인을 동시에 자각하게 만든다.

동정(sympathy)은 타인의 고통을 '안타깝게 여기는' 감정이다. 그러나 공감과 달리, 타인의 정서 상태를 자신의 신체 안에서 재현하지 않는다. 감정보다는 태도와 판단이 중심이며, 상대를 '위로하고 싶다'는 행동적 동기가 따르지만, 상대의 고통을 직접 '느끼는' 수준은 아니다.

연민(compassion)은 공감보다 한층 더 성숙한 형태로, 타인의 고통을 줄여주려는 적극적인 의지가 동반된다. 정서적 거리를 일정하게 유지하면서도 행동으로 이어지는 경우가 많다. 이는 단순한 감정을 넘어 적극적인 도움의 동기와 행동으로 이어지는 성숙한 관심이다. 종교적·도덕적 맥락에서 언급되는 사랑과 자비의 감정이 여기에 해당한다.

반대로 질투(envy)와 샤덴프로이데(Schadenfreude)는 부정적 공감의 변형이다. 질투는 타인의 성공을 자신과 비교해 느끼는 결핍의 감정이며, 샤덴프로이데는 타인의 실패에서 쾌감을 느끼는 정서이다. 두 감정 모두 '타인의 상태에 반응한다'는 점에서는 공감적 구조를 지니지만, 관계의 균형을 깨뜨리는 방향으로 작용한다는 점에서 사회적 항동성과는 반대편에 있다.

결국 공감만이 '타인의 감정을 내 안에서 재현하되, 그것이 타인의 것임을 구분하는 능력'을 가진다. 이 능력은 사회적 감정의 원초적 에너지를 고차원적 인지와 행동으로 연결하는 정교한 심리적 메커니즘이다.

5) 공감의 진화적 기능: 사회적 인지의 보강 메커니즘

공감은 단순한 감정의 공유를 넘어, 사회적 인지에 생명력을 불어넣는 감각적 기반이자 정서적 윤리 장치 역할을 한다. 공감이 결여된 사회적 인지는 정서적 입력 신호를 잃어 '냉정한 계산'이나 '비정서적 조작'으로 전락할 위험을 내포한다.

진화 과정에서 공감은 사회적 항동성을 유지하기 위해 세 가지 핵심 기능을 수행하며 그 가치를 입증하였다.

첫째, 공감은 '사회적 예측(social prediction)'을 가능하게 한다. 타인의 미묘한 정서 변화를 실시간으로 포착함으로써 그들의 다음 행동을 예측하고 이에 선제적으로 대응할 수 있게 한다. 이는 불확실한 사회적 환경 속에서 협력 대상을 가리고 신뢰 관계를 구축하는 데 필수적인 능력이다.

둘째, 공감은 '도덕적 조절(moral regulation)'의 초기 형태를 제공한다. 타인의 고통을 마치 자신의 것처럼 내재화함으로써 무분별한 공격성을 억제하고 갈등을 줄이는 내적 브레이크 역할을 한다. 이는 집단 내 폭력을 최소화하고 구성원 간의 결속력을 강화하는 진화적 이점으로 이어진다.

셋째, 공감은 '이타적 행동(altruistic behavior)'의 동기를 부여한다. 도움을 통해 타인의 상태를 개선하는 경험이 자신에게도 쾌감과 같은 정서적 보상을 가져오도록 함으로써 순수한 이타주의의 기반을 마련한다. 이는 개인의 생존만을 좇는 이기적 유전자 논리를 넘어, 집단 전체의 생존률을 높이는 협력 사회의 토대를 마련한다.

결국 공감은 사회적 인지의 '감정적 입력 회로'로 작동하며, 냉정한 인지적 판단에 정서적 깊이와 도덕적 방향성을 더한다. 감정적 공명과 인지적 해석이 통합될 때 비로소 인간은 진정한 의미의 도덕적 판단과 행동을 할 수 있다.

6) 공감은 사회적 인지의 감정적 토대이자 도덕적 촉매

공감의 진화란 타인의 감정을 단순히 느끼는 차원을 넘어 그 감정의 의미를 이해하고 행동을 조절하는 '정서-인지 통합 회로'의 발달 과정이다. 공감은 감정의 생리적 회로(ACC-섬엽)와 인지의 의미화 회로(mPFC-TPJ)를 연결하여, 인간의 사회적 뇌가 '타인의 경험을 자기 내부에서 재현하면서도, 그것이 타인의 것임을 인식'하게 만든다. 이로써 인간은 정서적 감염의 본능적 반응을 넘어 도덕적 판단과 이타적 행동을 수행하는 존재로 진화했다.

공감은 사회적 감정과 사회적 인지를 연결하는 정서적 교량이다. 감정적 감염이 타인의 감정을 '같이 느끼는 것'이라면, 공감은 '타인의 감정을 내 안에서 이해하는 것'이며, 연민은 '그 감정을 완화시키려 행동하는 것'이다.

따라서 공감은 사회적 인지의 진화를 보강하고, 인간의 사회적 항동성을 유지하게 하는 정서적 근본 장치이다.

5. 사회적 뇌의 일상적 활용

1) 사회적 항동성의 응용: 관계 속에서 생명을 유지하는 법

사회적 항동성은 우리 몸이 체온을 일정하게 유지해야 생존하듯이 '관계의 온도'가 일정해야 우리의 심리적 생존이 가능하다는 개념이다. 뇌는 정서적 연결의 단절을 신체적 위협과 유사한 생리적 통증으로 인식한다. 따라서 우리는 일상에서 관계의 '온도 조절'에 보다 적극적으로 주의를 기울여야 한다.

가정에서는 가족 간의 신뢰와 지지를 표현하는 습관이 옥시토신 분비를 촉진하여 스트레스를 완화한다. 직장에서는 구성원의 인정과 소속감을 강화하는 피드백 문화가 생산성과 몰입도를 동시에 높인다. 특히 외로움을 '성격의 결함'이 아닌 '사회적 결핍 상태'라는 생리적 신호로 이해할 때, 무의미한 자기 비하에서 벗어나 관계 회복에 에너지를 쓸 수 있다. '나의 마음은 몸처럼 관계에 의존한다'는 인식이 사회적 항동성을 관리하는 첫걸음이다.

2) 사회적 감정의 응용: 정서의 신호를 사회적 나침반으로 읽기

우리가 느끼는 복잡한 감정들은 단순한 기분이 아니라 사회적 항동성의 상태를 알려주는 정서적 계기판이다. 수치심, 공정성 분노, 유대감, 자부심, 연민 등은 각각 관계와 질서의 균형이 깨졌거나 회복되고 있음을 알리는 중요한 신호이다.

감정	사회적 해석	대응 행동
수치심	사회적 규범에서 벗어났다는 경고	자기 비난 대신 '관계적 재조정'에 집중한다
공정성 분노	집단 질서가 붕괴되었다는 신호	감정 폭발 대신 '규범 회복 행동'으로 전환한다
유대감	사회적 연결 보상(옥시토신)이 작동 중	감사 표현을 통해 관계를 강화한다
연민	이타적 행동을 촉구하는 보상 신호	도움을 주는 행위가 자신도 회복시킨다는 것을 인식한다

감정은 관계적 신호이다. 자신의 감정을 이렇게 사회적 맥락에서 재해석하면, 불안과 분노는 극복해야 할 '문제'가 아니라 균형을 회복하려는 '건강한 요구'로 다가온다.

3) 사회적 인지의 응용: 타인의 마음을 예측하고 나를 조절하는 기술

사회적 인지는 단순한 대화 기술이 아니라 '사회적 예측 시스템'이다. 이는 타인의 마음과 의도를 추론하고, 그에 따라 자신의 행동을 조정하는 고도의 능력이다.

일상에서 이 시스템을 활용하려면, 대화 중 갈등이 생겼을 때 즉각적으로 반응하기보다 '상대방은 지금 무엇을 느끼고 있을까?'라는 질문을 자신에게 던지는 습관이 중요하다. 직장 내 협업에서는 '나와 너'의 대립 구도를 넘어 '우리'의 입장에서 상황을 모델링해야 한다. 리더는 팀원들의 감정 흐름을 읽고 개입할 최적의 타이밍을 조절해야 한다. 가족이나 친구 관계에서는 표정, 말투, 맥락을 통해 그들의 '내적 언어'를 읽는 연습을 해야 한다.

공감은 감정의 기술이자 예측의 기술이다. 이를 실천할 때, 관계 갈등의 상당 부분은 사전에 예방될 수 있다.

4) 통합적 활용: 자기 조절과 의미 회복

사회적 항동성, 사회적 감정, 사회적 인지는 분리된 시스템이 아니라 인간의 심리적 안정을 위해 유기적으로 협력하는 하나의 체계이다.

사회적 항동성은 관계적 안정을 유지하여 소속감과 정서적 안전이라는 토대를 마련한다. 사회적 감정은 이러한 균형의 변화를 감정 신호로 알려 우리로 하여금 감정의 의미를 해석하게 한다. 사회적 인지는 감정과 관계의 신호를 받아 이해하고 예측하며 소통하는 전략을 실행에 옮긴다.

결국 몸의 건강이 생리적 항동성의 결과이듯이 마음의 평온은 이 세 차원의 항동성이 조화를 이룰 때 비로소 실현된다.

5) 일상에서의 예시: 일상의 뇌 기반 자기 이해

우리의 일상적인 감정 반응은 모두 뇌의 사회적 조절 시스템이 작동하는 현장이다.

친구에게 무시당한 느낌이 들 때는 ACC-섬엽 회로가 활성화되어 사회적 통증을 느낀다. 이는 신체적 통증과 유사하므로 즉각적인 감정 폭발보다는 회복을 위한 시간을 확보하는 전략이 필요하다.

칭찬을 받았을 때 기분이 좋아지는 것은 선조체-도파민 보상 회로가 사회적 인정을 강력한 보상 신호로 처리하기 때문이다. 우리가 타인을 칭찬하는 행위도 이와 같은 뇌 메커니즘을 활성화한다.

불공정한 상황에 분노가 치밀어 오르는 것은 dlPFC-mPFC 회로가 규범과 정의에 반하는 상황을 탐지했기 때문이다. 이 분노를 공격이 아닌 '질서 회복'을 위한 에너지로 전환할 수 있다.

타인의 고통을 보며 눈물이 나는 것은 ACC-섬엽 공감 회로가 작동하여 그 감정을 내부에서 시뮬레이션하기 때문이다. 이는 인간의 연대감을 가능하게 하는 뇌의 적응 능력이다.

'우리의 감정과 관계 행동은 뇌의 항동성 조절 시스템이다.' 이 원리를 이해하고 감정의 흐름을 단계적으로 인식하고 해석할 때, 우리의 인간 관계와 삶의 질은 근본적으로 더욱 안정될 수 있다.

6) '사회적 뇌'를 아는 것은 '삶의 질'을 재구성하는 일

사회적 항동성·감정·인지의 이해는 단순한 뇌과학 지식이 아니라 생활기술(life skill)이다. 타인의 감정과 자신의 반응을 생리적 조절 과정으로 인식하면 갈등은 병이 아니라 회복 과정이 된다. 즉, 인간의 행복이란 '사회적 항동성이 안정된 상태의 지속적 체험', 다시 말해 '나와 타인이 서로의 뇌를 편안하게 만드는 관계'라 할 수 있다.

사회적 항동성의 지식은 관계를 회복시키고, 사회적 감정의 지식은 감정을 해석하게 하며, 사회적 인지의 지식은 이해와 협력을 가능하게 한다. 이 세 가지를 아는 사람은 몸의 건강뿐 아니라 관계와 사회적 건강까지 관리할 수 있다.

6. 사회적 항동성·감정·인지, 공감의 마케팅적 활용

1) 소비자는 '사회적 뇌'로 행동한다

전통적 마케팅은 소비자의 선택을 이성적 판단(rational choice)으로 간주해 왔다. 그러나 신경심리학·진화심리학 연구들은 소비자의 의사결정이 '사회적 뇌(social brain)'의 항동성 유지 행위임을 명확히 보여준다. 즉, 제품은 사회적 안전감을 복원하는 수단이고, 브랜드는 정체성과 유대감을 상징하며, 소비 행동은 집단 내 소속·승인·공정성의 균형 회복 행위이다.

따라서 마케팅의 목표는 단순한 구매 자극이 아니라 소비자가 느끼는 사회적 항동성을 충족시켜 주는 것이다.

2) 사회적 항동성의 마케팅적 활용: '소속·안전·관계'를 복원하는 브랜드

소비자는 단순한 제품의 기능보다 그 제품이 가져다주는 '관계적 안정감'에 더 깊이 반응한다. 이는 사회적 항동성의 세 가지 층위에서 명확히 드러난다. 가장 기본적인 '생리적 항동성' 차원에서는 LG의 "Healing Me" 마사지 체어와 같이 감각적 안정과 휴식을 제공함으로써 몸의 안정을 통해 정서적 안정까지 회복시키는 접근이 있다. 한 단계 더 나아가 '관계적 항동성'을 충족시키는 대표적인 사례는 스타벅스의 "제3의 공간(third place)" 전략이다. 이는 브랜드 공간을 집과 직장 이외의 '관계적 피난처'로 포지셔닝하여 소비자의 정서적 유대와 지지 욕구에 직접적으로 호소한다. 마지막으로 '사회적 항동성', 즉 사회적 소속과 인정의 차원에서는 파타고니아(Patagonia)가 보여주듯, "We're all part of the planet"과 같은 메시지로 공동체 정체성에 결속되어 있음을 감정적으로 각인시키는 전략이 효과적이다. 결국 '소비자는 생리적 효용이 아니라 관계적 안정으로 구매한다'

는 인식이 핵심이다. 브랜드는 소비자의 사회적 항동성을 회복시키는 '정서적 안전 기제'로 자리매김해야 한다.

3) 사회적 감정의 활용: '공정·명예·연민·자부심'의 감정 설계

사회적 감정은 브랜드와 소비자 간의 관계를 맺는 정서적 통화(currency)와 같다. 특히 공정성, 자부심, 연민, 명예와 같은 감정들은 소비자에게 '내가 존중받고 있다'는 강력한 사회적 보상 신호를 제공한다. 공정성을 강조하는 다이슨(Dyson)의 "정직한 성능" 캠페인은 소비자의 뇌에서 공정함을 처리하는 전두엽과 보상을 담당하는 선조체 회로를 동시에 자극한다. 자부심을 설계한 나이키의 "Just Do It"은 성취와 자기 효능감을 강조하며 소비자의 긍정적 자기 평가 시스템을 활성화한다. 연민을 자극하는 도브(Dove)의 "Real Beauty" 캠페인은 공감 회로를 깨워 사회적 연결감을 촉진한다. 그리고 명예감을 불러일으키는 파타고니아의 "Don't Buy This Jacket" 캠페인은 윤리적 소비를 통해 사회적 기여를 한다는 보상 회로의 활성을 유도한다. 사회적 감정은 단순한 브랜드 신뢰를 넘어서는 정서적 충성심을 낳는다. 그 이유는 소비자가 브랜드를 매개로 자신의 도덕적·관계적 존재감을 유지하기 때문이다.

4) 사회적 인지의 활용: 타인의 마음을 예측하는 브랜드

사회적 인지는 브랜드가 소비자의 심리와 맥락을 읽고 그에 반응하는 능력, 즉 브랜드의 '사회적 예측 능력'을 의미한다. 이는 네 단계로 구현된다. 첫째, 관점 전환으로, 애플의 "Shot on iPhone" 캠페인처럼 소비자의 시선에서 그들의 경험을 재현하는 것이다. 둘째, 의미 맥락 해석으로 이케아(IKEA)의 "Every Home Tells a Story"처럼 단순한 수요가 아닌 소비자의 삶과 사회적 욕구를 깊이 있게 분석하는 것이다. 셋째, 규범적 예측으로, 넷플릭스(Netflix)가 지역별 문화 코드에 맞춘 콘텐츠를 제공하듯, 변화하는 사회적 가치와 정서의 흐름을 미리 읽어내는 것이다. 마지막은 피드백 공감으로, 공감형 AI 고객 상담을 시도하는 것처럼 소비자의 반응에 대해 즉각적이고 정서적인 피드백을 제공하는 것이다. 사회적 인지는 차가운 데이터 분석이 아니라 '감정의 해석 기술'이다. 브랜드는 소비자의 언어 이면에 숨겨진 감정을 해독할 때 비로소 소비자에게 '사회적 존재'로 인식된다.

5) 공감의 활용: 정서적 연결을 브랜드 신뢰로 전환

공감은 마케팅의 최종 단계이자 브랜드와 소비자 관계를 유지하는 정서적 접착제 역할을 한다. 공감은 감정적·인지적·행동적 세 단계로 작용한다. 감정적 공감은 소비자의 고통이나 욕망에 브랜드가 감정적으로 반응하는 단계로, 감성 스토리텔링을 통해 브랜드에 대한 호감도를 형성한다. 인지적 공감은 소비자의 상황과 의도를 이해하여 상황별 맞춤형 메시지로 소통함으로써 개인화된 커뮤니케이션을 가능하게 한다. 행동적 공감은 소비자의 이익을 보호하고 지원하는 사회 공헌 및 윤리적 실천을 통해 장기적인 신뢰를 구축한다. 에어비앤비(Airbnb)의 "Belong Anywhere"는 관계적 항동성을 충족시키고, 코카콜라의 "Share a Coke"는 이름을 통해 공감적 친밀감을 형성한다. 도브(Dove)의 "Self-Esteem Project"는 연민을 기반으로 한 사회적 감정을 자극하며, 애플의 "Accessibility" 캠페인은 사회적 인지와 공감을 완벽하게 결합한 사례이다. '공감형 브랜드는 기능을 팔지 않고, 정체성을 회복시킨다'는 것이 핵심이다. 소비자는 최종적으로 제품을 통해 '자신이 누구이며, 어떤 관계 속에 있는가'를 재확인하기를 원한다.

6) 사회적 뇌 기반 마케팅(social brain marketing)의 방향

사회적 뇌과학의 핵심 개념은 마케팅의 새로운 4대 패러다임을 제시한다.

사회적 뇌 기반 마케팅 4요소

마케팅 4요소	핵심 기반	마케팅 적용 방향
① 사회적 항동성	관계의 안정적 균형	소비자의 '안정 욕구'를 이해하고, 브랜드를 정서적 안전 기지로 포지셔닝하라.
② 사회적 감정	관계적 균형 변화의 신호	감정을 단순한 쾌락이 아닌 도덕적·관계적 신호로 설계하고, 공정성, 소속감, 자부심을 촉발하라.
③ 사회적 인지	타인의 행동 및 의도 예측 시스템	소비자의 입장과 맥락을 읽는 '마음이론'을 갖춘 브랜드가 되어, 그들의 미래 니즈를 예측하라.
④ 공감	감정과 인지를 잇는 정서적 다리	광고와 커뮤니케이션을 통해 소비자의 내적 상태에 정서적으로 공명하고, 신뢰 기반의 유대감을 형성하라.

소비자의 뇌는 사회적 관계를 유지하기 위해 진화했다. 따라서 브랜드는 단순한 제품 공급자가 아닌 소비자의 '사회적 항동성'을 지켜주는 파트너가 되어야 지속 가능한 관계를 구축할 수 있다. 이러한 통합적 접근은 '소비자 뇌의 사회적 회로(social circuitry)'를 자극하여 단기적 구매가 아닌 장기적 관계를 형성한다.

소비자는 효용으로 사고하지만, 정체성으로 선택한다. 사회적 항동성은 '안전의 감정', 사회적 감정은 '공정의 감정', 사회적 인지는 '이해의 감정', 공감은 '연결의 감정'이다. 이 네 가지를 설계할 수 있는 브랜드만이 사람의 뇌와 마음을 동시에 움직이는 마케팅을 실현할 수 있다.

제2장 사회적 사고와 비사회적 사고의 신경심리학적 비교

1. 사회적 사고 vs 비사회적 사고

앞서 살펴본 사회적 뇌 기반 마케팅은 소비자의 행동을 이해하고 전략화하는 실용적 프레임워크였다. 그러나 마케팅의 본질을 인간의 '행동'이 아니라 '사고'의 산물로 본다면, 근본적인 질문이 생긴다. 인간은 왜 때로는 냉정하게 계산하고(비사회적 사고), 또 때로는 관계와 감정에 따라 판단할까? 인간의 행동을 이해하려면 그 이전 단계인 '사고의 작동 방식'을 이해해야 한다. 특히 사회적 사고(social thinking)와 비사회적 사고(non-social thinking)의 구분은 고객의 행동이 때로는 이성적 계산보다 관계적 감정에 의해 좌우되는 이유를 설명해 준다.

이 질문의 해답은 인간 사고의 이중 구조, 즉 '사회적 사고'와 '비사회적 사고'의 구분에서 찾아야 한다. 이 두 사고 체계를 통해 우리는 사회적 항동성·감정·공감과 인지가 어떻게 하나의 사회적 사고라는 특별한 인지 모드를 구성하는지 설명할 수 있다.

사회적 항동성은 사회적 사고의 궁극적 목표(동기)이며, 사회적 감정은 그 상태를 알리는 입력 신호이고, 공감은 이를 연결하는 핵심 매개체이며, 사회적 인지는 이를 실행하는 상위 전략이다. 결국 우리가 앞서 분석한 모든 마케팅 현상은 인간의 뇌가 '사회적 사고'라는 특별한 인지 모드로 전환되었을 때 비로소 발생하는 것이다.

따라서 여기에서는 사회적 사고와 비사회적 사고가 각각 어떤 뇌 회로를 통해 구분되어 활성화되는지, 그리고 이 두 시스템이 어떻게 경쟁하고 협력하며 우리의 판단과 행동을 결정짓는지를 신경심리학적 관점에서 살펴보겠다. 이를 통해 인간의 사회적 행동에 대한 이해를 '현상' 차원을 넘어 '인지적 구조'의 근원까지 확장할 수 있을 것이다.

1) 사고(thinking)의 사회적 확장

인간의 사고 능력은 원래 환경을 예측하고, 위협을 회피하며, 생존을 위한 문제를 해결하는 도구로 진화했다. 즉, 초기 인류의 사고는 주로 '사물'의 물리적 속성과 세계의 객관적 규칙을 이해하는 데 집중하는 '비사회적 사고'에 가까웠다. 이는 맹수를 피하기 위해 지형을 기억하거나, 도구를 만들어 사냥하는 일차원적인 문제 해결에 해당한다.

그러나 인간이 무리 지어 생활하는 집단적 존재로 진화하면서 생존의 열쇠는 단순한 물리적 환경 극복을 넘어 복잡한 사회적 관계를 관리하는 것으로 옮겨갔다. "혼자서는 맹수를 막을 수 없지만, 함께하면 가능하다"는 단순한 사실이 인류의 운명을 바꾼 것이다. 이 거대한 진화적 전환은 인간 사고의 본질을 근본적으로 재편성했다. 사고의 주요 초점이 '사물'에서 '타인의 마음'으로 이동한 것이다.

이로 인해 인간의 뇌 안에는 두 가지 다른 목적을 가진 인지 시스템이 병렬적으로 자리 잡게 되었다.

비사회적 사고는 수학, 논리, 공간 인지, 기술적 문제 해결 등 외부 세계의 객관적 규칙을 다룬다. 이는 '이 돌도끼를 어떻게 만들면 가장 날카로울까?'라는 질문에 답하는 방식이다.

사회적 사고는 타인의 의도와 감정을 추론하고, 관계를 유지하며, 사회적 규범과 공정성을 판단하는 등 '관계의 세계'를 다룬다. 이는 '내가 사냥한 고기를 어떻게 나누어야 모두가 만족하고 무리가 유지될까?'라는 훨씬 더 복잡한 질문을 해결하게 된다.

비록 이 두 사고 체계가 동일한 뇌에서 작동하기는 하지만, 그들은 마치 서로 다른 운영체제를 가진 것처럼 활성화되는 신경 회로, 정보를 처리하는 방향, 그리고 동기를 부여하는 보상 체계에 있어 근본적인 차이를 보인다.

이 전환은 인간의 사고가 단순한 생존의 계산을 넘어 관계의 유지와 신뢰의 형성을 목표로 재편된 역사적 분기점이었다.

2) 사회적 사고와 비사회적 사고의 뇌 부위 차이

사회적 사고와 비사회적 사고는 단순히 생각의 내용이 다른 것을 넘어 뇌에서 물리적으로 구분되는 두 개의 신경 네트워크를 통해 수행된다.

사회적 사고는 주로 내측 전전두엽(mPFC)을 허브로 하는 '기본 모드 네트워크(DMN)'에서 작동한다. 이 네트워크는 측두두정접합부(TPJ), 후대상피질(PCC), 상측두구(STS) 등과 연결되어 타인의 마음과 의도를 추론(마음이론)하고, 자기와 타자를 모델링하며, 복잡한 관계의 맥락을 해석하는 역할을 담당한다. 따라서 우리가 타인에 대한 생각을 하거나 도덕적 판단을 내리며, 공감하거나 자기 성찰에 잠길 때 이 네트워크가 활성화된다.

반면에 비사회적 사고는 배외측 전전두엽(dlPFC)과 과제 양(+)적 네트워크(task-positive network, TPN)에서 주로 처리된다. 이 네트워크는 두정엽(IPL, parietal cortex) 및 배측 전측대상피질(dorsal ACC)과 함께 작동하여 논리적 계산, 추론, 작업 기억, 목표지향적 계획 등 외부 세계의 객관적 문제를 해결하는 데 특화되어 있다. 수학 문제를 풀거나, 기술을 조작하거나, 감정이 개입되지 않은 순수한 의사결정을 할 때 이 시스템이 가동된다.

이 두 네트워크는 '역상관(anti-correlation)'이라는 독특한 관계에 있다. 즉, 하나가 활성화되면 다른 하나는 억제되는, 뇌 내부의 교대 작동 시스템인 것이다. 예를 들어 친구와의 감정적 대화(사회적 사고)에 깊이 몰입했을 때 복잡한 수학 공식을 떠올리기 어려운 이유는 mPFC-TPJ 네트워크가 활성화되면서 dlPFC-두정엽 네트워크의 활동이 자연스럽게 억제되기 때문이다.

결국 인간의 뇌는 하나의 범용 계산 장치가 아니라 '관계적 의미를 해석하는 사회적 뇌'와 '객관적 문제를 해결하는 비사회적 뇌'가 상황에 따라 교대로 주도권을 잡는 이중 체계적 구조를 가지도록 진화했다.

이렇게 뇌에 두 가지 사고 '모드'가 존재한다는 사실은 우리에게 두 가지 다른 '지능', 즉 사회적 지능(social intelligence)과 비사회적 지능(analytic/general intelligence)이 발달했음을 의미한다.

3) 사회적 지능과 비사회적 지능: 계산과 이해의 조화

앞서 살펴본 사회적 사고와 비사회적 사고는 뇌가 특정 상황에 반응하는 '실시간 작동 모드'라 할 수 있다. 그런데 이 같은 사고 모드를 반복하면서 우리 뇌에는 각 모드를 전문적으로 처리하는 효율성과 능력의 차이, 즉 '지능'이 발달하게 되었다. 즉, 사고(social/non-social thinking)가 '뇌의 현재 상태'를 설명하는 개념이라면, 지능(social/non-social intelligence)은 그 사고를 얼마나 잘 수행하는지 나타내는 '개인의 지속적 능력'을 의미한다. 이처럼 서로 다른 두 사고 모드가 정착되면서, 우리 내부에는 '사회적 지능'과 '비사회적 지능'이라는 두 가지 다른 능력 체계가 자리 잡게 된 것이다.

비사회적 지능은 정확성과 효율성을 최고의 가치로 여긴다. 수학 문제를 풀거나, 논리를 펼치거나, 복잡한 기계를 조립할 때 빛을 발하는 이 지능은, '어떻게 하면 가장 빠르고 정확하게 문제를 해결할 수 있을까?'라는 질문에 답한다. 이는 배외측 전전두엽(dlPFC)과 두정엽을 중심으로 작동하며, 문제를 해결했을 때 느끼는 '아하!' 순간의 쾌감(도파민 보상)에 의해 동기 부여된다.

반면에 사회적 지능은 적응성과 조화를 최우선으로 한다. 대화 중에 상대방의 기분을 읽거나, 팀 내 갈등을 해소하거나, 누군가를 위로할 때 요구되는 이 지능은, '지금 이 상황에서 우리의 관계를 원활하게 유지하기 위해 어떻게 말하고 행동해야 할까?'라는 훨씬 더 유연한 질문에 답한다. 이는 내측 전전두엽(mPFC)과 측두두정접합부(TPJ) 등을 중심으로 작동하며, 소속감과 신뢰를 통해 '함께 한다는 느낌(옥시토신)과 사회적 인정(선조체 보상)'에 의해 동기 부여된다. 즉, '타인을 이해'하는 지능이다.

이해를 돕기 위해 사례 들어보자.

일상생활에서 겪을 수 있는 예시이다. 혼자서 여행 계획을 세울 때, 가장 효율적인 이동 경로와 시간, 예산을 계산하는 데 집중하는 상태는 비사회적 지능 모드라고 할 수 있다. 하지만 사회적 지능 모드는 가족이나 친구와 함께하는 여행 계획을 세울 때, 'A는 관광을 좋아하지만 B는 휴식을 원하는구나. 어떻게 하면 모두가 만족할 수 있을까?'를 고민하는 상태를 말한다.

이렇게 보면 두 지능이 완전히 반대편에 있는 것 같지만, 실제로 우리의 뇌는 이 둘을 협력시키는 장치를 갖추고 있다. 그 핵심이 복내측 전전두엽(vmPFC)이다. vmPFC는 '정서의 심장'과 '이성의 사령탑' 사이에서 중재자 역할을 하여, 도덕적 판단이라는 최종 결정을 내리게 한다.

그 통합의 사례를 회의실에서의 결정 내리는 과정으로 설명해 보자. 어느 직장에서 인원을 줄여야 하는 어려운 결정을 앞두고 있다. 비사회적 지능의 주장(dlPFC)은 '수치상으로는 A 부서를 정리하는 것이 가장 효율적이야. 숫자는 분명해'라고 한다. 하지만 사회적 지능의 주장(mPFC/TPJ)은 '하지만 A 부서장은 회사의 공로자이고, 팀원들의 사기가 떨어질 거야. 그 영향을 생각해야 해'라고 이야기한다. 이때 vmPFC의 통합된 의견은 'A 부서를 정리하는 것이 숫자상으로는 맞지만, 공로자에 대한 예우와 남은 직원들의 신뢰를 고려해야 한다. 대신 B와 C 부서의 구조 조정을 결합하고, 이전을 지원하는 사회적 안전망을 함께 마련하는 것이 장기적으로 회사의 건강에 더 유익할 것이다'라고 제안한다.

이처럼 사회적 지능은 비사회적 지능의 위에 세워진 '상위 확장체'라 할 수 있다. 단순한 논리와 계산만으로는 설명할 수 없는 '관계적 합리성'을 더함으로써 우리의 사고를 훨씬 더 풍부하고 유연하게 만든다.

결론적으로, 인간의 고차원적 사고는 '이성'과 '관계'의 통합 산물이다. 계산의 뇌와 공감의 뇌가 교대로 작동하고 협력할 때, 우리는 진정한 '사회적 존재'로서 생각하고 행동할 수 있게 되는 것이다.

4) 기본 신경 회로로서의 사회적 사고: 심리화

(1) 기본 모드 네트워크(DMN)의 역할

휴식 중이거나 외부 자극이 없는 상태에서도 뇌는 활발히 작동한다. 이

때 기본적으로 활성화되는 회로가 바로 기본 모드 네트워크(DMN)이며, 그 중심에는 내측 전전두엽(mPFC), 후대상피질(PCC), 측두두정접합부(TPJ)가 포함된다.

이 회로의 핵심 기능은 '심리화', 즉 '나 자신과 타인의 마음 상태를 모델링하고 시뮬레이션하는 기능'이다.

인간의 뇌는 외부 자극이 사라질 때조차 '타인이 나를 어떻게 볼까', '나는 누구인가', '그 사람의 의도는 무엇일까'를 자동으로 상상한다. 이는 곧 '사회적 사고는 뇌의 기본값(default)'이라는 의미이다.

비사회적 사고(논리·추론)는 오히려 주의가 외부로 향할 때만 일시적으로 작동하는 부가 기능(task mode)이다.

(2) 심리화의 진화적 의미

심리화는 사회적 생존을 위한 예측 메커니즘으로 진화했다. 타인의 행동을 이해하고 예측하는 것은 물리적 환경의 변화보다 훨씬 복잡한 '사회적 환경의 불확실성'을 처리하는 데 필수적이었다.

이 능력 덕분에 인간은 타인의 의도를 미리 해석하고 협력 또는 회피를 결정하며, 도덕·규범·정체성 같은 '보이지 않는 사회적 실재(social reality)'를 상상하고 유지할 수 있었다. 즉, 심리화는 인간의 사회적 항동성 유지에 필요한 '예측 신경망(predictive network)'으로 작동한다.

5) 사고의 본질은 사회적 의미의 구축

인간의 사고는 이중 구조를 지닌다. 비사회적 사고는 세상을 '계산'하기 위한 시스템이며, 사회적 사고는 관계를 '해석'하기 위한 시스템이다.

비사회적 사고가 세계를 논리적 질서로 정리한다면, 사회적 사고는 인간 세계를 감정적·도덕적 질서로 조직한다.

　이 두 체계는 대립이 아니라 통합적 보완 관계에 있다. 사회적 사고가 결여되면 계산적 합리성이 냉혹한 비인간성으로 변하고, 비사회적 사고가 결여되면 감정적 이해가 비논리적 감정주의로 전락한다. 결국 인간의 고차원적인 사고는 '비사회적 사고의 분석력+사회적 사고의 공감력'의 결합체로서, 이 통합이 사회적 지능의 본질이다.

　사회적 사고는 뇌의 기본 모드이며, 비사회적 사고는 환경 문제 해결을 위한 부가적 모드이다.

　사회적 지능은 타인의 마음을 이해하기 위한 적응형 지능이며, 비사회적 지능은 자연의 질서를 계산하기 위한 분석형 지능이다. 두 체계가 협력할 때, 인간은 세계를 설명하는 존재이자, 관계를 이해하는 존재로 완성된다.

　따라서 인간의 판단은 단순히 '이성 대 감정'의 대립이 아니라 dlPFC-TPN 체계의 계산적 논리와 mPFC-DMN 체계의 사회적 맥락 해석이 vmPFC를 매개로 통합되는 과정이다. 즉, 인간의 의사결정은 두 사고 모드의 협력적 산물이다.

2. 뇌의 기본값으로서의 사회적 사고

위에서 살펴본 사회적 사고와 비사회적 사고의 구분은 인간의 사고가 두 개의 상이한 신경 시스템에 의해 작동한다는 사실을 보여주었다. 이제 한 걸음 더 나아가 신경과학은 이 두 체계 중에서도 사회적 사고야말로 인간 뇌의 기본값(default mode)으로 작동한다는 사실을 밝혀내고 있다. 즉, 인간은 아무 일도 하지 않을 때조차 '사람을 생각하는 존재'로 기능한다는 것이다.

1) 인간 사고의 이중 구조와 사회적 중심성

인간의 사고는 비사회적(analytical) 과정과 사회적(social) 과정으로 구분된다. 비사회적 사고는 환경과 사물의 법칙을 탐색하는 계산적 체계이며, 사회적 사고는 타인과 관계의 의미를 해석하는 정서·인지 통합 체계이다.

이 두 사고는 뇌의 서로 다른 신경망에서 작동하며, 하나는 '논리적 추론'을, 다른 하나는 '정체성·관계·의도'를 담당한다.

그러나 최근의 신경과학은 이 두 체계 중에서도 사회적 사고야말로 뇌의 '기본값'으로 작동한다는 사실을 보여준다.

즉, 인간의 뇌는 외부 과제나 목표가 사라졌을 때조차 '타인의 마음'을 상상하거나 '자신과 사회적 관계'를 성찰하는 방향으로 자동 작동한다. 이것이 바로 '사회적 뇌'의 기본 모드이다.

2) '뇌의 기본값'으로서 사회적 사고의 특성

(1) 기본 모드 네트워크의 본질

기본 모드 네트워크는 외부 자극이 사라지고, 뇌가 '한가할 때' 활성화되는 내적 신경 회로이다. 이 네트워크는 단순한 휴식 상태가 아니라 자기와 타인의 관계, 과거·미래의 사회적 시뮬레이션, 도덕적 평가를 수행한다. mPFC-PCC-TPJ-STS로 구성된 DMN은 '나는 누구이며, 다른 사람은 어떤 마음을 가지고 있는가'라는 질문을 지속적으로 탐색한다. 이로 인해 인간은 외부 자극이 없는 순간에도 자연스럽게 사회적 사고 모드로 돌아간다.

이는 뇌의 기본적 안정 상태가 곧 사회적 의미의 추론임을 뜻한다. 뇌의 기본값은 '사람 생각하기'이다. 인간의 뇌는 물체보다 사람을, 논리보다 관계를 먼저 처리하도록 진화했다.

(2) 사물조차 사회적으로 해석하는 경향

이 기본값의 결과로 인간은 비사회적 자극조차 사회적으로 해석한다. 대표적인 사례가 하이더와 짐멜(Fritz Heider & Marianne Simmel, 1944)의 실험이다.

연구자들은 단순히 삼각형과 원이 화면 위를 움직이는 영상만을 보여주었다. 그런데 대부분의 참가자들은 이를 "큰 삼각형이 작은 삼각형을 쫓는다", "원은 그들을 도와주려 한다"는 식으로 해석했다. 즉, 단순한 물리적 움직임조차 인간의 뇌는 의도·감정·관계라는 내러티브로 자동 변환한다.

이 현상은 mPFC-TPJ 회로가 '사물의 움직임'이 아닌 '타인의 마음의 움직임'으로 인식하도록 작동하기 때문이다. 이처럼 비사회적 자극에도 사회적 의미를 부여하려는 자동화된 해석 경향은, 사회적 사고가 뇌의 '기본 해석 언어(default interpretive language)'임을 보여준다. 아이가 인형에게 "미안해"라고 말하는 것이나 무생물에 성격을 부여하는 광고("자동차가 나를 지켜준다")는 것이 대표적인 사례라고 할 수 있다.

자연 현상에 인간의 의도를 투사하는 애니미즘(animism)—거센 파도를 '성난 바다'라 부르고, 번개를 '신의 분노'로 해석하는 사고—은 인간의 인지 체계가 사물보다 '의도와 관계'를 우선적으로 탐지하도록 진화했음을 반영한다. 즉, 인간의 뇌는 세상을 '움직이는 사물의 세계'가 아니라 '의도와 감정이 얽힌 관계의 무대'로 본다.

3) 사회적 지능의 우위적 진화

인간 지능의 진화는 사회적 지능 중심으로 이루어졌다. 로빈 던바(Robin Dunbar)의 연구에 따르면, 영장류의 대뇌피질 크기와 사회 집단의 크기는 정비례 관계에 있다. 즉, 더 복잡한 사회적 관계를 관리해야 할수록 더 큰 전전두엽이 필요했다는 것이다.

이로 인해 인간의 지능은 물리적 환경 적응보다 사회적 환경 적응을 위해 진화하였다. 언어, 도덕, 규범, 문화 모두 타인의 마음을 예측하고 신뢰를 형성하기 위한 도구로 발전했다.

사회적 지능은 비사회적 지능을 포함하면서 그 위에 정서적·도덕적 계층을 덧씌운 구조이다. 즉, 사회적 사고는 비사회적 사고보다 인지·감정·동기 통합의 복합적 형태로 진화했다. 인간의 지능은 물리적 세상보다 '사람의 마음'을 예측하기 위해 발달한 지능이다. 인간의 뇌는 '사회적 관계'를 이해하기 위해 만들어진 생존 장치이다.

4) 기본 신경 회로로서의 심리화

사회적 사고의 핵심 메커니즘은 심리화, 즉 타인의 마음 상태를 상상하고, 그 의도와 감정을 해석하며, 이에 맞춰 행동을 조정하는 기능이다. 심리화는 다음의 신경망에서 작동한다.

주요 영역	기능	관련 사례
mPFC(내측 전전두엽)	자기·타인의 심리 상태 모델링	자아 성찰, 도덕 판단
TPJ(측두정접합부)	타인의 관점 추론	'상대는 왜 그렇게 말했을까'
STS(상측두회)	사회적 신호 해석(시선, 표정)	시선 교환, 비언어적 이해
ACC-섬엽	정서적 공감, 관계적 긴장 감지	공감, 죄책감, 배제감

이 회로는 외부 과제가 없을 때 자동 활성화되며, 기본적으로 '타인의

마음을 예측하는 시뮬레이터'로 작동한다. 즉, 심리화는 뇌의 기본 운영체제(OS)이다.

5) 인간의 뇌는 '사회적 뇌'

뇌의 기본값은 사회적 사고이며, 인간의 지능은 사회적 지능 중심으로 진화했다. 비사회적 사고는 도구적 효율을 높이는 부수적 모듈일 뿐, 인간의 뇌는 본질적으로 관계의 의미를 해석하고 타인의 마음을 예측하도록 설계되었다.

하이더와 짐멜의 '싸우는 삼각형' 실험에서처럼 인간은 단순한 움직임에서도 사회적 의도를 감지한다. 이는 뇌의 기본 작동이 이미 '인간적 해석 시스템'으로 설정되어 있음을 보여준다.

인간의 뇌는 한가할 때조차 관계를 상상한다. 외부 자극이 사라지면, 기본 모드 네트워크(DMN)는 자동으로 활성화되어 타인의 감정과 의도를 시뮬레이션한다. 이것이 바로 뇌의 기본값이며, 인간 지능 진화의 방향을 결정한 핵심 메커니즘이다.

비사회적 사고는 도구이고, 사회적 사고는 본능이다. 인간의 지능은 세계를 계산하기 전에 타인의 마음을 이해하도록 진화한 사회적 지능이다. 따라서 인간의 사고를 이해한다는 것은 곧 '관계 속에서 작동하는 뇌'를 이해하는 일이다.

6) 사회적 사고는 인간 지능의 기본 언어

인간의 사고는 '비사회적 계산' 위에 구축된 '사회적 해석'의 계층 구조를 이룬다. 비사회적 사고가 세상의 객관적 질서를 읽는다면, 사회적 사고는 그 질서 속에서 '관계적 의미'를 읽는다.

이 두 체계는 교대로 작동하며, 복내측 전전두엽(vmPFC)이 그 전환을 중재한다. 그 결과 인간은 단순한 생존을 넘어 도덕적 판단, 협력, 문화와 같은 고차원적 사회적 행동을 실현할 수 있다.

결국 인간의 뇌는 '논리적 계산의 기관'이 아니라 '관계적 의미 생성의 기관'이다. 우리는 세상을 이해하기 위해서가 아니라 서로를 이해하기 위해 생각한다. 그것이 사회적 뇌의 본질이며, 인간 사고의 기본값이다.

3. 생활의 지혜: 사물의 문제를 사람의 문제로 전환하라
─ 사회적 사고가 해답을 찾아주는 신경심리적 이유와 사례

1) 사회적 해석의 뇌

인간의 뇌는 물리적 패턴보다 사회적 패턴에 더 민감하게 반응한다. 이는 시상-편도체-mPFC-TPJ로 연결된 사회적 뇌 회로(social brain network)가 객체(object)보다 인물(agent)의 움직임과 의도를 우선 처리하기 때문이다. 따라서, 사물·상황·문제를 인간의 행동·의도·관계로 번역하면, 뇌의 기본 회로가 즉시 가동되어 이해·예측·문제 해결 능력이 강화된다. 사람 중심으로 해석하면, 뇌가 가장 익숙한 언어로 문제를 풀어준다.

2) | 사례 1 |
기술적 문제의 인간화: 자동차의 고장보다 운전자의 감각을 진단하라

한 자동차 정비 엔지니어가 난관에 봉착했다. 엔진에서 발생하는 이상 소음을 해결해야 했지만, 모든 계기판의 센서 수치는 정상이었다. 문제는 오직 주행 중 특정 조건에서만 느껴지는 미세한 진동이었으며, 기존의 기

계적 접근법으로는 원인을 찾을 수 없었다. 그러던 중 그의 사고는 근본적인 전환을 맞이한다. '어떻게 하면 이 기계를 고칠까?'라는 질문에서 벗어나 '이 소리를 듣는 운전자는 어떤 감각을 느끼는가?'라는 새로운 질문을 던진 것이다.

이를 통해 그는 문제의 초점을 기계에서 인간으로 옮겼다. 운전자의 청각과 촉각, 그리고 그로 인한 심리적 반응을 관찰한 결과, 놀라운 사실이 드러났다. 엔진 자체의 결함이 아니라 반복되는 주행 소음으로 인한 '청각 피로'가 운전자의 뇌를 특정 주파수에 과도하게 예민하도록 만들었던 것이다. 즉, 진정한 문제는 자동차가 아니라 인간의 감각 인지 시스템에 있었다. 결국 청각 시스템의 필터를 인간의 감각에 맞게 재설계하자, 꽤나 복잡해 보이던 문제는 간단히 해결되었다. 이 사례는 물리적 현상처럼 보이는 문제도 인간의 감각과 인지라는 시각을 통해 바라보면 완전히 새로운 해결의 실마리가 열릴 수 있음을 보여준다.

3) | 사례 2 |
비즈니스 전략의 인간화: 시장의 변화는 소비자의 심리 변화

한 소매업체가 재고 과잉과 정체된 매출이라는 심각한 경영 난제를 겪고 있었다. 경영진은 데이터에 매몰되어 유통 경로 최적화와 물류 비용 절감만을 되풀이하며 검토하고 있었다. 그러나 한 마케터는 근본적인 의문을 품었다. '이 숫자들 이면에 있는 사람들은 무엇을 느끼고 있을까? 우리 제품을 사던 사람들이 이제는 왜 등을 돌리는 것일까?'

그는 딱딱한 판매 데이터 대신, 소비자들이 생생한 감정을 담아 올린 리뷰와 소셜 미디어 글에 주목했다. 언어와 감정을 분석한 결과, 놀랍게도 소비자들의 불만은 제품의 품질이나 가격이 아니었다. 대신 '이 브랜드는 더

이상 나를 이해하지 못한다', '소통이 끊겼다'는 느낌, 즉 브랜드와의 '관계적 유대감'이 무너졌다는 심리적 거리감이 진정한 문제의 핵심이었다. 문제를 '물류의 비효율'이 아닌 '관계의 회복'으로 재정의하는 순간, 해결책은 명확해졌다. 복잡한 물류 시스템 개혁이 아닌 소비자와의 진정한 소통과 감정적 유대감을 되살리는 캠페인을 펼친 것이다. 그 결과, 브랜드에 대한 신뢰와 소속감이 회복되며 매출은 자연스럽게 반등할 수 있었다. 이는 시장의 변화란 단순한 경제적 지표의 변동이 아니라 수많은 소비자 마음 속에서 일어나는 사회적·심리적 현상의 결과물임을 일깨워준다.

4) | 사례 3 |
학습 문제의 인간화: 암기는 정보의 문제가 아니라 관계의 문제

한 학생은 아무리 열심히 외워도 역사 시험에서 자주 실수했다. 단순 암기에는 능했지만, 사건의 흐름을 이해하지 못해 기억이 오래가지 않았다.

이에 교사는 '역사적 사건을 인물 간의 이야기로 재구성하라'고 제안했다. 학생은 '조선이 일본에 침략당했다'라는 단순한 사실 대신, '명나라와 일본의 세력 다툼 속에서 조선이 중간에서 어떤 선택을 했는가'처럼 역사적 사건을 인간 관계의 드라마(사회적 내러티브)로 변환하여 학습했다.

이 '사회적 내러티브'로의 전환은 뚜렷한 효과를 가져왔다. 학생은 단순한 사실보다 등장인물의 동기와 그들 사이의 관계를 훨씬 잘 기억해 냈고, 이로 인해 전체적인 역사 흐름에 대한 이해도가 급격히 상승했다. 이는 우리 뇌가 차가운 숫자와 사실의 나열보다는 의도와 감정이 살아 있는 인간 관계의 이야기 체계에 훨씬 더 최적화되어 있기 때문이다. 정보를 인간 관계의 맥락 속에 위치시킬 때, 비로소 그것은 뇌가 자연스럽게 소화하고 장기간 기억할 수 있는 '의미'를 갖게 되는 것이다.

5) 심리학적 해석: 왜 사회적 전환이 해답을 주는가

앞선 사례들이 보여주듯이 문제를 사물 중심에서 사람 중심으로의 전환은 놀라운 해결의 실마리를 제공한다. 이 현상 뒤에는 다음과 같이 우리 뇌의 인지 구조에 뿌리내린 심리적·신경학적 메커니즘이 자리 잡고 있다.

첫째, 정보 처리의 효율성 때문이다. 사회적 자극(예: 타인의 의도, 감정)은 단순한 물리적 데이터를 처리할 때보다 훨씬 더 넓은 신경망을 동시에 가동시킨다. 감정, 기억, 주의, 보상 체계가 하나의 통합된 네트워크로 협력하며, 단순한 '정보'를 '의미 있는 해석'으로 승격시키는 것이다.

둘째, 보상 시스템의 활성화가 동기를 부여한다. 관계적 맥락에서 문제를 해석하고 해결책을 찾을 때, 우리 뇌의 선조체와 ACC에서 분비되는 도파민 신호가 강화된다. 이는 마치 뇌에게 '이것이 중요한 길이다!'라고 알려주는 신호로 해석되어, 인지적 피로도를 낮추고 문제를 파고들어 해결하려는 내적 동기를 지속적으로 끌어올린다.

셋째, 맥락 통합 능력의 차이이다. 사회적 사고는 개별적인 데이터 포인트를 단순히 나열하는 것을 넘어 그것들을 하나의 일관된 '스토리' 또는 '관계망' 속에 배열한다. 이렇게 정보를 통합적인 내러티브로 엮어내는 능력은 문제의 산발적인 증상이 아닌, 그 이면에 숨겨진 핵심 원인을 더 빠르고 정확하게 꿰뚫어보게 해준다.

결론적으로, 사물 중심의 사고는 뇌의 '데이터 해석' 회로만을 부분적으로 사용하는 반면, 사람 중심의 사회적 사고는 '의미 창조'를 담당하는 더 넓고 깊은 신경망 전체를 가동시킨다. 문제 해결이라는 같은 목적지를 향하더라도, 후자는 전자보다 훨씬 풍부한 자원과 강력한 동력을 바탕으로 하는 '고속도로'를 이용하는 것과 같다. 이것이 사회적 전환이 더 근본적이고 창의적인 해답으로 우리를 인도하는 신경심리학적 근거이다.

6) 사회적 뇌로 사고하는 것이 곧 지혜

인간의 뇌는 문제를 분석하도록 진화한 것이 아니라 관계를 해석하도록 진화했다. 사물을 사회적 맥락으로 번역하면, 뇌는 그 즉시 친숙한 '사회적 의미 회로'로 전환되어 더 빠르고 창의적인 해답을 산출한다.

생활의 지혜란 사물의 문제를 사람의 문제로 전환하는 것이다. 기계의 결함도 결국 인간의 감각에서 찾고, 시장의 침체도 인간의 감정에서 이해하며, 학습의 어려움도 인간의 관계에서 해결된다. 왜냐하면, 우리의 뇌는 처음부터 '사회적 뇌', 즉 사람의 마음을 통해 세상을 이해하도록 만들어졌기 때문이다.

4. 사회적 뇌 기반 골프장 마케팅 사례
— 사회적 항동성·감정·인지, 공감의 응용

1) 골프장은 '사회적 공간'

골프장은 소비자가 단지 '운동'을 하는 장소가 아니라 정체성·유대감·사회적 위신·도덕적 공정성이 교차하는 '사회적 항동성의 장'이다. 즉, 이용자에게 골프란 신체적 운동(physiological regulation), 관계적 소속감(relational regulation), 사회적 지위·명예(social regulation)의 세 층위에서 항동성을 유지하는 행위이다.

따라서 성공적인 골프장 마케팅은 '가격·시설 경쟁'이 아니라 사회적 감정과 인지의 '조절 구조를 설계'해야 한다.

2) 사회적 항동성의 활용: '관계적 안정감'을 브랜드의 핵심으로

골프장의 경쟁력이 단순히 우수한 시설이나 잘 관리된 잔디에서 나온다고 생각한다면, 이제 그 관점을 바꿔야 할 때이다. 진정한 차별화 요소는 '관계적 안전감'이라는 무형의 가치에 있다. 성공적인 골프장은 이용자에게 단순한 스포츠 시설이 아닌 '사회적 피난처(social refuge)'의 역할을 수행한다. 이는 고객이 일상의 복잡한 사회적 역할과 스트레스에서 벗어나, 자신의 '사회적 안정감'을 회복하고 재충전할 수 있는 안전한 기둥이 되어줄 때 비로소 충성도가 형성된다는 의미이다.

이를 실현하기 위한 적용 전략은 인간의 욕구를 세 가지 층위로 나누어 접근할 수 있다.

첫째, 생리적 항동성 차원이다. 고객의 신체적 회복과 스트레스 완화에 초점을 맞춰 조경, 조도, 공기 질과 같은 물리적 환경을 '자연 속 안정'이라는 감정적 언어로 포장해야 한다. "몸이 쉬는 필드"와 같은 메시지로 단순한 휴식이 아닌 깊은 '치유'의 경험을 약속하는 것이다.

둘째, 관계적 항동성 차원이다. 고객이 친밀한 관계를 형성하고 소속감을 느낄 수 있는 기회를 적극적으로 창출해야 한다. '동반자형 부킹'이나 '패밀리·소셜 플레이 데이'와 같은 프로그램을 통해 가족이나 친구와의 유대감을 강화하고, 정기적인 라운드 친구 매칭 서비스를 통해 새로운 사회적 연결을 도울 수 있다.

셋째, 사회적 항동성 차원이다. 고객이 골프장 커뮤니티 내에서 소속감, 인정, 지위를 느낄 수 있도록 '멤버십 명예 구조'를 감정적으로 재설계해야 한다. "페어플레이 멤버십"이나 "공정한 경기자 선언"과 같은 캠페인을 통해 단순한 등급이 아닌 공정함과 존중을 중시하는 가치 공동체의 일원임을 느끼게 하는 것이다.

핵심 메시지는 명확하다. "품격 있는 골프장은 잔디가 아니라 관계를 관리한다." 고객은 자신이 기록한 스코어나 라운드의 기술적 품질보다 그 공간에서 '내가 얼마나 존중받고 편안하게 지냈는가' 하는 관계적 기억을 더 오래, 더 생생하게 간직한다. 결국 지속 가능한 성공은 최고급 잔디보다 '최고의 관계 경험'에서 비롯된다.

3) 사회적 감정의 활용: 감정의 시간 구조를 마케팅에 설계하라

골프 라운드는 단순한 스코어의 기록이 아니라 이용자가 사회적 균형을 회복해 가는 감정의 여정이다. 이 사회적 감정은 무작위적으로 발생하는 것이 아니라 예약부터 후기 공유에 이르기까지 명확한 '시간 구조'를 가지고 흐른다. 성공적인 마케팅은 이 감정의 흐름을 설계하는 것에서 시작한다.

감정의 시간 구조는 크게 네 단계로 구축된다.

첫째, 라운드 전 '유대감' 단계이다. 이 시점은 불확실성이 높아 관계적 안전을 확보하려는 욕구가 가장 크다. 뇌는 안정된 관계를 알리는 옥시토신을 분비하며 준비한다. 따라서 마케팅은 '같이 치는 즐거움'을 강조하고, 동행 예약이나 커뮤니티 활성화를 통해 이 신뢰와 소속의 감정을 미리 조율해야 한다.

둘째, 경기 중 '공정성' 단계이다. 경기가 시작되면 뇌의 ACC와 전전두엽이 활성화되어 도덕적 규범이 준수되는지 감시한다. 이는 단순한 규칙 이상으로 '존중받는다'는 느낌의 핵심이다. 따라서 마케팅은 규정을 나열하는 대신, 매너와 룰을 직관적으로 이해할 수 있는 '시각적 공정성'을 경기장 곳곳에 디자인해야 한다.

셋째, 경기 후 '자부심' 단계이다. 경기가 끝나면 뇌는 결과를 정리하며 자기 효능감과 정체성을 재확인하려 한다. 이때 '당신의 스코어보다 당신의 태도'와 같은 메시지는 단순한 실력을 넘어 한 사람의 품격과 노력을 인정함으로써 실패한 라운드조차 의미 있는 경험으로 전환하는 힘을 갖는다.

넷째, 후기 공유 '연민과 감사' 단계이다. 경험을 타인과 나누는 과정에서 뇌의 사회적 보상 회로가 다시 한번 강력하게 활성화된다. 동반자를 칭찬하거나 감정을 공유할 수 있는 시스템('동반자 칭찬 시스템')은 개인의 경험을 집단적 기억(collective memory)으로 승격시켜 브랜드 충성도로 연결된다.

'감정 타임라인'을 설계한 한 공공 골프장 사례를 들어보자. 한 공공 골프장은 이용자 데이터를 분석해 '라운드 전 긴장→경기 중 경쟁 스트레스→경기 후 감정의 여운'이라는 패턴을 발견했다. 이에 따라 그들은 이 감정 곡선을 설계했다.

- **라운드 전:** 친밀감을 형성하는 예약 콘텐츠
- **경기 중:** 공정성과 매너를 시각적으로 안내하는 사인
- **경기 후:** 감사와 성취를 격려하는 자동 메시지

이 '감정 타임라인 기반 서비스' 도입 결과, 재방문율은 37% 증가했고, 후기의 긍정적 감정 표현은 48%나 늘었다.

결론적으로, 사회적 감정은 골프장 경험의 정서적 곡선(emotional Arc)이다. 이 곡선을 이해하고, 각 단계에 맞는 감정적 경험을 의도적으로 디자인하는 것, 그것이 바로 가장 강력한 '감정 마케팅'의 핵심이다.

4) 사회적 인지의 활용: 타인의 마음을 예측하는 서비스

골프장 경영의 최전선은 이제 데이터 분석을 넘어 '마음 읽기'에 있다. 여기서 말하는 사회적 인지란 단순한 고객 데이터를 수집하고 분석하는 차원을 넘어 고객의 마음과 의도, 그리고 그들이 처한 관계적 맥락을 예측

하는 능력을 의미한다. 이는 곧 인간 뇌의 핵심 사회적 기능인 '심리화'를 비즈니스에 적용하는 것이다. 진정한 답을 찾기 위해서는 '고객이 지금 어떤 관계적 상황에 놓여 있는가?'라는 근본적인 질문에 답해야 한다.

실제 사례를 통해 그 차이를 살펴보겠다.

한 골프장이 평일 오전 시간대의 이용률 저조라는 문제에 직면했다. 기존의 관성적인 접근법은 '단순 가격 할인'이었다. 그러나 이는 문제의 표면만 건드리는 것에 불과했다.

사회적 인지의 관점에서 문제를 재정의한 관리자는 '할인에도 불구하고 사람들이 왜 오기를 꺼려 할까?'라는 질문 대신, '평일 오전에 혼자 골프를 치러 오는 사람은 어떤 사회적·심리적 부담감을 느낄까?'라는 질문을 던졌다. 그 결과, '혼자 라운드를 도는 것' 자체가 가져오는 사회적 불안과 눈치 보임이 핵심 장벽이라는 것을 발견했다.

이러한 통찰을 바탕으로, 그들은 단순한 가격 정책이 아닌 '관계적 설계'를 통한 해결책을 도입했다.

- **조용한 2인 라운드 데이**: 소규모로 낯선 사람과의 부담 없는 라운드를 기획했다.
- **혼골(혼자 골프) 전용 배려 코스**: 빠르고 심리적으로 안정감을 느낄 수 있는 전용 경로와 서비스를 설계했다.

이러한 접근의 결과는 놀랍도록 명확했다. 단기적인 매출 증가보다 더 중요한 '고객의 감정 안정 지수'가 크게 상승했다. 이는 고객이 단순히 서비스를 이용한 것이 아니라 자신의 심리를 이해하고 배려해 주는 공간으로 인식했다는 방증이었다. 이 감정적 신뢰는 자발적인 긍정적 후기와 입소문으로 이어졌고, 결국 신규 예약 유입률이 2배나 증가하는 성과로 돌아왔다.

고객의 마음을 읽는 것이 데이터를 읽는 것보다 빠르고 정확하다. 데이터는 '무엇'을 보여주지만, 사회적 인지는 '왜'를 설명해 준다. 결국 사회적 인지는 단순한 분석 도구가 아니라 예측 가능한 관계를 의도적으로 설계하는 기술이다. 그리고 골프장은 단순한 운동 시설이 아니라 이러한 의미 있는 관계가 펼쳐지는 가장 아름다운 무대인 것이다.

5) 공감의 활용: 감정적 연결을 신뢰로 전환하기

골프장과 고객의 관계를 단순한 공급자-소비자의 관계를 넘어 지속 가능한 유대로 발전시키는 핵심에는 공감이 자리한다. 공감은 브랜드와 고객을 묶는 정서적 접착제로서 고객을 '소비 대상'이 아닌 '동료 인간'으로 대우하는 진정성 있는 태도에서 비롯된다.

(1) 사례 1: 페어플레이 감정 피드백 시스템

한 골프장은 경기 후 평가 시스템을 혁신했다. 단순한 코스 난이도나 시설 평가를 넘어 '매너', '감정', '배려'와 같은 사회적·정서적 요소를 동반자가 서로 평가하는 상호 칭찬 시스템을 도입한 것이다. 여기에 AI 감정 분석 기술을 접목하여 개인에게 '감정 밸런스 점수'를 제공함으로써 라운드 경험을 정서적 관점에서 되돌아보게 했다. 이를 통해 고객은 단순한 서비스 평가가 아닌 '감정의 회복'이라는 고차원적인 만족을 경험하게 되었고, 이는 곧 브랜드에 대한 강력한 충성도로 자연스럽게 전환되었다.

(2) 사례 2: 감정 맞춤형 고객 리플라이

고객의 불만이나 클레임에 대응하는 방식 또한 공감의 핵심 전략이 될 수 있다. 한 골프장은 고객 문의에 기계적으로 사과문을 반복하던 기존 방식을 버리고, 고객의 문의 내용에 담긴 감정의 톤(불안, 분노, 실망 등)을 우선적으로 감지하고 분석하는 시스템을 구축했다. 이를 바탕으로,

- 공감 문장으로 감정적 연결을 먼저 구축
- 실질적 해결 제안으로 문제의 근본을 해결
- 신뢰 회복 메시지로 관계의 미래를 제시하여

3단계 맞춤형 응답 프로토콜을 적용했다. 그 결과, 단순한 응답 속도가 아닌 응답 만족도가 55%나 증가했으며, 고객이 체감하는 '신뢰도 회복' 지표도 40% 상승하는 효과를 거두었다.

이 모든 사례가 시사하는 바는 명확하다. 골프장에서의 공감 마케팅은 궁극적으로 '사과나 위로'가 아닌 '감정 복원'을 목표로 한다. 공감은 일시적인 브랜드 이미지 개선을 위한 도구가 아니라 균형이 깨진 브랜드와 고객 사이의 '관계적 항동성'을 복원하는 근본적인 행위이다. 결국 공감을 통해 감정적 연결을 신뢰라는 가치로 전환할 때, 비로소 브랜드는 고객과 끊임없이 소통하는 생생한 유기체로 거듭날 수 있다.

6) 통합 모델: 사회적 뇌 기반 마케팅의 4단계 구조

제시된 내용을 바탕으로 '사회적 뇌 기반 마케팅의 4단계 구조'를 살펴보자.

단계	신경심리 메커니즘	마케팅 대응	고객 경험
사회적 항동성	관계 안정 회복	신뢰·소속·안전 설계	"여긴 나를 이해하는 공간이다"
사회적 감정	감정의 흐름 조절	공정·자부심·유대감 강화	"여기서의 감정이 긍정적으로 끝난다"
사회적 인지	관계 예측	고객 상황 맞춤 서비스	"내 마음을 읽어 주는 느낌"
공감	정서적 연결	진심 있는 소통·회복	"사람 냄새 나는 골프장"

골프장 마케팅의 경쟁력은 '시설'이 아니라 사회적 신경계(social neural system)를 얼마나 잘 자극하느냐에 달려 있다. 인간의 뇌는 관계와 감정의 안정이 확보될 때만 행동·구매·충성으로 이어진다.

7) 골프장은 '사회적 뇌'를 위한 생태계

골프장 마케팅의 본질은 상품 판매가 아니라 고객의 사회적 항동성을 회복시키는 일이다. 고객은 좋은 코스보다 좋은 감정을 기억하고, 합리적 가격보다 공정한 대우를 선호하며, 완벽한 시설보다 인간적인 배려에 감동한다. 이 모든 것은 '사회적 뇌의 작동 원리'와 일치한다.

인간의 뇌는 관계로 움직인다. 골프장은 그 관계가 형성되고 회복되는 무대이다. 사회적 항동성으로 안전감을, 사회적 감정으로 공정과 자부심을, 사회적 인지로 예측과 배려를, 공감으로 감정적 신뢰를 제공할 때, 골프장은 단순한 경기장이 아니라 관계가 치유되는 사회적 생명의 공간이 된다.

제3장 사회적 지능과 전략적 사고
―인지의 위계, 예측 모형, 그리고 과잉 추론의 심리

1. 전략적 사고

1) 전략적 사고의 정의

인간의 지능은 타인의 행동을 예측하고, 그 예측에 따라 자신의 행동을 조정하는 전략적 사고(strategic thinking) 능력을 중심으로 진화해 왔다.

이는 단순한 문제 해결이 아니라 '상대가 나를 어떻게 예측할 것인가'까지 고려하는 인지적 상호 모델링(cognitive mutual modeling) 과정이다. 즉, 전략적 사고란 '상대의 마음 속에 있는 나의 모델'을 상정하고, 그 모델을 다시 수정·보완하는 고차원적 사회인지 과정이라 할 수 있다. 이러한 사고는 경제적 게임, 정치적 협상, 일상적 대인관계 모두에서 작동하며, 사회적 지능의 정점에 해당한다.

전략적 사고는 자신의 선택이 타인의 선택에 영향을 주고, 동시에 타인의 선택이 자신의 선택에 영향을 주는 상황에서 '상호 예측(mutual prediction)'을 반복적으로 수행하는 순환적 인지 과정이다.

특히, 이러한 사고가 단순한 계산이 아니라 타인의 사고 수준(level-k thinking)에 대한 추론 과정을 포함하고 있다는 점을 보여준다.

즉, 인간의 전략적 지능은 사회적 예측의 위계(hierarchy of social prediction)를 기반으로 작동하며, 이는 인간이 다른 어떤 종보다 복잡한 협력과 경쟁을 가능하게 한 핵심 인지 능력이다.

2) 인지의 위계 기반 전략 모델

인지적 위계(cognitive hierarchy) 이론(Camerer et al., 2004)에 따르면, 전략적 사고는 '상대의 사고 수준'을 추정하여 자신의 전략을 조정하는 단계적 예측 시스템이다.

인지 단계	사고 수준	예시 행동	전략적 의미
0단계	무전략	무작위 선택, 직관	상대 고려 없음
1단계	1차 추론	상대가 무전략이라 가정하고 최적 대응	기본 수준 전략
2단계	2차 추론	상대가 1단계 사고를 한다고 가정	'상대의 예측을 예측'
3단계 이상	고차 추론	상대가 나의 추론을 예측한다고 가정	반복적 상호 예측

실험적으로 일반인은 1~2단계 수준에서 사고하며, 전문 협상가나 금융 전문가들은 3단계 이상 사고를 수행하는 경향을 보인다. 그러나 3단계 이상에서는 계산 복잡도가 급격히 상승하며, '과잉 예측(overthinking)'이 발생하기도 한다.

따라서 전략적 사고는 '무한한 예측의 경쟁'이 아니라 적절한 위계 수준에서 상대의 인지적 한계를 고려한 최적의 예측을 수행하는 능력이라 할 수 있다.

3) EWA 모형: 전략 학습의 신경경제학적 설명

전략적 사고는 일회적 예측이 아니라 경험을 통해 강화·갱신되는 학습 과정이다. 이를 설명하는 대표적 신경경제학 모형이 EWA(experience-weighted attraction) 모델이다(Camerer & Ho, 1999).

EWA 모델은 강화 학습(reinforcement learning)과 신념 학습(belief learning)을 통합한 형태로, 각 선택의 '매력도(attraction)'가 과거의 경험 빈도와 보상에 따라 가중되어 업데이트된다고 본다. 신경학적으로 보상 신호는 선조체-도파민 회로, 예측 갱신은 전전두엽, 전략 선택은 ACC가 담당한다. 즉, 전략적 사고는 단순한 '이성적 계산'이 아니라 보상 예측 오류를 신경 수준에서 지속적으로 수정하며 상대의 반응을 학습하는 사회적 강화 학습 시스템(social reinforcement learning)이다.

4) 전략적 사고에서 주의해야 할 인지적 편향

전략적 사고는 본질적으로 '예측'을 포함하기 때문에 인지적 편향(cognitive bias)의 영향을 강하게 받는다. 비즈니스와 관계 관리에서 흔히 발생하는 주요 편향은 다음과 같다.

(1) 과잉 추론 오류(over-mentalizing)

이는 상대방의 단순한 행동이나 중립적인 발언에 대해 지나치게 복잡한 의도나 계산이 있다고 추측하는 오류이다. 상대가 별다른 뜻이 없었음에도 불구하고 '나를 무시하려는 것인가?', '무슨 숨은 의도가 있는가?'와 같이 과도하게 해석하는 경향이다. 그 결과, 불필요한 방어 메커니즘이 생기고 불신이 쌓여 관계가 경직되며, 비효율적인 대응 전략을 펴는 결과를 초래한다.

(2) 투사 편향(projection bias)

자신의 가치관, 동기, 생각을 상대방도 똑같이 가지고 있을 것이라고 믿는 편향이다. '나는 A를 중요시하니 상대도 그럴 것이다'라는 식의 판단으로, 상대가 전혀 다른 배경과 목표를 가졌을 가능성을 간과하게 만든다. 이는 협상 테이블에서 서로의 진정한 니즈(needs)를 파악하지 못하게 하여 협상을 실패로 이끌거나, 상대의 감정과 반응을 완전히 오판하는 결과를 낳는다.

(3) 확증 편향(confirmation bias)

일단 자신의 기존 신념이나 가설이 형성되면, 그에 부합하는 정보만을 선택적으로 찾아 해석하고, 반대되는 증거는 무시하거나 경시하는 강력한 편향이다. 이는 새로운 정보에 따라 전략을 수정해야 할 때 가장 큰 장애물이 된다. 잘못된 전략이나 관계 평가를 고집하게 만들어 상황이 악화될 때까지 같은 실수를 반복하게 만든다.

(4) 근시안적 보상 편향(myopic bias)

장기적으로 구축해야 할 신뢰와 협력 관계보다 눈앞에 보이는 단기적인 이익이나 보상을 추구하는 경향이다. 한 번의 거래에서 최대한의 이득을 보려다가 상대방과의 신뢰를 무너뜨리는 대표적인 예이다. 이러한 행동은 일회성 거래를 반복하게 만들 뿐, 지속 가능한 협력 관계를 붕괴시키는 원인이 된다.

(5) 후행적 과신(hindsight bias)

어떤 일이 발생한 후에는 '자기는 그 결과를 미리 예견했었다'고 믿는 심리적 왜곡이다. '내가 그럴 줄 알았어'라는 식의 사고 방식은 실제로는 예측하지 못한 실패나 문제에 대한 진정한 원인 분석을 방해한다. 결과적으로 실패로부터 제대로 된 교훈을 얻지 못하게 되어 동일한 유형의 학습 오류가 누적되게 만든다.

이렇듯 전략적 사고의 적은 무지가 아니라 과잉 해석이다. 인간의 사회적 뇌는 타인의 의도를 추론하도록 설계되었지만, 그 기능이 과도할 때 사회적 오류(social miscalibration)가 발생한다.

5) 사회적 지능으로서의 전략적 사고

전략적 사고는 인간의 사회적 지능이 가장 고도로 발달한 형태이다. 이는 단순한 정보 처리가 아니라 타인의 의도와 신념을 추론하고, 그 예측을 학습을 통해 조정하는 사회적 강화 학습 과정이다. 사회적 뇌의 핵심 영역—mPFC, TPJ, ACC, 선조체—은 전략적 사고의 인지·감정·보상 조절의 통합 회로로 작동한다.

그러나 이 회로는 쉽게 과열되어 과잉 해석과 오판을 낳는다. 따라서 전략적 사고의 성숙은 인지적 정교함이 아니라 해석의 절제를 통해 달성된다.

전략적 사고란 '상대의 마음을 예측하고, 나의 마음을 조정하는 사회적 지능의 최고 단계'이다. 그것은 인지의 위계 속에서 작동하며, 경험 가중 학습(EWA)을 통해 정교화되고, 과잉 추론을 경계할 때 비로소 성숙한다. 인간의 전략적 지능은 계산이 아니라 공감·예측·조절의 통합된 사회적 뇌의 산물이다.

2. 사회적 지능과 전략적 사고: 생활 속에서 이해하기

1) 전략적 사고란 상대의 마음을 예측하는 능력

인간은 단순히 무엇이 옳은가를 계산하는 존재가 아니다. 우리의 일상적인 판단과 결정 대부분은 '다른 사람이 어떻게 생각하고 행동할까?'라는 질문을 끊임없이 고려하면서 이루어진다. 이것이 바로 전략적 사고(strategic thinking)의 본질이다.

즉, 나의 선택이 타인의 선택에 영향을 미치고, 타인의 반응이 다시 나에게 되돌아올 것이라는 상호 작용의 고리를 인식하며, 그 복잡한 연결망 전체를 예측하려는 사고방식이다.

이를 잘 보여주는 대표적인 사례가 '1~100 숫자 고르기 게임'이다. 이 경제 실험에서는 모든 참가자가 1부터 100 사이의 숫자 중 하나를 고르도록 한다. 단, 승리는 단순히 숫자를 맞추는 것이 아니라 '모든 사람이 낸 숫자의 평균값의 3분의 2에 가장 가까운 숫자'를 고른 사람에게 돌아간다.

이 게임에서 사람들의 사고 과정은 다음과 같이 여러 단계로 전개된다.

① **1단계**(비전략적 사고): "대부분의 사람이 무작위로 고르겠지. 그럼 평균은 50쯤 되겠네. 그러면 50의 3분의 2는 대략 33이구나."

② **2단계**(1차 전략적 사고): "하지만 다른 사람들도 나와 똑같이 33을 생각할 거야. 그렇다면 실제 평균은 33에 가까워지겠지. 그럼 나는 33의 3분의 2인 22를 골라야겠어."

③ **3단계**(2차 전략적 사고): "그런데 다른 사람들도 22를 고를 거라고 생각한다면, 나는 그 22의 3분의 2인 15를 골라야겠네."

이러한 '상대의 생각을 예측하는 예측'의 과정은 이론적으로는 무한히 반복되어 결국 숫자 0에 수렴하게 된다. 그러나 실제 실험에서는 대부분의 사람이 2~3단계의 사고에서 멈추기 때문에 평균값은 약 13에서 18 사이에 머무른다.

이 간단한 게임은 전략적 사고가 단순한 수학적 계산이 아니라 상대의 마음속으로 들어가 그가 어떻게 생각할지를 여러 단계에 걸쳐 추론하는 능력임을 명확히 보여준다. 결국 가장 뛰어난 전략가는 가장 복잡한 계산을 하는 사람이 아니라 상대방의 사고 흐름을 가장 정확하게 따라가는 사람이다.

2) 인지의 위계: 나는 너를 생각하고, 너는 나를 생각한다

사람마다 사고의 깊이가 다르다. 이를 '인지의 위계(cognitive hierarchy)'라고 한다. 이는 상대방의 사고 수준을 얼마나 많이 고려하느냐에 따라 전략적 사고의 단계가 달라진다는 것을 의미한다.

단계	사고 수준	실제 예시(1~100 게임)
0단계	아무 생각 없이 행동	"그냥 느낌으로 50!"
1단계	상대는 아무 생각 없다고 가정	"대부분 50 고르니까, 난 33."
2단계	상대가 1단계라고 가정	"사람들이 33쯤 생각하겠지, 난 22."
3단계 이상	상대가 나의 추론을 고려한다고 생각	"그들도 22쯤 알 거야, 난 15."

실제로 사람들은 대체로 1~2단계 수준에서 멈춘다. 너무 복잡하게 예측하면 오히려 혼란이 생긴다. 따라서 전략적 사고의 요점은 '상대의 생각을 읽되, 너무 멀리 나가지는 말라는 것'이다.

3) 전략적 사고는 어떻게 학습되는가?
— 경험을 가중해서 배우는 뇌의 계산법(EWA 모델)

전략적 사고는 한 번에 생기지 않는다. 경험을 통해 조금씩 다듬어진다. 이 말은 '우리의 뇌는 과거의 경험에 가중치를 주며 전략을 업데이트한다'는 뜻이다.

예를 들어 내가 어떤 협상에서 지나치게 양보했다면, 다음엔 조금 더 강하게 나가본다. 그때 상대가 더 좋게 반응했다면, 그 전략을 '뇌 속에서 강화'한다. 즉, 전략적 사고는 보상 경험의 축적을 통해 정교화된다.

신경학적으로는 이 과정에서 보상은 도파민 회로(선조체), 조정은 전전두엽, 갈등 탐지는 ACC가 담당한다. 뇌는 매번 '이 전략이 얼마나 잘 먹혔는가?'를 계산하며 학습한다.

4) 전략적 사고의 함정: 생각이 너무 많으면 오히려 틀린다

뇌가 전략적으로 작동할수록 좋은 것은 아니다. 인간의 뇌는 '사회적 의미 해석'을 좋아하기 때문에, 때로는 상대의 단순한 행동에도 너무 많은 의도를 부여한다. 이것을 과잉 추론 오류(over-mentalizing)라고 부른다. 전략적 사고의 성숙이란 '상대의 의도를 예측하되, 과도한 의미 부여는 피하는 것'이다.

주요 인지 편향

편향	의미	일상적 예시
과잉 추론 오류	단순한 행동이나 신호를 복잡하고 과도하게 해석함	"그가 메시지에 점을 세 개 찍은 건 분명 나를 비꼰 거야."
투사 편향	상대방도 자신과 같은 생각이나 감정, 선호도를 가질 것이라고 가정함	"내가 솔직하면 그도 솔직하겠지."
확증 편향	자신의 기존 신념이나 가설에 맞는 정보만 선택적으로 보고 듣고 믿음	"그가 웃었으니 날 좋아하는 게 틀림없어."
단기 보상 편향	장기적인 이익이나 관계보다 당장의 즉각적인 보상이나 이익에 집착함	"이번만은 이기자" 하다가 관계 깨짐

5) 전략적 사고와 사회적 지능

전략적 사고는 결국 사회적 지능의 한 형태이다. 사회적 지능이란 단순히 '사람을 잘 아는 능력'이 아니라 '상대의 의도·감정·행동을 예측하고, 그에 맞춰 나의 판단을 조정하는 능력'이다.

예를 들어 탁월한 리더는 '지시'가 아니라 '상대의 동기를 읽고' 움직인다. 훌륭한 마케터는 '가격'이 아니라 '고객의 심리'를 예측한다. 좋은 협상가는 '이득'보다 '상대의 체면과 신뢰'를 조율한다. 즉, 전략적 사고는 수학적 계산이 아니라 타인의 마음을 모델링하고, 그에 따라 나의 전략을 바꾸는 감정적 지능의 산물이다.

6) 생각의 깊이보다 생각의 방향

전략적 사고는 머리가 좋은 사람의 기술이 아니라 타인의 마음을 읽고도 흔들리지 않는 사람의 기술이다. 생각을 깊게 하는 것보다 중요한 것은 그 생각이 사람의 마음으로 향해 있는가이다. 상대를 예측하되, 과잉 해석하지 말고, 경험에서 배우되, 고정관념을 버리고, 승리보다 관계를 유지하려는 전략이 장기적으로 최고의 결과를 낳는다.

전략적 사고란 상대의 마음을 예측하고, 그 예측을 학습을 통해 다듬는 사회적 지능의 최고 단계이다. 상대의 생각을 너무 적게도, 너무 많이도 읽지 말고 적당히 이해하며 함께 조정하는 것이 진정한 전략이다.

3. 경험을 가중해서 배우는 뇌의 계산법
— 경험 기반 학습(EWA) 모델의 생활 사례

1) 두뇌를 지배하는 이중 학습 시스템
전략적 사고에서 인간의 뇌는 두 가지 방식으로 학습한다.

첫째는 비모델 학습(model-free learning)으로 과거의 결과만을 근거로 '느낌'에 따라 조정하는 방식이다. 둘째는 모델 기반 학습(model-based learning)으로 상대의 의도나 규칙, 동기 등을 추론하여 미래를 예측하는 방식이다.

2) 중고 거래에서의 경험 기반 학습 모델의 4단계 학습 과정 사례
이 과정을 가장 쉽게 이해할 수 있는 사례가 구매자와 판매자의 반복 거래이다.

(1) 첫 번째 거래: 경험의 축적 단계
A씨(구매자)는 중고 골프채를 처음 사러 갔다. 판매자는 가격을 50만 원으로 제시했다. 제품의 시세를 잘 모르는 A씨는 즉흥적으로 '조금 비싼 것 같지만 일단 사보자' 하고 결정했다. 이때 A씨의 뇌는 복잡한 계산을 하지 않는다. 단순히 '결과가 어땠는가'만을 학습한다. 만족스러우면 '그 가격이 적절했다'는 경험이 강화되고, 불만족스러우면 '다음엔 깎아야겠다'는 기억이 남는다.

이것이 바로 비모델 학습의 작동 방식이다. 도파민-선조체 회로가 결과의 보상 여부를 감지하고, 단순한 감정적 기억으로 남긴다.

(2) 두 번째 거래: 상대의 의도 추론 단계

며칠 후 A씨는 같은 판매자를 다시 만난다. 이번에는 이전 경험이 단서가 된다.

'저번에도 이 사람은 가격을 조금 높게 불렀지.' 이 순간 A씨의 뇌는 단순한 '가격 정보'가 아니라 판매자의 의도(이익을 극대화하려는가, 협상 여지가 있는가)를 해석하기 시작한다. 전전두엽과 측두두정접합부(TPJ)가 활성화되며, 상대의 마음속 전략을 모델링(mental modeling)한다.

A씨는 '이번에는 10%쯤 깎아줄 수 있을 것 같아'라는 추론을 세우고 협상을 시도한다. 이때 뇌는 결과보다 상대의 심리적 패턴에 주목하며 학습한다. 이것이 모델 기반 학습이다.

(3) 세 번째 거래: 경험과 예측의 통합

세 번째 거래에서는 두 과정이 통합된다. A씨의 뇌는 이전 거래에서 얻은 감정적 경험(좋았는가, 나빴는가)과 판매자의 행동 패턴(얼마를 부르고 얼마나 깎아줬는가)을 함께 계산한다. 이때 ACC가 '갈등 신호'를 감지하고, 내측 전전두피질(vmPFC)이 경험과 예측을 통합한다.

결국 A씨는 '이번에는 10% 깎으면 수락될 것이다'라는 예측적 판단에 도달한다.

이처럼 경험이 쌓일수록(경험 가중), 상대의 의도 추론이 정교해지며(신념 갱신), 두 요소가 맞물려 경험 기반 학습(EWA)이 작동한다.

(4) 반복 거래 후: 학습의 수렴

시간이 지나 거래가 여러 번 반복되면, 양쪽은 서로의 패턴을 충분히 파악하게 된다. A씨는 '이 가격이면 저 사람은 수락하겠지'를 알고, 판매자는

'이 고객은 이 정도에서 멈출 것이다'를 안다. 더이상 복잡한 계산이 필요 없을 정도로 두 사람의 예측이 정렬된 상태, 이것이 학습의 수렴(equilibrium learning)이다.

3) 통합과 결론: 일상의 모든 선택은 사회적 학습의 진화된 형태

(1) 생활 속으로의 일반화

중고 거래 사례는 실험실 속 특별한 현상이 아니다. 이는 우리가 매일 마주하는 '보통의 의사결정' 그 자체이다. 직장에서 상사와 협의할 때, 친구에게 부탁을 할 때, 고객에게 제안을 보낼 때, SNS에 글을 올릴 때조차—우리는 늘 '지난번엔 이랬으니까'라는 감정적 경험과, '그 사람은 아마 이렇게 생각하겠지'라는 사회적 예측을 동시에 저울질하며 선택한다. 이 두 기제의 끊임없는 결합과 보정이야말로 '보통 사람의 뇌'가 작동하는 보편적 방식이며, 신경경제학은 이를 경험 기반 학습(EWA)이라는 계산법으로 규명했다.

(2) 학습의 본질: 예측과 경험의 상호 수렴

궁극적으로 인간의 전략적 사고는 차가운 '이성적 계산'이 아니라 뜨거운 '감정적 경험'과 정교한 '사회적 예측'이 융합된 산물이다. 경험은 감정의 살아 있는 기록으로 뇌에 새겨지고, 예측은 상대의 마음에 대한 끊임없이 갱신되는 모델이 된다. 이 두 체계가 마치 대화하듯이 반복적으로 상호작용할 때, 우리의 판단은 비로소 정교해진다.

(3) 최종 메시지: 관계적 지능의 완성

결국 물건을 사고파는 단순한 행위 속에도 인간 지능의 진화적 본질이 응축되어 있다. 우리의 뇌는 단순한 '가격'이 아니라 '과거의 느낌(경험)'과 '상대의 생각(예측)'이라는 두 차원을 동시에 계산한다. 거래가 반복될수록 양자의 예측은 서로를 닮아가고, 경험과 예측은 하나의 안정된 균형점으로 수렴한다. 이것이 바로 경험 기반 학습 모델이 보여주는 핵심이며, 우리가 무의식 중에 수행해 내는 '사회적 강화 학습'의 완성된 형태이다. 우리의 학습은 단순한 보상의 기억이 아니라 관계와 신뢰를 예측하며 축적하는 진화된 지능인 것이다.

4. 사회적 사고와 전략적 사고를 활용한 부킹 사이트 설계

1) 기본 관점: 부킹은 거래가 아니라 관계의 예측

골프장 예약 행위는 단순히 티타임(tee-time)을 구매하는 거래가 아니라 '누가, 언제, 어떤 사람들과 함께 플레이할 것인가'를 결정하는 사회적 행위이다. 이때 이용자는 자신의 감정(기대·신뢰·안정)과 타인의 반응(함께하는 동반자·플랫폼의 신뢰도)을 동시에 예측한다.

따라서, 효과적인 부킹 플랫폼은 개인의 합리적 선택을 돕는 비사회적 사고 시스템(UI·정보 구조)과 관계적·예측적 감정을 조절하는 사회적 사고 시스템(신뢰·공감·피드백 구조)을 하나로 통합해야 한다.

2) 사회적 뇌의 3요소를 반영한 부킹 사용자 경험(UX) 설계

좋은 부킹 시스템은 '가격 정보'보다 감정의 안전과 사회적 신뢰를 설계해야 한다.

3) 전략적 사고형 UX 알고리즘: 경험과 예측의 순환 구조

부킹 과정은 단순한 가격 비교가 아니라 이용자가 자신의 과거 경험을 토대로 미래를 예측하는 전략적 학습의 장이다. 이때 플랫폼은 사용자의 뇌가 학습하는 방식, 즉 경험 기반 학습(EWA)의 원리를 반영해야 한다.

처음 사이트를 방문한 이용자는 단순히 가격만을 기준으로 판단한다. 이는 '비모델 학습' 단계로, 뇌가 결과의 좋고 나쁨만을 감정적으로 기록한다. 그러나 한두 번의 예약 경험이 쌓이면, 사용자는 가격뿐 아니라 '플랫폼이 나를 어떻게 대했는가'를 기억한다. 그 경험이 신뢰로 남으면, 그는 다음 번 선택에서 플랫폼의 공정성과 일관성을 예측하기 시작한다.

플랫폼이 이런 사용자의 학습 패턴을 감지해, 이전 예약 이력과 만족도를 바탕으로 '당신이 선호하는 합리적 가격대'를 제시한다면, 사용자는 '이 플랫폼은 나를 이해한다'는 감정적 신뢰를 형성한다.

결국 시스템과 사용자는 서로의 행동을 예측하고, 그 예측이 점차 수렴한다. 이는 곧 인간의 뇌가 '경험을 가중하여 배우는 방식(EWA)'을 그대로 구현한 것이다.

동시에 플랫폼은 이용자의 인지적 위계를 파악해야 한다. 어떤 이용자는 단순히 오늘의 가격만 본다(0단계), 어떤 이는 다른 이용자의 선택을 예측한다(1단계), 또 다른 이는 그 예측을 다시 예측한다(2단계 이상).

이때 시스템은 인지 수준에 따라 서로 다른 정보를 제시해야 한다. 즉흥형 사용자에게는 '즉시 예약 할인'과 같은 단순 피드백이, 예측형 사용자에게는 '이 시간대는 7명이 조회 중입니다' 같은 사회적 신호가, 전략형 사용자에게는 '3일 내 매진 확률 85%'와 같은 경쟁적 정보가 적합하다.

이런 맞춤형 피드백은 사용자의 전략적 예측 능력을 자극하고, 스스로 '나는 똑똑한 선택을 하고 있다'는 자기 효능감을 강화시킨다.

4) 사회적 감정 설계와 신뢰의 시간 구조

부킹은 감정의 흐름 속에서 이루어진다. 사용자는 예약 전에는 '기대와 신뢰'를, 예약 중에는 '공정성과 만족'을, 예약 후에는 '자부심과 유대감'을 경험한다. 훌륭한 플랫폼은 이 감정의 시간적 변화를 세심하게 설계한다.

① 예약 전 단계에서 AI가 추천 근거를 투명하게 제시하면, 사용자는 '이 플랫폼은 나를 속이지 않는다'는 신뢰를 느낀다.
② 예약 과정에서는 가격·혜택·순위가 공정하게 공개되어야 한다. 이것이 감정적 불안을 낮추고, 뇌의 ACC 회로를 안정시킨다.
③ 예약이 완료된 후에는 후기 공유, 동반자 칭찬, 라운드 히스토리 등의 사회적 보상을 통해 자부심과 관계적 유대가 강화된다.

예를 들어 '페어플레이 멤버십'처럼 정직한 예약자에게 평판 포인트를 부여하거나, '라운드 스토리 타임라인'을 통해 감정의 흔적을 시각화하는 방식은 단순한 서비스가 아니라 '기억되는 관계'를 만든다.

5) 사회적 뇌와 전략적 사고를 설계에 반영

결국 훌륭한 부킹 사이트는 기능의 효율보다 감정의 연속성을 설계하는 사회적 뇌의 인터페이스이다. 사용자는 '싸게 예약했다'고 느끼는 것이 아니라 '이 플랫폼은 내 마음을 이해한다'고 느낄 때 충성도가 형성된다.

사회적 뇌는 관계의 안전, 예측의 공정성, 감정의 회복에서 작동하며, 전략적 사고는 경험과 예측의 순환 속에서 진화한다. 이 두 체계가 통합될 때, 사용자는 단순한 거래자가 아니라 관계의 파트너로서 기억된다.

골프장 부킹 플랫폼의 미래 경쟁력은 기술이 아니라 사회적 지능이다. 플랫폼이 경험 기반 학습, 예측, 감정의 공정성을 정교하게 설계할 때, 이용자는 '예약을 하는 사람'이 아니라 '이해받는 사람'으로 남는다.

제4장 애착 이론과 보상
― 물질적 보상 vs 사회적 보상, 무엇이 우위인가?

　우리의 뇌가 사회적 연결을 '도파민'으로 보상하고, 사회적 배제를 '통증'으로 느끼도록 진화한 근본적인 이유가 있다. 그것은 인간의 생존 전략이 오래전부터 '혼자서 잘 먹는 것'이 아닌 '함께 하는 관계'에 기반했기 때문이다. 이와 같은 사회적 보상 우위의 진화적 뿌리를 이해하기 위해서는 '애착(attachment)'―특정 대상을 향한 깊은 정서적 유대―이라는 생물학적 시스템을 들여다봐야 한다.

1. 애착 이론: 인간 관계의 신경심리학적 토대

1) 애착이란 무엇인가?

　애착(attachment)이란 "개체가 생존과 정서적 안정을 위해 특정 인물에게 형성하는 지속적 정서적 유대"를 말한다(Bowlby, 1969). 즉, 단순한 '사랑'이 아니라 신체적·정서적 안전(safety and emotional security)을 보장받기

사회적 뇌 기반의 부킹 사용자 경험(UX) 설계 모델

사회적 뇌 요소	뇌 기능	부킹 UX 설계 원리	구체적 기능 예시
사회적 항동성	관계적 안전, 신뢰 유지	'안전감·예측 가능성' 중심의 예약 경험 제공	"확률률 99%" 시각화, 예약 취소 예측 AI, 신뢰도 점수
사회적 감정	유대·공정·자부심의 감정 조절	감정 곡선(예약→대기→확정→후기) 설계	"함께한 라운드 히스토리", 동반자 칭찬·후기 시스템
사회적 인지	타인의 의도·선호 예측	추천·매칭 시스템이 타인의 심리와 선호를 학습	AI가 동반자 성향 분석→"라운드 케미 매칭" 추천
공감·정서 복원	관계적 신뢰 회복	문제 상황에 대한 감정 중심 대응	클레임 시 "AI 공감 챗봇+사람 연결형 케어 라인"

위한 생물학적 행동 시스템이다.

2) 아기 원숭이 실험(Harlow's monkey experiment)

애착의 본질을 탐구한 대표적인 실험으로 해리 할로우(Harry Harlow, 1958)의 '아기 원숭이 실험'을 들 수 있다.

그는 새끼 원숭이를 두 종류의 대리 어미 인형과 함께 두는 실험을 설계했다. 하나는 젖병이 달린 차갑고 딱딱한 철사로 만든 어미였고, 다른 하나는 젖은 없지만 부드러운 천으로 감싼 어미였다.

실험 결과는 매우 인상적이었다. 새끼 원숭이는 배고플 때만 잠시 철사 어미에게 다가가 젖을 먹었을 뿐, 대부분의 시간은 천 어미 품에 안겨 있었다. 특히 낯선 자극이나 위협적인 상황이 닥쳤을 때, 새끼 원숭이는 본능적으로 천 어미에게 달려가 몸을 기대며 안정을 찾았다.

이 실험은 애착의 본질이 단순히 먹이와 같은 물질적 보상에 있는 것이 아니라 촉각적·정서적 안정감에 있음을 분명히 보여주었다. 생명체의 생존 시스템에는 음식이나 에너지 공급만이 아니라 '정서적 안전감'이라는 심리적 요소가 필수적으로 포함되어 있으며, 사회적 관계는 단순한 보상이 아닌 존재의 항동성을 유지하기 위한 근본적 조건임을 입증한 것이다.

3) 애착 이론의 핵심 개념[54]

① 내적 작동 모델(internal working model)

유아는 양육자와의 상호 작용을 통해 '세상은 안전한가, 나는 사랑받을 가치가 있는가'라는 정서적 신념 체계를 형성한다. 이것이 이후 모든 관계의 심리적 기본 틀이 된다.

② 근접성 유지(proximity maintenance)

위험 상황에서 애착 대상에게 물리적·정서적 거리를 좁히려는 행동 경향. 이는 생존 본능과 직결된다.

③ 안전 기지(secure base)

애착 대상이 존재할 때 탐색·학습·사회 활동이 가능해진다. 즉, 안정된 관계는 모험의 출발점이다.

④ 분리 불안(separation anxiety)

애착 대상과의 단절은 불안·슬픔·분노를 발생시킨다. 이 반응은 사회적

---

[54] 애착이론의 핵심 개념은 볼비(John Bowlby)의 다음의 3부작을 통해 정립되고 발표되었다.
- 1권: 『애착(attachment)』(1969년 초판, 1982년 개정판): 애착 행동의 개념, 진화론적 배경, 그리고 애착을 매개하는 통제 체계적 접근(control system approach) 등 애착의 기본적인 틀을 제시한다.
- 2권: 『분리: 불안과 분노(Separation: Anxiety and Anger)』(1973년): 애착 대상과의 분리 상황에서 나타나는 아동의 반응을 심층적으로 다루며, 불안과 분노의 감정을 분석한다.
- 3권: 『상실: 슬픔과 우울(Loss: Sadness and Depression)』(1980년): 애착 대상의 영구적인 상실이 초래하는 슬픔, 우울, 그리고 애도의 과정을 설명하며 이론을 완성한다.
— John Bowlby, *Attachment and Loss*. Vols. 1-3(London: Hogarth Press/ New York: Basic Books, 1969~1980).

고통(social pain)의 원형이며, 뇌에서는 ACC와 섬엽이 활성화된다.

4) 애착의 신경심리학적 기초

영역	주요 역할	관련 신경전달물질
시상하부-뇌하수체-부신 축(HPA axis)	스트레스 조절, 분리 불안 반응	코르티솔
편도체	위협 감지 및 공포 반응	노르에피네프린
전측 대상피질(ACC)	사회적 고통 감지 및 정서 조절	세로토닌
복내측 전전두엽(vmPFC)	정서 조절, 신뢰 판단	도파민
시상하부-뇌하수체 옥시토신 시스템	애착·신뢰·돌봄 행동 강화	옥시토신, 바소프레신

이 중 옥시토신(oxytocin)은 '애착 호르몬'으로 불리며, 양육·포옹·신뢰·친밀한 대화 등에서 분비되어 사회적 유대를 강화한다. 즉, 애착은 뇌의 보상-정서-스트레스 조절 회로가 통합적으로 작동하는 결과이다.

5) 애착의 기능

애착의 기능을 살펴보면 아래와 같이 다섯 가지로 나눌 수 있다.

기능 영역	설명
① 생존 기능	유아가 보호자 근처에 머무르도록 하여 생존 확률 증가
② 정서 조절 기능	불안·위협 상황에서 타인의 존재로 심리적 안정 유지
③ 사회 학습 기능	애착을 통해 사회적 신호(표정·언어·규범)를 모방·학습
④ 성격 형성 기능	유년기의 애착 양식이 성인기의 대인관계, 자기 개념의 기초
⑤ 관계적 항동성 기능	사회적 고립을 방지하여 뇌의 '관계적 보상 회로'를 활성화

6) 애착의 유형

메리 에인즈워스(Mary Ainsworth, 1978)는 '낯선 상황 실험(strange situation test)'을 통해 유아의 애착 양식을 세 가지 유형으로 분류하였다.[55] 이는 안

---

55 Mary D. S. Ainsworth, Mary C. Blehar, Everett Waters, & Sally Wall, 1978, *Patterns of Attachment: A Psychological Study of the Strange Situation*, Hillsdale, NJ: Lawrence

정(secure) 애착형, 회피(avoidant) 애착형, 불안-양가(ambivalent/resistant) 애착형으로 구분되며, 이후 연구에서는 혼란(disorganized) 애착형이 추가되어 네 가지로 확장되었다.

유형	특징	성인 관계에서의 대응 패턴
안정형	양육자 신뢰, 분리 시 슬픔 후 재회 시 회복	친밀·신뢰 관계 선호
불안형	불안정한 양육→과도한 의존	관계 과몰입, 거절 불안
회피형	정서적 무시→감정 억제	친밀 회피, 독립 과시
혼란형	학대·이중적 신호→공포·혼란	관계 불안정, 감정 폭발성

이 유형은 단순한 심리적 습관이 아니라 뇌의 스트레스·보상 회로가 발달하는 방식의 차이를 반영한다.

7) 애착의 진화적 의미

애착은 단지 정서적 현상이 아니라 생존 전략이다. 초기 포유류는 부모 보호 없이 생존이 불가능했기에 양육자-자녀 간 정서적 결속이 선택적 이점을 제공했다. 인간은 대규모 집단 생활을 하면서 애착이 단일 관계를 넘어 집단적 결속(social bonding)으로 확장되었다. 따라서 애착은 사회적 항동성을 유지하는 생물학적 기반으로 진화하였다.

애착은 '개체의 생존을 보장하는 사회적 안전 장치'이다. 인간은 생물학적으로 관계를 필요로 하는 종(species-dependent on connection)이다.

8) 성인 애착이론으로의 확장: 직장 사례

애착은 유년기에서 끝나지 않는다. 성인이 된 이후에도 인간은 '심리적 안전 기지(secure base)'를 찾는다.

Erlbaum Associates.

(1) 직장에서의 애착 행동
- 상사에게 안정적 피드백과 인정을 받을 때:→'안정 애착'처럼 탐색적이고 창의적인 업무 행동 증가.
- 상사의 반응이 예측 불가하거나 비일관적일 때:→'불안 애착'처럼 과도한 확인 욕구, 업무 피로 증가.
- 정서적 거리가 크고 소통이 단절된 조직:→'회피 애착'처럼 협력 회피, 개인주의 강화.

(2) 애착의 조직적 의미

조직 상황	애착 관점의 해석
상사의 지지→직원의 도전 행동 증가	"안전 기지 효과"
동료 간의 신뢰→협력적 문제 해결	"관계적 항동성" 유지
불공정한 평가→불안·회피 애착 반응	"사회적 고통 회로" 활성화

결국 건강한 조직은 안정형 애착 관계를 복제한 사회적 시스템이다.

9) 결론: 애착은 관계적 뇌의 생명 시스템

애착은 단순한 감정이 아니라 인간의 뇌가 관계 속에서 항동성을 유지하기 위해 진화시킨 '사회적 생명 유지 메커니즘'이다. 할로우의 원숭이가 천으로 만든 어미를 찾았듯이 인간도 정서적 안전 없이는 성장할 수 없다. 애착의 뇌 회로는 유아기의 부모-자녀 관계를 넘어 성인의 사랑·직장·사회 참여 전반에서 작동한다.

애착은 생존의 감정이다. 그것은 단순한 애정이 아니라 생리적 항동성과 사회적 항동성을 연결하는 뇌의 관계적 안전 장치이다. 인간은 관계를 통해 살아가며, 그 관계의 질이 곧 삶의 질을 결정한다.

2. 애착: 물질보다 사회정서적 조건을 선호하는 본능
—진화·신경·심리·생활의 통합적 이해

1) 진화적 이유: 생존보다 관계가 더 오래 남는다

초기 포유류는 독립적 생존이 아닌 돌봄과 협력을 통해 살아남았다. 즉, '함께 있음'이 곧 생존이었다.

인간 역시 생리적 욕구(배고픔, 피로)보다 '누군가가 나를 돌봐주고 있다'는 관계적 안전 신호가 생존의 기준이 되었다. 따라서 인간의 뇌는 먹이를 주는 대상보다 마음을 안정시켜주는 대상을 더 선호하도록 진화하였다. 인간에게 '관계적 안정감'은 생리적 생존을 가능하게 하는 전제조건이다.

2) 신경심리학적 이유: 정서적 안정이 뇌의 에너지 효율을 높인다

인간의 뇌는 몸무게의 2%에 불과하지만, 전체 에너지의 20%를 소비한다. 따라서 뇌는 생존을 위해 에너지 소모를 최적화하는 방향으로 진화해 왔다. 바로 이 점이 우리 뇌가 사회정서적 안정을 선호하는 근본적인 이유이다.

정서적 안전은 뇌에게 '에너지 절약 모드'를 선사한다. 신뢰할 수 있는 애착 대상과 함께 있을 때, 우리 뇌의 위협 감지 센터인 편도체의 활동은 억제된다. 반면에 정서를 조절하고 공감과 신뢰를 담당하는 복내측 전전두엽(vmPFC)과 보상 체계를 이루는 VTA-선조체 회로는 안정적으로 활성화된다.

이러한 뇌의 상태 변화는 구체적인 생리적 결과로 이어진다. 사회정서적 안정은 옥시토신 분비를 촉진하고 스트레스 호르몬인 코르티솔 수치를 낮추며, 갈등과 오류를 감지하는 ACC를 안정시킨다. 그 결과, 인지 유연성과 문제 해결 능력이 향상되고, 심리적 회복력도 높아진다.

반대로, 사회정서적 결핍 상태에서는 그 반대의 상황이 벌어진다. 편도체가 과도하게 활성화되어 끊임없이 위협을 탐지하고, 코르티솔 수치는 높은 수준을 유지한다. 이는 뇌가 항상 '비상사태'에 대비하는 매우 에너지 소모가 큰 상태이다. 그 결과 만성적인 불안과 피로, 집중력 및 학습 능력 저하를 겪게 된다.

결국 인간의 뇌가 물질적 자극(돈, 음식, 소유)보다 사회적 자극(칭찬, 신뢰, 소속, 인정)에 더 깊고 오래 반응하는 이유는 명확하다. 사회적 안정은 단순히 '기분이 좋은' 상태가 아니다. 그것은 뇌가 가장 효율적으로, 가장 건강하게 작동할 수 있는 생물학적 최적의 조건을 제공하는, 일종의 '에너지 절약 시스템'이기 때문이다. 우리의 뇌는 에너지 낭비를 싫어하는 '절약 장치'이기에, 당연히 에너지 효율을 극대화해 주는 사회적 안정을 본능적으로 추구하는 것이다.

3) 사회적 조건이 물질적 조건보다 강력한 이유

인간이 사회적 관계를 물질적 이익보다 더 깊이, 더 오래 추구하는 데는 신경과학적으로 명확한 이유가 있다. 그 핵심은 보상의 지속성과 고통의 실재성이라는 두 가지 축에서 찾을 수 있다.

(1) 보상의 지속성: 일시적인 쾌감과 지속적인 의미

우리 뇌는 물질적 보상과 사회적 보상을 근본적으로 다른 방식으로 처리한다. 돈, 음식, 소유와 같은 물질적 보상은 뇌의 보상 중추를 강력하지만 짧게 자극한다. 도파민이 폭발적으로 분비되어 순간적인 쾌감을 주지만, '쾌락 적응(hedonic adaptation)' 현상으로 금방 익숙해져 무감각한 상태로 돌아간다.

반면에 칭찬, 신뢰, 소속감과 같은 사회적 보상은 훨씬 더 복잡하고 오래가는 흔적을 뇌에 남긴다. 이는 단순한 보상 회로를 넘어 기억을 담당하는 해마, 자아와 정체성을 관장하는 전전두엽, 그리고 감정적 의미를 부여하는 ACC가 동시에 활성화되기 때문이다. 사회적 보상은 '느낌'을 넘어 '나'라는 이야기의 일부로 각인되어 장기적인 심리적 안정감과 자존감의 토대를 마련한다.

여기에 한 가지 결정적 차이가 더 있다. 사회적 보상은 '재생'이 가능하다. 오래전 들었던 칭찬이나 포옹의 따뜻함을 생생히 떠올리기만 해도, 뇌는 실제 상황과 유사한 옥시토신 반응을 다시 보인다. 그러나 돈이나 음식을 떠올리는 것만으로는 행복감이 재현되지 않는다. 결국 돈은 순간의 만족을 주지만, 관계는 존재의 의미를 남긴다.

(2) 고통의 실재성: '마음이 아프다'는 것은 신경학적 현실이다

사회적 연결이 중요한 만큼, 그 단절은 뇌에 치명적인 위협으로 인식된다. 이를 입증하는 대표적인 실험이 있다.

① 아이젠버거와 리버만(Eisenberger & Lieberman, 2003)의 '사회적 고통 실험'

참가자들은 컴퓨터로 공을 주고받는 가상 게임을 하다가 다른 두 명에게 갑자기 배제당하는 경험을 했다. 이 단순한 '소외' 상황에서 배제된 참가자의 뇌를 촬영한 fMRI에서는 ACC와 섬엽이 강하게 활성화되었다. 놀라운 점은 이 두 영역이 화상이나 골절 같은 신체적 통증을 처리하는 바로 그 회로라는 사실이다. 이 실험은 '사회적 거절'이 단순히 기분 나쁜 일이 아니라 '생리적 고통'과 동등한 신경학적 사건임을 증명했다.

② 크로스 등(Kross et al., 2011)의 '이별 실험(breakup study)'

사랑하는 사람과의 이별로 인한 정서적 고통을 연구한 이 실험에서도 동일한 결과가 나타났다. 예전 연인의 사진을 보며 이별의 아픔을 다시 느낀 참가자들의 뇌에서도 ACC와 섬엽이 활성화되었다. "마음이 아프다"는 말은 시적 비유가 아니라 신경학적으로 정확한 표현이다.

앞서 살펴본 두 실험(사회적 고통 실험, 이별 실험)은 하나의 공통된 결론으로 수렴한다. 인간의 뇌는 관계의 단절(배제·이별)을 생존에 대한 직접적인 위협으로 인식하도록 진화했으며, 그 고통은 신체적 상처와 본질적으로 다르지 않다. 신경심리학적으로 사회적 관계의 손실은 물리적 상처와 동일하게 '고통 신호'로 처리되는 반면, 사회적 관계의 복원(용서·포용·인정)은 실제 진통제처럼 작용하여 통증을 완화하고 회복을 촉진하는 신경화학적 보호 효과를 지닌다. 따라서 사회적 안정은 단순히 기분을 좋게 하는 '선택'이 아니라 뇌와 몸이 건강하게 유지되도록 돕는 생리적 진통 메커니즘이자 생물학적 필수 조건이다.

4) 생활 속 사례: 사회정서적 조건의 우위

① 회사에서의 경험: 급여보다 인정의 힘

많은 직장인이 연봉보다 공정한 대우와 상사의 인정을 더 큰 동기 부여 요인으로 꼽는다. 칭찬이나 신뢰 표현은 옥시토신·도파민을 자극하여 '돈 보상'보다 더 오래 지속되는 만족을 준다.

② 노년기의 삶: 관계의 단절은 생명 위험

사회적 고립은 하루 세 끼를 굶는 것보다 더 위험하다. 외로움은 코르티솔을 높이고 면역을 약화시켜 사망률을 약 30% 높이는 것으로 보고되었다(Holt-Lunstad, 2010).

③ 아이 양육: 교육비보다 정서적 교감

아이의 인지 발달은 물질적 환경보다 정서적 상호 작용(eye contact, 말걸기, 포옹)의 빈도에 더 큰 영향을 받는다. 즉, 애정의 빈도가 지능의 토대를 만든다.

④ 소비 행동: 가격보다 스토리

소비자는 제품의 성능보다 '이 제품을 만든 사람의 진심'을 담은 스토리에 더 강하게 반응한다. 이는 사회정서적 신호가 구매의 핵심 동기임을 보여준다.

이렇듯 인간은 '얼마나 좋은가?'보다 '누가 나에게 그걸 주는가?'를 더 중요하게 느낀다.

5) 관계는 생명이고, 정서는 영양분이다

인간은 물질로만 살아가는 존재가 아니다. 관계와 정서를 통해 생리적·심리적 균형을 유지한다.

진화적으로 정서적 유대는 생존의 핵심 전략이었고, 신경적으로 사회적 보상은 통증을 줄이고 회복을 촉진하며, 심리적으로 사회정서적 안정은 물질적 풍요보다 더 깊은 만족을 남긴다. 따라서 인간은 본능적으로 물질적 조건보다 사회정서적 조건을 우선시하도록 설계된 존재이다.

인간의 애착은 단순한 감정이 아니라 생리적 생존보다 먼저 작동하는 사회적 생존의 본능이다. 우리는 '먹는 존재'가 아니라 '함께 있음으로 살아가는 존재'이다. 인간의 뇌는 '먹이를 주는 손'보다 '따뜻하게 안아주는 손'을 더 오래 기억한다.

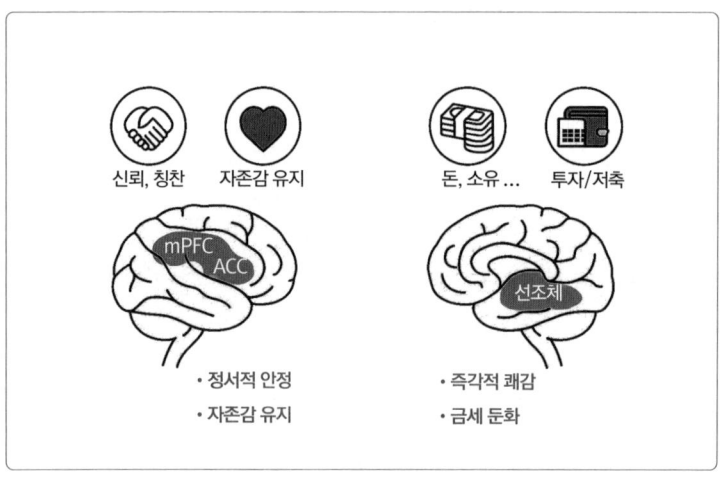

'사회정서적 보상 vs 물질적 보상' 뇌 반응 도식

3. 애착: 사회정서적 조건의 선호와 기업 생산성의 관계
―사회적 보상 회로와 조직 성과의 신경심리학적 이해

1) 생산성의 새로운 패러다임, '사회적 뇌'를 깨우다

현대 기업의 생산성을 결정하는 핵심은 더이상 기술적 능력이나 물질적 보상의 수준에만 있지 않다. 진정한 동기와 몰입, 나아가 창의성과 협력은 직원의 '사회정서적 상태', 즉 '내가 인정받고, 신뢰받으며, 소속되어 있다'는 심리적 안정감에서 비롯된다. 이러한 안정감은 우리 뇌의 사회적 보상 회로가 활성화되었을 때 비로소 확보된다. 따라서 조직의 성과를 높이기 위해서는 인간 뇌가 본능적으로 선호하는 '사회정서적 조건'을 이해하고, 이를 조직 관리의 핵심에 놓아야 한다.

2) 생산성의 핵심 엔진: 사회적 보상 회로

인간의 뇌에는 사회적 보상 회로라는 특별한 신경망이 자리 잡고 있다. 이 회로는 공정성과 사회적 고통을 감지하는 ACC, 신뢰와 도덕적 판단을 담당하는 vmPFC, 사회적 인정에서 쾌감을 느끼게 하는 측좌핵, 그리고 유대감과 소속감을 조절하는 옥시토신 경로 등으로 구성된다.

중요한 것은 이 회로가 돈을 받았을 때보다 칭찬, 인정, 공정한 대우를 받았을 때 더 강력하고 지속적으로 반응한다는 사실이다. 기업 맥락에서 이는 직원들이 금전적 인센티브보다 '공정하게 평가받고 존중받는 느낌'에 더 깊이 동기 부여된다는 의미이다. 이 사회적 보상 회로가 안정적으로 작동하면 스트레스 호르몬인 코르티솔이 억제되고, 집중력과 사고 유연성 같은 인지 자원이 최적화되어 결국 생산성으로 직결된다.

3) 통합적 관점: 정서적 안정, 인지 효율, 조직 성과의 선순환

사회정서적 안정과 생산성의 관계는 단순한 상관관계를 넘어 뇌에서 일어나는 생물학적 과정이다. 이를 이해하기 위해서는 신경심리학적 메커니즘과 조직심리학적 이론을 통합하여 바라볼 필요가 있다.

(1) 신경-인지 효율성의 선순환

사회정서적 안정, 예를 들어 팀원 간의 신뢰와 상사의 인정은 뇌의 위협 감지 센터인 편도체의 과도한 활동을 진정시킨다. 이는 마치 방어에 에너지를 낭비하던 시스템이 해제되는 것과 같다. 그 결과, 작업 기억, 계획, 통제 등 고차원적 사고를 담당하는 전전두엽의 기능이 자유로워지고 활성화된다. 이는 곧 인지 효율의 극대화로 이어져 집중력, 문제 해결 능력, 창의성이 비약적으로 상승한다.

(2) 생산성 결정의 통합 메커니즘

이러한 과정은 '사회적 보상-통제-정서' 회로의 통합적 작용으로 설명할 수 있다. 신뢰와 인정은 옥시토신과 도파민을 분비하게 하여 정서적 안정과 동기를 부여한다. 이는 편도체와 ACC를 안정시키고 스트레스 반응을 억제한다. 결국 전전두엽이 활성화되어 사고와 창의성이 향상되고, 이는 팀 협력과 몰입을 통해 조직 전체의 생산성 상승으로 이어진다.

이 메커니즘은 헤르츠버그(Herzberg)의 동기-위생 이론이나 데시와 라이언(Deci & Ryan)의 자기 결정성 이론(자율성, 유능감, 관계성)이 주장하는 바를 신경과학적으로 입증한다. 즉, 물질적 보상(위생 요인)은 불만을 없앨 뿐, 진정한 동기와 생산성은 관계성과 인정(동기 요인)에서 비롯된다는 것이다.

4) 연봉의 이중성: 물질적 도구이자 사회적 메시지

연봉은 표면적으로는 대표적인 물질적 보상이다. 그러나 직원의 뇌는 이 금액을 단순한 '숫자'가 아닌 '조직이 나를 어떻게 평가하는가에 대한 사회적 신호'로 해석한다. 따라서 연봉 인상의 효과는 절대적 금액의 크기보다 '이것이 공정한 절차를 통해 내 가치와 공로를 인정한 결과인가?'라는 사회정서적 평가에 크게 좌우된다.

동일한 금액이라도 공정성과 존중이 수반될 때, 이 보상은 뇌에서 선조체의 일시적 쾌감을 넘어 ACC와 vmPFC의 장기적 만족과 신뢰로 전환된다. 이는 장기적인 생산성 강화 효과를 낳는 핵심 메커니즘이다. 연봉의 진정한 의미는 돈의 크기가 아니라 그것이 '인정의 신호'로 해석되는가에 달려 있다고 할 수 있다.

5) 생산성은 관계에서 피어난다

결론적으로, 기업의 지속 가능한 생산성은 물질적 보상 구조의 단순한 합이 아니라 조직 구성원 사이에 쌓아 올린 사회정서적 관계망의 질에서 비롯된다. 신경심리학적으로 보면 사회적 보상 회로의 안정이 인지 효율을 결정하며, 조직심리학적으로는 공정성, 신뢰, 인정이라는 감정이 물질적 보상보다 더 깊고 지속적인 동기를 제공한다.

기업의 생산성은 결국 '돈'이 아니라 '관계'가 좌우한다. 사회정서적 안정은 뇌가 최고의 성과를 내도록 하는 최적의 생물학적 조건이며, 인정과 신뢰는 개인의 지능이 모여 집단 지능으로 발현되게 하는 토대이다.

4. 생산성: 사회적 지능과 비사회적 지능의 역할과 비중

1) AI 시대, 기업 생산성의 새로운 지능 조합

현대 기업의 생산성은 단순한 기술적 역량의 합이 아니라 '비사회적 지능'과 '사회적 지능'의 조합에 의해 결정된다. 전자가 '논리·분석·속도'의 축이라면, 후자는 '공감·신뢰·지속성'의 축이다. AI와 자동화가 기술적 판단을 대체할수록 인간 고유의 사회적 지능이 기업 경쟁력의 핵심으로 부상하고 있다. 이는 "효율 없는 신뢰는 정체되고, 신뢰 없는 효율은 붕괴한다"는 명제를 증명한다.

구분	비사회적 지능	사회적 지능
인지 형태	분석적·논리적, 추론 중심	공감적·관계적, 정서 중심
신경 기반	dlPFC, 두정엽, 해마	mPFC, ACC, 섬엽, TPJ
작동 방식	독립적 문제 해결(비모델 학습)	상호 예측적 학습(모델 기반)
목적	효율성과 정확성	협력과 지속 가능성
결과	단기 성과 향상	장기 혁신 및 관계 유지

2) 직무별 지능 비중: AI 대체 시대의 새로운 평가 기준

AI가 비사회적 지능의 상당 부분을 대체함에 따라 직원 성과에서 사회적 지능의 비중은 평균 60% 이상으로 증가할 것이다.

직원의 성과에서 각각의 비중

직무 유형	비사회적 지능 비중	사회적 지능 비중	설명
기술·분석 중심	70%	30%	정밀도·논리력 중심 업무
고객·영업·서비스	40%	60%	공감·관계 중심
협업 프로젝트형	50%	50%	기술적 정확성과 인간적 소통의 균형

경영자의 성과에서 각각의 비중

리더 유형	비사회적 지능 비중	사회적 지능 비중	설명
전략·기획형 리더	40%	60%	전략적 사고+관계적 설득 병행
인사·조직 리더	30%	70%	신뢰·공감·조직 문화 조성 중심
혁신형 CEO	45%	55%	기술 이해+감정 리더십 통합

3) 기업 진화와 지능 구조의 변화

AI 전환기 이후, 기업의 지능 구조는 다음과 같이 3단계로 진화해 왔다. AI 시대 기업 생산성의 최적 비율은 비사회적 지능 40% : 사회적 지능 60%로 수렴한다.

기업 수준	비사회적 지능 비중	사회적 지능 비중	설명
1세대: 산업사회형 (기계적 조직)	80%	20%	효율 중심/ 하향식 구조 (예: 포드, 1980s 제조업)
2세대: 정보사회형 (데이터 조직)	60%	40%	성과 관리+팀워크 병행 (예: 삼성, IBM 2000s)
3세대: AI-4차혁명형 (신뢰·창의 조직)	40%	60%	자율·심리적 안전·혁신 중심 (예: 구글, 넷플릭스, 파타고니아)

4) AI 시대의 적용: 인간의 새로운 역할

(1) 인간과 AI의 역할 재정의: 계산에서 의미로의 전환

AI 시대에서 인간과 기계의 역할은 명확하게 재정의되고 있다. AI는 비사회적 지능의 영역인 데이터 분석, 의사결정, 고객 관리, 리더십의 실행 보조에서 압도적인 능력을 발휘한다. 구체적으로 볼 때, AI는 방대한 데이터를 대상으로 빠르고 정확한 계산을 수행하고, 확률 기반의 최적화된 의사결정 안을 제시하며, 자동화된 피드백을 통해 기본적인 고객 관리를 효율적으로 처리한다.

그러나 이러한 AI의 역량은 아직 본질적인 맥락과 의미를 이해하지 못한다는 한계에서 자유롭지 못하다. 바로 이 지점에서 인간의 사회적 지능이 그 진가를 발휘한다. 인간은 AI가 생성한 냉정한 데이터와 분석 결과에 해석과 의미를 부여하고, 수치 너머의 가치와 윤리적 함의를 판단하며, 공감과 신뢰를 바탕으로 깊은 관계를 구축하는 역할을 담당한다. 결국 AI가 '무엇(what)'을 효율적으로 처리하는 도구라면, 인간은 '왜(why)' 그 일이 중요한지, '어떻게(how)' 더 의미 있게 만들지에 대한 질문을 던지고 해결하는 '의미의 감독자(supervisor of meaning)'로 진화하고 있다.

(2) 신뢰 경영의 신경과학

신경경제학자 폴 잭(Paul Zak, 2017)의 연구에 따르면, 옥시토신이 높은 조직은 평균 생산성이 50% 증가하고, 이직률은 25%가 감소한다고 한다. "신뢰는 신경화학적 화폐이다(trust is a neurochemical currency)"라는 명제처럼 신뢰는 새로운 생산 요소가 되었다. 미래형 경영자는 '신뢰 호르몬을 분비시키는 뇌의 디자이너'로서 SCARF 모델(Status, Certainty, Autonomy, Relatedness, Fairness)이 제시하는 사회적 보상의 5대 축을 관리해야 한다. AI가 '확실성'을 제공한다면, 인간 리더는 지위·공정성·관계라는 '존엄'을 담당하는 것이다.

5) 지능의 재배선, 경영의 재정의

AI와 자동화가 확산될수록 기업의 경쟁력은 비사회적 지능의 속도보다 사회적 지능의 깊이에 따라 결정된다. 비사회적 지능은 기술적 완성도를 높이고, 사회적 지능은 인간적 지속 가능성을 만든다. AI 시대의 최적 조합은 비사회적 지능 40%, 사회적 지능 60%이다. AI가 효율을 담당한다면, 인간은 의미를 담당한다. 사회적 지능은 신뢰와 감정의 회로를 통해 조직의 창의성과 생산성을 지속적으로 갱신하는 동력이다.

5. 애착 이론과 관계된 경영 이론

이와 같이 AI 시대에 인간의 역할이 '의미의 감독자'로 재정의됨에 따라 이를 실현하기 위한 구체적인 경영 프레임워크가 요구된다. 특히 사회적 지능을 체계적으로 관리하고 강화하는 모델이 조직 성과의 핵심 변수로 부상하고 있으며, 그 대표적인 사례로 신경과학에 기반한 SCARF 모델과 신뢰 경영(옥시토신 리더십)을 들 수 있다.

1) | 사례 1 |
SCARF 모델: 뇌과학이 발견한 사회적 지능 경영의 5가지 법칙

(1) '사회적 뇌'가 만든 새로운 경영 모델

전통적 경영은 물질적 인센티브(급여, 보너스, 평가 점수)를 핵심 동기로 삼았다. 그러나 21세기 조직심리학과 신경과학의 연구는 인간의 동기는 사회적 보상, 즉 존중·예측 가능성·자율성·소속·공정성에 의해 더 강하게 자극된다는 사실을 입증했다. 이러한 발견을 체계화한 것이 바로 데이비드 록(David Rock, 2008)의 SCARF 모델이다.

(2) SCARF 모델의 핵심: 뇌를 자극하는 다섯 가지 사회적 보상

SCARF 모델은 전통적인 물질적 인센티브보다 인간의 뇌에 더 강력한 동기 부여 효과를 갖는 다섯 가지 사회적 보상 요소를 제시한다. 각 요소는 특정 신경 회로와 연결되어 있어, 이 요소들이 충족되면 보상 호르몬이 분비되어 몰입과 창의성이 촉진되고, 반대로 위협을 받으면 스트레스 호르몬이 분비되어 사고력과 협업 능력이 저하된다.

- Status(지위): 단순한 직책이 아니라 구성원이 자신의 기여와 존재를 '존중'받고 있다는 인식이다. 이는 뇌의 보상 중추(선조체)와 사회적 인식을 담당하는 영역(mPFC)을 활성화시킨다. 리더의 진심 어린 칭찬과 인정은 강력한 동기가 되는 반면, 무시나 모욕은 가장 큰 위협 중 하나로 작용한다.

- Certainty(확실성): 뇌는 에너지를 효율적으로 쓰기 위해 미래에 대한 예측 가능성을 갈구한다. 명확한 목표, 투명한 커뮤니케이션, 정기적인 피드백은 불확실성과 불안을 줄여 전두엽의 원활한 작동을 돕는다.
- Autonomy(자율성): 자신의 업무와 결정에 대한 통제권을 갖는다는 느낌은 전전두엽(문제 해결 및 의사 결정 센터)을 자극한다. 리더의 신뢰를 바탕으로 한 선택의 자유는 책임감과 혁신 정신을 키우는 반면, 과도한 통제와 미시 관리에서는 위협으로 작용한다.
- Relatedness(관계성): 동료 및 조직과의 신뢰와 유대감은 '신뢰 호르몬'이라 불리는 옥시토신 분비를 촉진한다. 이는 협력과 소속감을 강화하고, 스트레스를 완화하여 조직의 회복 탄력성(resilience)을 높인다.
- Fairness(공정성): 공정하게 대우받는다는 인식은 뇌의 공정성 감지 센터(ACC, 섬엽)를 안정시킨다. 절차와 보상이 투명하고 공정할 때 구성원들의 신뢰와 몰입은 극대화된다.

결국 SCARF 모델이 주는 핵심 통찰은 '조직의 성과는 지위(status)보다 공정성(fairness)에, 명령(control)보다 자율성(autonomy)에 달려 있다'는 점이다.

(3) 경영 현장에 적용된 SCARF의 힘

이 이론은 이미 글로벌 선도 기업들의 문화와 시스템에 스며들어 가시적인 성과를 창출하고 있다.
- 지위(status)와 심리적 안전감: 구글은 '심리적 안전감'을 최고의 조직 문화로 삼아 누구도 자신의 의견이 무시당할까 두려워하지 않는 환경을 조성했다. 이로 인해 아이디어 수용률이 37% 이상 증가하고 이직률은 감소하는 성과를 얻었다.

- **확실성(certainty)과 자율성(autonomy)의 균형:** 넷플릭스는 '자유와 책임'의 문화 아래 직원들에게 명확한 목표와 피드백을 제공함으로써 예측 가능성을 주는 동시에, 그 목표를 달성하는 방법에 대한 완전한 자율성을 부여한다.
- **자율성(autonomy)이 낳은 혁신:** 3M과 파타고니아는 연구자들에게 근무 시간의 15~20%를 자신의 주요 업무와 무관한 자율 프로젝트에 쓸 수 있도록 허용했다. 이 '자율 시간' 제도는 포스트잇(3M)과 혁신적인 친환경 소재(파타고니아)와 같은 역사적 혁신의 산실이 되었다.
- **관계성(relatedness)의 경쟁력:** 사우스웨스트 항공은 '가족 같은 유대감'을 최우선 가치로 삼아 직원 간 강한 신뢰와 상호 지원 문화를 구축했으며, 이는 어떠한 위기 상황에서도 빠르게 대응하는 조직의 탄력성으로 이어졌다.
- **공정성(fairness)을 위한 시스템:** 도요타의 '안전 발언권' 제도는 현장의 누구든지 프로세스상의 불합리함이나 안전 문제를 거리낌 없이 제기할 수 있게 함으로써 공정성에 대한 신뢰를 구축하고 지속적인 개선을 가능하게 했다.

이러한 SCARF 요소를 체계적으로 적용한 조직들은 평균적으로 생산성 35%, 창의성 45% 증가, 이직률 25% 감소 등의 성과를 보고 있다.

(4) AI 시대, SCARF 모델의 진화와 전략적 가치

AI와 자동화가 비사회적 지능(IQ) 중심의 업무를 대체할수록 인간 고유의 사회적 지능(SQ)을 발휘할 수 있는 SCARF 요소들의 중요성은 더욱 부각된다. AI 시대에 SCARF 모델은 다음과 같이 재해석 및 응용될 수 있다.

- **AI는 확실성을, 리더는 나머지를**: AI는 데이터 기반의 명확한 예측과 실시간 성과 대시보드를 제공하여 '확실성'을 높여준다. 반면, 인간 리더는 AI가 할 수 없는 '지위(기여도 인정)', '공정성(윤리적 판단)', '관계성(공감 대화)'을 설계하는 데 집중해야 한다.
- **자율성의 새로운 형태**: 알고리즘의 보조 아래에서도 직원들이 스스로 판단하고 결정할 수 있는 '자율성'을 보장하는 하이브리드 근무 및 분산 팀 운영이 핵심이 된다.
- **공정성의 새로운 영역**: AI 의사결정의 투명성과 공정성은 새로운 과제로 부상한다. 이를 위해 AI 윤리위원회 구성 및 HR 공정성 알고리즘 감사는 필수 항목이 되고 있다.

즉, 과거 경영이 '인간이 기계의 효율을 통제'하는 것이었다면, AI 시대는 '인간이 AI의 사회적 윤리를 감독'하는 방향으로 전환되었다. AI는 효율을 담당하고, 인간은 신뢰를 담당하는 새로운 분업 구조가 형성되는 것이다.

이러한 SCARF 기반 경영은 궁극적으로 심리적 안전감, 신뢰 경영, 집단 지능이라는 전략적 가치를 창출하며, 이는 단순한 기술 도입으로는 따라잡을 수 없는 지속 가능한 생산성의 원동력이 된다. 결국 SCARF 모델은 인간의 '사회적 뇌'에 최적화된 경영 시스템을 설계하는 지도와 같다. '돈보다 존중', '명령보다 자율', '효율보다 신뢰'라는 원칙 위에 세워진 조직만이 AI 시대에도 살아남는 진정한 경쟁력을 갖출 수 있다.

2) | 사례 2 |
신뢰 경영: 옥시토신이 만드는 생산성의 신경과학

(1) 신뢰는 두뇌의 화학 작용이다

전통 경영학이 신뢰를 도덕적 덕목으로 봤다면, 신경과학은 이를 '옥시토신'이라는 측정 가능한 생물학적 현상으로 규명했다. 폴 잭(Paul Zak)의 표현대로, 신뢰는 "신경 화폐(neurochemical currency)"이다. 즉, 신뢰는 감정이 아닌, 생산성을 높이는 생리적 메커니즘 그 자체이다.

(2) 옥시토신, 협력을 촉진하는 뇌의 화학물질

옥시토신은 뇌의 사회성과 신뢰를 담당하는 핵심 호르몬이다. 시상하부에서 생성되어 분비되는 이 호르몬은 다음과 같은 역할을 한다.
- 생리적 기능: 편도체 활동을 억제해 불안과 스트레스(코르티솔)를 줄이고, 보상 회로를 활성화해 도파민 분비를 촉진한다.
- 행동적 효과: 타인에 대한 공감과 신뢰를 높이고, 협력 및 도움 행동을 자연스럽게 이끌어낸다.
- 경영적 의미: 결국 옥시토신은 '협력의 생물학적 접착제'로 통제 중심의 조직에서는 억제되고, 신뢰 중심의 조직에서는 활성화된다. '감시로는 복종을 얻지만, 신뢰로는 몰입을 얻는다'는 원리는 여기에 기반한다.

(3) 옥시토신을 높이는 리더십의 메커니즘

리더의 행동은 구성원의 뇌 화학을 직접적으로 바꾼다. 효과적인 옥시토신 리더십은 세 가지 방식으로 작동한다.

- **감정의 전염**: 리더의 진정한 공감, 존중, 감사 표현은 구성원의 옥시토신 분비를 유발한다. 반면에 공포와 비난은 스트레스 호르몬을 증가시킨다.
- **신뢰의 선순환**: 리더가 신뢰를 보여주면, 구성원의 옥시토신 수치가 올라가고, 협력 행동이 증가하며, 이는 다시 리더에게 피드백되어 더 큰 신뢰를 낳는 선순환 구조가 만들어진다.
- **과학적으로 입증된 성과**: 폴 잭의 연구(2017)에 따르면, 옥시토신 수치가 높은 조직은 생산성이 50% 이상 높아지고 이직률은 25% 가까이 감소하는 등 실질적인 성과 차이를 보인다.

(4) 현장에서 검증된 신뢰 경영 사례
- **파타고니아**: 재택근무와 휴가를 전면 자율화한 '신뢰 중심 자율 경영'으로 직원의 창의력과 충성도를 업계 최고 수준으로 유지하며, 생산성도 업계 평균의 1.5배에 달하는 것으로 분석된다.
- **구글**: '심리적 안전감'을 핵심 문화로 삼아 리더의 공감 피드백과 상호 존중을 바탕으로 팀 협업 지수를 35% 이상 향상시켰다.
- **사우스웨스트 항공**: '직원에게 신뢰를 주면 고객은 감동을 받는다'는 믿음 아래 직원 간 신뢰를 최우선 가치로 삼아 직원 만족도와 고객 충성도를 동시에 상승시켰다.

(5) AI 시대, 신뢰 경영의 진화
AI가 계산과 효율을 담당하게 될수록 인간 조직의 차별화된 경쟁력은 '신뢰와 공감의 관리 능력'으로 이동한다.
- **과거**: 리더의 역할은 감시자(supervisor)였고, 조직은 명령 체계였다.

- **미래:** 리더의 역할은 정서 조율자(emotional integrator)이며, 조직은 신경-정서적 네트워크가 된다.

AI가 '확실성'을 제공한다면, 인간 리더는 '신뢰'라는 사회적 자본을 설계하고 관리하는 데 주력해야 한다.

(6) 신뢰, 가장 강력한 생산성 호르몬

신뢰 경영은 단순한 윤리나 감성이 아니다. 그것은 '신뢰→정서적 안정→인지 효율 향상→생산성 극대화'라는 뇌과학에 기반한 최적의 성과 창출 경로이다. 옥시토신이 분비되는 조직에서는 피로보다 몰입이, 명령보다 협력이, 감시보다 자율이 지배한다. 결국 신뢰는 인간 뇌가 만들어낸 가장 강력한 생산성 호르몬이다.

3) 사회적 지능 중심의 마케팅 사례 1: 게오르크 호이젤의 신경마케팅론
― 감정·정체성·사회적 보상에 기반한 소비자 선호 유형 모델

(1) 감정적 선택, 논리적 합리화: 소비의 비이성적 본질

소비자는 결코 합리적인 존재가 아니다. 게오르크 호이젤(Georg Häusel, 2009)은 소비자가 물건을 살 때 이성적으로 판단하기보다 감정, 사회적 동기, 정체성의 상호 작용에 따라 행동한다고 설명했다. 다시 말해, 소비는 단순히 생리적 욕구를 충족하기 위한 행위가 아니라 자신이 어떤 사람인지를 표현하고, 사회 속에서 소속감과 자존감을 확인하려는 심리적 과정이다.

이러한 관점에서 마케팅은 결국 소비자의 '사회적 보상 회로'를 설계하는 일이라 할 수 있다. 실제로 소비 행동은 변연계(limbic system), 보상 회로

(reward circuit), 사회적 뇌의 통합적 작용에 의해 결정된다. 편도체와 해마가 감정과 기억을 처리하고, 복내측 전전두엽(vmPFC)이 동기를 부여하며, VTA-선조체-안와전두피질로 이어지는 보상 회로가 기대와 쾌감을 강화한다. 동시에 mPFC, TPJ, ACC, 섬엽으로 구성된 사회적 뇌는 타인의 평가와 정체성을 판단한다. 결국 소비자는 '좋아 보인다(liking)'는 감정으로 먼저 선택하고, 그 후에 '그럴 만한 이유(reason)'를 덧붙여 합리화한다.

호이젤의 LIMBIC® 모델은 이러한 감정적 소비의 구조를 세 가지 기본 동기로 설명한다. Dominance(지배·도전) 시스템은 성취와 자부심, 경쟁심을 자극해 프리미엄과 리더십의 이미지를 만든다. Stimulation(자극·새로움) 시스템은 호기심과 창의성을 자극해 트렌드와 혁신, 개성을 추구하게 만든다. Balance(안정·조화) 시스템은 신뢰와 소속, 가족적 유대를 중시해 전통과 따뜻함을 느끼게 한다.

세 시스템은 변연계에서 균형을 이루며 소비자의 선호를 결정하고, 브랜드는 그 균형점 위에서 감정의 설계를 시도한다. 벤츠가 Dominance의 욕망을, 나이키가 Stimulation의 도전을, 코카콜라가 Balance의 따뜻한 소속감을 상징하는 이유가 여기에 있다.

(2) 사회적 지능과 소비자 감정

호이젤의 핵심 통찰은 소비자의 구매 행위가 단순한 제품 구매를 넘어선다는 점에 있다. 즉, 소비자는 '제품' 그 자체가 아니라 그것을 통해 표현되고 강화되는 '자기 정체성'을 구매한다. 이에 따라 소비는 하나의 '사회적 행위'가 되며, 브랜드는 제품의 기능적 가치보다 '사회적 신호'로서 정체성을 전달하고 강화하는 매개체 역할을 한다.

이러한 소비자의 사회적·감정적 욕구에 효과적으로 대응하기 위해 브랜드는 특정 감정에 집중한 전략을 구사하며, 이는 신경과학적으로 그 효과가 입증되고 있다.

① **공정성**(fairness)에 대한 감정에는 투명한 가격 정책이나 ESG(환경, 사회, 지배구조) 캠페인 등이 효과적이다. 이러한 브랜드 행동은 뇌에서 불공정함을 탐지하고 사회적 거부에 반응하는 영역인 ACC와 섬엽을 자극하여 소비자와의 깊은 신뢰 형성을 유도한다.

② **소속감**(belonging)을 충족시키기 위해서는 커뮤니티 마케팅이나 팬덤 문화를 조성하는 전략이 매우 효과적이다. 이는 타인의 마음을 읽고 공감하는 데 관여하는 내측 전전두엽(mPFC)과 측두두정접합부(TPJ)를 활성화시키며, 관계 형성 호르몬인 옥시토신의 분비를 촉진하여 소비자 간, 소비자와 브랜드 간의 유대감을 강화한다.

③ **존중**(respect)을 받고자 하는 욕구에는 프리미엄 라인 출시나 브랜드의 리더십 이미지를 강조하는 전략이 잘 작동한다. 이는 자신의 사회적 지위가 향상되었다는 느낌을 주어 보상과 관련된 선조체와 가치 판단을 담당하는 안와전두엽피질(OFC)을 활성화시킨다.

④ **자부심**(pride)을 자극하기 위해서는 성취와 정체성을 연결하는 스토리텔링이 핵심이다. 브랜드를 통해 자신의 성공이나 가치관을 표현할 수 있을 때, 뇌의 도파민 보상 경로가 활성화되며 긍정적인 감정과 강한 브랜드 충성도가 형성된다.

결론적으로, 소비자는 단순히 기능적 이점을 제공하는 제품이 아니라 '나다움을 느끼게 하고 사회적으로 나를 인정받게 해주는 브랜드'를 선택한다. 즉, 소비자의 정체성, 감정, 그리고 사회적 보상이 하나의 연결고리로 엮인 브랜드와 상품에 가장 강력하게 반응하는 것이다.

(3) 실험적 근거

브랜드 가치 형성과 소비자 행동에 대한 실험적 근거는 신경과학 및 소비자 연구를 통해 입증되고 있다.

2008년 하우젤(Häusel)이 진행한 fMRI 실험에서는 소비자에게 다양한 브랜드 로고를 제시한 후 뇌 활성화 양상을 비교했다.[56] 그 결과, 개인이 선호하는 브랜드를 접했을 때는 감정과 보상 처리와 깊은 관련이 있는 뇌 영역인 변연계, 특히 편도체와 선조체에서 강한 활성화가 관찰되었다. 이는 단순한 인지적 판단을 넘어 감정적이고 본능적인 수준에서 브랜드 선호가 형성됨을 보여주는 증거이다.

구매 의도와 실제 행동 간의 연관성은 슈미트 등(Schmitt et al., 2010)의 연구에서 확인할 수 있다.[57] 경영 컨설팅 기관에서는 브랜드에 대한 신뢰 수준이 구매 확률에 미치는 영향에 대해 신뢰도가 1단계만 상승해도 구매 확률이 27%나 증가한다고 보고 있다. 이는 브랜드 신뢰가 마케팅의 추상적 개념이 아닌, 실제 구매로 이어지는 핵심 동력임을 실증한다.

브랜드 가치는 사회적 관계를 통해서도 강화된다. 리버만(Lieberman, 2013)의 사회적 보상 실험[58]에 따르면, 타인으로부터 인정을 받거나 브랜드가 추천되는 상황에서는 ACC와 내측 전전두엽(mPFC)이 활성화된다. 이는 브랜드 선택이 사회적으로 인정받을 때 뇌에서 '보상'으로 인식된다는 것을 의미하며, 브랜드가 단순한 제품 이상의 '사회적 가치'를 지닐 수 있음을 시사한다.

---

56 Häusel, G., 2014. *Emotionales Marketing: Wie Werbung wirkt und Kunden fühlen*, Haufe.
57 Zarantonello, L., & Schmitt, B. H., 2010, "Using the brand experience scale to profile consumers and predict results," *Journal of Advertising Research*, 50(2), pp.177-190.
58 Lieberman, M. D., 2013, *Social: Why Our Brains Are Wired to Connect*, New York, NY: Oxford University Press (Original Publisher: Crown Publishers/Random House).

(4) LIMBIC® 모델 기반: 감정·사회적 가치를 통한 마케팅 전략과 사례

현대 마케팅에서 성공의 열쇠는 단순한 기능적 혜택이 아니라 소비자의 감정과 사회적 의미를 중심으로 브랜드 전략을 설계하는 데 있다. 게오르크 호이젤의 신경마케팅론에 따르면, 소비는 신체적 보상보다 사회적 보상으로 이동하며, 소비자의 선택은 자신을 표현하고 사회적 관계를 형성하는 행위로 나타난다. 따라서 브랜드 전략은 단순한 제품 속성이 아니라 감정, 소속감, 정체성을 겨냥해야 한다.

브랜드 포지셔닝은 소비자의 내적 동기와 정서 유형에 맞춰 구체화된다. 지배(dominance)형 소비자는 성취, 리더십, 힘과 같은 가치를 중시하며 BMW나 롤렉스(Rolex)처럼 권위와 성공을 상징하는 브랜드가 매력적이다. 자극(stimulation)형 소비자는 창의성, 새로움, 트렌드를 추구하여 애플이나 레드불(Red Bull)과 같은 혁신적·자율적 브랜드에 끌린다. 반면, 통합(balance)형 소비자는 따뜻함, 가족, 신뢰를 중시하며 이케아나 코카콜라처럼 안정적이고 공감 가능한 브랜드를 선호한다.

이러한 포지셔닝을 실행하는 과정에서는 감정 커뮤니케이션이 핵심 전략으로 작용한다. 소비자에게는 논리적 설명보다 '느낌'과 '경험'을 우선 전달해야 하며, 스토리텔링, 색채, 이미지, 음악 등 다양한 감각적 요소를 활용해 브랜드와 정서를 연결한다. 또한 사회적 가치의 통합은 장기적 충성도를 형성하는 중요한 요소이다. 공정 무역, 환경 보호, 포용성 등의 메시지를 결합하면, 소비자는 브랜드를 단순한 상품이 아닌 자신과 사회를 연결하는 의미 있는 존재로 인식하게 된다.

실제 사례를 보면, 애플은 지배(dominance)와 자극(stimulation)을 동시에 자극하며 혁신과 자율의 상징으로 "Think Different"를 내세워 소비자의 자기 표현 욕구를 강화했다. 코카콜라는 통합(balance)형 소비자를 대상으로 행복과 소속, 관계 중심의 메시지를 전달하며 세계적으로 높은 브랜드 호감도를 얻었다. 스타벅스는 통합형과 지배형을 결합하여 '나만의 공간'과 사회적 유대감을 동시에 제공함으로써 '소속된 개인주의'를 창출했다. 나이키는 자극형 전략으로 도전과 경쟁, 성취를 강조하며 소비자의 사회적 모방 욕구를 자극했다. 이러한 사례는 성공한 브랜드가 모두 사회적 감정(소속·존중·공정성)과 정체성 감정(자부심·자율성)을 동시에 자극한다는 점을 보여준다.

신경학적 관점에서 소비자의 이러한 경험은 보상 회로(VTA-선조체-mPFC)의 사회적 활성화로 연결된다. 심리학적으로는 구매 행위가 단순한 소비를 넘어 자아 정체성을 드러내는 사회적 행위가 된다. 따라서 현대 마케팅에서 성공을 좌우하는 요인은 더이상 가격이나 성능이 아니라 얼마나 효과적으로 소비자의 감정, 소속감, 신뢰 등 사회적 가치를 자극하느냐에 달려 있다.

4) 사회적 지능 중심의 마케팅 사례 2: '생명 보호 본능으로서의 사랑'
―사랑·정체성·사회적 소속의 진화를 통한 소비자-브랜드 관계의 이해

인간은 왜 특정 브랜드를 '사랑'한다고 표현할까? 미시간 대학교의 애런 아후비아(Aaron Ahuvia) 교수는 이 질문에 답하기 위해 '사랑'의 개념을 근본부터 재정의한다. 그의 이론에 따르면, 소비자가 브랜드에 느끼는 사랑은 단순한 선호나 감정이 아닌, 생명체가 자신과 자신이 속한 세계를 보호하려는 '생명 보호 본능(biological care instinct)'이 사회적으로 확장된 최종 형태이다. 이는 진화의 관점에서 모성애에서 시작되어 짝사랑, 우정을 거쳐, 마침내 브랜드와 같은 상징적 존재에 대한 애착으로까지 그 영역을 넓혀온 결과이다. 즉, 우리가 '애플'이나 '파타고니아'를 사랑하는 행위 뒤에

는, 우리의 정체성과 소속하는 문화를 보호하려는 강력하고도 원초적인 본능이 자리 잡고 있다.

이러한 생물학적 기반은 뇌과학으로도 입증된다. 사랑받는 브랜드를 생각할 때 활성화되는 뇌 영역(VTA-스트라이아텀의 보상 회로, mPFC의 자기-타자 통합 영역 등)은 사람을 사랑할 때와 중첩된다. 이는 브랜드가 단순한 소비 객체를 넘어 '확장된 자기(self-extension)'로 인식되고 있음을 의미한다. 아후비아의 연구('I Love My Brand', 2005)는 이 통합 과정을 3단계로 설명한다. 브랜드를 통해 나를 표현하는 '자기 표현' 단계를 지나, 브랜드가 나의 감정과 분리되지 않는 '감정 통합' 단계에 이르며, 최종적으로는 그 브랜드를 공유하는 집단과의 유대감, 즉 '사회적 확장' 단계에 도달한다. BTS의 팬덤 '아미'나 파타고니아의 소비자 집단은 단순한 고객이 아닌, '우리'라는 정체성을 공유하는 확장된 자기 공동체인 것이다.

따라서 현대 마케팅의 최전선은 제품의 기능적 우수성이 아닌, 소비자의 정체성과 소속감을 어떻게 풍부하게 만들어줄 수 있는가에 있다. 사회적 지능 중심 마케팅은 바로 이 점에 주목한다. 소비자에게 "당신은 이 브랜드와 함께 더 나은 세상을 만드는 '우리'의 일원입니다"라는 메시지를 전달하는 것, 그것이 바로 생명 보호 본능을 자극하고 브랜드에 대한 진정한 '사랑'을 배양하는 길이다. 결국 아후비아의 이론은 소비자의 선택이 '무엇이 나에게 이익인가'라는 계산을 넘어 '무엇이 나와 우리의 정체성을 지켜주는가'라는 더 깊은 질문에서 비롯됨을 일깨워준다.

6. 사회적 지능 기반 골프장 마케팅의 실제 응용
― 관계, 신뢰, 정체성, 감정의 보상 회로를 설계하는 마케팅

1) 골프장은 운동장이 아니라 사회적 뇌의 놀이터

골프는 단순한 스포츠를 넘어, 사회적 관계와 감정 교류, 그리고 자기 정체성이 구현되는 복합적인 사회적 공간이다. 따라서 골프장 마케팅의 성패는 기능적 효용(가격, 거리, 코스 품질)이 아닌, '사회적 보상', 즉 인정, 소속, 공정성, 유대, 자부심을 어떻게 설계하고 전달하느냐에 달려 있다. 이는 인간의 뇌와 마음이 사회적 연결과 긍정적 정서를 근본적인 보상으로 여긴다는 '사회적 지능' 이론에 기반한다.

골프장을 사회적 보상의 공간으로 재설계하는 이론적 틀은 다음과 같다.

- **사회적 항동성 유지**: 인간에게 소속감, 신뢰, 공정성은 생존에 준하는 기본 욕구이다. 골프장은 '함께하는 클럽'이라는 공동체 의식을 조성하고, '공정한 이용권/핸디캡 제도'를 운영하며, 고객을 단순 이용객이 아닌 '공동체의 일원'으로 대하는 정서적 환대에 집중해야 한다.
- **사회적 감정 자극**: 유대감, 자부심, 명예, 공정심은 강력한 충성도를 만드는 감정적 동력이다. 마케팅은 '우리 클럽 회원의 품격이 곧 코스의 품격이다'라는 메시지를 설계하여, 고객이 해당 골프장을 이용한다는 것 자체로 사회적 정체성과 자부심을 느낄 수 있도록 해야 한다.
- **사회적 인지 활용**: 타인의 마음을 읽고 공감하는 능력은 관계의 질을 결정한다. 이를 위해 AI 예약 분석, 콘시어지 서비스, 캐디의 관찰력을 활용한 맞춤형 케어가 필요하다. 고객의 습관, 선호도, 심지어 당일의 기분을 읽어 최적의 경험을 제공하는 것이 핵심이다.
- **공감적 관계 구축**: 진정한 관계는 상대방의 감정에 공명할 때 강화된

다. 캐디, 직원, 회원 간의 감정 피드백 루프를 교육하고 장려해야 한다. 한마디의 공감 어린 위로나 진심 어린 칭찬이 단순한 서비스 이상의 강력한 유대감을 생성한다.

2) 사회적 지능 기반의 종합 경영·마케팅 전략

"골프장 서비스의 핵심 KPI는 만족이 아니라 신뢰이다"라는 명제 아래, 사회적 지능 이론은 직원과 고객의 마음에 작동하는 원리를 체계적으로 디자인하는 종합 솔루션을 제공한다. 이는 내부 경영의 혁신과 대외 마케팅의 재설계를 연결하는 하나의 통합 프레임워크이다.

(1) 내부 신뢰 구축: SCARF 모델과 옥시토신 리더십

골프장 경영의 출발점은 고객이 아닌 직원부터이다. SCARF 모델을 직원 관리에 적용하면, 자율성(autonomy)과 공정성(fairness)을 보장받은 직원만이 진정한 서비스 마인드를 갖출 수 있다. 이러한 내부 신뢰를 화학적으로 증폭시키는 것은 옥시토신 리더십이다. '감정-공감 피드백 훈련'과 '칭찬 문화'를 정착시켜 조직 내 협력과 신뢰를 높일 때, 비로소 캐디는 단순한 안내자가 아니라 고객의 '라운드 코디네이터'로, 서비스 직원은 '감정 동반자'로 거듭난다. 이는 단순한 직원 교육이 아니라 '내부 신뢰'가 '고객 감동'으로 전이되는 시스템을 구축하는 일이다.

(2) 외부 신뢰 획득: 감정 세그먼트와 브랜드 사랑 전략

내부에서 다져진 신뢰의 가치는 고객과의 관계에서 빛을 발한다. 먼저, LIMBIC® 감정 모델을 통해 고객을 세분화하면 단순한 인구통계학적 접근을 넘어 감정적 유형에 따른 맞춤형 대화를 진행할 수 있다. 성취를 중시하는 지배형 고객에게는 '리더의 품격'을, 새로움을 추구하는 자극형에게는 'AI 예약, 스마트 골프'를, 조화를 원하는 통합형에게는 '사람과 자연이 함께 쉬는 곳'이라는 메시지로 접근하는 것이다.

궁극적인 목표는 고객과의 관계를 거래를 넘어 '사랑'의 관계로 발전시키는 것이다. 애런 아후비아의 이론을 적용하면, 골프장은 고객의 자기 표현과 정체성의 도구가 되어야 하며, 궁극적으로는 회원이 직접 참여하는 '클럽 문화 캠페인(예: 나무심기, 청소년 골프장 기부)' 등을 통해 사회적 확장의 상징, 즉 '우리의 문화'가 되어야 한다. 이는 고객을 '구매자'에서 '공동체의 일원'으로 변화시키는 과정이다.

사회적 지능 기반 경영·마케팅은 '내부 직원의 신뢰→감정 맞춤형 고객 경험→브랜드에 대한 사랑과 공동체 형성'이라는 선순환 구조를 창출한다. SCARF 모델과 옥시토신으로 무장한 조직은 림빅(LIMBIC®)과 브랜드 사랑 이론을 통해 고객의 마음에 깊이 다가갈 수 있다. 결국 차별화된 코스나 시설이 아닌, '신뢰'라는 사회적 자본을 어떻게 설계하고 축적하느냐가 미래 골프장 경영의 가장 강력한 경쟁력이 될 것이다.

3) 사회적 지능 마케팅의 실행, 전략, 그리고 비전

고객과의 관계를 '공감(empathy)→인지(understanding)→감정 연결(emotional bonding)→행동(action/participation)'의 4단계 모델로 체계화해야 한다. 이는 소비자의 무의식적 구매 결정을 연구하는 뉴로마케팅(neuro-marketing)의 핵심 통찰에서 비롯된 것이다. 고객의 감정 상태를 먼저 인지하고, 이를 바탕으로 감정적 유대를 형성할 때, 비로소 재방문과 적극적 추천이라는 행동으로 이어지는 선순환이 시작된다. '감정 피드백 앱'을 통해 라운드 후 고객의 감정을 수집하고 맞춤형 메시지를 발송하거나, '감정형 세그먼트 CRM'을 활용하는 것은 이 4단계 모델을 현대적 도구로 구현한 생생한 사례이다.

여기서 '감정형 세그먼트'를 체계적으로 분류하는 프레임워크로 림빅(LIMBIC)® 모델이 효과적이다. 이는 뇌의 변연계와 기본 감정 시스템(지배, 자극, 균형)에 기반하여, 성취형, 자극형, 조화형 고객으로 유형화한다. 이러한 실행의 배후에는 사회적 보상 중심의 전략이 체계적으로 자리 잡고 있다. 단순한 관계적 만족을 넘어 '유대, 공정, 명예'라는 사회적 감정을 자극하고, 공감형 커뮤니케이션을 통한 신뢰 구축을 토대로, '인정, 소속, 의미'라는 심층적 보상을 제공해야 한다.

이 모든 과정의 궁극적인 목표는 골프장을 단순한 시설이 아니라 '나와 우리의 상징'으로 자리 잡게 하는 것, 즉 '브랜드 사랑'을 형성하는 데 있다.

"고객은 코스를 기억하지 않는다. 하지만 자신이 어떻게 대접받았는가, 누구와 어떤 감정을 나눴는가는 절대 잊지 않는다."

이 명제는 전체 전략의 핵심을 관통하는 통찰력이다. 이를 종합하면, 사회적 지능 기반 마케팅은 골프장의 정체성을 '운동 시설 중심 산업'에서 '감정·정체성·공동체 중심의 레저 문화 산업'으로 근본적으로 전환시키는 패러다임의 혁명이다. 골프장은 신체가 아닌 사회적 뇌가 가장 활발히 작동하는 공간이다. 따라서 성공의 척도는 '예약률'이 아닌 '고객의 옥시토신을 분비시키는 경험'을 어떻게 설계하느냐가 된다. 당신의 골프장이 고객에게 제공하는 가장 값진 상품은 완벽한 그린(green)이 아니라 그들이 느끼는 소속감과 자부심이다.

결국 지속 가능한 경쟁력의 원천은 시설의 품질이 아니라 그곳에서 피어나는 관계의 품격(직원-고객 상호 작용, 커뮤니티 참여 등)에 달려 있다.

제5장 사회적 지능과 자기 통제
— 정체성·감정·인지·환경·항동성의 통합적 조절 메커니즘

1. 자기 통제

1) 자기 통제란 무엇인가

자기 통제(Self-control)란 즉각적인 욕구나 충동을 억제하고, 보다 장기적이며 사회적으로 바람직한 목표를 선택하고 실행하는 능력이다. 심리학에서는 이를 '즉시적 보상에 대한 지연 능력(delay of gratification)'으로 정의하며, 신경과학적으로는 하위 충동 시스템(limbic system)과 상위 조절 시스템(prefrontal cortex) 간의 균형적 통합 과정으로 이해한다.

하지만 자기 통제는 단순히 '참고 견디기'나 '욕구 부정'과 같은 소극적 행동이 아니다. 그것은 자신의 감정과 목표를 조율하며, '자기 정체성'이라는 나침반에 따라 욕구를 능동적으로 조정하는 적극적인 능력이다. 즉, 억제뿐 아니라 자기 존재의 일관성과 가치를 위해 감정, 행동, 환경을 조화롭게 관리하는 통합적 과정이라 할 수 있다.

이 과정은 마치 뇌 속에서 펼쳐지는 한 편의 협주곡과 같다. 쾌락과 즉

각적 보상을 추구하는 변연계는 '지금 이 케이크를 먹으면 즐거워질 거야'라고 속삭이는 반면, 미래를 계획하고 예측하는 전전두엽은 '하지만 내일 회의에서 나는 어떤 상태일까?'라며 되묻는다. 자기 통제는 이 두 목소리 사이의 대화에서 비롯되며, 궁극적으로 '미래의 나'와 '사회적 나'를 위한 선택으로 이어지는 신경심리적 조율의 결과물이다.

2) 자기 통제와 사회적 지능의 관계

사회적 지능은 단순히 타인의 표정이나 감정을 읽는 능력을 넘어, 그 의도와 사회적 규범을 이해하고 관계를 조화롭게 유지하며 신뢰를 구축하는 종합적 능력이다. 흥미로운 점은 이러한 외향적 능력의 근간에는 자기 통제라는 내향적 능력이 자리한다는 것이다.

타인의 마음을 공감하고 그 관점에서 세상을 바라보려면, 먼저 자신의 감정과 충동이라는 '내부 소음'을 억제할 수 있어야 한다. 분노나 좌절감에 휩싸인 상태에서는 상대의 말과 의도를 정확히 파악하기 어렵다. 이처럼 사회적 지능과 자기 통제는 서로를 필요로 하는 상호 의존적 관계를 형성한다.

신경학적 관점에서도 이 관계는 명확하다. 자기 통제는 배외측 전전두엽(dlPFC)과 복내측 전전두엽(vmPFC)을 중심으로 한 내부 조절 회로를 통해 이루어진다. 반면, 사회적 지능은 내측 전전두엽(mPFC, 공감 및 타인 이해), 측두두정접합부(TPJ, 타인의 의도 파악) 등 사회적 뇌 네트워크를 기반으로 작동한다.

비록 서로 다른 영역에서 기능하지만, 두 시스템은 끊임없이 상호 작용한다. 자기 감정을 잘 조절할수록 타인의 감정을 왜곡 없이 파악할 수 있으며, 타인의 입장과 관계의 중요성을 깊이 이해할수록 그 관계를 지키기 위해 감정을 조절해야 할 동기가 강화된다.

결국 자기 통제는 사회적 지능의 전제 조건이며, 사회적 지능은 자기 통제를 지속시키는 동력이라고 정리할 수 있다. 사회적 지능은 잘 다스려진 내면 세계가 외부 관계에서 발현된 모습이며, 자기 통제는 그러한 관계를 가능하게 하는 내부 핵심 메커니즘이다.

3) 자기 통제의 조건과 전략: 뇌·환경·정체성의 상호 작용

자기 통제는 단순한 '의지력'으로 설명할 수 없다. 그것은 뇌의 에너지 상태와 환경적 안정성에 깊이 좌우되는 가변적 능력이다. 피로, 수면 부족, 스트레스는 전전두엽(PFC)의 인지 기능을 저하시켜 충동성을 높이며, 불공정하거나 위협적인 사회적 환경은 자기 통제력을 빠르게 고갈시킨다.

즉, 의지력은 고정된 성격 특성이 아니라 하루 동안 소모되고 재충전이 필요한 유한한 '심리적 체력(psychophysiological energy)'이다. 따라서 '통제의 실패'는 도덕적 결함이 아니라 에너지 관리 실패로 이해해야 한다.

이러한 조건을 이해한 상태에서 우리는 서로 다른 뇌 회로를 활용한 다중 수준 전략을 포괄적으로 활용해야 한다.

(1) 정체성 기반 조절: 나는 어떤 사람인가

가장 강력한 자기 통제의 방식은 정체성에 기반한다. 이는 '나는 어떤 사람이 되고 싶은가'를 기준으로 감정을 다스리는 방식이다. 예를 들어 '나는 신뢰받는 리더이다'라는 자기 이미지를 가진 사람은 분노가 치밀어도 '내 위치에 맞게 행동하자'라고 생각한다. 이때 뇌의 vmPFC와 해마가 활성화되어, 현재의 감정보다 '자기 내러티브'가 행동을 이끈다. 즉, 정체성은 감정의 방향타이다.

(2) 억제(inhibition): "멈춰!"

이것은 뇌가 '즉시 중단(stop)' 명령을 내리는 과정이다. rIFG(우측하전두회)-preSMA(보완운동영역)-STN(시상하핵)이 즉각적으로 연결되어 근육, 언어, 감정의 반응을 멈춘다. 예를 들어 회의 중 부당한 말을 듣고 입이 열리려는 순간, '지금은 아니다'라는 판단이 번쩍 떠오르면, 그게 바로 rIFG 회로가 작동한 결과이다.

(3) 재평가(reappraisal): 상황의 의미 바꾸기

감정을 없애는 대신, 상황의 의미를 다시 해석하여 감정의 강도를 낮추는 방법이다. 예를 들어 '그 사람은 나를 싫어한다'→'요즘 그도 스트레스가 많겠지.' 이렇게 생각을 바꾸면, 분노 대신 연민이 생기고 편도체(감정의 경보장치)가 진정된다. 재평가는 전전두엽과 편도체 사이의 연결을 강화시켜 감정을 '다스릴 수 있는 상태'로 만든다.

(4) 주의 전환(distraction): 생각의 초점 바꾸기

억제가 어렵다면, 시선을 옮기는 것도 통제이다. 예를 들어 화가 날 때 산책을 하거나 음악을 듣는 것은 주의력을 외부 자극으로 돌려서 감정 회로의 과열을 식히는 전략이다. 이 과정에서 두정엽과 주의 네트워크(DAN/VAN)가 작동한다.

(5) 신체 조절(exercise/ breathing): 몸을 움직여 마음 바꾸기

운동, 명상, 복식호흡은 감정을 물리적으로 안정시킨다. 호흡을 고르게 하면 시상하부와 자율신경계의 균형이 회복되어 심박수·혈압이 낮아지고, 전전두엽의 인지 조절 능력이 강화된다. 즉, 몸의 평정이 곧 마음의 평정이다.

이처럼 자기 통제는 '신뢰받는 리더'와 같은 정체성에서 비롯된 상위 전략부터 순간적인 '멈춤'을 가능하게 하는 억제, 상황 해석을 바꾸는 재평가, 주의를 돌리는 회피, 그리고 호흡과 같은 생리적 조절에 이르기까지 다양한 층위에서 이루어진다. 각 전략은 서로 다른 뇌 회로를 기반으로 하며, 상황과 개인에 따라 유연하게 선택되고 조합될 때 진정한 '조율'의 힘을 발휘한다.

4) 항동성과 성장: 환경과 발달에 따른 자기 통제의 진화

자기 통제는 마치 우리 몸이 일정한 체온과 혈당을 유지하는 항동성과 같은 원리로 작동한다. 이는 고정된 능력이 아니라 변화하는 환경에 적응하며 그 균형점 자체를 끊임없이 재설정하는 살아 있는 조절 시스템이다. 이 과정에서 정체성은 마치 '설정값'과 같은 역할을 하며, 우리 삶의 발달 단계에 따라 그 모양과 내용이 진화함에 따라 자기 통제의 양상도 근본적으로 변한다.

아동기에는 '부모의 시선'이라는 외부 규범이 가장 강력한 조절 기준이다. '이렇게 하면 혼나고, 이렇게 하면 칭찬받는다'는 외적 동기에 의해 통제가 이루어지며, 자신의 정체성보다는 타인의 반응이 행동의 지침이 된다.

청소년기에 접어들면, 부모의 시선에서 또래의 관계와 사회적 비교로 무게중심이 이동한다. '나는 누구인가?'라는 정체성 탐색이 본격화되면서 자기 통제는 극도로 불안정해지지만, 동시에 자신만의 기준을 만들어가기 시작하는 중요한 과도기이다.

성인기에는 직업, 가족 등 사회적 역할이 내면화되며 정체성이 비교적 고정된다. '나는 한 조직의 구성원이자, 한 가정의 가장이다'라는 자아 인식이 뚜렷해지면서, 그 역할에 부합하도록 감정과 충동을 조절하는 사회적 지능이 본격적으로 발달한다.

노년기에는 외부적 성취나 관계 유지보다 의미 중심의 가치 재평가가 일어난다. 이 시기의 자기 통제는 감정적 승부나 즉각적인 보상보다는 내적 평온을 지키기 위한 방식, 즉 '마음의 평정'을 유지하는 방향으로 그 목적이 전환된다.

이처럼 환경과 성장에 따라 정체성이 재구성될 때마다 우리의 감정과 충동을 다스리는 새로운 기준이 마련된다. 따라서 '성숙한다는 것'은 단순히 나이를 먹는 것이 아니라 우리의 '자기 통제의 목표'가 '즉각적 생존'에서 '관계 유지'를 거쳐, 궁극적으로 '의미 실현과 내적 평온'으로 진화해 가는 과정 그 자체라고 할 수 있다.

5) 사회적 지능 속의 자기 통제

자기 통제는 개인의 의지 문제가 아니라 생리적 항동성과 사회적 항동성을 잇는 핵심 교량과 같다. 이 연결고리는 '몸의 안정(homeostasis)→마음의 평정(emotional Balance)→사회적 신뢰(social trust)'라는 생명 현상의 위계를 통해 우리의 삶에서 구현된다.

이러한 조율은 세 가지 수준에서 동시에 이루어진다.

생리적 수준에서는 신체 에너지와 호흡을 안정시키는 것이 자기 통제의 첫걸음이다. 각성도를 조절하여 피로와 분노가 폭발하는 것을 예방하는 것은 모든 감정 조절과 사회적 상호 작용의 토대를 마련하는 일이다.

정서적 수준에서는 감정과 욕구 그 자체가 조율의 대상이다. 단순히 감정을 억누르는 것이 아니라 그 의미를 재평가하고 수용함으로써 감정적 파도를 헤쳐나가는 것이다. 이는 외부로 향하는 낯선 감정에 휩쓸리지 않고 관계를 유지할 수 있는 근간이 된다.

사회적 수준에서는 정체성과 규범이 최종적인 조율 기준이 된다. '나는 어떤 사람인가'라는 질문에 기반하여 자율적이고 책임 있는 행동을 선택할 때, 그것은 단순한 규칙 준수를 넘어 신뢰와 평판이라는 가장 소중한 사회적 자본을 형성한다.

따라서 자기 통제는 단순한 '억제'가 아니라 감정과 정체성, 뇌의 에너지, 사회적 관계를 총체적으로 조율하는 통합적 능력이다. 결국 사회적 지능이 타인을 이해하는 힘이라면, 자기 통제는 그런 이해가 가능하도록 마음이라는 내부 공간을 안정시키는 기술이다.

2. 사회적 지능과 자기 통제
― 나를 다스리는 뇌, 관계를 지키는 마음

1) 사회적 관계 속에서 작동하는 자기 통제

자기 통제는 사회적 관계라는 틀을 통해 사회적 지능과 상호 조율한다. 인간은 본질적으로 사회적 존재이며, 감정과 행동은 대부분 타인과의 관계 속에서 발현된다. 따라서 자기 통제는 개인의 성격 문제가 아니라 건강한 관계 유지의 핵심 능력으로 재조명되어야 한다.

갈등 상황에서 느껴지는 분노, 좌절, 모욕감은 즉각적인 충동 행동으로 이어진다. 그러나 자기 통제를 통해 순간적 감정을 억제하고 상황을 넓게 재평가하면, 장기적으로 더 큰 후회와 불편함을 방지할 수 있다.

2) 자기 통제 방법과 사회적 조율

사회적 관계 속에서 자기 통제는 단순히 감정을 억누르는 것이 아니다.

그것은 여러 층위의 조절 과정이 서로 협력하며 발휘되는 복합적 능력이다. 예를 들어 직장 회의 중 동료가 나를 향해 비판적인 말을 던졌다고 가정해 보자. 순간적으로 반격하고 싶은 충동이 치밀어오를 때, 우리 뇌 안에서는 일종의 긴급 브레이크가 작동한다. 이 긴급 브레이크는 '즉각적인 행동을 멈추는 기능'을 담당하는 뇌 영역들의 협력으로 이루어지며, 말이 튀어나가기 직전에 잠시 멈추도록 신호를 보낸다. 마치 자동차가 급정거를 위해 브레이크를 밟는 것과 비슷하다.

하지만 단순히 멈추는 것만으로는 충분하지 않다. 상황을 재해석하는 재평가 과정이 함께 이루어져야 감정을 조절하는 부담이 줄어든다. 예를 들어 동료의 말이 개인적 공격이 아니라 업무 스트레스에서 비롯된 것일 수 있다고 생각하면, 순간적인 분노의 강도 자체가 낮아진다. 이렇게 억제와 재평가는 서로 협력하며 자기 통제를 강화하는 역할을 한다.

또 하나 중요한 전략은 정체성 기반의 조절이다. 자신을 '신뢰받는 동료'나 '조화를 추구하는 사람'으로 인식할 때, 감정 조절은 단순한 인내를 넘어 자기 내러티브에 따라 행동하는 고차원적 조절로 발전한다. 즉, '나는 어떤 사람인가?'라는 자기 이해가 순간적인 행동을 결정하는 기준이 된다. 정체성을 중심으로 한 자기 통제는 충동을 억누르는 것을 넘어 자신의 가치와 일관성을 지키는 행동으로 이어진다.

3) 자기 통제력에 영향을 미치는 환경과 조건

자기 통제력은 개인의 의지만으로 유지되지 않는다. 뇌와 신체의 에너지 상태, 건강, 그리고 사회적 환경과 관계가 깊은 영향을 미친다. 예를 들어 수면이 부족하거나 피곤한 상태에서는 뇌의 전전두엽 기능이 떨어져 사소한 자극에도 쉽게 반응하게 된다.

또한 만성적인 스트레스는 감정 조절 회로를 과민하게 만들어 작은 갈등 상황에서도 과도하게 반응하게 만든다. 사회적 환경 또한 중요하다. 공정하고 예측 가능한 환경에서는 자기 통제를 유지하려는 동기가 강해지지만, 불공정하거나 불안정한 환경에서는 '지금 아니면 기회를 놓친다'는 불안감 때문에 충동적인 선택이 늘어난다. 따라서 자기 통제는 내적 자원뿐 아니라 외부 환경과 사회적 조건에 따라 끊임없이 영향을 받는 유연한 능력이다.

4) 항동성과 성장: 관계 속에서 진화하는 자기 통제

자기 통제는 고정된 능력이 아니라 환경과 관계 변화에 맞춰 진화하는 항동성 시스템이다. 발달 단계에 따라 자기 통제의 목표와 방식도 달라진다. 아동기에는 부모와 보호자의 시선이 행동을 조절하는 중심이 되고, 청소년기에는 또래 관계와 사회적 비교가 중심이 된다. 성인이 되면 직장과 가족 등 사회적 역할이 내면화되어 정체성과 자기 내러티브를 바탕으로 한 자기 통제가 가능해진다. 노년기에는 삶의 의미와 내적 평온이 자기 통제의 핵심 목표로 부각된다.

관계의 신뢰도 역시 자기 통제 방식에 영향을 준다. 신뢰할 수 있는 관계에서는 감정을 유연하게 조절할 수 있지만, 긴장과 불신이 높은 관계에서는 방어적이고 경직된 통제가 나타난다. 즉, 자기 통제는 생리적·심리적·사회적 요인을 통합하며 환경과 관계에 적응하는 동적인 과정이다.

5) 사회적 지능과 자기 통제의 통합: 관계를 지키는 마음의 기술

사회적 지능과 자기 통제는 서로를 강화하는 순환 구조를 형성한다. 자기 통제가 잘 이루어지면 타인의 감정과 의도를 정확하게 읽을 수 있고, 타인을 깊이 이해할수록 자신의 감정을 조절하려는 동기가 강화된다. 이는 마치 양손으로 피아노를 연주하는 것과 같다. 한 손만 잘 친다고 음악이 완성되지 않듯이 자기 통제와 사회적 이해가 함께 작동할 때만 건강한 관계와 신뢰가 만들어진다.

이 통합적 능력은 단순한 감정 억제가 아니라 생리적 안정, 정서적 평정, 사회적 신뢰라는 위계를 아우르는 삶의 기술로 확장된다. 결국 진정한 사회적 지능이란 타인의 마음을 읽는 능력에 그치지 않고, 자신의 내면을 조율하여 그 이해가 실제 관계 속에서 신뢰와 조화로 이어지도록 하는 총체적 조율 능력이라 할 수 있다.

제6장 정체성과 욕구
―나를 지키는 마음, 나를 흔드는 욕구

1. 정체성 vs 욕구

1) 문제 제기

정체성은 욕구를 조절한다. 하지만 역설적으로, 정체성을 지키려는 욕구는 그 어떤 욕구보다 강력하다. 우리가 '먹고 싶다', '사고 싶다', '인정받고 싶다'고 느낄 때, 그 욕구는 보통 일시적이다. 배가 부르면 음식 생각이 사라지고, 돈을 벌면 소비 충동이 가라앉는다.

하지만 '나는 이런 사람이고 싶다'는 욕구, 즉 정체성에 관한 욕구(identity-driven desire)는 쉽게 사라지지 않는다. 그것은 생리적 만족이 아니라 존재의 안정감과 관련되기 때문이다.

예를 들어보자. 한 골프 클럽의 회원이 있다. 그는 단순히 골프를 치는 게 아니라 '나는 신사적인 사람이다'라는 자기 이미지를 그곳에서 유지하고 싶어 한다. 그래서 그는 실수를 해도 웃으며 넘기고, 누군가의 실수엔 관대해지려 노력한다. 이때 그가 억제하는 것은 단순한 감정이 아니라 '신사로서의 나'라는 정체성이다. 이렇듯 정체성은 다른 모든 욕구를 관리하는 '총감독'이지만, 그 자신은 결코 통제되지 않는다. 그 이유는 정체성 자체가 생존의 일부이기 때문이다.

정체성은 욕구를 통제하지만, 정체성 자체를 지키려는 욕구는 통제할 수 없다.

2) 정체성과 효용의 차이

오랫동안 인간 행동을 설명하는 중심 개념은 '효용(utility)'이었다. 경제학은 인간을 '효용을 극대화하는 합리적 존재'로 전제했다. 사람은 더 많은 이익, 더 큰 만족, 더 나은 결과를 얻기 위해 행동한다고 가정한 것이다. 그러나 신경경제학과 행동경제학의 연구가 축적되면서 이 전제는 점차 수정되고 있다. 실제 인간은 단순히 '무엇을 얻는가'보다 '나는 어떤 사람인가, 그리고 어떤 존재로 보이는가'를 훨씬 더 중요시한다. 효용보다 정체성이 행동의 방향을 결정짓는 경우가 많다는 뜻이다.

예를 들어보자. 두 명의 영업사원이 있다. A는 실적이 좋아도 동료에게 무시당하면 괴로워한다. 반면에 B는 실적은 낮아도 '성실한 사람'이라는 평판이 유지되면 마음이 편하다. A는 외적 보상, 즉 효용 중심으로 살고, B는 내적 일관성, 즉 정체성 중심으로 산다. 겉보기에는 A가 더 이성적이고 효율적으로 보이지만, 실제로 장기적 안정감과 자기 동기 측면에서는 B가 더 지속 가능한 삶의 만족을 느낀다.

효용과 정체성은 이처럼 행동의 기준, 시간성, 보상 방식, 그리고 뇌의 작동 회로까지 다르다. 효용은 쾌락·이익·결과를 기준으로 움직이며, 단기적이고 즉시적이다. 그 보상은 주로 물질적이고 외적이며, 도파민이 중심이 되는 선조체의 보상 회로가 관여한다. 그래서 효용은 거래와 교환의 형태로

드러난다. 우리가 '할인 쿠폰 때문에 제품을 샀다'거나 '성과급 때문에 더 일했다'는 식의 행동은 전형적인 효용 기반 의사결정이다. 이런 경우 사람들이 느끼는 감정은 대체로 만족감이나 쾌감과 같은 즉각적 정서이다.

반면에 정체성은 의미·가치·존재감을 기준으로 삼는다. 따라서 장기적이고 지속적이며, 보상의 형태도 심리적이고 내적이다. 뇌 수준에서는 전전두엽, 해마, 내측 전전두피질(mPFC)이 서로 연결되어 자기 내러티브를 구성하고 유지하는 회로로 작동한다. 이 회로는 우리가 '나는 어떤 사람인가'라는 질문을 던질 때 활성화된다. 정체성 기반 행동은 거래가 아니라 헌신과 소속의 형태로 나타난다. 따라서 그로부터 얻는 감정은 일시적 쾌락이 아니라 자부심, 안정감, 소속감 같은 깊은 정서적 만족이다.

요컨대, 효용이 단기적 이익을 극대화하기 위한 외적 계산이라면, 정체성은 장기적 일관성과 의미를 추구하는 내적 방향성이다. 경제적 효용이 우리의 지갑을 채운다면, 정체성은 우리의 마음을 채운다. 결국 지속 가능한 자기 통제와 사회적 지능의 토대는, 단기 효용의 유혹을 넘어 '나는 어떤 사람으로 살 것인가'라는 정체성의 힘에서 비롯된다.

3) 정체성 욕구와 효용 욕구의 비교

인간의 욕구는 크게 두 가지 방향으로 나눌 수 있다. 하나는 '무엇을 얻고 싶은가'에 초점이 맞춰진 효용의 욕구, 다른 하나는 '나는 누구인가'에 대한 정체성의 욕구이다. 전자는 짧고 강렬하며, 후자는 길고 은근하다. 두 욕구의 차이는 단지 심리적 성격의 차원이 아니라 뇌의 작동 방식과 감정의 지속성에서부터 뚜렷이 드러난다.

(1) 효용의 욕구: 짧고 강렬한 '즉시 보상'

효용의 욕구는 돈, 음식, 성취, 인정과 같은 즉각적인 보상을 추구한다. 이때 뇌는 도파민을 분비하며 강한 쾌감을 느낀다. 도파민은 목표를 달성했을 때 폭발적으로 분비되어 짜릿한 만족을 주지만, 그 지속 시간은 매우 짧다. 우리 뇌가 보상에 빠르게 적응(adaptation)하기 때문이다.

새로운 휴대폰을 샀을 때를 떠올려보자. 처음에는 뇌의 보상 회로가 활발히 작동하며 기쁨을 느끼지만, 며칠이 지나면 '이건 원래 내 것이야'라는 감정으로 변한다. 익숙함이 생기면 도파민 분비가 줄고, 설렘은 사라진다. 결국 효용의 욕구는 순간의 쾌감은 크지만 그만큼 감정의 소멸도 빠르다. 때문에 사람은 같은 자극을 반복해서 찾게 되고, 더 큰 자극을 원하게 된다. 이러한 '자극 중독'은 소비의 원동력이 되기도 하지만, 동시에 심리적 공허를 낳는 구조이기도 하다.

(2) 정체성의 욕구: 길고 은근한 '존재적 보상'

이에 비해 정체성의 욕구는 '내가 어떤 사람인가', '어디에 속해 있는가'에 관한 존재적 보상을 추구한다. 존중받고, 의미 있는 관계를 맺으며, 역할을 유지하고, 공동체 속에서 소속감을 느끼는 경험이 여기에 해당한다.

이때 뇌에서는 도파민 대신 옥시토신과 세로토닌이 분비된다. 옥시토신은 신뢰와 유대감을, 세로토닌은 안정감과 만족감을 증진시키며, 이 두 물질은 단기적 흥분이 아닌 지속적인 평정감을 만들어낸다. 그래서 정체성의 욕구는 효용처럼 빠르게 고조되지 않지만, 한번 형성되면 오랫동안 유지된다.

예를 들어 20년째 같은 교회나 동호회에 다니는 사람을 보자. 그는 더 이상 새로움에서 오는 설렘은 느끼지 않지만, 그곳에 있을 때 '나는 이 공동체의 일부이다'라는 안정감을 경험한다. 이 감정은 소유의 기쁨이 아니라 존재의 만족이며, 효용의 쾌감이 아닌 정체성의 평온이다.

결국 효용의 욕구는 '얻었다!'라는 짧은 성취의 행복을 주지만, 정체성의 욕구는 '나는 여기에 속해 있다'는 깊은 안도감을 남긴다. 전자가 소유의 행복이라면, 후자는 존재의 행복이다. 인간의 삶을 풍요롭게 만드는 힘은 결국 후자, 즉 정체성에서 비롯된 안정된 행복에 더 가깝다.

우리의 행복은 더 많이 가지는 데서 완성되지 않는다. 오히려 '나는 누구이며 어디에 속해 있는가'를 깨닫는 순간, 진짜 평정이 시작된다.

4) 장기적 욕구와 불안: '허무함의 수학'을 넘어서

인간은 언제나 더 큰 목표를 세우고 그것을 향해 나아간다. 성공, 명예, 완벽한 자기 실현 같은 장기적 욕구는 인생의 방향을 잡아주는 나침반처럼 보인다. 그러나 냉정히 따져보면, 그중 80~90%는 계획대로 이루어지지 않는다. 대부분의 꿈은 완성되기 전에 수정되거나 포기되고, 많은 목표는 달성보다 미완의 상태로 남는다. 흥미로운 점은, 사람들은 그 사실을 알고 있으면서도 멈추지 않는다는 것이다. 왜 우리는 실패 가능성이 높다는 사실을 알면서도 여전히 꿈을 꾸고, 다시 목표를 세우는 걸까?

그 이유는 인간의 욕구가 단순히 '결과'를 위한 것이 아니라 '존재'를 유지하기 위한 것이기 때문이다. 다시 말해, 인간은 목표를 이루기 위해 사는 것이 아니라 목표를 향해 나아가는 그 과정 속에서 '나 자신'을 확인한다. 뇌의 보상 시스템도 이를 뒷받침한다. 도파민은 성취의 순간에만 분비되는 것이 아니라 '도전 중일 때' 가장 활발히 분비된다. 즉, 인간은 목표를 향해 나아가는 과정 그 자체에서 뇌의 활력을 얻고, 자기 존재의 감각을 유지한다.

한 철학자는 이렇게 말했다.

"내가 인생의 목적을 이루지 못했더라도, 그 목적을 추구한 시간 동안 나는 나 자신이었다."

이 말은 정체성이 '결과의 산물'이 아니라 '추구의 과정'에서 형성된다는 뜻이다. 예를 들어 한 기업인이 사업 확장을 추진하다가 실패했다고 해보자. 결과적으로 그는 손실을 입었지만, 그 과정에서 느꼈던 '도전하는 나', '책임지는 나'라는 감정은 여전히 그의 존재를 구성한다. 그는 실패 속에서도 자신이 어떤 사람인지를 확인하고, 그 경험을 통해 '나라는 이야기'를 다시 써나간다.

결국 인간의 정체성은 성공의 결과물이 아니라 노력과 시도의 과정 속에서 강화된다. 그래서 우리는 완성되지 않은 삶 앞에서 허무를 느끼면서도, 그 허무를 견디며 다시 새로운 목표를 세운다. 그것이 바로 인간이 불완전한 존재임에도 계속 나아가는 이유이다.

'허무함의 수학'이란 바로 이 아이러니를 말한다. 성공 확률은 낮지만, 그 낮은 확률 속에서도 우리는 살아 있는 의미를 찾는다. 인간은 결과가 아니라 과정 속에서 자신을 유지하는 존재, 추구하는 한에서 살아 있는 존재이기 때문이다.

5) 정체성과 효용: 인간 선택의 두 축

우리는 매일의 선택 속에서 효용과 정체성이라는 두 가지 욕구 사이를 끊임없이 오간다. 효용의 욕구는 '지금의 쾌락'으로 우리를 유혹하는 힘이라면, 정체성의 욕구는 '미래의 나'를 만들어가는 방향타와 같은 역할을 한다. 이 두 힘의 균형이 무너질 때, 우리의 삶은 흔들리기 시작한다.

어느 한쪽으로의 치우침은 각각의 위험을 내포한다. 효용만을 추구하는 삶은 외적으로는 모든 것을 얻은 듯 보여도, 내면에는 '다 가졌는데 왜 이렇게 공허할까?'라는 깊은 허무감과 중독의 위험을 남긴다. 반대로, 정체성만을 고집하는 삶은 '내가 옳다는 신념'은 있으나 '왜 이렇게 피로하고 외로운가?'라는 경직과 고립의 무게를 지게 된다.

따라서 건강한 삶은 이 두 동력이 조화를 이루는 상태, 즉 효용이 매일을 살아가는 '동기'와 활력을 제공하고, 정체성이 인생의 큰 '방향'과 의미를 제시하는 균형에서 비롯된다. 우리는 효용의 쾌락을 통해 삶의 즐거움을 누리되, 정체성의 평정을 통해 지속적인 자부심과 존중을 얻는 것이다.

궁극적으로 욕구는 단순한 생물학적 본능이 아니라 우리 '존재의 언어'이다. 우리는 먹고 마시고 소비하는 일상 속에서도 끊임없이 '나는 누구인가'를 증명하려 애쓰며, 우리의 삶은 단순한 '쾌락의 축적'이 아니라 '정체성의 내러티브'로 완성되어 간다.

결론적으로, 효용은 우리를 살아가게 하는 힘이라면, 정체성은 우리가 '왜' 사는지를 알려주는 의미의 근원인 것이다. 진정한 자아 통제는 이 두 힘의 긴장 관계를 인식하고, 효용으로 살아가되 정체성으로 지속하는 지혜를 실천하는 데 있다.

2. 마케팅의 두 축, 정체성과 효용
― 고객의 욕구는 무엇을 말하는가

1) 문제 제기
마케팅의 초점은 '효용'인가, '정체성'인가? 마케팅의 전통은 오랫동안

'효용' 중심이었다. 좋은 품질, 낮은 가격, 빠른 서비스, 즉 소비자의 합리적 이익을 극대화하는 것이 목적이었다.

하지만 현대 소비자는 단순히 '필요해서' 사지 않는다. 그들은 '내가 어떤 사람인지 보여주기 위해' 구매한다. 예를 들어보자. 스마트폰을 고를 때, 우리는 기능표를 보지만 그보다 더 강력한 요인은 '그 브랜드가 내 이미지를 대변하느냐'이다. 아이폰을 고르는 사람은 '기술과 미학의 균형 감각이 있는 사람', 갤럭시를 고르는 사람은 '실용적이고 개방적인 사람'이라는 자기 내러티브를 덧입힌다. 즉, 제품을 고르는 것은 정체성을 선택하는 일이기도 하다.

과거의 마케팅은 '무엇을 살 것인가'에 집중했지만, 오늘날의 마케팅은 '나는 누구인가'를 자극한다.

2) 정체성 중심 마케팅과 효용 중심 마케팅: 소비의 두 가지 심리

마케팅은 크게 두 가지 방식으로 소비자의 심리를 자극한다. 하나는 '효용 중심 마케팅'으로, '이 제품이 나에게 얼마나 이익인가?'라는 합리적 계산을 통해 구매를 유도한다. 다른 하나는 '정체성 중심 마케팅'으로, '이 제품을 사용하는 나는 어떤 사람인가?'라는 존재론적 질문을 던지며 감정적 유대를 형성한다. 이 둘은 각기 다른 뇌 시스템을 통해 작동하는 별개의 심리적 접근법이다.

(1) 효용 중심 마케팅: 이익의 논리

효용 중심 마케팅은 가격 대비 성능, 시간 절약, 편의성과 같은 기능적 이점을 최전면에 내세운다. 이 접근법은 소비자를 '합리적인 경제 주체'로 간주하며, 그들의 '효율적 소비자'로서의 자아를 강화해 준다. 대표적인 사례는 쿠팡의 '로켓배송'이다. 여기서 '빠름' 그 자체가 소비의 직접적인 동기가 되며, 이는 효율성을 중시하는 현대인의 정체성과 맞닿아 있다.

이러한 마케팅에 노출되면 소비자는 "보험료 30% 절감!"과 같은 메시지를 접했을 때 계산기를 두드리며 즉각적인 이득을 판단한다. 이때 뇌의 측좌핵(ventral striatum)이 활성화되어 '이득이다!'라는 짜릿한 감정, 즉 도파민에 기반한 즉각적인 쾌감 반응이 나타난다.

그러나 이 반응과 충성도는 매우 짧은 수명을 가진다. 구매가 완료된 후에는 쉽게 잊혀지며, 경쟁사가 더 낮은 가격이나 더 나은 조건을 제시하면 소비자는 거리낌 없이 이동한다. 결국 효용 중심 마케팅은 빠른 구매 결정을 이끌어내는 데는 효과적이지만, 진정한 브랜드 충성도를 구축하기에는 한계가 있다.

(2) 정체성 중심 마케팅: 의미의 논리

정체성 중심 마케팅은 제품 그 자체가 아닌, '이 제품을 쓰는 나는 어떤 사람인가?'라는 질문에 대한 답을 제공한다. 소비자는 단순한 상품이 아니라 자신의 정체성을 구성하고 확인시켜 주는 '자기 내러티브'를 구매하는 것이다.

애플은 이를 구현한 대표적인 사례이다. 아이폰은 단순한 스마트폰이 아니라 '나는 다르고, 창의적이며, 미적 감각을 가진 사람이다'라는 정체성의 상징이다. "Think Different"와 같은 광고는 기능을 설명하기보다 소비자가 열망하는 자아 이미지를 각인시킨다.

프리미엄 골프장의 마케팅도 마찬가지이다. 그들은 단순히 '좋은 잔디'를 팔지 않는다. '이곳에서 라운드를 즐기는 나는 품격과 세련미를 갖춘 사람이다'라는 정체성을 판매한다. 이용객은 코스의 품질보다 그 공간이 주는 '나다움'이라는 느낌과 정체성에 대해 비용을 지불한다.

나이키의 "Just Do It" 슬로건은 운동화의 기능적 효용이 아닌, '도전하고 극복하는 인간상'이라는 정체성을 상품화한다. 이는 소비자에게 신발이 아닌, 자신이 될 수 있는 이상적인 모습을 제공하는 심리 서비스와 같다.

결론적으로, 모든 소비 행위의 심층에는 '그 제품을 사용하는 나'를 구매하려는 본질적 욕구가 자리한다. 효용 중심 마케팅은 우리의 일상을 편리하게 만드는 '도구'를 제공하지만, 정체성 중심 마케팅은 우리가 세상에 존재하는 '의미'를 제공한다. 진정한 브랜드 가치는 소비자의 정체성 내러티브 속에 스스로를 필수적인 한 페이지로 녹여낼 때 비로소 완성된다.

3) 고객 세그먼트: 효용형 소비자와 정체성형 소비자

모든 고객이 동일한 심리적 원리로 움직이지는 않는다. 소비자는 구매 결정의 근본 동기에 따라 '효용형 소비자'와 '정체성형 소비자'로 뚜렷이 구분된다. 이 두 집단은 동기에서부터 뇌 반응에 이르기까지 모든 수준에서 차이를 보인다.

효용형 소비자는 실리·절약·효율이라는 실질적 이점을 최우선 동기로 삼는다. 이들의 구매 결정은 가격과 기능의 철저한 비교 분석에서 비롯된다. "이건 이득이다"라는 합리적 계산이 행동의 기준이 되며, 이때 뇌의 도파민 중심 보상 회로가 활성화되어 즉각적인 만족감을 제공한다. 이러한 특성은 단기적 거래에 집중하게 만들고, 더 나은 조건을 제시하는 경쟁사로의 이동을 용이하게 한다. 따라서 브랜드 충성도는 자연스럽게 낮은 편이다. 생활필수품이나 실용 서비스 산업에서 두드러지는 이 유형에게는 "가까운 곳에서 합리적으로 라운드하라"는 식의 실용적 메시지가 효과적으로 작용한다.

반면에 정체성형 소비자는 의미·자아 실현·관계 형성이라는 정서적 가치를 추구한다. 이들은 제품이나 서비스가 '나다움'을 얼마나 잘 구현하는지를 최고의 판단 기준으로 삼는다. 브랜드의 이미지와 스토리는 단순한 홍보 수단이 아니라 구매의 결정적 근거가 된다. 이러한 심리 과정에는 자기 내러티브를 구성하는 전전두엽-해마-내측 전전두엽(mPFC) 회로가 깊게 관여하며, 단순한 쾌감보다는 장기적인 소속감과 자부심을 통해 만족을 얻는다. 이들은 브랜드와 강한 유대감을 형성하여 높은 충성도를 유지한다. 패션·레저·문화 산업에서 주로 발견되는 이 유형에게는 '당신의 품격에 어울리는 코스'와 같은, 그들이 열망하는 자아 이미지를 투영하는 스토리텔링과 커뮤니티 가치가 가장 효과적인 접근법이다.

골프장 회원 모집을 예로 들면, 효용형 고객은 그린피와 접근성, 예약 편의성에 주목하므로 할인 혜택과 효율적인 예약 시스템으로 공략해야 한다. 정체성형 고객은 코스의 품격과 브랜드 가치, 동료 회원 네트워크를 중시하므로 VIP 멤버십의 배타성, 세련된 공간 디자인, 특별한 커뮤니티 경험을 통해 그들이 '특별한 존재'라는 정체성을 확인시켜 주어야 한다.

결론적으로, 효과적인 마케팅 전략은 이처럼 판이하게 다른 두 고객 유형을 명확히 구분하고, 각자의 심리적 동선에 맞춰 차별화된 메시지와 경험을 제공하는 데서 비롯된다.

4) 효용과 정체성의 조화, 그리고 마케팅의 궁극적 목표

오늘날 성공적인 브랜드는 '효용'과 '정체성'을 별개의 축으로 다루지 않는다. 그들은 두 동력을 하나의 시스템으로 통합하여 설계한다. 대표적인 사례가 테슬라이다. 테슬라는 '가속력 2.6초'라는 강력한 효용적 성능과, '나는 환경의 미래를 선택한 선각자이다'라는 정체성적 가치를 동시에 제시하며 한 차원 높은 제품 경험을 창출한다. 이와 마찬가지로, 한 골프 예약 플랫폼이 '실시간 가격 비교와 원클릭 예약'이라는 효용을 제공하면서, 동시에 '함께 라운드하는 사람들의 품격과 네트워크'를 보여줌으로써 그 플랫폼은 단순한 예약 도구를 넘어 하나의 '사회적 공간'으로서의 정체성을 부여받는다.

이러한 통합의 배경에는 마케팅의 최종 목표에 대한 명확한 인식이 자리한다. 마케팅의 궁극적 목표는 단순한 '효용의 극대화'가 아니라 '정체성의 강화'에 있다. 효용은 고객에게 다가가 구매를 일으키는 '문을 여는' 힘이다. 반면에 정체성은 그 관계를 지속시켜 '문을 닫지 않게' 하는 힘이다. 효용이 단기적인 매출 상승과 거래를 생성한다면, 정체성은 장기적인 브랜드 충성도와 강력한 커뮤니티 형성을 이끌어낸다.

따라서 현대 마케팅의 핵심은 '정체성에 호소하는 효용'을 설계하는 데 있다. 고객이 단순히 '이건 좋은 거래이다'가 아닌, '이건 바로 나이다'라고 느끼게 만드는 순간, 제품은 더이상 소비되는 '상품'이 아니라 고객의 삶과 정체성에 스며드는 '자기 이야기의 일부'가 된다. 결국 지속 가능한 브랜드 가치는 효용이라는 문을 통해 고객을 초대한 후, 그들을 정체성이라는 공간에 머물게 할 때 비로소 완성된다.

3. 정체성을 강조하는 경영
― 이익보다 의미로 움직이는 조직의 힘

1) 사람은 돈이 아니라 '자기다움을 실현할 수 있는 공간'을 찾는다

기업 경영의 궁극적 목표는 대개 '성과 창출'과 '이익 극대화'로 요약된다. 그러나 그 목표를 실현하는 주체인 '사람의 마음'은 훨씬 더 복잡한 동기를 지닌다. 직원들은 단순한 급여나 인센티브 같은 경제적 보상보다 '이 일이 진정 나와 맞는가?', '이 조직에서 나는 어떤 존재로 인정받는가?'라는 정체성에 대한 근본적인 질문을 끊임없이 되풀이한다.

결국 조직의 생산성과 지속 가능성을 결정하는 핵심 요소는 경제적 효용이 아니라 '정체성의 적합성(identity fit)'이다.

이를 보여주는 대표적 사례가 한 글로벌 컨설팅 회사의 면접 방식이다. 그들은 신입 직원에게 "당신이 우리 회사에 입사한 이유는 무엇인가?"라고 묻는다. 만약 지원자가 "연봉이 높기 때문입니다"라고 답하면, 면접관은 이렇게 경계한다. "그 대답으로는 이곳에서 오래 버티지 못할 것입니다."

이 회사는 단순히 일을 제공하는 곳이 아니라 '고객의 성공을 설계하는 사람들'이라는 강력한 정체성을 공유하는 공동체이다. 따라서 개인의 정체성과 조직의 정체성이 깊이 공명할 때, 비로소 구성원은 단기적인 경제적 유인을 넘어 더 오래, 그리고 더 열정적으로 기여할 수 있는 내적 동력을 얻는다.

2) 정체성 경영의 핵심: '나는 누구인가'와 '우리는 누구인가'의 일치

정체성 중심의 경영은 이렇게 묻는다. '이 회사는 무엇을 위해 존재하는가?', '이 조직에서 나는 어떤 의미를 가진 사람인가?' 이 질문은 단순히 '비전 선언문'을 만드는 수준이 아니라 조직 구성원의 정서적 토대(base)를 만드는 과정이다.

예를 들어 애플은 직원들에게 '혁신적 제품을 만들어라'고 말하지 않는다. 대신 이렇게 말한다. '우리는 세상을 다르게 보려는 사람들이다.' 이 한 문장이 직원의 정체성을 설계한다.

그 결과, 엔지니어는 단순히 코드를 짜는 사람이 아니라 '다르게 생각하는 문화의 구현자'가 된다. 즉, 정체성 경영은 개인의 일상 행동에 의미를 부여함으로써 성과를 '의미의 산물'로 바꾼다.

3) 신경심리적 배경: 정체성이 동기를 만든다

신경심리학적으로 정체성 중심의 동기 부여는 효용 중심의 동기 부여보다 훨씬 강력하고 지속력이 있다. 효용 보상(급여, 성과급)은 뇌의 도파민 회로(선조체)를 자극하여 강렬하지만 짧은 즉각적 쾌감을 생성한다.

반면, 정체성 보상(의미, 자부심, 소속감)은 전전두엽(mPFC), 해마(기억), ACC(감정 조절)를 연결하는 복합적 뇌 회로를 활성화시킨다. 이 회로는 장기 기억과 자아 감각을 통합하는 핵심 시스템으로, 한 번 형성된 소속감과 사명감은 오랫동안 지속되는 특성이 있다.

미국 UCLA의 리버만(Matthew Lieberman) 연구에 따르면, 사회적 보상(칭찬, 인정)은 물질적 보상(보너스)보다 뇌의 안정 회로를 더 오래 유지시킨다. 칭찬을 받았을 때의 신경 반응이 현금 보상에 대한 반응보다 더 장기간 지속되는 현상을 보인 것이다.

결국 '나는 이 일의 일부이다'라는 정체성 감각은 '이 일로 돈을 번다'는 효용적 동기보다 훨씬 오래 지속되는 강력한 동력으로 작용한다.

4) 정체성 경영의 두 가지 사례: 다이슨과 SK하이닉스의 혁신 전략

정체성 경영을 통해 브랜드 가치를 강화하는 전략은 기업마다 다양한 형태로 나타난다. 대표적인 사례로 다이슨(Dyson)과 SK하이닉스를 살펴보자. 두 기업 모두 제품의 단순한 기능적 효용을 넘어 소비자나 사회가 공감할 수 있는 정체성을 중심으로 브랜드를 설계한다.

(1) 다이슨(Dyson): 문제 해결의 독보적 혁신가(innovator)

다이슨은 단순한 가전제품 회사가 아니라 '공학적 혁신으로 일상의 문제를 해결하는 선구자'라는 정체성을 구축했다. 설립자 제임스 다이슨이 5,126개의 시제품을 제작하며 최초의 사이클론 진공청소기를 개발한 이야기는 다이슨이라는 브랜드의 핵심 내러티브가 된다.

다이슨의 정체성 경영 전략은 크게 두 가지로 요약된다. 첫째, 기술의 가시화이다. 공기 증폭 기술이나 디지털 모터 등 모든 제품에 적용된 기술은 단순한 사양이 아니라 소비자가 직접 체감할 수 있는 혁신의 증거로 설계되었다. 둘째, 프리미엄 디자인이다. 기능적 우수성을 넘어 과감한 색상과 독특한 실루엣을 적용함으로써 소비자는 다이슨 제품을 통해 '최첨단 기술을 이해하고 생활의 질을 높이는 현명한 소비자'라는 자기 정체성을 표현할 수 있다.

이처럼 다이슨의 제품은 단순한 진공청소기나 헤어드라이어를 넘어 소비자의 취향과 자아 이미지를 강화하는 도구가 된다. 고객은 구매를 통해 자신의 정체성을 확인하고, 브랜드에 대한 장기적 충성도를 형성하게 된다.

(2) SK하이닉스: 기술로 그리는 더 나은 미래의 동반자

SK하이닉스는 반도체라는 기술적 효용을 넘어, '함께 더 나은 미래를 만들어가는 파트너'라는 정체성으로 차별화를 이루고 있다. 특히 'AI for Impact' 프로그램은 이러한 정체성을 잘 보여주는 사례이다.

핵심 전략으로는 먼저 기술의 사회 환원을 들 수 있다. AI 반도체 기술을 활용해 지역 사회 발전, 1인 가구 안전망 구축, 생태 모니터링 등 사회 문제 해결에 직접 기여함으로써 기술이 단순한 상품을 넘어 사회적 의미를 갖도록 한다. 두 번째는 지속 가능성 가치 실현이다. 단기적 이익보다 환경·사회·지배구조(ESG)를 경영의 핵심 축으로 삼아 장기적 신뢰를 구축한다.

이러한 전략을 통해 고객과 사회는 SK하이닉스의 반도체를 단순한 전자부품이 아니라 '더 나은 미래를 위한 의미 있는 기술'로 인식하게 된다. 이는 제품을 넘어 기업 전체에 대한 깊은 신뢰와 충성도로 이어진다.

다이슨과 SK하이닉스는 각기 다른 방식으로 정체성 경영을 실현하고 있다. 다이슨은 '개인의 삶을 향상시키는 혁신'에 초점을 두는 반면, SK하이닉스는 '사회 전체의 발전에 기여하는 기술'이라는 더 큰 그림을 제시한다. 두 사례 모두 제품의 기능적 효용을 넘어, 소비자와 사회가 공감하고 지지할 수 있는 '의미'를 제공함으로써 지속 가능한 브랜드 가치를 창출하고 있음을 보여준다.

5) 정체성 경영의 조직심리학적 원리: SCARF 모델

뉴로리더십 이론의 대표적 학자인 데이비드 록(David Rock)이 제시한 SCARF 모델은 정체성 중심 경영이 왜 효과적인지를 뇌과학 수준에서 명료하게 설명한다. 이 모델은 인간의 뇌가 사회적 상호 작용을 처리하는 데 있어 다섯 가지 핵심 동기를 통해 '위협'과 '보상'을 판단한다는 것을 보여준다.

SCARF 모델의 구성 요소와 정체성과의 연관성은 다음과 같다.
- Status(지위): 타인과 비교할 때 자신의 상대적 위상과 '존중받는 감각'을 의미한다. 조직 구성원이 '나는 여기서 가치 있는 사람이다'라고 느낄 때, 그들의 정체성은 공고히 지지된다.
- Certainty(확실성): 미래에 대한 예측 가능성과 '안정감'을 의미한다.

'앞일을 예측할 수 있다'는 느낌은 '나는 안전하다'는 정체성의 기초를 마련해 준다.
- Autonomy(자율성): 상황에 대한 선택권과 통제력을 의미한다. '내가 결정할 수 있다'는 느낌은 '나는 내 삶과 업무를 주도하는 주체이다'라는 강력한 정체성 감각을 부여한다.
- Relatedness(관계성): 타인과의 유대감과 소속감을 의미한다. '우리는 함께한다'는 느낌은 '나는 이 팀/조직의 일원이다'라는 정체성을 형성하는 결정적 요소이다.
- Fairness(공정성): 대우와 과정이 공정하다는 인식을 의미한다. '나는 차별 없이 존중받고 있다'는 느낌은 정체성의 근간을 이루는 자아 가치감을 확립한다.

이 다섯 요소가 충족될 때, 인간의 뇌는 '사회적 위협'으로 인한 방어 모드를 해제하고 도파민, 옥시토신, 세로토닌 등이 활발히 분비되는 '보상 회로'가 가동된다. 결국 정체성 경영이란 단순한 슬로건이나 캠페인이 아니라 구성원의 SCARF 요소를 체계적으로 충족시켜 뇌 수준에서 긍정적 동기를 부여하고, 궁극적으로 '자기다움'을 발휘할 수 있는 환경을 조성하는 과학적 과정이라 할 수 있다.

6) 회사는 돈으로 움직이지만, 사람은 의미로 움직인다

정체성 경영은 결국 인간의 본성에 대한 존중이다. 인간은 단순히 생존을 위해 일하는 존재가 아니라 '의미를 느끼기 위해 일하는 존재'이기 때문이다. 효율적 시스템과 보상도 중요하지만, 사람이 진심으로 몰입하는 순간은 단 하나—'이 일이 내 정체성과 연결되어 있다'는 확신이 들 때이다.

정리하자면, 정체성은 최고의 동기 부여 엔진이다. 회사의 철학은 구성원의 정체성을 비춘다. 정체성이 강화된 조직은 피로보다 열정으로 움직인다. 직원은 연봉 때문에 입사하지만, 정체성 때문에 남는다.

4. 정체성과 능력
— 나는 무엇을 할 수 있는가, 그리고 왜 그것이 나인가

1) 서론: 정체성과 능력의 긴장 구조

인간의 능력은 단순한 기술적 역량이 아니다. 그것은 "나는 누구이며, 어디까지 확장할 수 있는가"를 시험하는 자기 존재의 실험이다. 이때 정체성은 두 개의 상반된 방향으로 작용한다.

- **자신감**(confidence): "더 나은 나"를 향해 나아가려는 공격적 확장 본능
- **자존심**(self-esteem): "현재의 나"를 지켜내려는 보존적 방어 본능

즉, 인간의 행동은 언제나 확장과 안정, 성장과 보존이라는 두 본능의 긴장 속에서 결정된다.

2) 능력이란 무엇인가

능력은 타고나는 것이 아니라 살아가며 형성되는 가능성의 구조이다.

사람들은 종종 능력을 '지능(IQ)'과 혼동한다. 그러나 지능은 '정보 처리의 속도와 효율에 관한 것'이고, 능력(ability)은 '그 지능을 실제 세계에서 의미 있게 발휘하는 통합적 역량'이다.

즉, 능력은 단순한 계산력이 아니라 인지적 판단력+정서적 안정감+행동 실행력이 통합된 총체적 작동이다.

(1) 지능과 능력의 관계

지능(intelligence)은 사고의 연료이다. 능력(ability)은 그 연료가 목적을 향해 추진력을 낼 때 완성된다.

지능이 높아도 불안하면 능력을 발휘하지 못하고, 지능이 평범해도 정체성이 확고한 사람은 탁월한 결과를 낸다. 즉, 지능은 잠재력, 능력은 실행력이다. 지능이 'CPU의 속도'라면, 능력은 '운영체제의 안정성'이다.

(2) 후성유전학적 관점: 유전자와 경험의 대화

현대 신경과학은 "타고난 능력"이라는 표현을 거의 쓰지 않는다. 능력은 유전자의 설계도 위에서 경험이 새로 덧그리는 신경 패턴이다. 같은 유전자를 가진 쌍둥이라도 스트레스, 칭찬, 사회적 지지의 차이에 따라 유전자의 발현(on/off) 패턴이 달라진다. 즉, 환경이 유전자의 발현을 '조율'하며 능력을 형성한다. 능력은 타고난 재능이 아니라 정체성과 경험이 함께 빚어낸 뇌의 '습관화된 가능성'이다.

3) 자신감과 자존심: 정체성의 두 방향성

구분	자신감(confidence)	자존심(self-esteem)
기능적 정의	새로운 정체성을 향한 **확장적 추진력**	기존 정체성을 지키려는 **방어적 안정력**
정서적 방향	성취·탐색·진보	보존·일관성·자기 방어
의사결정 성향	목적지향적·개선 중심	습관적·안정 중심
오류에 대한 반응	적극적 수용 → 수정·탐색	방어적 해석 → 기존 유지
결과적 역할	성과 창출, 성장	지속성, 일관성, 자존감 유지

이 두 감정은 대립하는 것이 아니라 '성장과 안전'이라는 뇌의 두 항동성 목표를 동시에 수행하는 쌍둥이 시스템이다.

4) 오류 경보 상황: 탐색하는 자신감 vs 방어하는 자존심

인간의 뇌는 예측이 어긋날 때 ACC에서 오류 경보(error signal)를 발생시킨다. 이 경보는 이렇게 묻는다. "지금의 판단을 유지할 것인가, 아니면 새롭게 탐색할 것인가?"

(1) 자신감: 오류를 탐색 신호로 해석한다

자신감이 높은 사람은 오류를 '새로운 탐색의 신호'로 해석한다. 뇌의 도파민 회로(VTA·선조체)가 안정적으로 유지되며, ACC의 경고 신호는 탐색 행동(foraging)으로 전환된다.

예를 들어 퍼팅에 실패한 골퍼가 "이번 라이(공이 지면에 놓여 있는 상태 또는 위치)는 다르구나"라며 각도나 속도를 바꿔 시도한다면, 그는 오류를 성장의 발판으로 쓰는 사람이다.

자신감의 본질은 "틀림을 두려워하지 않는 학습의 용기"이다.

(2) 자존심: 오류를 위협 신호로 해석한다

자존심이 강한 사람은 오류를 '나의 정체성이 흔들린다'는 신호로 인식한다. 그때 편도체가 활성화되며 부끄러움·분노·회피의 감정이 일어난다.

예를 들어 골프를 칠 때, 같은 실패 상황에서 자존심이 강한 사람은 "잔디가 이상했어"라며 실수를 외부 탓으로 돌린다.

이 반응은 자신을 보호하지만 오류→정당화→반복이라는 폐쇄 루프를 만든다. 자존심의 본질은 "틀림을 인정하지 않음으로써 자신을 지키려는 감정"이다.

5) 신경심리 구조 비교

구분	주요 뇌 회로	작동 방식	심리적 결과
자신감 회로	ACC→dlPFC→선조체	오류를 탐색 명령으로 전환	학습·도전·유연성
자존심 회로	ACC→편도체→mPFC	오류를 방어 명령으로 전환	안정·경직·회피

자신감은 전전두엽 기반의 탐색 시스템, 자존심은 편도체 기반의 방어 시스템이다. 이 둘이 균형을 이루면 '성장 속의 안정'이 가능하지만, 자신감이 과도하면 충동적, 자존심이 과도하면 경직적으로 된다.

6) 행동 시스템에서의 차이

행위 유형	주 신경 회로	자신감의 작용	자존심의 작용
파블로프적 행위	편도체·시상하부	반사적 행동, 개입 미약	동일
습관적 행위	선조체	새로운 습관 형성의 기반	기존 패턴 고착화
목적지향적 행위	전전두엽·해마	새로운 시도, 개선 중심	기존 정체성 유지 중심

이를 요약적 사례로 들면 다음과 같다.
- **자신감 우세형**: 실패 후 "새 방법을 찾아보자."→수정·탐색
- **자존심 우세형**: "내 방식이 틀릴 리 없어."→방어·유지

자신감은 변화의 원천(源泉)이고, 자존심은 지속의 기반(基盤)이다.

7) 결론: 성장과 안정의 뇌적 협주

능력이란 단지 '잘하는 힘'이 아니다. 언제 바꾸고, 언제 지킬지 판단하는 자기 조절의 능력이다.

자신감이 없으면 도전이 멈추고, 자존심이 없으면 방향이 사라진다. 두

감정의 균형이 무너질 때, 인간은 성과를 내지만 불안하거나 안정적이지만 퇴보한다.

요소	자신감 중심	자존심 중심
정체성 방향	확장형	보존형
의사결정 유형	목적지향적, 유연	습관적, 고정
오류 대응	수용·탐색	방어·정당화
학습 경향	실험적, 개방	반복적, 폐쇄
위험 요인	충동, 불안	경직, 정체

다시 말해 자신감은 '새로운 나'를 만들고, 자존심은 '지금의 나'를 지킨다. 능력은 그 둘이 협력하여 '변화 속에서도 자신을 잃지 않는 힘'으로 완성된다. 정리하자면,

- **자신감**은 '확장의 정체성'—오류를 기회로 삼는 **성장의 본능**
- **자존심**은 '보존의 정체성'—일관성을 지키려는 **방어의 본능**

이라고 할 수 있다. 능력은 이 두 본능이 조화롭게 작동할 때 비로소 현실에서 발휘된다.

5. 맺음말: 정체성의 사회적 의미는 협력과 신뢰의 기반

1) 정체성과 협력의 이중성: 함께 있고 싶지만, 다르고 싶다

인간은 본성적으로 사회적 존재이다. 우리는 혼자 살 수 없도록 진화했다. 하지만 역설적이게도 가장 인간적인 욕망, 즉 '나답게 있고 싶다'는 정체성의 욕망이 때로는 협력의 가장 큰 적이 된다. 이것은 단순한 심리 현상이 아니라 진화의 깊은 층위에 새겨진 '사회적 본성'의 양면성이다. 인간

의 본성은 협력을 촉진하도록 설계되어 있다. 그러나 그 협력은 무조건적인 사랑이 아니라 '조건부 협력', '선택적 협력', 즉 '나와 함께할 가치가 있다고 여겨지는 사람들과의 협력'이다. 따라서 사회적 본성은 언제나 '협력을 지향하는 힘'과 '경계를 구분짓는 힘' 사이의 미묘한 줄타기 속에 존재한다.

2) 사회적 본성은 어떻게 협력과 신뢰를 촉진하는가

홍적세의 불안정한 기후 속에서 인류는 개인의 힘만으로는 살아남을 수 없다는 사실을 깨달았다. 협력은 생존의 전략이자 본능이 되었다.

(1) 자기 통제: 이기심을 넘어서는 능력

인간의 뇌는 즉각적인 욕구를 억제하고, 장기적 이익을 위해 자신을 통제할 수 있도록 진화했다. 이 자기 통제 능력은 단순한 윤리적 덕목이 아니라 협력의 신경학적 토대이다. 한 구성원이 욕심을 내고 규칙을 깨면 집단은 무너진다. 따라서 인간은 타인의 시선을 의식하고, 공동의 규범에 맞게 자신을 조절한다. 예를 들어 팀 회의에서 '내 아이디어만 옳다'는 태도를 억누르고, 다른 사람의 의견을 들어주는 것은 자기 통제의 실천이며, 바로 협력의 첫걸음이다. 협력은 타인을 배려하는 감정이 아니라 자기 억제의 기술이다.

(2) 호혜성과 신뢰: "네가 나를 돕는다면, 나도 너를 돕겠다"

협력의 또 다른 축은 호혜성(reciprocity)이다. 인간은 타인에게 친절을 베풀었을 때, 그것이 돌아온다는 경험을 반복하며 신뢰를 학습한다. 이 신뢰가 쌓이면 집단은 서로의 약속을 굳게 믿고 더 큰 위험을 감수할 수 있다.

기업으로 치면, 심리적 안전감이 바로 이 단계에서 형성된다. 신뢰는 계약서가 아니라 반복된 경험의 기억 위에서 자란다.

(3) 도덕성과 집단의식: '우리'라는 규범의 뇌

인간의 뇌는 도덕적이다. 옳고 그름의 판단은 생존의 문제였다. 비협력적인 행동을 하는 사람을 처벌하고, 협력적인 행동을 하는 사람을 칭찬하는 과정에서 '도덕적 감정'이 진화했다. 즉, 도덕성은 추상적 개념이 아니라 집단 협력을 유지하기 위한 정서적 메커니즘이다.

이처럼 인간의 정체성은 본래 협력과 신뢰를 촉진하도록 설계되어 있다. 그러나 그것은 언제나 공정성, 존중, 안전감이라는 기반 위에서만 작동한다.

3) 정체성의 어두운 그림자: 협력을 파괴하는 두 가지 메커니즘

정체성은 '나'를 '우리' 안에 묶어두는 강력한 결속의 끈이다. 그러나 이 끈은 공정성과 존중이라는 힘줄로 엮여 있다. 그 힘줄이 끊어질 때, 결속의 끈은 순식간에 '서로를 옥죄는 올가미'나 '편을 가르는 경계선'으로 돌변한다.

(1) 불공정성: 협력을 '계산'으로 전락시키는 침식적 독

조직 내에서 '나는 공정하게 대우받지 못한다'는 인식이 확산되는 순간, 협력의 사회적 계약은 무너지기 시작한다. 구성원들은 더이상 공동의 목표를 위한 '헌신'이 아닌, '내가 헌신한 만큼 돌려받을 수 있는가?'라는 '계산'에 기반한 행동을 하게 된다.

일례를 들어, 성과급이 불공정하게 배분되는 팀에서는 '우리의 성과'라

는 공유 의식이 사라진다. 대신 '내가 일한 만큼의 몫'을 챙기는 개인적 계산이 행동의 기준이 되며, 이기적인 경쟁과 정보 축재가 만연한다.

이것은 단순한 불만이 아니다. '내가 공동체를 위해 희생했는데, 공동체는 나를 버렸다'는 심층적인 배신감이 신뢰와 상호성을 파괴하며, 장기적 협력을 단기적 생존 전략으로 대체시키는 것이다.

(2) 왜곡된 애착: '우리'를 '우리 vs 그들'로 분열시키는 분화 작용

인간의 정체성은 건강한 소속감, 즉 '안정적 애착(attachment security)'을 토대로 한다. 그러나 반복적인 무시, 배제, 차별은 이 토대를 붕괴시키고, 정체성을 균열시키는 '불안정한 애착'을 형성한다.

- **불안형 애착**은 '진짜 우리'에 포함되기 위해 과도하게 헌신하거나, 사소한 비판에도 위협을 느끼며 '집단 생각(groupthink)'을 강화한다.
- **회피형 애착**은 상처받지 않기 위해 조직과 감정적 거리를 두며, 협력보다 '방어적 자율성'을 추구한다.

이러한 불안정한 애착 상태는 조직을 '진짜 우리'와 '저쪽 사람들'로 나누는 내부적 분화를 촉진한다. 결국 에너지는 공동의 목표보다는 '파벌 간의 경계 싸움'과 '신뢰의 부재를 관리'하는 데 소모된다.

이렇듯, 협력의 적은 악의(malice)가 아니라 방치된 상처(woundedness)이다. 정체성이 협력을 파괴할 때, 그 원인은 대부분 악의적인 의도보다는 공정성과 존중이 무너졌을 때 발생하는 '상처'와 '불신'에서 비롯된다. 조직의 에너지를 분열시키는 파벌과 계산적 행동은, 배제당하고 무시당한 구성원들이 스스로를 지키기 위해 취한 '방어 전략의 결과물'인 경우가 많다.

4) 협력을 유지하기 위한 심리적 조건

정체성이 협력의 촉매제가 될지, 분열의 도화선이 될지는 그것이 뿌리내린 심리적 토대에 달려 있다. 인류의 사회적 본능이 빛을 발하려면, 다음 세 가지 조건이 동시에 충족되어야 한다.

첫째, 공정성(fairness)이다. 이는 단순히 결과의 평등을 넘어 '대우의 형평성'과 '절차의 투명성'을 포괄하는 개념이다. 구성원 누구나 자신의 노력과 공헌이 공정하게 평가되고, 중요한 결정이 투명한 과정을 거쳐 이루어진다고 믿을 때, 비로소 '우리'라는 정체성에 대한 신뢰가 싹튼다. 공정성이 무너지면, '함께하는 가치'는 순식간에 '내 몫을 챙기는 계산'으로 전락한다.

둘째, 존중(respect)이다. 이는 상대의 차이를 단순히 '참아내는' 수동적 관용이 아니다. 다름 자체를 평가의 대상이 아닌, 집단의 풍요로움을 위한 필수 자원으로 받아들이는 적극적 태도이다. 나와 다른 배경, 관점, 방식을 가진 존재도 그 자체로 가치 있는 동료라고 여길 때, 정체성은 배타적인 울타리가 아닌, 다양한 개인을 포용하는 살아 있는 연결고리가 된다.

셋째, 안정적 연결망(attachment security), 즉 심리적 안전감이다. 이는 실수를 해도 비난받지 않을 것이라는 믿음, 미흡한 아이디어도 거리낌 없이 제안할 수 있는 신뢰의 기반이다. 이러한 안전감이 확보된 집단에서는 정체성이 '완벽해야 하는 강박'이 아니라 '함께 성장해 나가는 과정'으로 자리 잡는다. 구성원은 자신의 약점과 의문을 숨기지 않고 드러낼 수 있고, 이것이 오히려 집단의 학습과 적응 속도를 높인다.

이 세 기둥—공정성, 존중, 안정적 연결망—이 견고하게 자리 잡았을 때, 비로소 '나'라는 정체성은 '우리'라는 더 넓은 장으로 확장되며, 집단을 하나로 묶는 결속의 힘으로 작용한다. 그러나 이 중 단 한 가지 조건이라도 훼손되는 순간, 정체성은 예측 불가능한 속도로 분열과 갈등의 에너지로 돌변한다. 협력이란 결국 이 취약한 세 가지 조건을 끊임없이 가꾸어나가는 일이다.

5) 한국 기업의 현실과 혁신의 길: 기술 지능의 한계와 사회 지능의 부재

한국 사회와 기업은 여전히 '비사회적 지능의 시대'에 머물러 있다. 기술이 발전하면 경제가 성장할 것이라는 믿음과, 협력은 '있으면 좋은 것' 이지 '없으면 망하는 것은 아니다'라는 태도가 깊게 뿌리내려 있다. 하지만 오늘날의 위기는 기술의 부족에서 비롯된 것이 아니라 사회적 신뢰와 협력의 결핍에서 기인한다.

많은 기업은 여전히 산업화 시대의 구시대적 규율에 머물러 있다. 성과 위주의 평가, 위계적 명령 체계, '다름'을 불편해하는 조직 문화가 그것이다. 이 체계 속에서 직원들은 창의적 협력보다는 '시킨 일만 하는 수동적 생존형 행동'에 머무르게 된다. 기술이 아무리 발전해도 조직의 혁신은 이러한 태도를 벗어나지 않고서는 달성되기 어렵다.

그러나 시대는 바뀌었다. AI와 자동화가 기술적 문제를 해결하는 시대에서 인간만이 할 수 있는 핵심 역량은 신뢰를 형성하고 협력하는 능력이다. 기술은 속도를 높이지만, 신뢰만이 방향을 만든다. 따라서 한국 기업이 지속 가능한 경쟁력을 확보하려면, 조직 내 사회 지능을 강화하고, 협력과 신뢰를 촉진하는 구조와 문화를 설계해야 한다.

여기서 핵심은 정체성의 관리이다. 인간과 조직의 정체성은 협력의 불씨이자 갈등의 불꽃이다. 그 불이 따뜻하게 빛나도록 하기 위해서는 공정성, 존중, 심리적 안전감이라는 '산소'가 필수적이다. 조직도 마찬가지이다. '하나의 목표'라는 포괄적 정체성을 통해 기본적인 신뢰를 세우되, 구성원 각자의 다른 관점과 전문성을 억누르지 않고 존중해야 한다.

즉, 혁신을 위한 조건은 다음과 같다.
- **공정한 평가와 투명한 의사결정**: 구성원이 신뢰할 수 있는 시스템 구축
- **존중과 포용**: 서로 다른 관점과 전문성을 조직의 자원으로 활용
- **심리적 안전감 확보**: 실패나 실수, 의견 충돌이 협력의 장애가 되지 않도록 환경 설계

그리고 혁신의 주체는 단순히 경영진이나 기술 담당 부서가 아니다. 조직 구성원 전체, 즉 관리자와 실무자가 함께 참여하는 사회적 학습 집단이 되어야 한다. 구성원 각자가 신뢰를 주고, 협력하며, 공동의 목표와 개인의 전문성을 동시에 살리는 경험을 반복할 때, 조직은 기술 중심의 효율을 넘어 사회 지능 기반의 혁신 역량을 갖출 수 있다.

기업의 변화는 이제 선택이 아니라 생존의 필수 조건이다. AI 시대의 경쟁은 기술력이 아닌 '협력의 질'에서 결정된다는 사실을 직시해야 할 때이다. 그러나 이 전환은 기업의 경영진만의 몫이 아니다. 이는 한국 사회가 산업화 시대에 형성된 '권위적 문화'라는 근본적 난제에 직면했음을 의미한다.

기업 내 위계적 문화는 단순히 구시대적 관행이 아니라 교육 현장의 주입식 학습, 사회 전반의 연령 간 위계적 질서, 그리고 신뢰보다는 외형적 스펙을 중시하는 풍토와 깊이 연결되어 있다. 따라서 기업의 민주적 전환은 단순한 조직 개혁을 넘어 한국 사회가 '창의와 협력의 생태계'로 거듭나기 위한 시금석이 된다.

6) 사회적 지능의 시대, 한국 기업의 선택

한국 기업이 당면한 도전은 기술 추격을 넘어 '사회적 운영체제'의 업그레이드에 있다. 공정성, 존중, 심리적 안전감이라는 세 기둥 위에 신뢰를 구축하지 못한 조직은 AI 시대에서 유의미한 가치를 창출할 수 없다. 이는 더이상 미래 예측이 아닌, 이미 글로벌 선진 기업들을 통해 입증되고 있는 현실적 생존 법칙이다.

지금 필요한 것은 과잉된 위기 담론이 아니라 '공정한 경쟁'이 아닌 '공정한 성장'을 위한 시스템, '복종'이 아닌 '창의적 도전'을 이끌어내는 리더십, '배타적 우리'가 아닌 '포용적 우리'를 설계하는 조직 문화에 대한 근본적인 성찰과 실행이다.

이 전환을 주도하는 기업만이 기술의 속도를 문명의 진보로 전환할 수 있다. 그들은 단순한 시장의 생존자가 아닌, 다음 시대를 정의하는 주체로 도약하게 될 것이다.

7) 사회적 지능의 시대, 무엇을 할 것인가?

이 거대한 전환의 마중물은 결국 개인의 일상적 실천에서 시작된다. 조직과 사회가 변하기를 기다리는 수동적 태도를 버리고, 자신부터 '사회적 지능'의 살아 있는 구현자가 되어야 한다.

① "왜 그렇게 생각하세요?"라고 묻는 연습

나와 다른 의견을 접했을 때, 반박보다 '이해'에 우선순위를 두라. 상대의 논리를 파고드는 질문은 갈등을 '대립'이 아닌 '탐구'의 과정으로 바꾸는 가장 강력한 도구이다.

② 칭찬과 감사의 전략적 사용

상대의 공헌을 구체적으로 지적하고 감사함으로써 '호혜성의 선순환'을 직접 발동시켜라. '잘했어'가 아닌 '이 부분에서 당신의 합리적인 접근 덕분에 해결됐다'는 식의 구체적 피드백이 신뢰의 자산을 쌓는다.

③ 내 '자존심'이 아닌 '우리 목표'에 충성하라

자신의 방식이 거부당할 때 이를 '정체성에 대한 공격'으로 받아들이지 말고, '목표를 달성하는 다양한 방법 중 하나'로 재해석하는 유연함을 기르라. 자존심은 방어의 갑옷이 아니라 학습을 위한 빈 그릇이어야 한다.

④ 작은 실패의 공유를 주저하지 마라

완벽함을 증명하려 애쓰지 말고, '함께 배움'의 기회를 만들어라. "이렇게 시도했는데 실패했다. 함께 원인을 분석해 보자"는 한 마디가 팀의 심리적 안전감과 문제 해결 능력을 동시에 성장시킨다.

결국 사회적 지능이 풍부한 조직은, 이러한 개인들의 일상적 선택이 쌓여 만들어진 산물이다. 시스템이 변하길 바라는 것보다 먼저, 오늘 대화에서 부딪힌 다른 의견을 향해 '당신의 관점에서 가장 중요한 가치는 무엇인가요?'라고 질문하는 것에서 진정한 전환이 시작된다.

제7장 사회적 사고에서 주의해야 할 편향과 본성
— 사회적 뇌는 언제나 옳지 않다. 그러나 언제나 인간답다

1. 사회적 뇌의 근본적 특성
— 진실보다 관계의 질서를 우선하는 뇌

1) 생존을 위한 적응적 사고

인간의 뇌는 '진실'을 탐색하도록 설계된 기계가 아니다. 대신, 우리는 수만 년 동안 관계 속에서 살아남고 집단 내 위치를 확보하기 위해 진화했다. 예를 들어 원시 집단에서 한 사람이 옳다고 주장해도 집단의 조화를 깨트리면, 그 사람은 배제될 위험이 있었다. 따라서 사회적 뇌는 진실보다 관계의 질서를 우선한다.

이 때문에 우리는 논리적 일관성보다 사회적으로 수용 가능한 판단을 선택하는 경향이 있다. 동료들이 '이 의견에 동의한다'는 신호를 보내면, 그 의견이 실제로 옳든 그르든 우리는 쉽게 동의하는 경우가 많다. 이는 개인적 판단보다 집단 적응이 생존에 더 중요하기 때문이다.

2) 편향의 이중성

사회적 뇌가 지닌 여러 편향은 오류처럼 보이지만, 동시에 인간을 인간답게 만드는 본능이기도 하다. 이러한 편향은 빠른 사회적 판단을 가능하게 하고, 위기 상황에서 즉각적 행동을 결정하도록 돕는다. 다만, 현대 사회에서는 이러한 본능이 때때로 심각한 인지적 오류를 유발하기도 한다.

2. 사회적 인지의 주요 편향

1) 자기 고양 편향: 자존감의 방어와 성장의 장애

인간은 자연스럽게 자신의 능력과 성실함을 평균 이상으로 자평한다. 미국의 한 연구에서 운전 실력을 묻는 질문에 90% 이상의 응답자가 자신을 '평균 이상'으로 평가했다.

진화적으로 이는 필수적인 방어 장치였다. 치열한 경쟁 속에서도 자신의 가능성을 신뢰한 사람이 더 많은 기회를 잡았기 때문이다.

그러나 이 편향이 극단화되면, 피드백을 무시하고 학습을 차단하는 '보이지 않는 방패'가 된다. 조직에서 '내가 잘못할 리 없다'는 태도로 회의나 평가를 무시하는 모습이 대표적이다. 이렇게 되면 혁신은 멈추고, 조직은 자기 방어적 사고에 갇히게 된다.

2) 권위 편향과 후광·부정 확대 효과

사회적 뇌는 권위자의 지시를 따르도록 설계되어 있다. 밀그램의 복종 실험에서 65%의 참가자가 권위자의 지시에 따라 타인에게 전기 충격을 가했다. 원시 시대에는 경험 많은 사냥꾼이나 지도자의 판단을 신속히 따르는 것이 생존과 직결되었기 때문이다.

또한 후광 효과(halo effect)와 부정 확대 효과(horn effect)는 첫인상이나 두드러진 특성 하나만으로 전체적인 평가를 과대·과소 판단하게 만든다. 예를 들어 외모가 뛰어난 직원은 실제 능력과 무관하게 신뢰를 받는 반면, 사소한 실수를 한 평범한 직원은 전체 역량이 과소평가된다. 이는 현대 조직에서도 여전히 나타나는 사회적 뇌의 잔재이다.

3) 전략적 사고의 편향: 과잉·과소 추론과 동일화 오류

상대의 의도를 예측할 때 우리는 종종 과잉·과소 추론에 빠진다. 예를 들어 협상 상대가 잠잠하면 '무언가 숨기고 있다'고 과잉 해석하거나, 명백한 위험 신호를 '설마' 하며 무시하는 경우가 있다.

더 근본적인 문제는 동일화 오류이다. 자신의 감정을 기준으로 상대를 판단하고, '내가 화났으니 상대도 화났을 것이다'라고 가정하는 사고방식이다. 결국 전략적 사고의 가장 큰 적은 상대가 아니라 자신의 해석에 대한 과신이다.

3. 인간 협력의 기반이 되는 사회적 본능

1) 공정성에 대한 민감성

공정성은 단순한 도덕적 개념을 넘어, 집단 생존의 핵심 장치였다. 얼티메이텀 게임에서 10달러를 나누는 제안 중 2달러를 받으면 대부분 거부하는데, 이는 합리적 손해 감수와 상관없이 불공정에 대한 신경적 '위협 반응'이 작동하기 때문이다. 연구에 따르면 보통 20~30% 미만의 불공정한 제안은 거부되는 경향이 있다. 불공정은 집단 내 신뢰를 깨트려 생존에 직접 위협이 된다.

2) 신뢰와 상호성의 신경학적 기반

신뢰가 형성될 때 인간의 뇌는 옥시토신을 분비하고, 상호적 행동은 도파민 보상 회로를 강화한다. 신뢰는 반복적 상호 작용에서 보상을 극대화하고, 집단 내 협력을 안정시키는 핵심 메커니즘이다.

3) 내집단-외집단 구분의 본능

인간은 '우리'와 '그들'을 본능적으로 구분하며, 이는 집단 보호와 생존을 위해 필수적이었다. 헨리 타지펠(Henri Tajfel)의 실험에서 참가자들을 무작위로 두 그룹으로 나눠도 참가자들은 아무 근거 없이 자기 그룹에 더 많은 보상을 주었다. 현대 사회에서는 이 본능이 차별과 배제의 원인이 되기도 한다.

4) 사회적 시선과 평판 관리

인간은 관중 효과와 사회적 시선을 통해 '보여지는 나'를 의식하며 행동한다. 평판 본능은 협력과 질서 유지를 위한 진화적 도구로, 공개 기부 실험에서 비공개보다 참여율이 40% 이상 높게 나타났다. '타인 기억 속의 나'라는 인식 자체가 행동을 바꾸는 강력한 동력임을 보여준다.

재미있는 사례: "보는 눈이 많을수록, 인간은 달라진다"

■ **[사회적 촉진: 시선이 만드는 힘] 세계 신기록은 관중이 많은 경기에서 나온다**

심리학과 스포츠과학에서는 오래전부터 이런 흥미로운 통계를 주목했다. '세계 신기록은 관중이 적은 경기보다, 관중이 많은 경기에서 더 자주 달성된다.' 언뜻 보면 의아하다. 관중이 많으면 부담이 커지고, 실수할 위험도 높아질 것 같은데, 왜 오히려 성과가 더 좋아질까?

그 이유는 인간의 뇌가 '보여지는 나(being seen)'를 강력한 동기 자극으로 인식하기 때문이다. 관중의 함성, 기대, 박수는 뇌의 보상 회로(도파민-VTA-Striatum)를 활성화시켜, 운동선수에게 '사회적 에너지'를 부여한다.

심리학자 노먼 트리플렛(N. Triplett, 1898)은 자전거 경기에서 '혼자 달릴 때보다, 관중이나 경쟁자가 있을 때 더 빠르게 달린다'는 현상을 발견했다. 그는 이를 '사회적 촉진(social facilitation)'이라고 불렀다. 이후 여러 실험에서 관중이 많을수록 심박수와 아드레날린이 상승하고, 근육 반응 속도가 향상되는 것이 확인되었다. 즉, 사람은 누가 자신을 '보고 있다'는 사실만으로도 평소보다 더 집중하고, 더 강한 힘을 낸다. 인간은 '관찰받는 존재'일 때, 가장 인간답게, 가장 강하게 작동한다.

■ **[사회적 억제: 시선이 만드는 부담] 골프에서 동반자의 시선은 초보자의 실력을 떨어뜨린다**

하지만 '보는 눈'이 언제나 긍정적으로 작용하는 것은 아니다. 숙련된 선수에게는 관중이 자기 효능감을 높이는 자극이지만, 초보자에게는 자기 주의(self-conscious attention)를 과도하게 유발하는 위협이 된다. 예를 들어 초보 골퍼가 티샷을 할 때, 옆에서 동반자가 조용히 바라보는 순간, 손이 떨리고 스윙이 어색해지고 공이 엉뚱한 곳으로 간다.

왜 이런 일이 생길까? 그 이유는 주의 자원의 전환 때문이다. 평소에는 자동적으로 움직이는 운동 프로그램(운동 피질-소뇌)이 작동하지만, 누군가의 시선을 의식하면, 뇌의 자기 모니터링 영역(ACC, mPFC)이 과활성화된다. 결과적으로 '지금 내가 잘하고 있나?'라는 생각이 동작의 자동화를 방해하고, 실제 수행 능력을 저하시킨다. 이 현상을 이름하여 '사회적 억제(social inhibition)'라고 표현한다. 심리학자 로버트 자이언스(R. Zajonc, 1965)는 '관중의 존재는 쉬운 일에는 성과를 높이지만, 어려운 일이나 익숙하지 않은 일에서는 성과를 떨어뜨린다'고 밝혔다. 즉, 숙련자는 관중이 있을 때 집중력이 올라가지만, 초보자는 관중이 있을 때 긴장감이 올라간다. 사회적 시선은 숙련자에게는 에너지이지만, 초보자에게는 불안이다.

■ [핵심 해석] 사회적 시선의 양면성

이 두 가지 사례는 인간이 '사회적 존재'임을 다시금 입증한다. 우리는 혼자일 때보다 누군가에게 '보여질 때' 더 강렬하게 반응한다. 하지만 그 반응이 도움이 될지, 방해가 될지는 상황에 따라 달라진다.

결국 사회적 시선은 단순한 외부 자극이 아니라 정체성과 효능감이 결합된 내면적 자극이다. 자신이 '나는 준비된 사람이다'라고 믿는 순간, 시선은 힘이 된다. 자신이 '나는 평가받는 사람이다'라고 느끼는 순간, 시선은 부담이 된다.

사회적 시선은 인간의 뇌를 가장 깊이 자극하는 '보이지 않는 무대 조명'이다. 그것은 때로는 성과를 끌어올리는 스포트라이트가 되고, 때로는 불안을 드러내는 그림자가 된다.

세계 신기록은 '사회적 촉진'의 결과이고, 초보자의 실수는 '사회적 억제'의 결과이다. 이처럼 사회적 시선은 인간의 성과를 결정하는 보이지 않는 변수로 작용한다.

4. 사회적 사고의 역설과 통합적 이해

1) 불완전함이 만드는 연결
사회적 사고는 완벽하지 않지만, 인간을 연결한다. 편향과 오류는 때로 부정적 결과를 낳지만, 동시에 인간이 서로를 이해하고 협력하도록 만드는 힘이 된다.

2) 생존을 위한 타협으로서의 오류
자기 고양 편향은 자존감을 지키고, 권위 편향은 집단 질서를 유지하며, 공정성 본능은 협력의 기준을 설정한다. 사회적 뇌의 모든 오류는 '관계적 생존'을 위한 진화적 타협의 산물이다.

3) 인간 본성의 수용과 극복
사회적 사고의 편향은 진실을 흐리지만, 사회적 본능은 인간을 함께 살게 만든다. 이러한 이중성을 이해하고 수용하는 것이 현명한 사회적 존재로 성장하는 첫걸음이다.

제4부
결론에 대신하여

1. 인류의 진화가 AI 혁명의 격변 시대에 주는 교훈
―홍적세의 혹독한 기후 변동이 만들어낸 인간의 적응력

1) 혹한과 열기, 생존의 줄다리기: 홍적세의 극단적 자연

지금으로부터 약 260만 년 전, 지구는 '홍적세(Pleistocene)'라 불리는 혹독한 시대로 접어들었다. 기온은 끊임없이 오르내렸다. 빙하가 대륙을 뒤덮는 빙기(氷期)가 찾아오면, 기온은 10℃ 이상 떨어지고 바다는 얼어붙었으며, 그 사이에 찾아오는 간빙기(間氷期)에는 기온이 오르며 숲과 강이 되살아났다. 이런 변화는 수천 년 단위로 반복되었다.

지구의 모습은 빙하기 내내 수만 년의 큰 흐름 속에서도, 때로는 몇 세대 만에 확연히 달라지는 양상을 보였고, 그 안에서 인류의 조상들은 '한때 익숙했던 환경이 언제든 생존을 위협하는 낯선 공간으로 돌변하는' 세계를 살았다.

2) 환경적 압력과 새로운 생존 방식

이렇게 끝없이 반복되는 기후 대변환은 인류에게 가혹한 도전이었다. 빙기에는 추위와 가뭄으로 숲이 사라지고, 동물들이 줄어들며 식량이 희소해졌다. 간빙기에는 따뜻해지며 초원이 넓어지고, 강과 호수가 생기며 새로운 자원이 풍성해졌다. 그 결과, 인류의 조상은 늘 변하는 환경에 적응해야 생존할 수 있었다. 특히 아프리카에서 울창했던 열대우림이 점차 줄어들고 대신 사바나(초원)가 확장되면서, 그들은 나무 위를 떠나 땅 위의 세계로 내려와야 했다. 그때부터 인류의 역사는 '적응' 그 자체의 역사였다.

3) 변화가 만든 혁신들

(1) 직립 보행: 기후가 만든 두 발 걷기의 혁명

아프리카의 거대한 기후 변화는 인류에게 첫 번째이자 가장 근본적인 도전을 던졌다. 울창하던 열대우림이 점차 사라지고 넓은 사바나가 확장되면서 나무에서만 생활하는 것은 더이상 생존 전략이 될 수 없었다. 이에 따라 약 400만 년 전, 인류의 조상들은 나무 위 삶을 내려놓고 두 발로 땅을 딛는 길을 선택했다.

이것은 단순한 자세의 변화가 아닌, 모든 것을 바꾼 생존 전략의 대전환이었다. 초원이라는 새로운 환경에서 몸을 곧게 펴는 것은 시야를 획기적으로 넓혀 포식자를 조기에 발견하고 먹이를 찾는 데 유리했다. 또한 손이 자유로워지면서 도구를 만들고 다루는 본격적인 실험이 가능해졌으며, 몸이 햇빛에 노출되는 면적이 줄어 더 효율적인 체온 조절도 가능해졌다.

직립 보행이라는 한 걸음은 단순한 생리적 적응을 넘어 지능 발달과 문화의 싹을 트게 한 진화의 결정적 분기점이었다.

(2) 도구 사용과 두뇌의 성장: 복잡성과의 공진화

나무를 떠난 인간은 자유로워진 손으로 도구를 쥐기 시작했다. 날카로운 돌, 단단한 막대기, 그리고 나중에는 불을 제어하는 법까지 터득했다. 이 모든 도구는 단순한 연장이 아닌, 문제 해결을 위한 '인지적 실험'의 결과물이었다.

사냥을 위해 돌을 깎고, 불을 피워 고기를 굽고, 자원을 관리하는 복잡한 과정은 뇌에 지속적인 자극을 주었다. 그 결과, 뇌는 점점 커졌고 신경망은 더욱 정교해졌다. 이 시기 인류의 두뇌 용량은 유인원의 약 400cc에서 1,400cc로 무려 3배 이상 증가했다. 이는 같은 기간 동안 다른 유인원의 뇌 용량이 거의 변화하지 않은 것과 극명한 대비를 이룬다.

분류	대표 종	두뇌 용량 (평균)	주요 특징 및 비교
유인원	침팬지	~400 cc	400만 년 전 인류 조상과 비슷한 수준. 현생까지 큰 변화 없음.
인류 조상	호모 하빌리스(장인)	~600 cc	최초의 본격적인 석기(올도완) 제작 및 사용.
인류 조상	호모 에렉투스(직립인)	~900 cc	체계적인 사냥, 불의 사용, 더 정교한 도구(아슐리안).
인류	호모 사피엔스(현생인류)	~1,400 cc	상징적 사고, 예술, 복잡한 언어, 정교한 도구의 개발.

이 거대한 변화는 단순히 두뇌의 크기가 커진 것이 아니라 '적응의 복잡성'이 뇌의 진화를 이끌었다는 것을 보여준다. 도구를 만들고 불을 다루며 사회를 구성하는 데 필요한 계획, 기억, 협력, 언어 능력이 새로운 뇌의 연결망을 만들었고, 이는 다시 더 정교한 도구와 문화를 낳는 선순환을 일으켰다. 결국 도구 사용은 신체의 연장이 아니라 뇌의 연장이었으며, 이는 곧 문화와 지능의 폭발적 성장으로 이어졌다.

(3) 문화의 탄생: 유전적 진화를 뛰어넘은 '지식의 진화'

홍적세의 기후 변화는 유전자 진화의 속도로는 따라잡을 수 없는 속도로 진행되었다. 예를 들어 한 번의 빙하기가 끝나고 간빙기가 찾아오면 털복숭이 매머드에 적합했던 환경이 순식간에 사라지고, 대신 사슴과 같은 새로운 사냥감이 등장하는 식이었다. 유전적 돌연변이가 한 번 퍼져서 새로운 형질을 고정시키기 위해서는 수만 년, 수십만 년이 걸리지만, 홍적세의 환경은 수천 년, 때로는 몇 백 년 단위로 달라졌다. 이는 마치 100년에

한 번씩 완전히 새로운 규칙으로 바뀌는 게임을 하는 것과 같았다. 한 세대가 목숨 걸고 터득한 생존 기술이 그 자식 세대에게는 쓸모없어지는 일이 빈번해진 것이다.

이러한 '진화 속도의 격차'가 바로 문화라는 강력한 적응 도구를 탄생시킨 근본 동력이었다. 유전자만으로는 빠른 환경 변화를 따라갈 수 없게 되자 인류는 유전자 바깥에, 마음속에 지식과 기술을 저장하고 다음 세대로 전수하는 '문화(culture)'라는 두 번째 진화 시스템을 발명한 것이다.

그들은 불을 피우는 법, 짐승의 가죽을 옷으로 만드는 법, 특정 지역의 식용 식물과 사냥법 같은 국소적이고 빠르게 변화하는 정보를 언어와 시범을 통해 학습하고 전승하기 시작했다. 이로써 인간은 '후천적으로 습득한 특성을 유전하지 않고도 물려줄 수 있는' 유일한 종이 되었다. 유전자보다 수천 배 빠른 이 새로운 진화 방식, 곧 학습과 전승을 통한 지식의 축적이 바로 '문화'라는 이름으로 인류 역사의 흐름을 바꾼 것이다.

4) 생존의 전환점: 인구 병목과 진화의 도약

약 100만~80만 년 전, 지구는 또 한 번의 대혼란을 맞았다. 빙기의 길이가 길어지고 간빙기가 짧아지며, 기후 변동성이 극단적으로 커졌다. 이 시기에 인류 조상은 멸종 위기를 맞았다. 유전학 연구에 따르면 당시 생존한 번식 개체군이 수천 명에 불과한 '인구 병목(population bottleneck)'을 겪은 것으로 추정된다. 이 사건의 여파는 오늘날까지 이어져 70억 명이 넘는 현생 인류의 유전적 다양성이 수십만 마리에 불과한 침팬지 집단보다도 오히려 낮은 이유로 설명된다.

하지만 바로 그 절멸의 문턱에서 인류 진화의 결정적 전환이 일어났다. 극소수로 줄어든 생존자들은 더욱 긴밀한 사회적 유대와 협력 없이는 살아남을 수 없었다. 이 치명적인 위기는 결과적으로 언어 발달을 통한 소통, 고도화된 사회 협력, 도구의 정교화, 불의 지속적 사용과 같은 새로운 적응 전략을 창조하는 촉매제가 되었다. 즉, 인류는 개체 수의 위기를 지능과 사회성의 질적 도약으로 돌파한 것이다. 그리고 이 극한의 시련을 헤쳐나온 집단의 후손이 바로, 이후 지구를 정복하게 될 현생 인류, 호모 사피엔스(Homo sapiens)이다.

5) 두 가지 진화, 다른 속도: 유전의 한계와 문화의 도약

인류가 홍적세의 혹독한 환경 변화를 극복할 수 있었던 비밀은 단일한 진화 방식에 있지 않았다. 그것은 '유전적 적응'과 '문화적 적응'이라는 속도와 성격이 완전히 다른 두 가지 진화 시스템이 협력했기 때문이었다.

먼저 유전적 적응은 모든 생명체의 기본 전략이다. 직립 보행이나 큰 두뇌와 같은 근본적인 형질은 이 방식을 통해 오랜 시간에 걸쳐 정착했다. 그러나 이 과정은 매우 느려서 하나의 형질이 집단 전체에 퍼지기까지 수만 세대가 소요되었다. 따라서 홍적세처럼 수백 년, 수천 년 단위로 환경이 뒤바뀌는 상황에서는 한계가 명백했다. 유전자는 변화의 튼튼한 기반을 마련해 주었지만, 급변하는 현실에 즉각 대응하기에는 너무 느렸다.

이에 반해 문화적 적응은 인류가 손에 넣은 혁명적인 도구였다. 인간은 언어와 사회적 학습을 통해 새로운 기술과 지식을 '하루아침'에 습득하고 전파할 수 있었다. 불을 피우는 법, 짐승 가죽으로 옷을 만드는 법, 새로운 사냥 기술과 이주 경로, 이 모든 것은 유전자에 의존하지 않고도 다음 세대로 전달될 수 있었다. 이 문화적 적응력 덕분에 인류는 빙하기 유럽의 추위나 아프리카 사막의 열기 같은 지역적·시대적 난제에도 즉각적으로 대응하며 지구 전역으로 퍼져나갈 수 있었다.

결국 인류는 유전적 진화가 제공한 가능성의 몸짓(큰 뇌, 유연한 손) 위에 문화적 진화라는 초고속 정보 전달 시스템을 얹은 것이다. 이것이 인류를 단순히 '환경에 맞게 진화한 존재'가 아니라 도구와 지식으로 '환경을 바꾸는 존재'로 거듭나게 한 근본 동력이었다.

6) 불안정성에 적응하다: 변이 선택 가설

고인류학자 리처드 포츠(Richard Potts)가 제안한 변이 선택 가설(variability selection hypothesis)은 인류 진화의 본질을 꿰뚫는 통찰을 제공한다. 그의 말처럼 "인간은 특정 환경이 아니라 환경의 불안정성 자체에 적응했다."

이는 무엇을 의미하는가? 대부분의 생물이 특정 환경(예: 열대우림, 극지방)에 최적화되는 방향으로 진화한 반면, 인류는 '예측 불가능성' 그 자체를 새로운 생존 환경으로 삼은 것이다. 빙기와 간빙기가 빠르게 교차하며 익숙한 풍경이 사라지는 세계에서 가장 강력한 무기는 특정 기술이 아닌, '무엇이든 배울 수 있는 학습 능력'이었고, 가장 유용한 형질은 단단한 이빨이나 날카로운 발톱이 아닌, '새로운 규칙을 빠르게 파악하는 인지적 유연성'이었다.

결국 진화는 가장 튼튼한 신체나 가장 날카로운 감각이 아니라 '적응 유연성(adaptability)'이라는 새로운 특질을 선택했다. 이는 특정 환경 조건에 최적화된 설계가 아니라 변동하는 환경 자체를 생존 전략으로 삼은 선택이었다. 인간은 특정 생태계에 구애받지 않고 혹한의 시베리아에서 불모의 사막까지, 정글에서 초현대적 도시까지 어떤 환경이든 자신의 행동과 문화를 바꾸어가며 개척할 수 있는 '궁극의 범용형 종(ultimate generalist species)'이 될 수 있었다.

7) 다양성이 생존을 보장한다: 집단의 지능

홍적세의 환경이 준 가장 명확한 교훈은 이렇다. 완벽한 개인은 존재하지 않으며, 생존의 열쇠는 다양성에 달려 있다는 것이다.

한 개인의 경험과 능력은 본질적으로 한계가 있다. 아무리 뛰어난 개인도 모든 상황에 대비할 수는 없다. 그러나 집단은 하나의 살아 있는 지식 저장소이자, 다양한 기술과 유전적 특성을 아우르는 '생존 가능성의 풀(pool of possibilities)'이다. 예측할 수 없는 새로운 환경이 닥쳤을 때, 이 풀에 저장된 다양한 특성 중 일부가 빛을 발하며 집단 전체의 생존 가능성을 높인다.

예를 들어 인류의 어떤 무리는 돌을 정교하게 다루는 기술에 뛰어났고, 다른 무리는 불을 안정적으로 피우는 비법을 지녔으며, 또 다른 무리는 동물 가죽으로 추위를 막는 옷을 만드는 독자적인 지식을 보유했다.

이러한 기술과 지식의 다양성은 위기가 닥쳤을 때, 한 전략이 실패해도 다른 대안이 존재했고, 집단 간의 접촉과 교류를 통해 이러한 혁신들은 빠르게 확산될 수 있었다. 진화의 진짜 주인공은 개인이 아니라 공동체였다.

결국 인류의 진화는 단순히 '강한 개인'의 생존이 아닌 '다양한 개인과 집단이 만들어내는 협력 네트워크'의 적응이었다. 홍적세의 거친 환경을 헤쳐나간 진정한 주인공은 서로 다른 강점을 가진 개인들이 모인 공동체, 즉 '집단의 지능'이었다.

8) AI 혁명 시대에 돌아보는 진화의 교훈

오늘날 인류는 홍적세의 기후 대변환에 버금가는 거대한 지각변동—AI 혁명—의 한가운데 서 있다. 지능이 생물학적 두뇌를 넘어 기계로 확장되면서 일과 관계, 학습과 권력의 구조가 근본부터 재편된다.

이러한 격변의 시대에 홍적세가 전하는 교훈은 분명하다.

① 유연성이 생존을 결정한다
단순히 현재 가진 '고정된 기술'에 매달리는 자는 도태된다. 중요한 것은 기술 자체가 아니라 끊임없이 변화하는 환경 속에서 새로운 것을 배우고 자신을 개조하는 '적응 능력' 그 자체이다.

② 문화적 적응력이 경쟁력이다
혼자서 모든 지식과 기술을 습득하는 것은 이제 불가능에 가깝다. 집단적 지능을 활용한 빠른 학습과 개방적 협력만이 복잡한 AI 시대를 헤쳐나가는 생존 조건이다.

③ 다양성이 미래를 창조한다
AI와 인간, 다양한 분야의 전문가와 조직이 각자의 고유한 강점을 결합할 때, 단일한 존재로는 도달할 수 없는 새로운 차원의 문명이 탄생한다. 동질성이 아닌 다양성이 혁신의 원동력이다.

9) 적응자에서 창조자로

홍적세 인류가 혹한과 열기를 극복한 이유는 단순한 '육체적 강인함'이 아니라 환경 변화에 유연하게 대응하는 '적응 유연성' 덕분이었다. 지금의 AI 혁명도 마찬가지이다. 기술 발전이 가져오는 예측 불가능성은 위협이 아니라 우리로 하여금 새로운 가능성을 탐색하도록 자극하는 진화의 동력이다.

과거 인류가 환경의 불안정성에 적응하며 '범용형 종'으로 도약했듯이, 우리는 이제 기술 문명의 불안정성에 적응해야 할 역사적 전환점에 섰다.

인간은 단순히 환경에 맞서거나 환경의 희생자가 되는 존재가 아니다. 우리는 환경의 변화를 읽고, 거기에 적응하며, 나아가 새로운 환경을 창조해 내는 유일한 존재로 진화해 왔다. AI 시대는 이 '적응이자 창조'의 여정이 한층 더 고도화되는 새로운 장이다.

이제 우리는 다시금 스스로에게 물어야 한다.

"나는 이 거대한 변화 속에서 무엇을 새로 배우고, 누구와 함께하며, 어떤 미래를 창조해 나갈 것인가?"

2. 인류 진화가 기업 CEO에게 주는 교훈
―'사회적 뇌'와 갈등을 포용하는 집단이 살아남는다

1) 혹독한 환경에서 태어난 인간의 협력 본능

지금으로부터 수십만 년 전, 홍적세의 대지는 끊임없이 요동쳤다. 빙하기가 닥치면 모든 것이 얼어붙고, 간빙기가 오면 다시 강이 흐르고 숲이 자랐다. 이 무자비한 자연의 변화 속에서 인류는 오직 '서로 협력하는 능력'으로 살아남았다. 그때 생겨난 것이 바로 사회적 뇌이다. 이는 단순히 생각하는 뇌가 아니라 '함께 생각하는 뇌', '서로를 이해하는 뇌'였다.

2) 인류의 생존 비밀: 사회적 뇌의 세 가지 힘

(1) 다양성: 최고의 방어이자 최강의 공격

인류는 각기 다른 경험과 관점을 가진 개인들이 '차이를 융합'하며 위기를 극복해 왔다. 이 다양성은 단순한 인재 풀이 아닌, 예측 불가능한 상황에 대비한 '생존 해법의 보험'이었다. 누군가의 엉뚱한 상상력, 다른 이의 실패 데이터, 젊은 세대의 직관, 노인의 지혜가 하나로 섞일 때, 비로소 집단은 변화의 파고를 헤쳐나갈 유연성과 창의성을 얻었다.

이를 현대 기업에 적용해 보자. 급변하는 시장과 기술 환경에서 획일적으로 사고하는 팀은 '효율적'으로 실패하는 최악의 시나리오에 직면한다. 반면에 다양한 배경과 시각이 공존하는 팀은 표면적으로는 '시끄럽고 복잡'해 보이지만, 그 내부에서는 '예측할 수 없는 위협'에 대한 최상의 대응책이 마련된다. 즉, 다양성은 단기적인 효율의 불편함을 넘어 장기 생존을 보장하는 가장 현명한 전략이다.

(2) 갈등과 협력의 균형: 불편함을 견디는 힘

새로운 환경에 대한 대응책을 찾는 과정에서 갈등은 피할 수 없는 부산물이다. 서로 다른 의견과 이해관계가 부딪히며 감정의 상처를 남기기도 한다. 그러나 인류는 이 '불편한 창의성'을 파괴하는 불씨가 아닌 '협력의 단련재'로 바꾸는 법을 진화 과정에서 터득했다.

수렵채집 시대의 집단은 지배자 한 명의 명령이 아니라 약 15명 내외의 구성원이 동등하게 논의하는 원시적 '회의체'를 통해 중요한 결정을 내렸다. 이는 남아프리카의 '우분투(Ubuntu, "나는 우리가 있으므로 존재한다") 정신이나 여러 원시 부족의 합의 문화에서도 발견되듯이, 인간 사회의 원형에 가까운 운영 방식이었다.

이러한 '합의를 통한 결정' 구조는 단순한 제도가 아니라 인간의 사회적 본성에 기반한 자연발생적 시스템이었다. 한 명의 독단적 판단보다 여러 시각을 종합한 판단이 생존 확률을 높인다는 사실을 본능적으로 안 것이었다. 즉, 민주주의의 원초적 형태는 인간이 집단 지성을 극대화하기 위해 발견한 가장 효율적인 생존 도구였던 셈이다.

이 교훈은 오늘날의 리더십에도 그대로 적용된다. '갈등을 없애려는 조직'은 표면적 평화 속에 '생각의 죽음'이 스멀스멀 피어오르는 죽은 조직이다. 반면에 갈등을 건설적 토론으로 전환하는 조직은 그 불편함 속에서 새로운 해법을 창조하는 살아 있는 조직이다. 갈등은 성장이 일어나고 있음을 알리는 생생한 증거이다.

(3) 겸손과 명예: 협력의 윤리

인류는 알파 수컷이 지배하는 침팬지의 방식을 버렸다. 대신에 '겸손한 리더십'과 '명예를 기반으로 한 존중'을 선택했다. 수렵채집 사회에서 한 개인이 지나치게 권력을 휘두르면 그는 공동체에서 배제되었다. 지배보다 헌신, 권력보다 명예를 중시하는 시스템이 인간의 협력을 지탱했다. 즉, 인간은 본성적으로 독재를 싫어한다. 농경 시대 이후 등장한 왕이나 독재자는 인류 진화의 본능적 코드에 어긋나는 존재였다. 그래서 언제나 저항이 뒤따랐다.

오늘날의 조직에서도 이 진화적 본능은 여전히 살아 있다. 직원들은 권위적 리더에게 '순응'은 하지만 '헌신'하지 않는다. 반면에 공정하고 존중하는 리더에게는 자발적 에너지를 바친다. 진화가 선택한 최고의 리더는 지배자가 아니라 봉사자이다.

3) 기업 조직의 생존 원리: 갈등을 두려워하지 마라

현대 기업이 맞닥뜨린 시장 환경은 홍적세의 기후 변화보다 더욱 예측하기 어렵다. AI, ESG, 글로벌 공급망, 급변하는 고객 취향까지 모든 요소가 유기적으로 연결되어 끊임없이 재편된다. 이제 기업은 '불확실성

(VUCA)' 그 자체를 새로운 생태계로 인식하고 적응해야만 한다.

이러한 환경에서 두 가지 뚜렷이 대비되는 조직 유형이 나타난다. '획일적 통제와 갈등 억압형' 조직은 위계 질서와 표면적 화합을 최우선시한다. 그러나 이는 정보의 왜곡과 경직된 사고를 낳아 실질적인 적응력을 떨어뜨린다. 위기가 닥치면 오히려 취약한 구조적 결함이 드러나 급격하게 붕괴하기 쉽다. 이와 반대로 '다양성과 갈등 포용형' 조직은 외부의 변화를 내부의 건강한 논쟁으로 환원한다. 불편한 의견이 오가고 갈등이 표출되는 것 자체를 문제가 아닌 과정으로 받아들인다. 그 결과, 유연성과 혁신 능력을 키워 지속적인 성장과 높은 생존력을 확보하게 된다.

'갈등 없는 협력'은 진정한 협력이 아니다. 단지 복종(compliance)에 불과하다. 모든 의견이 쉽게 일치하는 조직은 표면적인 평화를 누릴지 몰라도, 그 이면에는 '생각의 공동화(空洞化)'라는 가장 큰 위험이 도사리고 있다. 진정한 협력은 서로 다른 관점이 치열하게 부딪히고, 설득과 논증을 거쳐 하나의 합의점을 도출하는 동적이고 창조적인 과정이다.

이를 실천하는 대표적인 사례가 넷플릭스의 '자유와 책임' 문화이다. 그들은 직원이 CEO의 결정에도 거리낌 없이 이의를 제기할 수 있는 '심리적 안전감'을 조직의 핵심 가치로 삼았다. 이는 인간의 '사회적 뇌'가 최적으로 작동하기 위한 조건을 조직 설계에 반영한 것이다. 그들은 갈등을 억압하는 대신, 그것을 혁신의 연료로 삼는다. 결국 갈등을 품어내고 지혜로 승화시킬 수 있는 협력만이 지속 가능한 창조를 낳는다.

4) 획일적 통제의 유혹: 효율의 함정

CEO가 흔히 빠지는 착각이 있다. "모두가 같은 방향으로만 움직이면 효율적이다." 단기적으로는 맞는 말이다. 명령 체계가 명확하고 실행 속도가 빠르다. 그러나 이 '효율'은 특정 궤도에 갇힌 효율이다. 환경이 바뀌어 새로운 길이 필요해지면, 그 조직은 방향을 틀지 못한다. 정보는 위로만 올라가고, 아래에서는 새로운 제안과 위험 신호가 걸러져 사라진다.

역사는 이러한 '획일적 효율'의 함정이 어떻게 위대한 기업을 무너뜨리는지 보여준다. 코닥은 디지털 카메라 기술을 1975년에 세계 최초로 개발한 선구자였다. 그러나 막상 그 기술을 본격적으로 사업화하려 할 때, 조직은 난관에 부딪혔다. 문제는 기술이 아닌, 조직의 '정체성'과 '구조'에 있었다.

- **구조적 마비**: 코닥의 엄청난 수익과 비즈니스 모델은 '필름 판매'를 중심으로 돌아가고 있었다. 디지털 사업을 본격화하는 것은 '기존의 황금알을 낳는 거위를 스스로 도태시키는' 모순처럼 느껴졌다.
- **심리적 저항**: 필름 사업의 성공을 이끌던 내부 핵심 인력들에게 디지털 전환은 '자신들의 경력과 전문성을 부정하는' 위협으로 다가왔다. 이는 '자존심(기존 역량 활용)'이 '탐색'을 막은 전형적인 사례였다.

결국 코닥은 '완벽하게 효율적으로 굴러가던 기존 시스템'에 갇혀 근본적인 변화를 두려워했다. 그들이 개발한 미래 기술은 결국 다른 기업들이 시장을 지배하는 토대가 되었고, '효율적'이었던 조직은 시대가 바뀌자 무너지고 말았다.

이는 획일적 통제가 안겨주는 일시적인 효율감이, 결국 구조적 경직성과 심리적 마비를 낳아 조직의 미래를 파괴할 수 있음을 경고하는 교훈이다.

5) 진화가 말해 주는 리더십의 본질과 실천 원칙

홍적세의 인류가 혹독한 환경을 극복한 이유는 '가장 똑똑한 개인'이 아니라 '가장 잘 협력한 집단'에 있었다. 이 진화적 교훈은 오늘날의 리더십에도 그대로 적용된다. AI 혁명이라는 새로운 생존 환경에서 '이기는 CEO'보다 '함께 진화하는 CEO'가 조직을 살린다. 이들이 갖춰야 할 핵심 능력은 기술적 지능(technical intelligence)이 아닌, 협력과 신뢰를 촉진하는 사회적 지능이다.

이러한 리더십의 본질은 다음과 같은 다섯 가지 진화적 경영 원칙으로 현실에 구현된다.

① 다양성은 생존의 원천이다: 차이를 통합하는 리더십

단일한 유전자 풀은 환경 변화에 취약하다. 마찬가지로 획일적인 조직은 미래에 적응할 수 없다. 진정한 리더는 구성원의 '다름'을 불편해하지 않고, 그것을 아이디어와 관점의 풍부한 자원으로 삼는 법을 안다.

② 갈등은 협력의 전제다: 논쟁을 장려하는 리더십

갈등 없는 협력은 복종에 불과하다. 생존하는 집단은 갈등을 두려워하지 않고, 그것을 건설적 논쟁으로 전환하는 메커니즘을 가졌다. 리더의 역할은 '네 생각은 무엇인가?'가 아닌, '왜 나와 다르게 생각하는가?'라는 근본적인 질문을 던져 대화의 깊이를 확보하는 것이다.

③ 겸손은 리더십의 본능이다: 신뢰를 구축하는 리더십

진화는 독재적인 알파 개체가 아닌, 공동체에 헌신하는 리더를 선택해 왔다. '내가 옳다'는 고집보다 '우리가 옳을 수 있는 길'을 함께 찾으려는 겸손함이 구성원의 신뢰를 모으고, 그들의 자발적 에너지를 이끌어낸다.

④ 협력은 명예로 유지된다: 존중으로 동기를 부여하는 리더십

인류의 협력은 강제나 지배가 아니라 공정한 배분과 상호 존중이라는 '명예 시스템' 위에서 발전했다. 물질적 보상보다 '당신의 공헌이 우리를 여기까지 이끌었다'는 진정한 인정과 존중이 지속 가능한 동기의 원동력이다.

결론적으로, AI 시대의 리더는 조직을 '명령 체계'가 아니라 '사회적 뇌'로 이해해야 한다. 그들이 풀어야 할 최대 과제는 기술의 복잡성이 아닌, 인간의 본성에 내재된 협력과 신뢰의 코드를 해독하고, 그것을 조직 시스템에 녹여내는 일이다.

6) '홍적세의 CEO'로 진화하라

홍적세의 인간은 혹한과 열기를 오가며 끝없이 변화하는 자연을 마주했다. 그들은 싸우는 대신 함께 생각하고, 서로의 다름을 활용하는 법을 배웠다. 오늘날 CEO가 직면한 시장 환경도 다르지 않다. AI, 자동화, 팬데믹, 기후위기…. 이 모두는 '21세기의 홍적세'이다.

살아남는 리더는 '통제하는 자'가 아니라 '진화하는 자'이다. 진짜 CEO는 조직의 뇌를 하나의 지능이 아니라 서로 연결된 사회적 뇌로 바꾸는 사람이다. 그가 만드는 기업은 갈등 속에서도 무너지지 않고, 변화 속에서도 함께 진화한다.

인류는 '사회적 뇌'로 진화했고, 기업은 '사회적 지능'으로 살아남는다. 기술이 아닌 협력, 통제가 아닌 신뢰, 이것이 AI 시대 CEO가 배워야 할 진화의 본능이다.

■ 참고문헌

다마지오 저, 김린 역, 2017, 『데카르트의 오류』, 눈출판그룹.
제레드 쿠니 호바스 저, 김나연 역, 2020, 『사람은 어떻게 생각하고 배우고 기억하는가』, 토네이도.
조지프 르두 저, 임지원 역, 2017, 『불안: 불안과 공포의 뇌과학』, INVENTION.

Ahuvia, A. C., 2005, "Beyond the extended self: Loved objects and consumers' search for identity and belonging," *Journal of Consumer Research*, 32(1), doi:10.1086/429607.

Bechara, A., Damasio, A. R., Damasio, H., & Anderson, S. W., 1994, "Insensitivity to future consequences following damage to human prefrontal cortex," *Cognition*, Vol. 50, No. 1-3.

Benedetto De Martino(with co-authors), 2012, "A range-normalization model of context-dependent choice: a new model and evidence," *PLoS Computational Biology*, 8(7); https://doi.org/10.1371/journal.pcbi.1002607.

Berridge, K. C., & Kringelbach, M. L., 2008, "Affective neuroscience of pleasure: Reward in humans and animals," *Psychopharmacology*, 199(3), https://doi.org/10.1007/s00213-008-1099-6.

Berridge, K. C., & Robinson, T. E., 1998, "What is the role of dopamine in reward: Hedonic impact, reward learning, or incentive salience?," *Brain Research Reviews*, 28(3), https://doi.org/10.1016/S0165-0173(98)00019-8.

Berridge, K. C., 2003, "Pleasures of the brain," *Brain and Cognition*, 52(1), https://doi.org/10.1016/S0278-2626(03)00014-9.

Bowlby, J., 1969~1980, *Attachment and Loss Vols. 1~3*, London: Hogarth Press/ New York: Basic Books.

Camerer, C. F., & Ho, T.-H., 1999, "Experience-weighted attraction learning in normal form games," *Econometrica*, 67(4), https://doi.org/10.1111/1468-0262.00054.

Craig, A. D., 2002, "How do you feel? Interoception: the sense of the physiological condition of the body," *Nature Reviews Neuroscience*, 3(8)

_____, 2009, "How do you feel—now? The anterior insula and human awareness," *Nature Reviews Neuroscience*, 10(1), https://doi.org/10.1038/nrn2555.

_____, 2010, "The sentience of the human body," *Philosophical Transactions of the Royal Society B: Biological Sciences*, 365(1550).

_____, 2014, *How Do You Feel? An Interoceptive Moment with Your Neurobiological Self*,

Princeton University Press.

_____, 2020, "How do you feel? An interoceptive perspective on the origin of emotion," *Feelings: The Brain and Body*, MIT Press.

Damasio, A., 1999, *The Feeling of What Happens: Body and Emotion in the Making of Consciousness*, New York: Harcourt Brace.

_____, 2003, *Looking for Spinoza: Joy, Sorrow, and the Feeling Brain*, Harcourt.

De Martino, B., Harrison, N. A., Knafo, S., S. D., & Dolan, R. J., 2008, "The effects of emotional context on brain mechanisms supporting risk avoidance," *Neuron*, 60(3), https://doi.org/10.1016/j.neuron.2008.10.030.

Decety, J., & Lamm, C., 2007, "The role of the right temporoparietal junction in social interaction: how low-level computational processes contribute to meta-cognition," *Social Neuroscience*, 2(1-2).

Deci, E. L., & Ryan, R. M., 2000, "The 'what' and 'why' of goal pursuits: Human needs and the self-determination of behavior," *Psychological Inquiry*, 11(4), https://doi.org/10.1207/S15327965PLI1104_01.

Doya, K. ,2000, "Complementary roles of basal ganglia and cerebellum in learning and motor control," *Neuron*, 36(4).

_____, 2000, "Reinforcement learning in continuous time and space," *Neural Computation*, 12(1); https://doi.org/10.1162/089976600300015961.

Dunbar, R. I. M., 1998, "The social brain hypothesis," *Evolutionary Anthropology: Issues, News, and Reviews*, 6(5), doi:10.1002/(SICI)1520-6505(1998)6:5<178::AID-EVAN5>3.0.CO;2-8.

Dutton, D. G., & Aron, A. P., 1974, "Some evidence for heightened sexual attraction under conditions of high anxiety," *Journal of Personality and Social Psychology*, 30(4), https://doi.org/10.1037/h0037031.

Eisenberger, N. I., & Lieberman, M. D., 2003, "Does rejection hurt? An fMRI study of social exclusion," *Science*, 302(5643), https://doi.org/10.1126/science.1089134.

Ekman, P., & Friesen, W. V., 1971, "Constants across cultures in the face and emotion," *Journal of Personality and Social Psychology*, 17(2), https://doi.org/10.1037/h0030377.

Ekman, P., 1992, "An argument for basic emotions," *Cognition and Emotion*, 6(3–4), https://doi.org/10.1080/02699939208411068.

_____, 1999, "Basic emotions," in T. Dalgleish & M. Power(Eds.), *Handbook of Cognition and Emotion*, Chichester, UK: John Wiley & Sons.

Frans de Waal, 2009, *The Age of Empathy: Nature's Lessons for a Kinder Society*, Harmony

Books.

Fredrickson, B. L., 2001, "The role of positive emotions in positive psychology: The broaden-and-build theory of positive emotions," *American Psychologist*, 56(3).

Glimcher, P. W. & Fehr, E.(Eds.), *Neuroeconomics: Decision Making and the Brain*(2nd ed.), Academic Press.

Gray, J. A., 1987, *The Psychology of Fear and Stress*(2nd ed.), Cambridge: Cambridge University Press.

Güth, W., Schmittberger, R., & Schwarze, B., 1982, "An experimental analysis of ultimatum bargaining," *Journal of Economic Behavior & Organization*, 3(4), doi:10.1016/0167-2681(82)90011-7.

Harbaugh, W. T., Mayr, U., & Burghart, D. R., 2007, "Neural responses to taxation and voluntary giving reveal motives for charitable donations," *Science*, 316(5831), doi:10.1126/science.1140738.

Harlow, H. F., 1958, "The nature of love," *American Psychologist*, 13(12), https://doi.org/10.1037/h0047884.

Häusel, G., 2009, *Brain View: Warum Kunden kaufen*, Freiburg: Haufe Lexware GmbH & Co. KG.

_____, 2014, *Emotionales Marketing: Wie Werbung wirkt und Kunden fühlen*, Haufe.

Heider, F., & Simmel, M., 1944, "An experimental study of apparent behavior," *The American Journal of Psychology*, 57(2), doi:10.2307/1416950.

Herzberg, F., Mausner, B., & Snyderman, B. B., 1959, *The Motivation to Work*, New York: John Wiley & Sons.

Holt-Lunstad, J., Smith, T. B., & Layton, J. B., 2010, "Social relationships and mortality risk: A meta-analytic review," *PLoS Medicine*, 7(7), https://doi.org/10.1371/journal.pmed.1000316.

Kahneman, D., & Tversky, A., 1979, "Prospect theory: An analysis of decision under risk," *Econometrica*, 47(2), https://doi.org/10.2307/1914185.

Kaplan, R., Kaplan, S., & Ryan, R. L.(1998). *With People in Mind: Design and Management of Everyday Nature*, Washington DC: Island Press.

Kenway Louie et al., 2013, "Normalization is a general neural mechanism for context-dependent decision making," *Proceedings of the National Academy of Sciences of the United States of America*, 110(15); https://doi.org/10.1073/pnas.1217854110.

Kross, E., Berman, M. G., Mischel, W., Smith, E. E., & Wager, T. D., 2011, "Social rejection shares somatosensory representations with physical pain," *Proceedings of the National Academy of Sciences*, 108(15), https://doi.org/10.1073/pnas.1102693108

Levy, D. J. & Glimcher, P. W., 2012, "The root of all value: a neural common currency for choice," *Current Opinion in Neurobiology*, 22(6), doi:10.1016/j.conb.2012.06.001.

Lieberman, M. D., 2013, *Social: Why Our Brains Are Wired to Connect*, New York, NY: Oxford University Press(original Publisher: Crown Publishers/Random House).

Losada, M., 1999, "The complex dynamics of high performance teams," *Mathematical and Computer Modelling*, 30(9-10).

Louie, K. & Glimcher, P. W., 2012, "Efficient coding and the neural representation of value," *Annals of the New York Academy of Sciences*, 1251.

_____, 2017, "Normalized value coding explains dynamic adaptation in the human valuation process," *Proc. Natl. Acad. Sci. U.S.A.*, 114(48), 12696-12701.

Louie, K., & De Martino, B., 2014, "The neurobiology of context-dependent valuation and choice," in P. W. Glimcher & E. Fehr(eds.), *Neuroeconomics: Decision Making and the Brain*(2nd ed.), Academic Press.

Mary D. S. Ainsworth, Mary C. Blehar, Everett Waters, & Sally Wall, 1978, *Patterns of Attachment: A Psychological Study of the Strange Situation*, Hillsdale, NJ: Lawrence Erlbaum Associates.

Miller, G. A., 1956, "The magical number seven, plus or minus two: Some limits on our capacity for processing information," *Psychological Review*, 63(2), https://doi.org/10.1037/h0043158.

Mischel, W., Ebbesen, E. B., & Zeiss, A. R., 1972, "Cognitive and attentional mechanisms in delay of gratification," *Journal of Personality and Social Psychology*, 21(2), https://doi.org/10.1037/h0032198.

Northoff, G., Heinzel, A., de Greck, M., Bermpohl, F., Dobrowolny, H., & Panksepp, J., 2006, "Self-referential processing in our brain—A meta-analysis of imaging studies on the self," *NeuroImage*, 31(1), https://doi.org/10.1016/j.neuroimage.2005.12.002.

O'Doherty, J. P., 2004, "Reward representations and reward-related learning in the human brain: insights from neuroimaging," *Current Opinion in Neurobiology*, 14(6); https://doi.org/10.1016/j.conb.2004.10.016

O'Doherty, J., Dayan, P., Schultz, J., Deichmann, R., Friston, K., & Dolan, R. J., 2004, "Dissociable roles of ventral and dorsal striatum in instrumental conditioning," *Nature Neuroscience*, 7(3).

Plassmann, H., O'Doherty, J., & Rangel, A., 2007, "Orbitofrontal cortex encodes willingness to pay in everyday economic transactions," *The Journal of Neuroscience*, 27(37), doi:10.1523/JNEUROSCI.2131-07.2007.

Potts, R., 1998, "Variability selection in hominid evolution," *Evolutionary Anthropology*,

7(3), https://doi.org/10.1002/(SICI)1520-6505(1998)7:3.

Rock, D., 2008, "SCARF: A brain-based model for collaborating with and influencing others," *NeuroLeadership Journal*, 1(1),

Roger S. Ulrich, 1984, "View Through a Window May influence Recovery from Surgery," *Science*, 224.

Rubinstein et al., 2001, "Executive control of cognitive processes in task switching," *Journal of Experimental Psychology: Human Perception and Performance*, Vol. 27, No. 4.

Seth, A. K., 2013, "Interoceptive inference, emotion, and the embodied self," *Trends in Cognitive Sciences*, 17(11), https://doi.org/10.1016/j.tics.2013.09.007.

Seymour, B. & Dolan, R., 2008, "Emotion, decision making, and the amygdala," *Neuron*, 58(5), doi:10.1016/j.neuron.2008.05.020.

Sheena S. Iyengar & Mark R. Lepper, 2000, "When choice is demotivating: Can one desire too much of a good thing?," *Journal of Personality and Social Psychology*, 79(6), doi:10.1037/0022-3514.79.6.995.

Singer, T., Seymour, B., O'Doherty, J. P., Stephan, K. E., Dolan, R. J., & Frith, C. D., 2006, "Empathic neural responses are modulated by the perceived fairness of others," *Nature*, 439(7075), https://doi.org/10.1038/nature04271.

Svenson, O., 1981, "Are we all less risky and more skillful than our fellow drivers?," *Acta Psychologica*, 47(2), https://doi.org/10.1016/0001-6918(81)90005-6.

Takahashi, H., Kato, M., Matsuura, M., Mobbs, D., Suhara, T., & Okubo, Y., 2009, "When your gain is my pain and your pain is my gain: Neural correlates of envy and schadenfreude," *Science*, 323(5916), https://doi.org/10.1126/science.1165604.

Triplett, N., 1898, "The dynamogenic factors in pacemaking and competition," *The American Journal of Psychology*, 9(4), https://doi.org/10.2307/1412188.

Whalen, P. J., Rauch, S. L., Etcoff, N. L., McInerney, S. C., Lee, M. B., & Jenike, M. A., 1998, "Masked presentations of emotional facial expressions modulate amygdala activity without explicit knowledge," *The Journal of Neuroscience*, 18(1).

Zajonc, R. B., 1965, "Social facilitation," *Science*, 149(3681), https://doi.org/10.1126/science.149.3681.269.

Zak, P. J., 2017, January~February, "The neuroscience of trust: Management behaviors that foster employee engagement," *Harvard Business Review*, 95(1).

Zarantonello, L., & Schmitt, B. H., 2010, "Using the brand experience scale to profile consumers and predict results," *Journal of Advertising Research*, 50(2).

KI신서 13942

뇌는 레저를 할 때 어떻게 변할까?
레저-골프의 신경심리학 이론편

1판 1쇄 인쇄 2025년 11월 10일
1판 1쇄 발행 2025년 11월 15일

지은이 재단법인 레저골프진흥원(준)
펴낸이 김영곤
펴낸곳 (주)북이십일 21세기북스

영업팀 정지은 장철용 강경남 황성진 김도연 이민재 한충희 남정한
제작팀 이영민 권경민
진행·디자인 다함미디어

출판등록 2000년 5월 6일 제406-2003-061호
주소 (10881) 경기도 파주시 회동길 201(문발동)
대표전화 031-955-2100 **팩스** 031-955-2151 **이메일** book21@book21.co.kr

© 재단법인 레저골프진흥원(준), 2025

ISBN 979-11-7357-641-6 13320

(주)북이십일 경계를 허무는 콘텐츠 리더

21세기북스 채널에서 도서 정보와 다양한 영상자료, 이벤트를 만나세요!
페이스북 facebook.com/jiinpill21 포스트 post.naver.com/21c_editors
인스타그램 instagram.com/jiinpill21 홈페이지 www.book21.com
유튜브 youtube.com/book21pub

· 책값은 뒤표지에 있습니다.
· 이 책 내용의 일부 또는 전부를 재사용하려면 반드시 (주)북이십일의 동의를 얻어야 합니다.
· 잘못 만들어진 책은 구입하신 서점에서 교환해드립니다.